Introduction to
Human Resource Management

人力资源管理导论

主编 ◎ 梁栩凌　杨翠芬

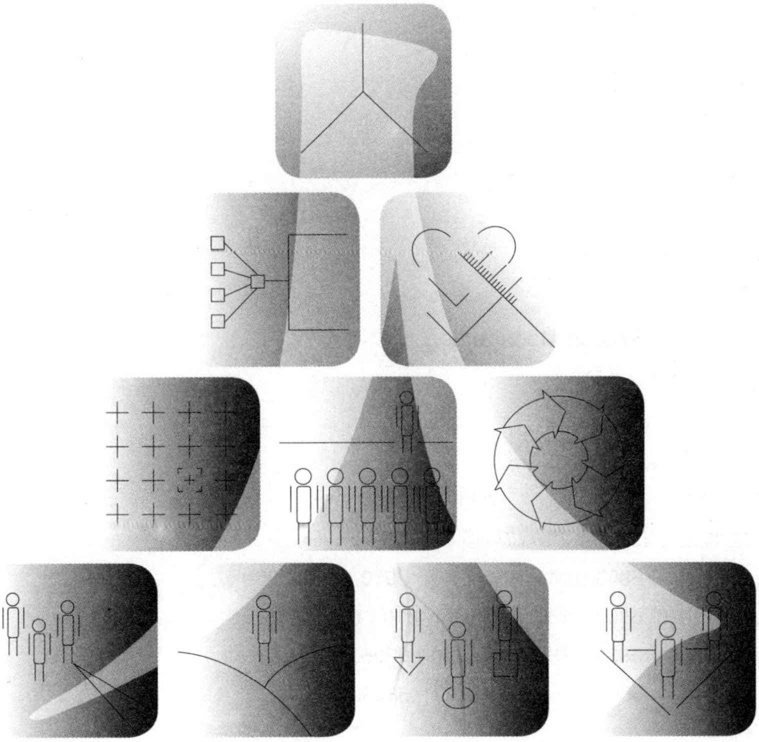

中国市场出版社
China Market Press

图书在版编目（CIP）数据

人力资源管理导论 / 梁栩凌，杨翠芬主编. —北京：中国市场出版社，2013.10

ISBN 978-7-5092-0988-2

Ⅰ. ①人… Ⅱ. ①梁… ②杨… Ⅲ. ①人力资源管理-高等学校-教材 Ⅳ. ①F241

中国版本图书馆CIP数据核字（2012）第288839号

人力资源管理导论

Introduction to Human Resource Management

梁栩凌　杨翠芬　主编

责任编辑： 白　琼（qiongbaiace@126.com）

出版发行： 中国市场出版社 China Market Press

地　　址： 北京市西城区月坛北小街2号院3号楼（100837）

电　　话： 编 辑 部（010）68032104　读者服务部（010）68022950

总 编 室（010）68020336　盗版举报（010）68020336

发 行 部（010）68021338　68020340　68053489

68024335　68033577　68033539

经　　销： 新华书店

印　　刷： 高碑店市鑫宏源印刷包装有限责任公司

规　　格： 185毫米×260毫米　1/16　20.5印张　460千字

版　　本： 2013年10月第1版

印　　次： 2014年3月第2次印刷

书　　号： ISBN 978-7-5092-0988-2

定　　价： 49.80元

编写人员

主　编　梁栩凌　杨翠芬
副主编　聂铁力　尹洁林　李晓非

前　言

“人力资源管理”这一概念自20世纪80年代后期传入我国，至今已有20多年历史。1992年，教育部将“人事管理”专业更名“人力资源管理”并在中国人民大学等11所高校开始招生，自此人力资源管理作为正式专业进入大学课堂，在社会各界及人才市场深受欢迎。至今，人力资源管理已成普通高校管理类人才培养常设专业。

《人力资源管理导论》是普通高校人力资源管理专业课程体系的入门之作，在整个课程体系中起概括和导引作用。本门课程设课目的有二：一是全面介绍人力资源管理基本理论、基本框架和主要内容，引导学生对人力资源管理范畴形成整体认识和直观把握，为整个人力资源管理专业课程体系打好基础；二是导入性讲述人力资源管理专项技术，为后续开设的专项模块课程指明方向，起到提纲挈领的作用。重要性不言而喻。

然而，我们在教学过程中却发现，为本门课程寻找一本合适的教科书并不容易。现有的人力资源管理教材，无论是国外经典教材还是国内权威统编教材，内容倒是全面而细致，但在基本理论基础知识方面展开不足，应用部分又与人力资源专业后续单独设立的专项模块课程有诸多重合，更适合MBA层面或者工商管理专业使用。同时，国外经典教材往往针对研究生层面教学，在年龄、社会阅历、管理经验要求各方面，都与我们的学生存在明显差异；国内教材虽不乏面向本科生之作，但大部分又过于偏重理论阐述，内容严谨有余，灵动不足。“导论”一课通常在大学一年级开设，学生自学能力和对管理科学的领悟能力都处在启蒙阶段；而人力资源管理是充满激情的职业，人力资源管理人员也应是充满激情的群体。如何把这种充满职业挚爱的激情传授给初学者，引导学生尽快进入职业角色，对于教科书的编撰者来说，是一种挑战，对于教学工作者来说，又是一种责任。显然，一本深入浅出、可传授概念也具备刺激性、能将基本理论体系阐述透彻又能让读者感觉趣味盎然的教科书，是应对这一挑战的有力工具。

为此，我们进行了专门的研究，集多年教学经验写成这本书。与既有教材相比，本书突出了系统性、层次性、趣味性三大特点。

系统性。作为基础学科的教科书，将初学者引进门、认识整体、明确框架，令其牢固掌握本学科应有的基本概念和基本原理，是最重要的。

本书体系完整内容充实，六个篇章概括了人力资源管理两大技术（工作分析和心理测量)、三大基础（定编定岗、人员培训和绩效管理）以及四项主要活动(选人、育人、用人、留人)。强调知识点和面结合，介绍相关理论知识又为后面的业务模块打好基础。在人员获取、开发、激励、配置几个篇章模块暗含了人力资源管理活动的大致流程，法律工具和全球化管理凸显当前人力资源管理的现实环境。

层次性。本书重视循序渐进原则，在阐述理论知识的同时重视实践应用，在一般理论知识基础上辅之以深度学习引导。每章正文以外都有引导案例、实践热点链接、实用案例分析等学习内容，既包括一般性管理知识，也包括扩展、延伸的知识，希望既能满足一般学习者了解知识、熟悉学科的用途，又能满足深度学习者掌握知识、研究学问的需求。每一章后部都有“深度学习”、“实践链接”栏目，为引导深度学习者进一步学习提供线索。

趣味性。一本好的教科书不应该是枯燥乏味的，笔者通过事件刺激和写作节奏来保持本书的趣味性：一是尽量使用通俗的语言对管理理论进行深入浅出的阐述；二是保持灵活、快捷的节奏，不时在理论阐述过程中插入短小的实例、资料、图表，以保持在冗长叙述中的内在刺激性；三是选用了大量贴近现实生活的管理实例，如“富士康事件”、“TCL 集团的外派人员”等，用这些生动的事例解释管理原理并引发读者的回应。

目　　录

第1章 人力资源管理概述

【学习目标】

- 掌握人力资源及相关概念
- 理解人力资源管理的内涵
- 掌握人力资源管理的要素、目标、功能和内容
- 熟知人力资源管理发展过程
- 熟悉新技术条件下人力资源管理的角色定位及转换

引导案例

“三门”事件与当代制造工人困境

时光进入21世纪第二个10年，各类电子小玩意在人们生活中已经从稀罕物、时髦货变为普通日用品。最近几年来，电子产品卖得最火的莫过于乔布斯的“苹果”了——每一款新品上市都能引发抢购奇观，大街上的年轻人如果手里不拿一部iPhone便被视为落伍于时尚。苹果火了，连带为“苹果”做代加工的富士康也隔三差五地成为人们关注的热点。这不，2012年春节前iPhone 4S在国内开售，门店场面火爆；紧接着龙年正月正值“民工荒”期间，富士康却一边高调涨薪，一边从南到北掀起招工狂潮，在郑州更以“鲇鱼”之势“搅乱”了劳工薪酬市场。与此同时，大洋对面却有数十万人聚集示威，签名呼吁“苹果”改善血汗工厂工作条件。与终端产品大受欢迎不同，“苹果”的生产环节一直遭遇密集质疑，人们质疑其在职业安全、环境保护、劳工权益和尊严等方面严重违反了自己的承诺，主要代加工工厂富士康因“跳楼门”“大火门”一直被推在风口浪尖。在富士康公司招工牌前，求职大军不乏穿着时尚的“90后”青年，他们炫目的青春令初春料峭的寒风也相形见绌；但火热的招工潮难掩老员工眼睛里的忧郁，后者对该公司“进来后悔”“出去也后悔”的表述似乎更为立体。

最终，“苹果”迫于压力不得不委托公平劳工协会（FLA）对其最终产品组装厂商进行独立审查，其中便包括富士康位于深圳和成都的工厂。2011年这家公司在成都iPad抛光车间曾经燃起冲天大火，稍远点儿的前一年十几

个年轻的身影曾经从深圳公司高楼上如秋叶般坠落。产品奇迹为产业公司带来巨额利润，但金钱和荣誉不属于为其作代加工的一线工人。

还有汽车，那是当代社会家庭中另一件不可缺少的东西。今天的中国各大城市都在为交通堵塞而苦恼，但这不妨碍苦恼的制造者——汽车持续成为人们特别是年轻人心目中的宠儿。改革开放30多年来，在家庭购买的时兴大件风水轮流转的过程中，汽车占据了越来越重要的位置，它代表着主要购买力，某种程度上甚至表明购买者在人生道路上取得的成功和社会地位。汽车受到重视，算是艰苦的汽车制造工作得到了回报，但这不意味着制造汽车的工人也受到重视。即使对热销汽车各种指标数据烂熟于心的汽车迷们，也不一定知道本田“罢工门”——2010年春末夏初，南海本田的工人们为争取薪资福利的平等权利举行的一次新中国持续时间最长、企业损失最大的罢工行动。罢工导致本田在华的四家整车组装厂集体停产。今天，罢工硝烟早已消散，罢工引起的外资企业员工管理是与非的波澜却在同类企业中久久不能平息。

应该说，简单地把富士康和本田划入血汗工厂有些轻率。毕竟在某些公司连工人喝水都要“申请”、上厕所要“报告”时[1]，富士康两年来连续三次提薪，富士康深圳工厂建有健身房和很多娱乐设施；本田工人在基本工资之外三险齐备，福利算是齐全。然而，作为名列世界五百强的企业，在员工管理方面他们是否做到了负责任企业应该做的一切？“跳楼门”中不止一起事故源自员工与基层管理人员的冲突，“罢工门”发起者最早的思路来自国内生产总值涨幅与工人工资变化的巨大落差，而中外员工的同工不同酬最终成为导致罢工的导火索。

显然，案例中这些事件留给我们的是一些看似简单实则不能够简单回答的问题：在经济快速增长、员工收益也有所增长的今天，为什么还会出现“三门”事件这样的恶性事件？“90后”的青年人，什么才是他们通过工作追逐的最终目标？拥有成熟科技实力和管理技术的管理方应该重视哪些因素，才能真正提升员工满意度？人力资源管理在信息时代的工作目标是什么，怎样才能做到真正持久地激励员工？

1.1 人力资源与人力资源管理

1.1.1 人力资源及相关概念

人力资源

作为社会资源中的活劳动成分，“人”这一要素有其自身独特的效用，并在上百年时间里受到广大管理者和研究者的关注。现代意义上的“人力资源”概念由彼得·德鲁克在1954年提出并对含义进行了描述，从此这一管理要素有了独立的内容体系和学术地位。此后，国内外研究者们对这一概念进行了不同的阐释：

人力资源是所有资源中最有生产力、最多才多艺，也最丰富的资源。我们视员工为人力资源。

——彼得·德鲁克[2]

一个组织所拥有的用以制造产品或提供服务的人力。

——哈佛人力资源管理手册

人力资源指在一定时间和空间条件下，劳动力数量和质量的总和。

——人力资源和社会保障部国家职业资格认证
“人力资源管理师”培训教材[3]

能够推动社会和经济发展的，能为社会创造物质财富和精神财富的体力劳动者和脑力劳动者的总成。[4]

——廖泉文

广义地说智力正常的人都是人力资源，狭义可指企业组织内外具有劳动能力的人的总和。[5]

——胡君辰

综上可见，人力资源的定义存在广泛与狭窄两种口径。广义的人力资源立足国家、社会层面，强调其推动社会经济发展的功能性，作为宏观领域里人口资源的一部分，与劳动力资源比较接近。狭义人力资源定义主要针对微观层面的组织（企业），指服务（受雇）于某一组织、接受该组织管理、完成组织工作任务、实现组织目标继而获取个人报酬实现个人职业发展的各类个人，也就是组织（企业）雇员。一般意义上的人力资源指狭义人力资源，即组织（企业）在编员工，扩展含义可包括组织（企业）的编外人员、虚拟人员、外包人员以及目标人员。

无论广义还是狭义，人力资源都是在一定条件下具有劳动能力、能够创造社会价值的人。人力资源有着潜在和显在两种形式，脑力和体力两种性质，质量和数量两种规定性。这也是中国学者对人力资源定义的常见视角。

相关概念

广义范畴中，现实中，不同学科有一些和人力资源相近的概念，它们在一定程度上相关相连，但又有着鲜明差异。厘清这些概念的内涵外延，对于学习理解人力资源并进一步推进人力资源管理有着重要的意义。如图 1–1 所示。

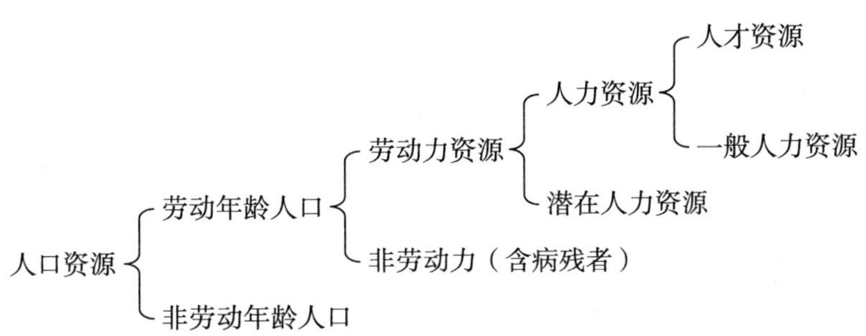

图 1–1　几个相关概念的相互关系

人口资源。指一定时间内，一个国家（或地区）拥有的人口总量。是所有与“人”有关的各类资源的数量基础。

劳动年龄人口。指法律规定的成年人口减去法定退休年龄的人员以后的人口总数。劳动年龄是不同国家从健康角度对劳动者身体发育符合社会劳动要求的年龄规定，中国法律规定男 16 ~ 60 岁、女 16 ~ 55 岁为劳动年龄，介于这个年龄段的人口称为劳动年龄人口。国民大于 16 岁未满 18 岁时就业称未成年工，受国家法律特殊保护。

劳动力资源。指人口资源中符合劳动力年龄要求，具有劳动能力和要求从事或能够从事某种职业的全部人口，包括就业者与失业者。劳动力资源是人口资源的重要组成部分，其在人口资源中所占比重显示一个国家（或地区）的劳动参与率。劳动力资源可以分为有工作机会和没有工作机会两部分：一部分即前文所指“人力资源”，指一定条件下在合适岗位上从事合适工作的劳动者，工作能力呈“显在”状况，工作意愿和工作机会完全吻合；另一部分可称“潜在”人力资源，他们同样有工作能力和工作意愿，但因为某种情形（如失业、伤病、学习、培训等）暂时没有工作机会，一旦条件成熟或障碍解除，马上可以投入工作。

非劳动力。非劳动力与劳动力资源对应而言，指劳动年龄内没有劳动意愿或不具劳动能力的人群。他们或者因健康原因丧失劳动能力，或者因个人原因没有劳动意愿。非劳动力人群是劳动力市场的局外人，在统计上不算就业者，也不算失业者。

人才资源。指具有一定的专业知识或专门技能，进行创造性劳动并对社会作出贡献的人，是人力资源中能力和素质较高者。关于人才与一般人力资源的划分，没有统一标准也没有固定要求，但每个组织总有一批具备特殊才能拥有特殊能力的人，能够胜任特殊工作，为组织带来特殊的贡献。按“二八定律”，能够为组织创造大部分价值财富的 20% 的人就是人才资源，其他 80% 可称一般人力资源。

通用电气的“20–70–10”员工梯队

在通用电气，我们使用称为“活力曲线”的方法区分员工。是的，区分。每年经理都被要求将自己的员工区分为 A、B、C 三个类别：最好的 20%、中间的 70% 以及最差的 10%。A 类员工是明星员工，他们激情满怀、勇于承担、思想开阔、富有远见，不仅自身充满活力、业绩非凡，而且有能力带动自己周围的人共同提高生产效率。B 类员工在整个员工队伍中占据多数，也是公司业务经营成败的主体，对公司有着巨大的价值，如果离开了他们的技能、活力和责任心，经理人员恐怕难以履行自己的职责。C 类员工指那些不能胜任自己工作的人，他们更多是打击别人而不是激励；是使目标落空而不是实现。

在公司的区别管理中，绝对不能怠慢明星员工。他们是最优秀的人，应该得到应有的待遇。对A类人的管理应该包括大量的褒奖，比如奖金、期权、表扬、青睐、培训机会以及其他各种各样的物质和精神财富。对70%的B类人，适用方法更多的是培训教育、积极反馈和有周全考虑的目标设定，如果发现某个人有特别的潜力，则要考虑把他们调动到不同的职位上去。经理的工作就是帮助他们进入A类。对于考评最差的10%的C类人，那将没有任何的甜言蜜语的粉饰，他们不得不离开。你不能在他们身上浪费时间，尽管我们要花费资源把他们安置到其他地方去。

改编自《杰克·韦尔奇自传》[6]

相关概念之间的包含关系

从数量结构看，以上几种概念中的人口资源、劳动年龄人口、劳动力资源、人力资源以及人才资源存在相互包含的关系，呈正金字塔形状。人口资源居于底座，向上依次为劳动年龄人口、劳动力资源、人力资源和人才资源，愈往金字塔顶方向，所处资源数量越小。金字塔形状的角度与一个国家或组织人力资源、人才资源的丰富程度成正比，金字塔越陡峭，说明人才及优势人力资源在人口总量中所占比例越大，人力资源越优质越丰富。反之，则不然。如图1–2所示。

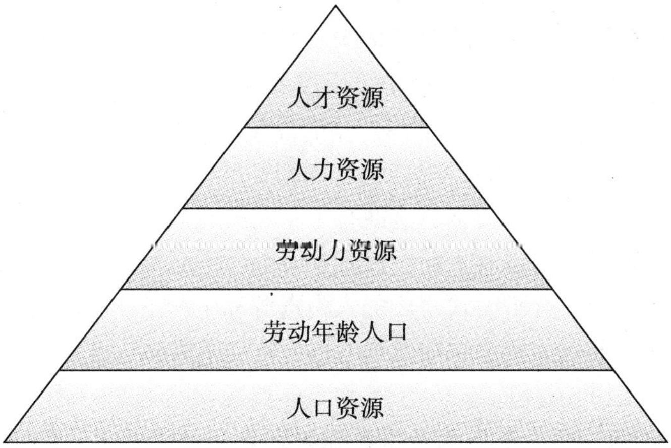

图1–2 人力资源相关概念金字塔

1.1.2 人力资源的特征

作为资源，人力资源和其他资源一样，可以和其他要素结合、可以在运作中创造产出。但是作为“人”的资源，人力资源有着其他资源所没有的特性：协调、整合、判断和想象的能力[7]。德鲁克认为，这是人力资源唯一的特殊优越性。其他方面，无论体力、手艺或感知能力，机器都胜过人力。

基于此，我们把人力资源的特征归纳为如下几方面：

能动性。也称主观能动性。主要指生产过程的主动性和积极性。在生产过程中，物化资源是事先设定了功能效用的劳动对象或劳动工具，在正常工作条件下，不会出现超出设定额度的结果。人力资源则不同，作为生产者与工作者，人在工作中出于主动一方，愿不愿意工作，以多大的积极热情工作，是否愿意有创新性地主动工作，拥有绝对主动权。换句话说，机器设备只要给足能源打开开关，就可以按固定程序生产出统一质量标准的产品；人力资源的“开关”却需要使用灵活多变的激励手段才能启动，激励得当，能迸发出超出预想的巨大能量；若激励不当，则可能出现“出工不出力”的状况。所以人力资源这种特殊资源，必须通过有效的激励机制才能开发利用，有效激励是开发人力资源管理不可或缺的重要手段。

持续性。主要指开发过程的继发性和长期性。物化资源通常是一次性开发，一次性使用，一旦开发之后便进入使用环节不再存在持续开发的问题。但人力资源却是一种可以多次开发、多次使用的资源，且开发和使用过程经常相互促进相互渗透，且这种多次性开发使用存在继发性和层次上的递延性。前期人力资源有了一定基础后，后续开发便在前期基础上有了更便捷、更高效的可能。反之，前期开发教育水平越低，后继开发便难以达到较高程度。

人力资源开发不是在短时间内就能完成的，劳动者掌握技术和知识的能力大小不一。一般来说，初级人才（技工、办公室文员）短则几天、几周，长则数月就可上岗；中级人才（部门主管、项目组长）不仅要有基本技术能力，还要有一定程度的知识和经验积累，需要短则一年长则数年的时间方可胜任；高级人才（组织首脑、业内精英）的开发需要经历学习知识、训练技能、积累经验、体验职业人生的漫长阶段，到达这个阶段需要至少 10 年时间。

所以，人力资源需要提前开发、超前管理。给人才成才和企业用才留出足够时间。

时效性。指使用过程的时代特征和闲置过程的消耗性。人力资源通常表现为技术、知识、能力等基本要素，这便有了鲜明的时代感。人力技术和知识不仅在形成过程中受时代条件的限制，使用过程中也会因不同时代技术特征导致人岗不匹配或者人岗工不协调。合乎时代需要的人力资源和生产工作相互结合、相辅相成、相互促进，老化、落伍的技术和知识则不再为社会所需要，也不再能创造有用价值。

人力资源的消耗有有形消耗和无形消耗两个方面。有形消耗指人的生理磨损，即老、病、死，无形消耗就是知识老化和技能退化。使用过程的时代性决定了人力资源在工作中被使用、被激发、被提高水平，一旦闲置，得不到使用的知识和技能失去被使用激发的条件，就会迅速老化退化。

1.1.3 关于人力资源管理

人力资源管理的概念

人力资源管理（human resource management，简称 HRM）简而言之就是对人力资源进行的管理，是以人力资源为管理对象的管理活动。根据管理对象的层次不同，人力资源管理可以在宏观和微观两个层面上进行。

宏观层面的人力资源管理是对一个国家或地区的人力资源进行管理，是在全社会范围内对人力资源的计划、配置、开发和使用的过程和活动。其目的在于为国家发展战略服务，调整改善人力资源整体状况，使之适应社会发展的要求并促进社会经济的良性运行及健康发展[8]4。

微观层面的人力资源管理则指特定组织（包括企业、事业单位、政府部门和其他社会组织）的人力资源管理。指管理者运用现代化的科学方法，对与一定物力相结合的人力资源进行合理的获取、整合、保持、开发与控制，使人力、物力经常保持最佳比例，同时对人的思想、心理和行为进行恰当的诱导、控制和协调，充分发挥人的主观能动性，使人尽其才，事得其人，人事相宜，最终实现组织战略目标。

本书所言人力资源管理主要指微观层面的管理，即组织人力资源管理特别是企业人力资源管理。作为组织管理的重要职能，对人力资源管理这一概念的理解可以从常规管理的五要素入手：

管理的主体（Who）——谁来管理？宏观人力资源管理是整个国家社会从体制、制度等方面入手进行的管理。微观人力资源管理包括特定组织的最高领导、基层部门领导、人力资源管理部门人员三方面。

管理的客体（What）——管理什么？也就是管理的内容，即组织内部的人力资源。

管理的目的（Why）——为什么要管理人力资源？人力资源管理的最终目的是达成战略目标，无论宏观还是微观，但在达成战略目标过程中尚需持续完成若干具体目标。

管理的依据（which）——根据什么来管理人力资源？重视人和物的匹配，协调人与事的关系，理顺人和人的关系，使人力、物力经常保持最佳比例，人尽其才，事得其人，人事相宜。

管理的方式方法（How）——如何管理人力资源？通过获取、整合、保持、开发与控制，使人力、物力经常保持最佳比例，同时对人的思想、心理和行为进行恰当的诱导、控制和协调。

人力资源管理活动

人力资源管理活动包括对人力资源外在要素和内在要素两个方面的管理。

对人力资源外在要素——量的管理。指通过管理实现人力资源数量与其他生产要素在数量上的合理搭配及协调，通常通过人力资源规划和人员配置等工作来实现。经济学意义上的劳动力需求被定义为派生性需求，企业的生产规模、市场规模决定了劳动力需求规模，在管理学语境下就是人力资源数量要与物力、财力资源数量保持合理的比例配置。一定生产力条件下，人力资源短缺固然会影响组织工作进程，人员过剩则会增加人工成本，降低工作效率，同样难以实现组织目标最大化。所以适当的人力资源数量配置，可以使人力资源与其他资源的组合经常地持续地保持最佳比例，使各类资源都发挥出最佳效应。

对人力资源内在要素——质的管理。指对人的知识、技能、心理的管理，主要通过人力资源开发与激励完成。人力资源数量与质量是两种不同的规定性，但在某种意义上二者又是相通的，可相互替代。少数高素质人力资源所创造的价值可以等同甚至超越多数人力资源所创造的价值，所以不仅要对人力资源作数量上的优化配置，还要在质量上进行深度提升。现代社会技术能力和创新能力是创造社会价值的主要路径，掌握新知识新技术能创新的高质量人力资源是供不应求的稀缺资源，人力资源管理的核心工作之一就是以最大可能促使一般人力资源向高质量人才资源转化。

管理的本质是管人

强调人力资源在管理中的重要作用是所有人力资源经理喜欢做的事情，证明这个观点只需看懂管理大师们对“管理”的定义就明白了。尽管不同流派的大师们对管理的解释各具特色，但在中国最受欢迎的两本经典MBA教材中，S. 罗宾斯（Stephen P. Robbins）和H. 孔茨（Harold Koontz）却不约而同表现出对人在管理中不可替代的重要作用的偏爱。前者认为“管理……能够有效率和有效果地同别人一起或者通过别人实现组织的目标”[9]，后者则言“管理就是设计并保持一种良好环境，使人在群体里高效率地完成既定目标的过程”[10]，联系早期“科学管理之父”F. 泰勒（Frederick Taylor）关于“管理就是确切地知道你要别人干什么，并使他用最好的方法去干”[11]的论断，“管理 = 管人 = 通过管人实现管理目标”这样一个特色鲜明的命题跃然纸上。正如杰克·韦尔奇所说：“杰出的CEO，你的工作就是要找最优秀的人才，不是告诉他们具体怎么样评价产品，或者怎么样卷一块钢板，而是要找到最优秀的能做这些事情的人并放手让他们去做。”管理就是管人，管理首先要把人管好，这是管理的精髓，也是管理的本质。

1.1.4 人力资源管理目标

管理目标是管理活动最终期望达到的终点，对人力资源管理的目标，不同学者和管理者有不同看法。

美国有学者提出四目标说[12]：

□ 保证适时雇佣到组织所需要的员工；

- □ 最大限度地挖掘每位员工的潜质，既服务组织目标，也确保员工的发展；
- □ 留住那些通过自己的工作有效地帮助组织实现目标的员工，同时排除那些无法对组织提供帮助的员工；
- □ 确保组织遵守政府关于人力资源管理的政策和法令。

同样是美国学者，Armstrong 则推崇五目标说[8]5：

- □ 人力资源管理的方针政策应该能够与组织业绩和商业目标紧密结合；
- □ 人力资源管理的各项活动应该相互连贯；
- □ 人力资源管理必须实现组织目标和个人目标的联动；
- □ 人力资源管理能够促进文化与组织体系建设，鼓励个人创造性；
- □ 人力资源管理能够为员工提供必要的工作和组织条件，为员工充分发挥潜力提供支持。

中国学者萧鸣政则将人力资源管理的目标归纳为三点[13]：

- □ 保证组织和人力资源的需求得到最大限度的满足；
- □ 最大限度地开发和管理组织内外的人力资源，促进组织持续发展；
- □ 维护和激励组织内部的人力资源，使其潜能得到最大限度的发挥，使其人力资本得到应有的提升和扩充。

朱舟也把人力资源管理的目标归纳为三点：

- □ 雇主从人力资源生产潜力的充分发挥中获得最大可能利益，即收益最大化；
- □ 公司员工通过劳动从组织获得预期的物质和心理方面的最大回报，即效用最大化；
- □ 通过员工和雇主的良好关系，形成企业长期的顾客满意最大化。

除学者以外，业界对此也有表述，如“华为基本法”：人力资源管理的目的是建立一支宏大的高素质、高境界和高度团结的队伍，以及创造一种自我激励、自我约束和促进人才脱颖而出的机制，为公司的快速成长和高效运作提供保障。

综上，国内外不同学者及实业界对人力资源管理的目标各有看法，表述角度不同立意也不同，有的侧重组织整体利益，有的侧重组织具体管理工作，还有的关注员工个人发展。可见，人力资源管理的目标可以分总体目标和具体目标两个层面，每个层面又在组织和员工两类主体有所体现。

总体目标。总体目标即组织目标，在组织方面是以“人”的资源保障组织目标得以实现的一种状态，在员工方面则是最大限度地实现和推进员工个人的职业生涯发展。这与前述学者观点及“华为基本法”的表述基本一致，也与人力资源管理作为组织管理重要职能的定位相吻合。

具体目标。具体目标是管理目标，亦即日常人力资源管理的具体工作目标，指组织人力资源在保证组织目标实施过程中呈现的具体情形。包括：

□ 通过人员规划、获取及配置，保障有满足组织发展需要的一定数量和质量的人力资源，保证不同战略阶段的人力资源供需平衡；
□ 通过组织文化建设和制度建设，提供适合员工工作和发展的环境，保障员工权益得以实现；
□ 制定科学合理的绩效评价体系和激励体系，保障员工价值被有效评价和合理分配；
□ 提高劳动生产率，增加产出的同时尽量减轻员工体力消耗；
□ 提高工作—生活质量，重视员工个体尊严和心理平衡。

值得注意的是，因为人力资源管理的具体目标需要在管理过程中实现，所以从另一个角度看，这些具体目标同时也是人力资源管理的工作任务。

理想的人力资源管理环境

- 有人事相宜的人员配置系统
- 有以人为本，尊重个人的企业文化
- 有科学有序的职业梯
- 有视组织绩效而定的相对较高的报酬体系
- 员工有职业安全感
- 员工合法权益得到保障
- 高凝聚力、高成就感、低离职率
- 高工作效率
- 高员工满意度
- 高“整体工作—生活质量”

归根结底人力资源是针对人，即针对员工所做的工作。人力资源管理的主体是人，客体也是人，管理的手段是通过人的努力为组织效力，管理的目标是分别或共同实现组织和人的发展。所以无论采用何种表述，了解人的需求、促进人的发展、激发人的工作热情、维持人对组织的爱戴和忠诚……终是人力资源管理不可回避的永恒话题。在这里，韦恩·卡肖（Wayner F.Cascio）功不可没。在几十年致力于人力资源管理的历程中，他一直坚持把“提高生产率”“全面工作—生活质量”“员工满意度”[14]作为人力资源管理的终极目标。

1.1.5　人力资源管理的功能和内容

人力资源管理的功能

当前国内同类教材中，关于人力资源管理功能和职能表述的情形有两种。

一种是同时表述人力资源管理功能和职能并加以区别。如董克用认为人力资源管理的功能指它自身具有或者具备的作用，反映了人力资源管理的自身属性，而职能则是实现功能的具体活动。人力资源管理有吸纳、维持、开发和激励四大功能，又有人力资源规划、工作分析、招募录用、绩效管理、薪酬管理、培训开发、员工关系管理七大职能[15]30–35。而廖泉文则以刚性和柔性标准将人力资源管理功能分为软功能和硬功能[4]13。这些观点在早期人力资源管理研究中比较盛行。

另一种也是近年来常见的思路，即不同时表述人力资源管理功能和职能，同一领域二者不同时出现，要么只谈职能，要么只谈功能。如孙健敏和余凯成认为人力资源管理具有“获取、整合、保持、开发、控制与调整”五大功能，“人力资源规划、工作分析、招募与录用、培训与开发、绩效管理、薪酬与福利、职业生涯管理、劳动关系管理”八大活动领域（内容）[8]8；而郑晓则先归拢“规划、招聘、选拔、生涯开发、绩效评价、培训、薪酬激励、劳资关系”等人力资源管理内容，从这些内容中归纳出人力资源管理的“获取、整合、保持和激励、控制与协调、开发”[16]五大职能（当前人力资源和社会保障部人力资源管理师国家资格认证便采用这一观点）；这在实际上是对职能和功能不再细加区分。

本书倾向于第一种表述，认为功能和职能还是存在明显差别的。“功能”和“职能”在英语里都可对应 Function，但汉语意思却有不同。“功能”的本意更强调功用、功效，强调事物“对象满足需要的（本质）属性”（中华人民共和国国家标准 GB 8223–87），还可作 Use、Capability 解。所以功能的主体一般用作物体实体或者客观事物，比如产品、电机、建筑物，也可用作组织和管理。“职能”则通常与部门管理和职位职务有关，指人、事物、机构工作过程中所应有的作用，与 Competency 意思更相近。其中“人”的职能指一定职位的人完成其职务的能力（胜任力），“事物”的职能则往往等同于功能，“机构”的职能则包括机构所承担的职权、作用等内容。

简单地说，从上面论述可以得知，人力资源管理的功能主要有“获取、整合、保持、开发、控制与调整”五个大项。

获取功能意指按目标职位任职要求从企业内外寻求合适的人充实职位，一般通过人员规划、工作分析、招聘等具体工作得以实现。

整合功能亦即资源配置功能，包括人力资源管理的空间配置和时间配置，须知人善任用人所长，把前期选拔的人才充实到合适的岗位从事合适的工作，一般通过岗位设计、生涯管理、定编定岗等具体工作得以实现。

保持功能和开发功能同属育人功能，但程度不同。保持的任务是稳定，保持员工工作热情和员工队伍稳定性，开发的任务是发展，利用科学措施激励员工工作积极性，为员工丰富知识、增强技能、提升能力，这个环节通过绩效考核、薪酬设计、培训、生涯管理等具体工作得以实现。

控制与调整功能主要针对员工工作状态和工作行为进行。通过考核及评价员工绩效，不断对企业人力资源进行再配置，作出相应的奖惩、升迁、辞退等决策，使企业人员的职业能力与职业生涯保持动态匹配。这项功能主要通过绩效评价、岗位设计、人员配置、劳动关系管理等具体工作得以实现。

实践中，人们常用“选人、用人、育人、留人”对人力资源管理的功能进行形象化概括，四个词对应以上五大功能，也简单涵盖了人力资源管理的工作顺序。“选”即获取，为企业发展供给需要的员工；“用”即整合，将获取的合适的人安排在合适的岗位上；“育”即保持与开发，只有能岗匹配的员工是不够的，还需要对其进行培养与训练，不断提高员工素质、提升其技能；“留”即控制与调整，尽最大可能留住对组织有特殊贡献的优秀员工，提升员工对组织的忠诚度。

人力资源管理的职能与内容

人力资源管理职能是实现其功能的具体活动，职能与人力资源管理部门及有关职位密切相关。从以上对功能的分析可以知道，人力资源管理的五大功能各有其借以实现的具体活动，这些活动从本质上说来，就是人力资源管理的基本职能。常见的分类有人力资源规划、工作分析、人员招聘、员工培训、生涯管理、绩效管理、薪酬与福利管理、劳动关系管理等。而中国人力资源管理师国家资格认证体系，则将人力资源管理分为六大模块，即人力资源规划、员工招聘、培训与开发、绩效管理、薪酬与福利管理、劳动关系。

人力资源管理的内容是在职能基础上进一步细化，其承担者不仅具体到部门和职位，还可以具体到人。例如员工招聘职能可细化为招募、选拔、录用，绩效管理可以细化为绩效考核、评价、管理等。

人力资源管理的功能、职能、内容之间的关系，见表 1–1 所示。

表 1–1

人力资源管理功能、内容示意表

管理功能	形象化描述	管理理念	管理职能	管理内容
获取	选人	以人为本 重视人才	人力资源规划 员工招聘	人力资源供需预测，招募、选拔、录用……
整合	用人	知人善任 能岗匹配	人力资源规划 工作分析	职务说明书，岗位设计、定编定员……
保持	育人	企业发展与员工发展并行	绩效评价、薪酬福利管理、员工培训、职业生涯管理	绩效评价，薪酬设计，培养训练……
开发				
控制与调整	留人	满足员工动态满意	绩效评价、岗位再设计、人员配置、劳动关系	员工考核、奖惩、升迁，处理劳动争议……

人力资源管理三大基础两大技术

现实中，人力资源管理的多项职能共处一套工作系统，彼此相互促进相互影响。从不同性质而论，其中两大技术三大基础是该体系成立的重点所在。

两大技术指工作分析技术与心理测量技术，分别在人力资源管理工作中起着技术分析和技术测量的重要作用。工作分析技术是整个人力资源管理工作系统的基础技术，与岗位设计、职位评价共同组成组织人力资本之“价值分析——价值评价——价值分配”的价值流转流程，通过编写职务说明书，为人员规划、招聘、考核、培训、薪酬设计提供基础依据。心理测量技术是人力资源管理工作系统的常规应用技术，结合心理学知识为日常管理工作提供心理咨询和数据支持，在人员选拔、绩效评价、员工培训等多个工作模块中起技术指导作用。

三大基础指定编定员定岗、绩效管理和员工培训。“三定”（定编定员定岗）工作为组织确定人员编制和岗位设计，是企业人力资源配置的核心内容，人力资源规划以及其后的培训、考核等工作皆在此基础上进行；绩效管理特别是绩效考核环节以量化形式界定员工工作效果和工作状态，组织内部的员工开发、人事调整、赏罚奖惩、劳动关系处理无一不以此作为依据实施；员工培训决定着员工素质和技术水平，决定着组织发展的前景，在一定程度上，员工素质水平直接决定着组织近期目标能否实现，远期目标能够建立在什么样的高度上。

人力资源两大技术三大基础内容见图 1–3 所示：

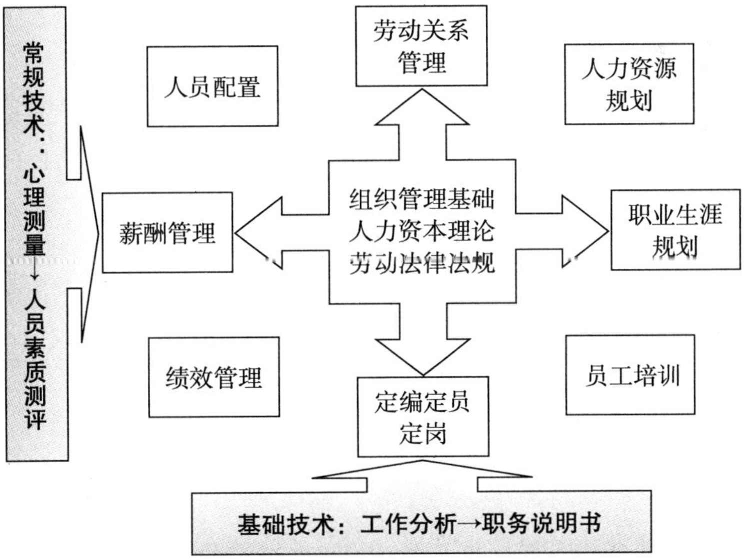

图 1–3 人力资源管理两大技术三大基础示意图

1.2 人力资源管理发展演进

从管理活动来看，对“人”的管理可以追溯到遥远的古代。不管中国还是外国，大到军队和大型工程，小到家族及工厂作坊，无一不涉及人员安置、薪俸发放、功绩评价、奖惩升迁、学艺培训等人事管理事务。不过早期管理活动呈个体零散状态，缺乏系统性和科学性，也缺少专业化的统一设计和研究。符合现代管理理念的人力资源管理的职能行为，是从 18 世纪后随工业革命进程陆续产生的。

1.2.1 人力资源管理发展的阶段理论

现代人力资源管理的特点是系统性和科学性，与组织管理体系紧密结合又自成一体。西方学者将其产生与发展的基础总结为九个方面：工业革命的影响、集体谈判的出现、科学管理运动的推动、早期工业心理学的实践、公务员服务委员会的成立、私营企业对人事管理的态度以及人事专家的出现、人际关系运动的发展、行为科学的研究、立法运动的推动。

从 20 世纪初科学管理时期算起，现代人力资源管理的发展已经过 100 多年历史，这个进程中人力资源管理经历了大量管理事实及管理背景的变迁，在没有绝对标准的情况下，学者们根据自己的研究将这个进程分为各具特色的不同阶段。最常见的有六阶段论、五阶段论、四阶段论和三阶段论。

六阶段论理论

主张六阶段论的学者以华盛顿大学的弗伦奇（French，1998）为代表，中国学者董克用和孙建敏也分别持六阶段划分观点。

弗伦奇六阶段论（1998）

弗氏认为早在 20 世纪初，现代人力资源管理的内容就已经成形，以后的发展主要是在观念和技术上的变化。其六阶段论划分侧重不同阶段的管理内容。

第一阶段：科学管理运动。以泰勒（Taylor）和吉尔布雷斯（Gilbreth）夫妇的管理思想为代表，这个阶段主要关注工作设计、人员选拔和薪酬方案的制订。

第二阶段：工业福利运动。以所谓社会秘书或福利秘书的出现为标志，他们专门负责员工福利方案的制订和实施，员工待遇和报酬问题成为这一阶段管理者所关心的首要问题。

第三阶段：早期的工业心理学。关于个体心理特征与工作绩效的关系研究、人员选拔中预测效度的提出，以雨果·芒斯特伯格（Hugo Munsterberg）等为代表的心理学家的研究成果推动了人事管理工作的科学化进程。

第四阶段：人际关系学运动时代。以霍桑实验为代表的人际关系学运动推动了整个管理学界的革命，也影响了人力资源管理的发展，加之第三阶段工业心理学的影响，人力资源管理开始从以工作为中心转向以人为中心。

第五阶段：劳工运动时代。这一阶段是劳动法律兴旺发展的阶段，随着工会运动的兴起、《瓦格纳法案》的出台、要求缩短工时提高待遇的呼声日高及集体谈判运动的出现，法律层面上劳工权利应受保护在世界范围内得到认可。

第六阶段：行为科学与组织理论时代。20 世纪 80 年代以后，组织管理发生了新的变化，对人的管理成为主要任务。从单个的人到组织人，把个人放进组织中进行管理，强化文化和团队的作用，成为人力资源管理的新特征。

董克用六阶段论（2003）[15]55-56

董氏六阶段论着眼于人力资源管理发展的进程。

第一阶段：萌芽阶段。时间大致从 18 世纪末到 19 世纪初，管理思想以经验为主，没有形成科学理论，却奠定了人力资源管理的雏形。

第二阶段：建立阶段。即科学管理阶段，时间从 20 世纪初到 30 年代左右，管理从经验主义步入科学管理，人力资源管理的一些基本职能如工作分析、招聘录用、员工培训等，也在此时初步形成。

第三阶段：反省阶段。即人际关系阶段，时间从 20 世纪 30 年代到第二次世界大战结束。人际关系学开创了管理必须重视人的因素的时代，是管理发展史上的一座里程碑。

第四阶段：发展阶段。即行为科学阶段，时间从第二次世界大战结束到 20 世纪 70 年代。人力资源管理从对个体的研究与管理扩展到了对群体和组织的研究与管理，并努力寻求人与组织的配合。

第五阶段：整合阶段。即权变管理阶段，时间为 20 世纪 70—80 年代。面对经营环境里日益增加的不确定因素，权变管理思路同样渗透在人力资源管理体系中。

第六阶断：战略阶段。即战略管理阶段，时间从 20 世纪 80 年代至今。此时战略管理成为企业管理的重点，引入战略思维、从战略角度考虑问题成为人力资源管理的重点和发展趋势。

孙建敏六阶段论（2011）[8]12-13

孙氏六阶段说和董氏六阶段论划分在时间上基本一致，但表述方式及内容有所不同。

第一阶段：工业革命时代，19 世纪末之前；

第二阶段：科学管理阶段，19 世纪末至 20 世纪 30 年代；

第三阶段：人际关系阶段，20 世纪 30—40 年代；

第四阶段：行为科学阶段，20 世纪 40—70 年代；

第五阶段：权变理论阶段，20 世纪 70—90 年代；

第六阶断：战略管理阶段，20 世纪 90 年代至今。

五阶段论理论

罗兰和费里斯的五阶段论（1982）

五阶段论的主张者以罗兰和费里斯（Rowland & Ferris，1982）为主要代表，和六阶段论一样，他们根据不同时期的管理特征对人力资源管理的发展历程进行划分，五阶段内容分别是：第一阶段工业革命时代，第二阶段科学管理时代，第三阶段工业心理时代，第四阶段人际关系时代，第五阶段工作—生活质量时代。

罗氏五阶段论的特点在于第五阶段，人际关系时代之后没有继续彰显权变管理或者战略管理的特色，而是独辟蹊径提出“工作—生活质量”作为第四阶段以后所有人力资源管理活动的特征，充分表明其对“工作—生活质量”在人力资源管理中重要程度的认识。

“工作—生活质量”可以用两种方式考察其内涵：一是把工作—生活质量等同于一组客观的组织条件和实践，例如政策范围内的提升、民主监督、员工的参与程度、安全的工作条件等；二是将工作—生活质量与人们全部需要的满足程度联系在一起，例如员工安全感、相对满意程度以及个体的成长与发展等。许多情况下以上两种方式可以融合，所以工作—生活质量可以定义为员工对其工作时的生理和心理状态的感知。

管理中的工作—生活质量

“工作—生活质量”（Quality of Work Life，QWL）是20世纪70年代出现的新命题。其理论基础来源于英国塔维斯特克所提出的社会技术系统的概念，但实施方案首先在美国发展起来；基本思想是为了提高组织工作效率，不能只考虑技术因素，还要考虑人的因素，使技术和人协调一致；具体工作是由工会和管理部门共同合作改善员工生活福利和工作环境，以增加参与决策为手段，达到提高生产率和员工满意感的一系列措施集合。

20世纪70—80年代，社会学家、经济学家及管理学家围绕着“工作—生活质量”与人力资源产出、生产工作效率、工会等方面关系作了大量研究。综合起来看，管理中的工作生活质量大体包括如下内容：

- 劳动报酬的充分性和公平性
- 安全和有利于健康的工作条件
- 工作组织中的人际关系
- 对工作本身的满意度
- 员工生涯发展
- 参与决策，民主管理
- 工作具有社会意义
- 保障员工在组织内的权利
- 工作以外的家庭生活和其他业余活动

廖泉文五阶段论（2003）[4]15–17

廖氏五阶段论的特点也在第五阶段，以鲜明观点提出“人事管理让位于人力资源管理”，从概念上明确区分人事管理与人力资源管理。

第一阶段，人事管理初始阶段，18世纪中叶至19世纪中叶；

第二阶段，科学管理阶段，19世纪末至20世纪初；

第三阶段，工业心理学阶段，20世纪初至第二次世界大战结束；

第四阶段，人际关系管理阶段，第二次世界大战结束至20世纪70年代；

第五阶段，人事管理让位于人力资源管理阶段，20世纪70年代至今。

四阶段论理论

科罗拉多大学的四阶段论

关于四阶段论的倡议者，很多人认为科罗拉多大学的韦恩·卡肖（Wayne F.Cascio，1995）以人力资源管理功能为标准的划分最具代表性[15]52。

第一阶段：档案管理阶段，从人事管理出现一直到20世纪60年代。此时“人事”管理的特殊性已异常鲜明，但管理局限于技术层面缺乏与组织目标的统一筹划。

第二阶段：政府职责阶段，20世纪60—70年代。此时政府介入和法律规定在各个方面影响雇佣，但企业高层仍将人力资源管理成本视为非生产性消耗。

第三阶段：组织职责阶段，20世纪70年代末到80年代。随着人力资源管理与物力、财力结合日益密切，有效管理人力资源的任务更多地落在直线经理肩膀上，人力资源的开发与管理也越来越成为人力资源经理的职责。

第四阶段：战略伙伴阶段，20世纪80年代至今。这段时期，战略管理理念深入人心，人力资源管理成为整个组织管理的核心，从战略角度考虑人力资源问题，成为20世纪90年代以后人力资源管理的发展方向。

中国业内划分的四阶段论[17]

第一阶段：人事管理阶段。“人”被作为档案进行管理，人事部门仅仅是一个“办手续”的、琐碎次要的部门，工作内容无非日常考勤、发工资、办理离退手续等。

第二阶段：人力资源管理阶段。强调以“工作”为核心，工作目标侧重于如何使个人能够完成工作。人力资源管理的招聘、培训、薪酬、绩效等模块开始建立，但各模块之间的关系呈现相互独立状态。

第三阶段：战略人力资源管理阶段。人力资源部逐渐成为业务部门的战略合作伙伴，其目标是支撑公司战略的实现。人力资源管理工作的业务范畴增加至组织设计、招聘管理等，并成为提升员工满意度与敬业度的中心部门。

第四阶段：人才管理阶段。人力资源管理被看作一个整体，而不再被割裂成模块。其目标是实现公司发展过程中持续的人才供应，人力资源部门的业务重心转向吸引、招募、发展、管理和留任人才，更加强化人力资源的战略地位。

三阶段论理论

三阶段观点持有者有着明显不同的划分依据。

福姆布龙、蒂奇（Fombrun、Tichy1984）等的角色划分

第一阶段：操作性角色阶段。此时管理内容是一些简单的事务性工作，在管理中的作用并不明显。

第二阶段：管理性角色阶段。此时人力资源管理逐渐成为组织职能管理的一部分，开始承担相对独立的管理任务和职责。

第三阶段：战略性角色阶段。随竞争加剧和战略管理理念的兴起，人力资源在组织中的作用越来越重要，纳入组织的战略层次，从战略高度考虑人力资源问题成为管理的必需。

付亚和的工作重点划分

第一阶段：初级阶段，以提高劳动效率为工作中心。

第二阶段：人事管理阶段，以工作技术为工作中心。

第三阶段：人力资源管理阶段，以人和工作的相互适应为工作中心。

萧鸣政的管理方法划分[18]

第一阶段：非独立的综合阶段。时间指 20 世纪前，人力资源管理活动并非独立，而是综合在生产活动或其他工作任务中完成的。

第二阶段：专业技术化管理阶段。时间大约在 1900—1950 年，正值科学管理至管理丛林阶段。人们将科学原理及方法应用到人力资源管理之中，强调人对工作的适应性管理。这段时期，人力资源管理的方法技术得到设计和完善。

第三阶段：职业化与人性化管理阶段。时间大约在 20 世纪 50—80 年代，正值人际关系运动影响的高峰时期。此时人力资源管理的目标从监督制裁转向人性激发，从专制领导转向民主参与，从唯我独尊转向感情投资，努力寻求人情化人性化的管理方式。

本书对人力资源管理发展阶段的划分

以上叙述显示，中外学者在对人力资源管理发展进行研究时，使用了包括管理背景、管理内容、角色、技术、方法作为标准划分不同阶段，体现如下特点：一是研究角度多元化，内容丰富多彩；二是主流观点强调管理理论对人力资源管理发展的影响，阶段划分 20 世纪中期之前密集而琐碎，后半叶则一带而过；三是国外学者的研究偏大管理大背景，国内学者则更倾向于人力资源管理本身；四是现有阶段理论时间偏早，20 世纪 90 年代以后特别是 21 世纪以来的变化未得到反映。

笔者认为，尽管人力资源管理是一般管理的职能之一，但研究人力资源管理的发展历程还是基于人力资源管理自身内容及技术特点最为适宜。本书以管理内容和管理技术为标准，将人力资源管理发展历程分为五个阶段：

第一阶段，人事管理阶段（20 世纪初期至 40 年代）。基于科学管理的理性思维和定量控制基础，形成以“事”为主、“人”为“事”服务的人事管理思想，人力资源管理的基本职能体系包括工资管理、成本控制、职位设定、工作分析、人事培训等在这段时期初步形成。

第二阶段，专业管理阶段（20 世纪 40—60 年代）。这段时期是人力资源管理体系基本形成之后开始专业化深入的时期，一方面受人际关系学和组织行为学影响，“人”“事”关系有所转变，各工业国家兴起劳动立法运动，“人”的权益受到尊重并以立法形式确定下来；另一方面诸多专业人士如法学工作者、心理学工作者、工会运动倡导者纷纷走出象牙塔进入实业界成为现实人力资源管理中的一员，以其专业技术实质性参与人力资源管理工作而非仅仅停留在咨询层面。

第三阶段，人力资源管理阶段（20 世纪 60—80 年代）。人力资本理论在理论界得到认可，人力资本投资—创益模式被公认是提高业绩的合理路径，“工作—生活质量”的概念为业界广泛接受，企业不再视工人工资与培训费为单纯消耗性成本支出。这一时期最鲜明的特点就是员工个人发展得到组织支持。

第四阶段，战略人力资源管理阶段（20 世纪 80—90 年代）。此时是战略管理风行时期，受其影响人力资源管理也进入战略管理时代。与发展企业核心竞争力、强调竞争优势相配合，人力资源管理角色定位不再局限于低层次职能工作，而是提升到战略层面，人事主管进入决策层，以战略视角规划人员构成、人员发展与人员激励，从长期的、全局的保障企业战略目标得以实现。战略绩效、战略薪酬的提法随后出现。战略人力资源管理路径见图 1-4：

图 1-4　战略人力资源管理路径示意图

第五阶段，e-HR 时代（20 世纪 90 年代后期以来）。e-HR 是管理信息系统在人力资源管理领域的应用，是信息技术时代人力资源管理的主要特色。其在管理实践中作用有三：一是档案管理，档案库和人才库对员工基本信息进行统一管理，可以及时地更新和管理数据，快速地查询、统计和分析，提高了数据的唯一性和准确性。二是规范行为和程序化管理，e-HR 软件中的管理模型能准确把握企业人员的动态情况，为员工工作提供标准和模板，有利于管理者对所有的管理进行规范化操作，减轻人力资源管理人员的日常事务性工作时间，提高工作效率。三是员工考核与价值评估，通过软件化的固定模型对员工工作进行即时检测和价值评价，宏观领域里的政策仿真系统更是可以随时检测政策（制度）实施效果。

在内容体系方面，人力资源管理经近百年发展已基本稳固，战略管理阶段之后最大的成果是在常规工作之外突出战略创新部分。可程序化的常规工作由技术软件自动完成，但 e-HR 技术并不限于常规工作，而是在战略创新方面同样起着重要作用。e-HR 给企业提供了一个平台，有利于管理者对全局的掌控，也有利于管理者预测或把握未来。e-HR 时代工作特点决定了这一时期人力资源管理人员的特点：丰富的专业知识和计算机技术。

1.2.2　人事管理与人力资源管理

人事管理有两种含义：一种是中国计划经济时期管理干部的实际称谓，国家层面有人事部，地方政府有人事局，企业事业单位有人事处或者人事科，学校院系设计称为“劳动人事”学院。人事管理采用高度集权的行政管理模式对行政干部进行管理，基层组织没有人事自主权，政府机关、事业单位、企业一体化，干部级别（以及工资）由国家统一规定，进人有编制，晋升有指标。人事工作主要是管理档案、发放工资以及按上级指令进人用人。另一种是对国外早期人的管理的统称，即人力资源管理处在科学管理时期的状态，如前述对人力资源管理发展阶段的划分，很多学者将第一阶段称为人事管理。此时的人事管理以管理技术为工作重心，以定量研究为主要管理方法，工作内容具体详细但缺乏系统性，不能与组织目标紧密结合。人事工作主要是核算劳动定额、核算工资、核算人工成本、简单员工培训等。

无论哪一种人事管理都是当代人力资源管理的前期工作，但在中国语境下，一般特指计划经济期间的人事管理。二者在时间上有前有后，工作内容和理论基础也各有不同，具体区别见表 1–2：

表 1–2

人事管理与人力资源管理比较示意表

	人事管理	人力资源管理
内容	静态档案管理、短期导向、企业对员工单向管理，事务工作多	动态资源化管理、长期导向、企业与员工双向选择
范围	范围窄、内容少	范围宽、内容丰富
性质	行政性管理	市场性管理
管理方式	命令式管理，以事为中心	人性化管理，以人为中心
管理人员	一般人员	专业人员
管理对象	员工	劳资双方
管理理念	视员工为成本	视员工为有价值的资源
劳资角色	对立的	和谐的

1.2.3 中国人力资源管理的发展进程

中国人力资源管理实践的发展

1978 年之前，中国高度集中的计划经济体制下没有组织层面的人力资源管理，即使那时使用的“人事管理”一词也和西方语境中的人事管理不是一种概念。人事管理专指干部身份管理，对普通工人的管理称为劳动管理。

20 世纪 80 年代中后期开始，“人力资源管理”的基本理念逐步引入中国，此后直到今天人力资源管理在社会范围内广泛发展，这个过程大致分为以下阶段：

第一阶段，导入阶段（20 世纪 80 年代后期至 90 年代中期）。虽然这一时期的计划经济烙印依旧，但西方人力资源管理理论的传入开始慢慢影响人事管理的内涵外延。导入阶段是理论介绍和理念传播的阶段，结合那时刚刚兴起的 MBA 教育，翻译经典文献、比较中外人力资源管理差异、向实业界介绍部分专业管理工具是研究工作的主流。这个阶段的典型事件是1992年教育部将高校“劳动人事管理”专业更名为“人力资源管理”专业，从此人力资源管理开始系统培养专业人才。

第二阶段，初步发展阶段（20 世纪 90 年代中期至 2003 年）。这时期主要是企业界开始大力探索人力资源管理在实践中的运用，人力资源管理理念得到业界普遍接受。虽然前期很多企业的改革工作曾限于翻牌改革（反转“人事处”牌子更换为“人力资源管理部”字样），但 2000 年以后实业界的人力资源管理实践工作与学界对人力资源管理理论的研究已经实现了并驾齐驱。2003 年，劳动和社会保障部“人力资源管理师”国家职业资格认证正式出台，意味着人力资源管理进入专业化职业化发展路径。

第三阶段，专业化发展阶段（2003 年至今）。这也是人力资源管理的系统深化发展时期，国家对人力资源管理的重视日益提高。范围方面，不仅企业，政府机关和事业单位也开始引入人力资源管理思路及管理体系；专业方面，医院、餐饮、旅游等行业人力资源管理大行其道，人力资源管理不再是一种笼统的概括性词汇；技术方面，e-HR 技术由尖端技术成为常规技术，人员选拔、工作分析、绩效评价等专业技术在实践中不断得到本土化设计与再设计，一定程度上业界实践已经走到了理论研究之前。

中国人力资源管理教育的发展

中国高校人力资源管理专业从 20 世纪 50 年代“劳动经济学”专业发展而来，如图 1-5 所示。1977—1992 年“劳动经济学”与“劳动人事管理”专业并行发展，

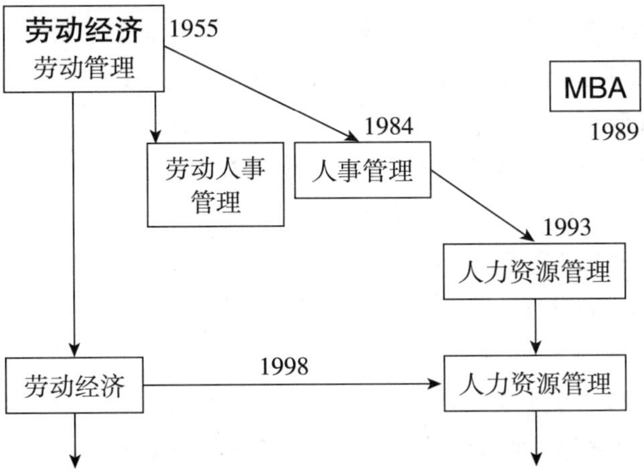

图 1-5　中国人力资源管理学科发展——专业演进轨迹[19]

1992年教育部将“劳动人事管理”专业更名为“人力资源管理”专业，1993年包括中国人民大学在内的11所高校首次设立“人力资源管理”专业并开始招生。至此，人力资源管理专业成为独立学科开始全新发展，至2010年，招收人力资源管理本科生的学校已经超过250所。

1.3 人力资源管理战略角色

本节探讨人力资源管理主体——人力资源管理部门及人力资源管理人员角色话题。首先要熟悉的是21世纪以来社会经济环境和技术变化对人力资源管理的影响。

1.3.1 新经济形势下的社会环境与人力资源管理

21世纪的人力资源管理[20]

在新的科学技术特别是网络技术的刺激下，现代社会正发生着一场不亚于工业革命的根本性的变革，且这场变革的触角正伸向世界各个角落。在此过程中，曾由阿尔弗雷德·斯隆、亨利·福特等工业时代巨匠制定的规则已被全面改写了。21世纪的公司将在多方面走向由这些先行者塑造的组织的另一个极端。

这场变革最重要的驱动力来自网络技术的兴起，它使得组织中每个人（从最低的职员到最高的董事会主席）都有能力在极短的时间内从任何地方获取难以想象的大量信息。人们的思想一眨眼之间就能传遍全世界，过去却要经年累月才能逐渐渗透。这意味着21世纪的公司无论如何也脱离不了网络的影响，必须通过网络技术来进行管理。我们必须认识到未来的公司是不断变化的而非稳定的，是网络式的组织架构而非金字塔式，是建立在转换伙伴和实行战略联盟而非自我满足的，是基于技术优势而非基本结构的。

与100年前的工厂相反，新时期的公司应该通过把顾客当作合作伙伴，向顾客提供设计符合其自身需求产品的技术来为每个个体定制产品，大规模定制会带来个性化产品和个性化服务的浪潮，而这背后，个性化、有创新力的员工将成为公司的瑰宝。

智力资本。如同所有人认识的那样，智力资本已经成为公司经营的关键。率先将突破性产品推向市场的公司，其竞争优势保有时间比过去缩短了，因为技术发展使竞争者跟进或者超越的时间大为缩短。为了走在陡峭的新产品曲线之前，公司吸引和留住最好的创意者是至关重要的。需要而且具备强劲的储备人才是新世纪公司取得成功的不二法门，但吸引和留住顶尖人才需要支付大量薪水。因此，为了使最好的人才留任并且保持高昂的斗志，公司必须创造一种适宜的文化和薪酬系统。新形势下，传统的命令与控制式层峰结构会很快崩溃，取而代之的扁平式网络组织会向大多数人授权并对出色表现者进行奖励，让他们感受到自己才是公司的主人。

全球化。全球化公司不再是简单地向海外销售产品，也不是仅仅在其他国家现场生产产品，新式全球化公司应该在全球范围内寻求人才和资源（尤其是智力资本）并加以使用，如何吸引和留住这些全球化的智力资本并激励其为公司努力工作，将是下一步人力资源全球化管理的核心任务。

快速化。因特网的最大特点是速度，这意味着传统的过程导向的公司管理必须被颠覆。从产品周期到雇员流动率等各种事情都在快速变化，市场不再有足够的耐心来仔细考虑或容忍传统的官僚作风。

虚拟化。21世纪的公司在自身构成上背离传统呈现虚拟化，完全依靠供应商、制造商和分销商的工作网络构成公司实体的现象比比皆是，这意味着公司需要在智力资本的拥有和使用方面表现出不同以往的伶俐。

如果人才是21世纪经营成果的关键，那么公司应该采用什么手段让他们实质上为我所用呢？思科首席执行官John T.Chambers曾说：人们持续在一家公司工作的主要原因有三：一是本公司是最好的工作场所，二是人们喜欢与最优秀的管理者一起工作，三是我们在升职和薪水之上更高的目标——改变世界上的工作、生活和娱乐的方式。

由案例可见，21世纪以来的信息技术时代与工业社会最大的不同就在于，无论组织运转方式还是资源配置路径都发生了或者正在发生着无从预料的变化。网络时代的竞争环境变幻莫测，市场商机稍纵即逝，传统的社会组织模式受到浪潮般冲击。这个时期的社会环境在以下几个方面变化突出：

- □ 全球化
- □ 知识经济
- □ 技术网络化
- □ 资源虚拟化
- □ 工作高速化
- □ 员工知识化

当今社会随公民受教育程度日益提高，公司雇员知识水平和需求层次也日益提高，知识员工成为雇员主流。与高知识水平对应的，是员工自我意识增强、顺从意识弱化，心理需求等非物质需求在工作回报中所占比例日益增加；对民主和权利的要求日益增强，维权意识增强；新一代员工更喜欢工作速成、不耐烦于慢工细活。

为应对变化了的外部环境，网络时代的组织模式相继发生变化，流程再造、扁平化组织结构、学习型组织、弹性工作制、虚拟组织形式等成为新的变革方式。这些都为组织内部人力资源管理部门和从业人员的角色定位提供了基础，也提出了要求。表1–3列示了从人力资源管理视角探视的组织经营要点。

表 1–3

网络技术和工业技术时代人力资源视角的组织状况比较

组织要素特征	工业技术时代	网络技术时代
组织结构	金字塔式	扁平式网络式
管理环境	稳定为主	变化成为常态
组织资源	有形资源	无形资源、信息资源
管理重点	配置现有资源	有效组合自有资源和外来资源
经营形式	垂直整合	虚拟整合
生产定制	大规模生产	大规模定制
业务范围	国内为主	波及全球
人性假设	X 型人	Y 型人
员工身份	雇员、被使用资源	雇员、可合作对象
工作预期	薪酬回报	薪酬回报、个人发展、工作与生活质量

1.3.2 直线部门与职能部门

字面上人力资源管理者是管理人力资源的专业人员，实际上管理人力资源的不仅有人力资源管理者。或者在严格意义上，人力资源管理者只是人力资源管理的助手和参谋，实质上从事人力资源管理具体工作的是高层领导和直线经理们。人力资源部门属于职能部门，在同级的直线经理面前，其参谋职责更为本位。

直线职权和职能职权。直线职权是直线管理人员所拥有的包括发布命令及执行决策等的权力，也就是通常所指的指挥权。直线管理人员负有实现相应层级组织基本目标的职责。职能职权指职能人员被授予的在某一专业领域内协助直线管理人员完成其基本目标的建议权或参谋权。人力资源部门是职能部门，人力资源管理者是职能人员，拥有职能职权。

直线经理的人力资源管理职责。主要是处理本部门内部人力资源方面的相关事务，例如人员选拔、工作设计、劳动组织、新雇员引导、绩效考核、岗位培训、日常激励、劳动纠纷调解等。

人力资源经理的管理职责。首先，以职能部门身份，人力资源经理是高层行政领导在人力资源管理方面的助手和参谋，参与高级决策，平衡人力资源战略与组织战略的关系，从人的角度对组织目标实施提供保障。其次，依然以职能部门身份，人力资源经理是基层直线部门的专职专业支持者，为基层直线部门的人力资源管理事务提供专家式指导和帮助。最后，以部门经理身份，人力资源经理是人力资源部的直线领导，对其部门内部拥有直线职权，对人力资源部门成员实施计划、指挥、协调和控制。

1.3.3 人力资源管理部门角色

人力资源管理部门角色类别

作为组织管理的重要职能，人力资源管理部门扮演的角色受内外环境影响，取决于工作职责和工作内容两个维度，外部环境和工作职责决定应该干什么，内部条件和工作内容决定应该如何干。

人力资源经理的职责包括参与决策、专业支持和直线领导三方面，在战略管理和全球化外部环境影响下，专业支持与参与决策都必须体现出组织战略要求，而小部分的专业支持业务以及直线领导则属于日常事务工作。由此可见，尽管早期人力资源管理曾以纯粹行政管理面貌出现，现代社会却必须上升为能够履行更具战略性的职能。从管理内容来看，新时期资源虚拟、工作快速、员工知识化的特点，又决定了管理重点必须在重视工作与重视人之间慎重把握。

这里介绍美国学者乌尔里奇（Ulrich，1998）关于人力资源管理部门角色的研究，他用一个两维坐标生动描述了人力资源部门角色的具体情况[21]，如图 1–6 所示。

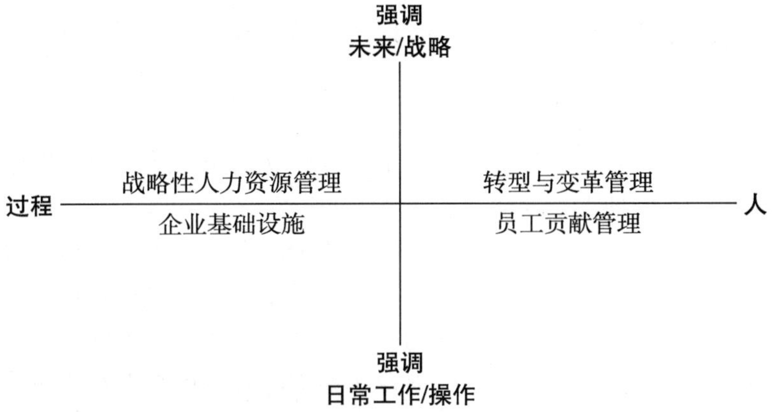

图 1–6 人力资源管理企业竞争中所扮演的角色

在图 1–6 中，纵坐标表示人力资源管理职责在战略决策与日常工作中的分配，由下到上层级越来越高，战略管理的成分越来越大。横坐标表示人力资源管理重视员工激励与管理过程的程度，由左到右表示通过激励员工提升员工贡献的程度越来越高。纵横坐标构成四个象限，分别表示了人力资源管理部门在管理中扮演的四类角色：战略层面人力资源整体管理的战略伙伴，战略层面侧重转型与变革的变革推动者，日常操作层面重视企业基础工作的行政（人事）专家，日常操作中重视人员贡献管理的员工激励者。

战略伙伴。这是新时代人力资源管理所扮演的最重要的角色，也是新时期人力资源管理不同于工业时代的突出特色。此时的人力资源管理不是独立的从属的职能部门，而是组织战略整体的组成部分。这一角色要求人力资源管理一方面参与组织战略制定，从战略高度理解组织战略对人力资源的需求；同时以组织战略为蓝本设计人力资源战略，将人力资源范畴的员工选拔、培训、绩效、薪酬规划纳入组织战略整体中，以系统运营方式为组织战略提供支持。

变革推动者。指人力资源管理从战略高度审视员工管理对组织的贡献，它要求人力资源部门能够帮助组织完成转型和变革，以适应新的竞争条件。这一角色的主要工作包括对组织架构设计、企业文化建树、员工素质特征以及人员构成状况作出前瞻性规划。

行政（人事）专家。这是传统人力资源管理角色的体现，它要求人力资源部在重大决策既定的情况下，能够以有效措施保证战略方案的实施。这包括能够设计效率较高且效果极好的管理制度和管理流程；掌握先进科学的管理技术及管理工具；实现日常甄选、开发、评价、薪酬等具体工作的高效率。

员工激励者。这是人力资源管理特有的角色类别，它要求人力资源部门承担起对员工的组织承诺和贡献进行管理的任务，以求实现员工对组织的凝聚与忠诚。基于人力资源不同于物的资源的主观能动特征，组织获取最终绩效的结果不仅取决于人力资源投入的数量和质量，更取决于其投入的主动性和积极性。这一角色的主要工作在于正确认知员工属性，重视沟通工作，理顺激励理念，设计适宜的激励制度（包括物质激励与非物质激励），制订有效的激励措施，稳定提升员工满意度。

人力资源管理部门角色变化

乌尔里奇的四角色论提出已有十多年，这期间，随时间社会环境的变化，这四种角色也在悄悄发生变化。

角色类别数量的变化。领会了战略管理对人力资源管理的渗透影响，乌氏四角色论便划分了战略角色和常规角色两大类别。但随着21世纪网络技术与扁平化管理的发展，企业内部门之间的横向合作愈加频繁、人财物不同资源之间的平衡规划愈加重要，任何部门、任何业务都不可能脱离组织系统独立行事，部门之间相互合作相互支持成为必需。故此，人力资源管理作为整个组织在人力资源方面的提供者和支持者的角色特征愈发鲜明，以至于有必要将其从以上四大角色中独立出来，成为部门支援者。该角色可以作为四角色体系的补充，其强调人力资源部和其他部门之间横向沟通和有效支援的关系。鉴于人力资源管理有着选人、育人乃至留人的基本功能，一定程度上人力资源部门可以视为组织内各部门潜在员工资源的提供者。通过招聘增补缺员、通过培训提升技能、通过激励激发斗志，保持与横向部门的有效沟通并保证及时满足横向部门人力需求及培训等方面的要求，是人力资源管理的职能，也是其对其他部门承担的义务。

角色之间工作量比例的变化。主要表现在行政（人事）专家角色淡化、所花时间减少，而战略伙伴、变革推动者和员工激励者三类角色则日益增强。这是由于：第一，受外部环境影响，人力资源管理的工作重心正从目前的操作层向战略层转移；第二，管理信息系统和网络技术的广泛使用，极大提高了以事务性工作为主体的行政管理效率；第三，自助服务和外包业务的出现将大量可重复工作从传统人力资源业务中剥离。同样数量的行政管理工作所需时间减少。与之相反，其他三类角色以较多创新工作为主体，花费时间呈上升趋势。

1.3.4 人力资源管理从业人员的能力要求

人力资源管理从业人员技能（乌尔里奇，1998）

根据前面论证的人力资源管理四类角色，乌尔里奇进一步分析了在人力资源部门从事实践工作的从业人员应具备的从业技能。分析思路如图 1–7 所示：

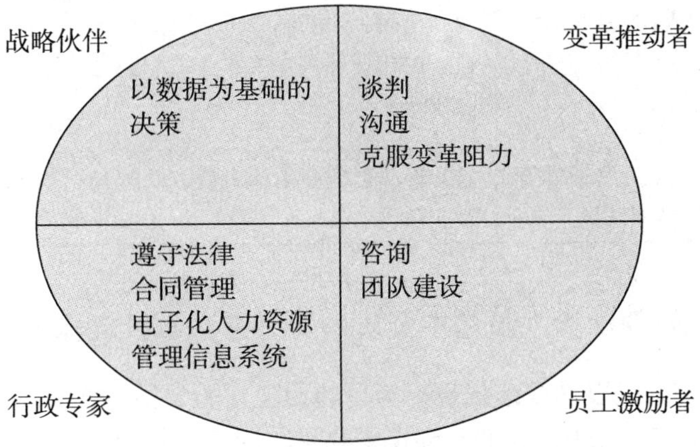

图 1–7 人力资源专业人员所扮演的角色及其能力

根据图 1–7，可以总结出人力资源从业人员在胜任不同角色时需要具备的技能如下：

战略伙伴。思考企业当前和未来的经营目标以及人力资源管理如何为企业目标实现作出贡献的能力；分析员工流动率、保留率、生产率以及客户服务问题，并向企业提出解决这些问题的建议的能力。

变革推动者。克服对新的人力资源管理政策、程序、技术以及职位设计方式所产生的抵制的能力。

员工激励者。对员工提供指导和咨询，同时把他们的想法传达给管理层的能力。

行政专家。设计和运作有效的人力资源管理系统，理解技术如何能够使人力资源管理系统变得更加富有效率，同时成本更低。

分等级人力资源管理从业人员的素质要求（廖泉文，2003）

与国外学者根据人力资源管理角色定位推研从业人员应备技能的思路不同，中国学者对人力资源管理从业人员应该具备的能力 / 素质的研究始于人力资源管理职业化进程，更多考虑该职业的胜任特征。其中，廖泉文按初、中、高三级人力资源管理人员所承担不同职责，分别总结了他们所应具备的素质要求。如表 1–4 所示：

表 1–4

人力资源管理人员素质要求 [4]269

素质要求	初级人力资源管理人员	中级人力资源管理人员	高级人力资源管理人员
思想素质	乐于助人，责任心强，有一定的事业心	富有同情心和奉献精神，事业心强，职业道德感与原则性强	具有良好的个人品德、荣誉感和奉献精神，事业心强
心理素质	专心、细心，观察力强、机敏；对生活充满热情，乐观、率性，亲和力强	充满自信和创造力，有一定的逻辑性，权力欲较强，好与人交流，擅长与人合作，值得信赖	灵活应变，有爱心和包容心，成就欲强，富有远见，乐于助人，条理性好
能力素质	健谈、人际沟通能力和适应能力强	富有创新意识，洞察能力强，看问题全面，预测和分析解决能力强，擅长管理人际关系，组织能力较强	识人用人和攻关社交能力极强，创造性思考、策划和研究能力强，发现问题和处理危机的能力强，擅长授权和人际关系管理
知识素质	企业运作及人力资源管理方面的基础知识	人力资源管理理论和实务方面的专业知识	人力资源管理及相关领域的专业知识

企业人力资源管理从业人员基本资质模型（劳动和社会保障部，2004）[8]30

资质模型是以达成绩效目标为目的而建立的包括不同资质要素的结构性组合，与一般性素质 / 能力组合的区别在于其系统性、目的性和指导思想一致性。是比一般性从业能力 / 素质总结要高一层次的研究成果。中国关于人力资源管理资质模型目前尚没有大样本规范研究，2004 年劳动和社会保障部技能鉴定中心与企业人力资源管理师项目办公室曾于 2004 年利用岗位调查问卷进行了 800 多名从业人员的调查研究，最终得出企业人力资源管理人员的基本资质模型，如表 1–5 所示：

表 1–5

人力资源管理人员的基本资质模型

知　识		技　能		工作风格	
基础要求	专业要求	基础要求	专业要求	基础要求	专业要求
1. 劳动法规 2. 人力资源管理 3. 劳动经济 4. 计算机 5. 统计与调查 6. 写作 7. 组织行为 8. 研究方法	1. 战略与规划 2. 招聘与配置 3. 岗位分析 4. 员工培训 5. 生涯管理 6. 绩效管理 7. 薪酬福利 8. 劳动关系 9. 工作安全健康 10. 组织文化	1. 学习能力 2. 沟通 3. 协调 4. 辅导 5. 阅读理解 6. 客户服务 7. 洞察力 8. 调查统计	1. 判断决策 2. 计划 3. 专业知识应用 4. 发展关系	1. 自我控制 2. 分析性思维 3. 独立性 4. 成就动机 5. 应变 6. 关心他人 7. 可靠性 8. 团队合作 9. 主动性	1. 影响他人 2. 创新 3. 正直诚信 4. 战略性思维

本章小结

本章着重学习人力资源管理的基本概念、基本理论框架以及人力资源管理部门和管理者角色定位，主要目的在于探索信息技术发达的社会背景下，人力资源管理应该如何认识并有效管理与工业社会思想观念截然不同的新型员工。

人力资源是在一定条件下具有劳动能力，能够创造社会价值的人，有着潜在和显在两种形式，脑力和体力两种性质，质量和数量两种规定性。人力资源管理是以人力资源为管理对象的管理活动，可以在宏观和微观两个层面上进行。本书主要指微观层面，即组织（特别是企业）的人力资源管理。

人力资源管理目标可以分总体目标和具体目标，即组织目标和管理目标。人力资源管理具有获取、整合、保持、开发、控制与调整几大功能，规划、招聘、开发、绩效、薪酬、劳动关系六大职能，工作分析与心理测量两大技术，定编定员定岗、绩效管理和员工培训三大基础。

人力资源管理在国外发展已有100多年历史，在中国仅在20世纪80年代后期才逐渐实行，但20年时间已经得到大力发展。与外部环境相适应，人力资源管理部门有着战略伙伴、变革推动者、行政专家、员工激励者、部门支援者五类角色，相应从业人员具有多重胜任能力组合。资质模型是以达成绩效目标为目的而建立的包括不同资质要素的结构性组合，较一般性素质总结更具系统性和规范性。

专业术语

人力资源 Human Resource
劳动力资源 Labor Resource
人力资源管理 Human Resource Management
人力资源战略 Human Resource Strategy
人力资源部门角色 Human Resource Department Role
工作—生活质量 Quality of Work Life
资质模型 Competence Model

复习思考题

1. 基本概念：人力资源，人力资源管理，劳动力资源，人才资源。
2. 人力资源管理基本框架如何？其功能、职能和内容分别是什么？
3. 人力资源管理的目标有哪些？理想的人力资源管理环境包括哪些内容？
4. 人力资源管理的不同发展阶段是怎样的？
5. 比较人事管理与人力资源管理。
6. 人力资源管理部门的角色有哪些？

深度学习

[1] 韦恩·F.卡肖．人力资源管理[M].王重鸣，译．6版，北京：机械工业出版社，2008：22-24.
[2] 曾湘泉．人力资源管理在中国的30年[N].

中国劳动保障，2008-12-17.

[3] 赵曙明，吴慈生.中国企业集团人力资源管理现状调查研究——调查方案设计、人力资源管理政策分析[J].中国人力资源开发，2003（2-5）.

[4] 国务院发展研究中心中国企业人力资源管理发展报告课题组.中国企业高层管理人员现状[J].冶金管理，2004（8）.

[5] 互动百科——全面工作生活质量

实践链接

1. 2013年人力资源行业十大趋势

2. 本田深陷“罢工门”

案例分析

“三门”事件后记

几十年前，企业只要提供相当于基本生活资料的报酬就能使工人们满意。短缺经济状态下的生活水平低，工人们大多没什么文化，温饱是那一代人努力工作的基本追求。信息时代的今天，中国老百姓正超越温饱向小康社会努力，拥有高素质的人力资源队伍成为企业参与市场竞争的核心力量。企业也好国家社会也好，成员的技术水平和综合素质都不同于他们工业时代的前辈，自然，工人们对工作报酬的诉求也不同于他们仅仅满足免于饥馁的前辈。

在研究“三门”事件以及类似恶性事件时，研究者们无一例外把矛头最终指向企业管理中的人性化缺失、浮躁的社会环境、外部诱惑以及当代青年人的个性特征。所有这些告诉我们，工厂管理中人性化的欠缺使工人们受到深深伤害，他们怨恨雇主与工人之间那种悬殊的尊卑差异，不满中外员工之间收入的天差地别。他们不喜欢来自任何方面的居高临下，绝对数量的工资之外，他们更追求人与人之间的人格平等。

简单地说，今天中国的制造工人已经不同于他们父辈单纯为赚钱而工作的传统角色。虽然他们非常介意付出常规劳动获得应有经济回报的现实，但和单一经济目标相比，尊严、平等和自我发展等心理目标同样值得他们看重。要求同工同酬，要求提升全面工作和生活质量、重视职业安全与发展、喜欢丰富多彩的社会角色而不是枯燥乏味的机器附庸，与其说是他们的经济需要，不如说是心理需要——恰恰这些，被富士康和本田们忽略了，也被社会在某个层面上有意或无意地忽略了。当今这个信息发达、技术日新月异的时代，无论企业还是社会，忽略工人平等尊严和心理需求所支付的代价——显然，不是几个简单的经济数据能够衡量的。

由此可见，当代社会如何从经济和心理两方面满足新生代员工的需求，如何从工作和生活两方面设计工作，如何从选人、用人、培育人、激励人等方面通过科学合理的管理手段实现对员工的激励，成为新时代人力资源管理所要担负的战略使命。

讨论：

1. 如何理解“今天中国的制造工人已经不同于

他们父辈单纯为赚钱而工作的传统角色”这类话？在什么样的社会背景下才会出现工人的这种心理状态？

2. 依你所见，代加工企业和汽车制造业中发生劳资冲突的主要原因是什么？有没有有效的解决方法？

3. 富士康和本田事件的发生，涉及哪些与企业管理、个性文化、时代发展相关的问题？

第2章

战略性组织更新管理

【学习目标】

- 掌握组织变革的概念、作用及目标
- 掌握传统团队的类型和工作机理
- 掌握业务流程再造的概念及核心思想
- 了解组织变革的发展趋势
- 了解组织变革和组织发展的联系与区别
- 了解基于团队的人力资源管理的内容
- 了解业务流程再造中需要关注的人力资源管理问题

引导案例

通用电气基于竞争环境的组织结构变革

1971年通用电气的“战略事业部”改革，是因为它遇上了威斯汀豪斯电气公司的激烈竞争。这时候企业所面对的最大问题就是“如何战胜竞争对手，巩固市场地位”。基于这样的战略重点，通用电气就致力于提升企业对市场信息的反应速度和企业市场竞争策略的灵活性，于是“战略事业单位”这种“特种部队”形式的组织单元就应运而生。

20世纪70年代中期，美国遭遇能源危机与通货膨胀，经济一片萧条。这种时刻并不适合继续扩大投资和再生产，“如何避免资源浪费和制订长期的发展策略”成为通用的核心问题。在这样的情况下，琼斯推行了“执行部制”的组织改革，企业最高层的领导从繁忙的日常事务里解脱出来，把精力聚焦于长期战略的制定和资源在集团内的调控，为通用电气这艘商界的巨轮驶出经济衰退的浅水区指明方向。

到了80年代，美国经济再度复兴加上世界经济一体化的发展，企业的经营环境日新月异，经常会出现“战略赶不上环境”的情况。在这种快速变化的经营环境下，琼斯当初的组织改革给通用电气带来的积极意义已经逐渐消失。同时，由于通用电气两次组织变革所走的方向正好相反——“战略事业部”的改革是放权，而“执行部”的改革是集权。

这种相互制衡的结果使通用电气出现明显的官僚化倾向。为了适应环境的变化，并消除组织内部的官僚习气，韦尔奇为通用开出了著名的“扁平化”药方。

请在学完本章后，讨论以下问题：

1. 通用电气初次变革后，形成了何种模式的组织结构，优缺点何在？
2. 通用电气三次变革，针对何种不同环境，着重解决的问题各是什么？
3. 结合本案例，你认为企业应该如何实施组织变革？

我们所经历的时代正在经受急剧的改变，组织也不例外。组织犹如生命体，有明显的创业期、成长期、成熟期和衰退期。任何组织为了维持自身的生存和快速、持续的成长，都必须保持其一定的适应能力。然而环境在变，组织为存在和发展就必须对其原有的管理理念和管理方式进行有效变革，即组织要实施战略性更新管理。本章将对战略性更新管理的内容，包括组织变革、组织发展、基于团队的管理、业务流程再造等作详细介绍。

2.1 组织变革与组织发展

2.1.1 组织变革

组织变革概述

组织变革的概念

组织变革是指运用行为科学和相关管理方法，对组织的权力结构、组织规模、沟通渠道、角色设定、组织与其他组织之间的关系，以及对组织成员的观念、态度和行为，成员之间的合作精神等进行有目的的、系统的调整和革新，以适应组织所处的内外环境、技术特征和组织任务等方面的变化，提高组织效能。

组织变革可以大致分成三类：

（1）适应性变革。这是指引入已经经过试点的比较熟悉的管理实践，属于复杂性程度较低、确定性较高的变革，适应性变革对员工的影响较小，潜在的阻力较小。

（2）创新性变革。这是指引入全新的管理实践，例如，实施“弹性工时制”或股份制，往往具有较高的复杂性和不确定性，因而容易引起员工的思想波动和担忧。

（3）激进性变革。这是指实行大规模、高压力的变革和管理实践，包含高度的复杂性和不确定性，变革的代价也很大。

组织变革的作用

组织变革对组织生存和发展具有重大的影响和作用。通过组织变革，组织的目标更加明确，组织成员的认可程度和满意程度都会得到提高，组织更加符合社会发展的要求；组织的任务更加明确；组织完成任务的方法更加明确；组织机构的管理效率提高；组织作出的决策更加合理、更加准确；组织更具有稳定性和适应性；组织的信息沟通渠道更加畅通，信息传递更加准确；组织的自我更新能力增强。

组织变革的目标

组织变革的目的是促进组织的发展，因此，组织变革的目标应与组织发展的目标协调一致。组织变革应努力实现以下目标：

（1）提高组织适应环境的能力。适应环境是组织生存的前提。当组织的外部环境或内部环境发生了变化，组织也必须随之而变。但是这种变化不是盲目的跟随，不是急功近利的变革，而是在对环境变化作出正确认识的前提下，审时度势，认真思考后进行的。组织变革要通过建立健全组织运行机制，改造组织结构和流程来增加组织对环境的适应性。

（2）提高组织的工作绩效。通过组织变革提高组织的适应能力，仅仅是组织变革的基础目标。在提高适应能力的基础上，促进组织的自我创新能力，提高组织运作效率和效益，使组织不断发展壮大，这才是组织的最终目标。

（3）承担更多的社会责任。在现代社会中，单个组织的生存和发展从根本上来说取决于它同社会的关系。任何组织都不能只追求自身利益，而不顾社会责任。因此，每个组织所承担的社会责任，所树立的社会形象，都成为组织运作的必要前提。组织的社会责任要求组织要不断地进行调整与变革，这也是组织变革的最高目标。

组织变革的实施

变革的推动者

组织变革的推动者即变革的提倡者或承担变革过程管理责任的人。变革推动者可能是管理者也可能是普通员工，甚至可能是来自组织以外的咨询专家和顾问。不过，组织的高层管理者是主要的变革推动者，没有他们的认可、支持和倡导，任何变革都很难进行。

管理者作为变革推动者时，要能审时度势，充分利用有利于变革的动力因素，同时采取策略减轻阻力因素的压力。克服阻力的一般策略有：与员工保持沟通，进行广泛的宣传与教育；让员工、变革反对者参与变革决策；借助谈判作出让步，部分地满足反对者的要求；采取强硬措施；等等。

组织变革程序

组织如何实施组织变革呢？一般认为组织变革包括以下八个步骤，如图 2–1 所示。

（1）确定问题。组织是否需要进行变革以及所要变革的内容，必须结合组织的实际情况予以考虑。组织有必要对现状进行认真的分析，找出引发问题的主要

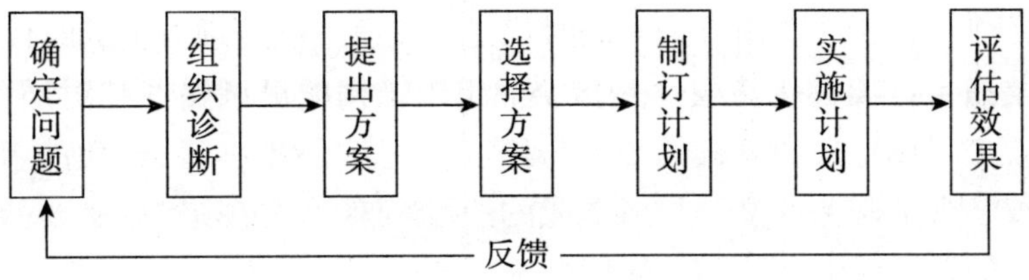

图 2-1　组织变革的步骤

原因，以确定变革的方向。

（2）组织诊断。为了准确地掌握组织需要变革的事实和程度，就有必要对组织进行诊断。组织诊断首先要采取行之有效的方式将组织现状调查清楚，然后对所掌握的材料进行科学分析，找出期望与现实的差距，以便进一步确定需要解决的问题和所要达到的目标。

（3）提出方案。一般来说变革方案要有几套，以便进行选择。在各备选方案中必须明确问题的性质和特点、变革的途径、解决问题需要的条件，以及方案实施可能造成的后果等。

（4）选择方案。这项工作就是在提出的方案中，通过对比分析选出一套较优的方案。对于选出的方案，既要考虑其可行性和针对性，也要考虑方案实施后的综合经济效益。

（5）制订变革计划。在方案选择的基础上，必须制订出一项较为全面且具体的实施计划，包括时间的安排、人员的培训和调动以及财力和物力的筹备等内容。

（6）实施变革计划。在实施变革计划时，既要注意选择发起变革的适当时机，又要恰当地选择变革的范围，以便取得较好的效果。

（7）评估效果。评估效果就是检查计划实施后是否达到了变革的目的，是否解决了组织中存在的问题，是否提高了组织的效能。

（8）反馈。反馈是组织变革过程中关键的一环，也是一项经常性的工作。反馈信息所揭示的问题较为严重时，需要根据上述步骤再循环一次，直到取得满意的结果为止。

组织变革的发展趋势

经济的全球化和信息技术的迅猛发展，是追求高度市场适应性的组织都必须面临的现实。为适应环境的要求，组织变革的速度越来越快。企业的组织结构形式也呈现多样化的趋势，未来组织的变革趋势有如下方面。

组织结构扁平化。随着网络信息技术的快速发展和在组织生产中的应用，组织在信息的收集、整理和传递方面变得极为便捷，不但大大缩减了信息的收集、整理和传递的时间，而且还满足了组织对大量繁杂信息的准确、快速处理的要求。信息网络可以将整个组织内部各部门和岗位联系起来，并使最高管理层可以直接与基层人员进行有效的沟通，金字塔式的层次结构正向层次更少的、扁平的组织结构转变。有人甚至预言未来的时代是不需要中层管理人员的时代。

组织运行柔性化。柔性是指企业组织结构的可调整性和对环境的适应能力，它主要表现在集权和分权的统一与稳定和变革的统一。柔性化的组织并不一味强调分权，为了避免过度分权所造成的消极影响，又必须实施必要的集权，因此组织结构的运行就带来了柔性的特征。

组织协作团队化。在知识企业中，团队是一种备受赞誉的结构。这里的团队是指在组织内部形成的且具有自觉的团队协作精神、能够独立作战的集体。团队组织与传统的部门不一样，它是自觉形成的，是为完成共同的任务建立在自觉的信息共享、横向协调基础上的。在团队中，没有拥有制度化权力的管理者，只有组织者；团队中的成员不是专业化的，而是多面手，分工的界限不像传统的分工那么明确，相互协作是最重要的特征。

组织管理人本化。知识经济时代，组织中最重要的资源是人，特别是具有特殊才能的人才。组织的高效率和高效益，依赖于组织成员的积极性和创造性。因此，组织要尊重每位成员的合理需要，建立科学有效的激励制度和各项规章制度，为员工创造充分发展的机会和环境，使员工得到全面、自由的发展。

学习型组织。知识经济时代的组织必须不断地学习，组织要运用能在所有层次上促进学习和实验的知识基础来支持。阿里·德·格斯在领导荷兰皇家壳牌公司策划时曾说过："比你的竞争对手更快学习的能力可能是唯一的持久性竞争优势。"可见，组织要保持领先的唯一办法就是比对手更快、更好地学习。

2.1.2 组织发展

组织发展的概念

20 世纪 60 年代以来，管理心理学家和企业家都特别关注"有计划变革"，即从零散的变革活动，转向系统的、战略性的有计划的变革，重视变革的理论指导和方法途径。由此，发展出一个新的管理心理学领域，即组织发展。组织发展是指以人员优化和组织气氛协调为思路，通过组织层面的长期努力，改进和更新企业组织的过程，实现系统的组织变革。它是一种数据收集、诊断、行为规划、干预和评价的系统过程，致力于增强组织结构、进程、战略、人员和文化之间的一致性，开发新的创造性的组织解决方法，以及发展组织的自我更新能力。进行组织发展，往往要在一些专家的指导和帮助下，运用管理心理学和其他学科的理论和技术，以实现预定的组织变革计划和目标。组织发展比较强调正式的工作群体的作用，它的主要对象是工作群体，包括管理人员和员工。

组织发展的特征

组织发展是提高全体员工积极性和自觉性的手段，也是提高组织效率的有效途径。组织发展有几个显著的基本特征：

组织发展包含深层次的变革，包含高度的价值导向。组织发展意味着需要深层次和长期性的组织变革。例如，许多企业为了获取新的竞争优势，计划在组织文化的层次实施新的组织变革，这就需要采用组织发展模型与方法。由于组织发展涉及人员、群体和组织文化，这里包含着明显的价值导向，特别是注重合作协调而不是冲突对抗，强调自我监控而不是规章控制，鼓励民主参与管理而不是集权管理。

组织发展是一个诊断—改进周期。组织发展的思路是对企业进行"多层诊断"、"全面配方"、"行动干预"和"监控评价"，从而形成积极健康的诊断—改进周期。因此，组织发展强调基于研究与实践的结合。组织发展的一项显著特征是把组织发展思路和方法建立在充分的诊断、裁剪和实践验证的基础之上。组织发展的关键部分之一就是学习和解决问题，这也是组织发展的重要基础。

组织发展是一个渐进过程。组织发展活动既有一定的目标，又是一种连贯的不断变化的动态过程。组织发展的重要基础与特点，是强调各部分的相互联系和相互依存。在组织发展中，企业组织中的各种管理与经营事件不是孤立的，而是相互关联的；一个部门或一方面所进行的组织发展，必然影响其他部门或方面的进程，因此，应从整个组织系统出发进行组织发展，既要考虑各部分的工作，又须从整个系统协调各部分的活动，并调节其与外界的关系。组织发展着重于过程的改进，既解决当前存在的问题，又通过有效沟通、问题解决、参与决策、冲突处理、权力分享和生涯设计等过程，学习新的知识和技能，解决相互之间存在的问题，明确群体和组织的目标，实现组织发展的总体目标。

组织发展是以有计划的再教育手段实现变革的策略。组织发展不只是有关知识和信息等方面的变革，更重要的是在态度、价值观念、技能、人际关系和文化气氛等管理心理各方面的更新。组织发展理论认为，通过组织发展的再教育，可以使干部员工抛弃不适应于形势发展的旧规范，建立新的行为规范，并且使行为规范建立在干部员工的态度和价值体系优化的基础之上，从而实现组织的战略目的。

组织发展具有明确的目标与计划性。组织发展活动都是订立和实施发展目标与计划的过程，并且，需要设计各种培训学习活动来提高目标设置和战略规划的能力。大量的研究表明，明确、具体、中等难度的目标更能够激发工作动机和提高工作效能。目标订立与目标管理活动，不但能够最大限度地利用企业的各种资源，发挥人和技术等两个方面的潜力，而且还能产生高质量的发展计划，提高责任感和义务感。因此，组织发展的一个重要方面就是让组织设立长远学习目标和掌握工作计划技能，包括制订指标和计划、按照预定目标确定具体的工作程序，以及决策技能等。

2.1.3　组织变革与组织发展的关系

组织发展与组织变革是相互联系又有区别的两种概念，组织发展通过组织变革来实现，发展是目的，变革是手段。组织发展本质是渐进的、分步的、连续的小步微调的变革，通过一些具体方法诊断各种组织问题的原因。

组织发展实质上是一种动态的组织变革，它需要通过组织变革来实现，组织变革是组织发展的手段；变革的目的是使组织得到完善与发展，更有效地行使组织的各种管理职能。组织发展较为重视两点：一是强调调整和改变组织成员的态度和行为活动，二是强调改变组织本身对成员行为活动的影响方式。这两点的共同着眼点，就是通过改变组织成员的行为活动来达到提高组织效益的目的。

2.1.4 组织变革中的人力资源管理

实施组织变革的过程与推动人力资源开发的过程是齐头并进、相辅相成的。组织变革的法治化方向，对于企业家人才市场的形成与发展将起到推动作用；组织变革的科学化方向，将激化中层人员的竞争态势；而组织变革的人本化方向，将为人才创造性的发挥、为人的全面发展注入新的活力。

组织变革中的人力资源管理要做到以下三点。

人力资源管理必须与公司战略保持一致

使企业人力资源的活动符合企业的需要、与企业战略保持一致，是人力资源管理最基本的要求。企业中所有的人力资源活动都应当共同构成一套系统并与企业战略保持一致。为此，企业管理人员需要确定企业面临哪些人力资源问题，这就需要对企业所处环境的变化及企业自身优、劣势的变化作出估计，同时要对这些变化所带来的机遇与威胁作出评价。在此基础上，管理人员制定出与企业战略相符合的人力资源战略，并进一步确定人力资源管理活动的具体措施。人力资源战略提供了一种通过人力资源管理获得和保持竞争优势的企业行动思路，即在变化的环境中紧紧抓住对人的管理。通过确定人力资源问题和人力资源战略，人力资源管理就与企业战略紧密联系在一起。问题与战略越明确，这种联系就越密切。

人力资源战略和导致高绩效的战略人力资源实践的匹配模型，为企业的管理人员提供了围绕企业战略制订人力资源管理方案的依据。它有助于确定、调动、指引所有的人力资源活动都围绕对企业影响最直接的问题展开。它是一种黏合剂，能将所有的人力资源活动联系在一起并使管理人员了解其意义，做到心中有数。

人力资源管理者必须成为组织变革的有效推动者

人力资源作为一种能动性的、起主导作用的特殊经济资源要素，是企业各项工作的主体，当然也是企业组织变革的主体。组织变革作为企业战略层面的重大举措，人力资源管理者更应义不容辞地参与进来，并成为组织变革的有效推动者。

近年来，由于新的管理理念与方法大量出炉，使得我们在变革管理工具的运用上更得心应手，其中主要的理念与方法包括全面品质管理（TQM）、企业流程再造（BPR）、企业资源规划（ERP）等。在组织变革中，如何提供工具和资源以激励员工迎接变革是另一挑战。在组织变革推进的过程中，人们需要知道各种相关信息、新的行为准则与人际关系，可能在除旧布新的转换中员工因能力不同而有个别适应上的问题，管理者就需要帮助和引导他们以较快适应变革。而在整个转换过程中，人力资源管理者如何成为有效的变革推动者呢？

人力资源管理者首要的职责就是要为企业塑造未来发展的远景，将为何需要变革、变革的成本效益等关键问题与员工进行沟通。此外，积极参与并说服是必要的行动，要能了解与监视整个变革管理的规划与执行。组织变革的范畴，不仅仅包括单纯的训练方案的建立与执行，还包括对组织文化的改造与传播。在不断改造过程中，需要从个人改造做起，即改变员工的价值观与营造支持变革的态度。因此，如何塑造支持组织变革的气候与文化，成为变革推动者的另一重要任务。此外，组织变革除了针对组织成功关键因素的结构面、文化面进行改造外，还应进一步给员工提供改善工作态度和学习成长的机会，从而促进其弹性适应能力的提升。在这个过程中，应致力于以核心智能发展为导向的管理改善活动以及主管在领导与管理能力上的再开发活动，其最终目的是形成一个学习性组织，让员工拥有充分的弹性适应能力。

在组织变革中实施有效的人力资源流程再造

国外有些企业经过人力资源流程再造后，通常在人力资源管理部门的人数降低、流程缩短及费用节省等方面有显著效果。而要改善人力资源管理的功能并实施流程再造，必须先实施组织诊断，即从员工、客户的观点去评估组织的优缺点，从对组织战略与组织运行的一致性检查中改善人力资源管理的功能。首先，以组织能力为主题的诊断，检查包括共有心态（文化）、员工知识能力、绩效管理、组织结构、变革能力及领导能力等六项。其次，从上述诊断结果发展出包括招聘与录用、培训与发展、绩效考核、薪酬管理、沟通、员工职业生涯管理、组织学习等人力资源管理的最佳操作模式。最后，依据影响程度及可行性设定改造的优先级。

总之，人力资源管理不是孤立于企业管理而存在的，而应与企业战略相结合。在企业组织变革时期，作为人力资源管理者更应密切关注公司战略调整，积极参与到组织变革中来，有效运用人力资源管理工具以成为企业组织再造、流程改造的引导者和强有力的推动者，使企业能够对市场变化迅速作出反应，在激烈的市场竞争中立于不败之地。在当今风云变幻的外部环境下，组织必须进行快速的变革以适应全新的环境。而组织的变革要求人力资源管理必须进行相应的变革，因为人力资源已成为组织取得和维系竞争优势的关键要素。提高组织变革中人力资源管理的水平，是一个关乎组织成败的问题。

塔维斯托克研究所

塔维斯托克研究所于20世纪70年代在一家纺织厂进行过一项运用社会技术系统理论的组织发展研究。该厂由于安装了自动织机并使工作任务高度专门化，但没有很好地协调群体与组织结构，因而降低了产品的质量。管理心理学家为此对该厂进行了一系列的改革，重新设计了工作任务和流程，使任务可以经常变换；还建立了自主性的工作群体，等等。在此后的两年中，生产率不断上升，质量持续提高，员工工作劲头也大大提高。

塔维斯托克研究所的例子说明，在组织实施变革和发展的过程中，人力资源管理的理念和方式必须加以调整，以适应变革和发展的需要。否则，变革不但起不到事半功倍的效果，反而会产生意想不到的副作用。由此可见人力资源管理在组织变化和发展中的关键作用。

2.2 基于团队的组织管理

在快速变化的知识经济时代，现代企业以知识为生产工具，组织结构需要有所调整，需具备学习能力，且能够运用信息技术进行知识性工作。团队以其对外在变化反应灵敏的特点，被越来越多的企业采用作为组织的基本单元，从而使企业能够更加灵活、更加迅速地应对快速变化的外部环境。目前，大多数企业都是采用团队来完成任务，这样才能提高组织的创新能力与竞争力。团队已成为大多数企业的基本工作单位。

2.2.1 传统的团队及其管理

团队概述

团队的概念

有关团队的概念，具有代表性的有以下几种。斯蒂芬·罗宾斯认为，团队是指一种为了实现某一目标而由相互协作的个体所组成的正式群体。卡曾巴赫和史密斯认为：团队是指拥有共同的目的、目标、工作方法且以此自我约束、对其他队员负责的一小群人。组织行为和人力资源管理专家陈晓萍博士认为：团队是由两个或两个以上的人组成的集体，其成员之间在某种程度上有动态的相互关系。这些学者对团队的定义具有高度的共同性。

所谓团队，是由员工和管理层组成的一个共同体，该共同体合理利用每一名成员的知识和技能协同工作，解决问题，达到共同的目标。

团队的特征

斯蒂芬·罗宾斯对一支高效团队的特征，作了最为经典的阐述。他认为，一支高效团队应具有以下八项基本特征：一是明确的目标。团队成员清楚地了解所要达到的目标，以及目标所包含的重大现实意义。二是相关的技能。团队成员具备实现目标所需要的基本技能，并能够良好合作。三是相互间信任。每个人对团队内其他人的品行和能力都确信不疑。四是共同的诺言。这是团队成员对完成目标的奉献精神。五是良好的沟通。团队成员间拥有畅通的信息交流。六是谈判的技能。高效的团队内部成员间角色是经常发生变化的，这要求团队成员具有充分的谈判技能。七是合适的领导。高效团队的领导往往担任的是教练或后盾的作用，他们对团队提供指导和支持，而不是试图去控制下属。八是内部与外部的支持。既包括内部合理的基础结构，也包括外部给予必要的资源条件。

团队的性质

每一支团队都具备以下几方面性质，如果不具备，就不能称其为团队。

（1）目的性。团队的组建和运作，都要完成特定的、具体的、目标明确的任务。为完成这个目标明确的任务，团队成员的组成采取为完成同一任务而自愿结合的人员，另一种是决策机构为完成特定任务而组成人员。因此，没有目的性就没有团队存在的意义。

（2）临时性。这是基于团队的目的性所引申出的。团队以任务为导向，任务完成团队也就要解散，所以团队具有临时性。但必须强调的是，团队临时性的度量标准不是时间而是任务。任务存在团队诞生，任务完成团队解散，即使团队没有解散，而是转向下一项任务，这也是另一种意义的团队。团队的构架、人员都要进行调整。

（3）结构性。结构是团队机制正常运作的平台，没有良性结构，团队的作用不可能得到发挥。而团队的结构是根据团队任务的性质和团队成员的素质确定的。团队任务明确具体，人员素质高，就实行协作式团队，如研发团队；团队任务明确具体，人员素质低，就实行分工式团队，如生产团队；团队任务抽象，人员素质高，就实行研讨式团队，如战略团队；团队任务抽象，人员素质又低，就不能组建任何团队，要么重新划分任务，要么重新选派人员，因为这样的组合，即便组建了“名义团队”，也不能很好地完成任务。

（4）适宜性。团队的适宜性是指团队人员的数量和能力应该合理。对于有些群体，虽然也完成了任务，但人员冗余，也不能称为团队。团队就是要以最合理的人员，完成最大的绩效。因此，对于一些特殊任务，允许单人团队的存在。比如，生产性企业的销售代表，他负责一个区域的销售，他素质高但性格孤僻，别人的销售业绩又与他不可比拟，让他负责一个区域，也可以视为一支团队。

（5）综效性。在《第五项修炼》中，彼得·圣吉提出“综效”的概念，即1+1>2 产生的效应。团队成员要有共同的承诺感和力求协同的行动，就是要更有效率、效果地做事情。有些学者提出，团队与群体的本质区别就在于，团队能够产生大于团队成员个人能力之和的成果，而群体只是个人能力的相加。

基于以上特性，相比于条块分割、等级森严的传统部门组织，团队具有适应性强、灵活、柔性、人性化、集约性好等诸多优点。

团队的类型

根据团队存在的目的和拥有自主权的大小可将团队分成三种类型。

问题解决型团队

一般由来自一个部门的 5 ~ 12 名员工组成，他们每周用几个小时的时间来碰碰头，讨论如何提高产品质量、生产效率和改善工作环境。在团队里，成员就如何改进工作程序和工作方法互相交换看法或提供建议。但是，这些团队几乎没有权力根据这些建议单方面采取行动。问题解决型团队的结构如图 2–2 所示。

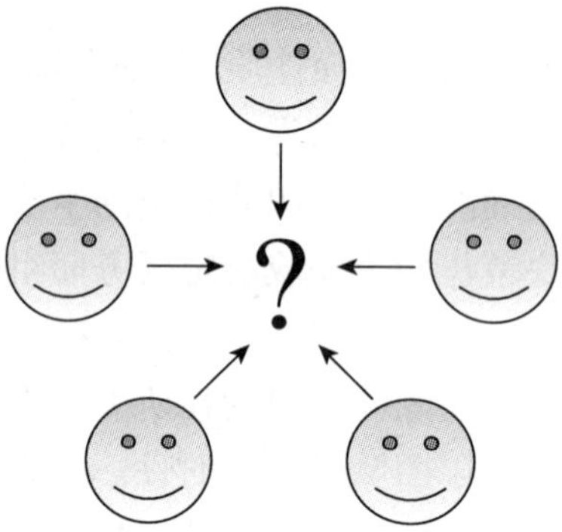

图 2–2　问题解决型团队

自我管理型团队

通常由 10 ~ 15 名员工组成，他们承担着以前的上司所承担的一些责任。一般来说，他们的责任范围包括控制工作节奏、决定工作任务的分配、安排工间休息。彻底的自我管理型团队甚至可以挑选自己的成员，并让成员相互进行绩效评估。自我管理型团队的结构如图 2–3 所示。

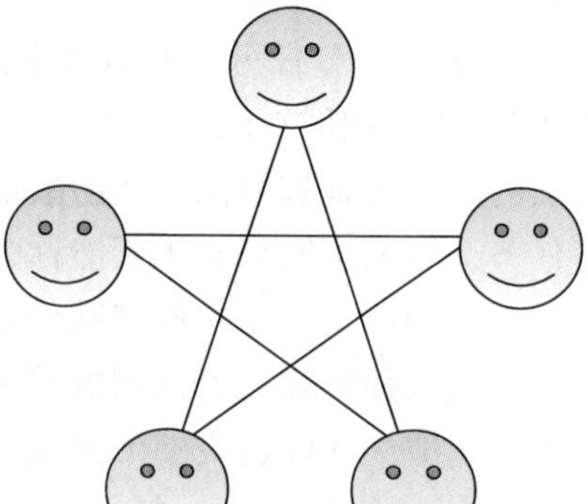

图 2–3　自我管理型团队

然而，推行自我管理团队并不总是能带来积极的效果，虽然有时员工的满意度随着权力的下放而提升，但同时缺勤率、流动率也在增加。所以首先要看企业目前的成熟度如何，员工的责任感如何，然后再来确定自我管理团队发展的趋势和反响。

多功能型团队

这种团队由来自同一个等级、不同工作领域的员工组成，他们来到一起的目的是完成一项任务。例如 IBM 的任务攻坚队其实就是一支临时性的多功能团队。多功能型团队的结构如图 2–4 所示。

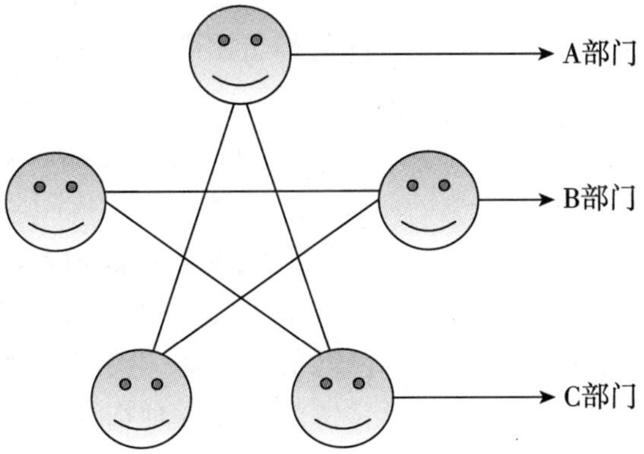

图 2–4　多功能型团队

多功能团队是一种有效的方式，它能使组织内（甚至组织间）不同领域员工之间交换信息，激发新的观点，解决面临的问题，协调复杂的项目。

基于团队的人力资源管理

团队的兴起致使人力资源管理在理念和技术层面都面临着新的挑战，逐渐由以个人为基础的管理模式转向以团队为基础的管理模式。这一变革过程尚未完成，基于团队的人力资源管理模式尚处于发展之中。到目前为止，学者们认为，在基于团队的人力资源管理过程中需要注意以下问题。

有效沟通

在组织变革和创新过程中构筑一支优秀团队是一项艰苦而巨大的工程，保持一支优秀团队的长久优秀，首先需要进行有效的沟通。无论做什么事情都需要沟通，对于做人力资源工作的人员来说尤其如此，人事总监最高超的技巧就是他的沟通能力。如销售团队，它是由单个的人组成的，这些人可能是因利益目标而聚到一起，但是到一起后就不是简单的利益关系了，每个人都有自己的思想和处事原则，如果让他们放弃自己的一些棱角，糅合到一起，让大家尽力把自己最优秀的一面展现出来，就要靠心灵的沟通。沟通的方式有很多种，但最根本的就是要尽量满足个人所需，在发展的大前提下把这些人的积极性调动起来。召开会议、打造学习型团队、聚会等都是为了沟通。可以这样说，增强团队凝聚力，沟通既是关键，也是最重要的手段。

建设团队的文化

团队的组织形式本身就是一种文化。团队文化是团队成员共有的价值观、信念和习惯体系，是团队发展过程中应遵循的或形成的工作方式、思维习惯和行为准则。团队文化的核心是团队价值观和信念，团队文化和企业经营宗旨、经营理念、人力资源政策以及高层领导的作风、行为、管理思想等必须一致。不同的团队可能具有不同的核心价值体系，比如销售型的团队和领导型的团队就不同，但是基本要素却应该是共有的，这就是：有凝聚力的团队精神、积极的团队情绪和高工作效率。团队的成功需要一种有利于团队发展的文化背景，当组织文化支持团队的目标和工作时，团队工作会产生巨大的能量。所以，企业高层管理者应根据社会文化和企业经营理念建立起支持团队目标的组织文化。具体做法：一是从组织的使命和价值观中提炼团队文化；二是广泛宣传团队文化；三是提炼团队文化的重点，将团队文化的行为准则结合到绩效考核和人才选拔中；四是加强管理人员对团队文化的理解。组织文化的建设是一种长久、曲折和艰难的发展过程，组织所形成的优秀团队文化会为团队提供资源，组织的团队文化形成后员工们会自觉地实践团队行为，而不需要传统的一步一项指令的领导方式，这非常有利于组织创新。

建立合理的激励体制

对于组织团队来说，唯一的资源就是人，团队的目标只能靠人来完成。要使团队成员充满活力地为组织去开疆拓土，没有合理的激励机制是不行的。组织可以通过改进其绩效管理和薪酬管理体系达到团队激励的效果。

在团队的工作方式下，绩效管理的重点应该发生以下转移和调整：一是由过去导向转变为未来导向，重视员工对团队的长期价值，而不是既往和目前的业绩，从而对员工能力和潜质的评价更加重要；二是由强调团队成员的个人绩效转变为个人绩效和团队绩效并重；三是在评价要素中侧重团队导向的行为。其中，团队导向的行为包括七种，即支持行为、沟通行为、协调行为、反馈行为、监控行为、团队领导行为、团队认同行为。

而在薪酬管理方面，也应根据团队工作的特点采用以团队为基础的报酬计划，从而达到薪酬的激励效果：一是保持职位薪资体系作为基本的薪资模式，但是职位薪资尽可能宽带化；二是采用技能薪资模式，该模式侧重于对技能的评价和付酬，从而很好地适应了扁平化之后的组织结构，同时能够对团队成员形成持续性的发展激励；三是采用团队绩效奖励的报酬模式，浮动薪资以团队绩效为基础，建立个人报酬与团队业绩之间的直接联系，从而改进团队内部的协作；四是采用分权的报酬管理模式，即改变人力资源部集权管理报酬的模式，只是由人力资源部核定团队总体的业绩奖金的额度，并提供一套基本的程序原则，成员之间的奖金分配则交给团队自行决策。

打造一支学习型团队

有效的集体力量，并不是简单的人数凑合，重要的是讲求整体搭配，合理配置也是组织创新的重要内容。通过团队学习，可以实现良好的整体搭配，使团队智慧超过个人智慧的总和。一是团队学习可以激发团队的创造性。一支团队里，个人的经历见识不同，工作水平有高低，通过团队学习，可以提高分析解决能力，促进员工之间经验交流，提高团队的整体水平。二是团队学习可以加快新知识、新技术的推广应用。新知识、新技术的推广应用需要有效地消化吸收，团队学习就是一种有效消化吸收方式，通过这种方式，使技术很快转化为生产力。

2.2.2 团队发展的新模式——虚拟团队

虚拟团队概述

虚拟团队的概念

20世纪末，信息技术革命和互联网的崛起将人类带入了网络经济时代。网络不仅改变了人们的工作和信息交流方式，同时也拓宽了人们的工作空间，异地办公和移动办公日益增多，虚拟办公室逐步取代实体办公室而成为一种潮流。此外，经济全球化和世界经济一体化的发展使得企业的人才分布变得分散，人员流动性加大，人力资源成本不断上升。企业要想降低人力资源成本，增强企业竞争力，只能凭借与来自同一行业或不同领域的组织结成合作伙伴关系，实现人才共享。虚拟团队就是在这种环境下应运而生的。虚拟团队的运用使人力资源在整个社会中实现了有效配置，减少了资源的浪费，同时也加强了企业间的合作，实现了人才共享，降低了人力资源成本。

从以上虚拟团队的形成，可以把虚拟团队的概念概括如下：虚拟团队是在网络经济条件下形成的高效协作的知识型团队，它是企业为了实现某一特定的目标而临时设置的。与传统的面对面交流的团队不同，虚拟团队的成员必须借助于通信技术，比如电子邮件、电话、电视会议等进行交流。这种短期性团队一般由具有专业知识水平极高的专家们组成，他们使用自身的知识相互协作，解决复杂问题，以满足组织对“外脑”的需求。

虚拟团队的特点

虚拟团队与传统团队相比，有如下显著特点：一是虚拟团队成员人数一般比较少，他们在文化、价值观、教育背景等方面存在很大差异，一般都具有很高的专业技术知识水平，在追求团队的共同目标的同时，更专注于自我价值的实现，强调个人责任，愿意为自己的行为负责；二是虚拟团队成员在时间和地区分布上很分散，他们有着不同的工作时间，处于不同的工作地点，很少进行非正式信息的交流，面对面的交流更少，因此缺乏感情的沟通与联系，他们通常都是借助于电话、电视会议等通信手段进行交流和联系；三是虚拟团队的形成需要高科技和知识型人才的支持，它建立和维护的成本比较高，一旦失败，给组织造成的损失将是巨大的。因此，虚拟团队不是随时随地就可以建立的，它的形成是一个长期的过程，而不是企业在原有传统团队基础上的延伸和丰富，它需要企业慎之又慎的重新计划。

虚拟团队的优势

相对传统的面对面的团队，虚拟团队具有以下优势：

人才优势

现代通信与信息技术的使用大大缩短了世界各地的距离，区位不再成为直接影响人们工作与生活的因素，这就大大拓宽了组织的人才来源渠道。组织可以动态地集聚和利用世界各地的人才资源，为获得通常很难招聘到的具有专门技能的人才创造了条件，同时也减少了关键人才的流失。

信息优势

虚拟团队成员来源区域广泛，能够充分获取世界各地的技术、知识、产品信息资源，这为保持产品的先进性奠定了基础。同时，成员可以采集各地顾客的相应信息，反映顾客的需求，并能及时解决客户的相关问题，从而能够全面地了解顾客，有利于组织尽快设计和开发出满足顾客需求的产品和服务，建立起良好的顾客关系。

竞争优势

虚拟团队集聚世界各地的优秀人才，他们在各自领域内都具有知识结构优势，众多单项优势的联合，必然形成强大的竞争优势。同时，通过知识共享、信息共享、技术手段共享等，好的经验、灵感能够很快在数字化管理网络内得以推广，实现优势互补和有效合作。网络内良好的知识采集、筛选、整理、分析工具和机制，使众多不同渠道的零散知识可以迅速整合为系统的集体智慧，转化为竞争优势。

效率优势

团队是高效组织应付环境变化的有效手段之一，而虚拟团队利用网络、邮件、移动电话、可视电话会议等技术实现基本的沟通，在技术上的诱惑力更是显而易见，团队成员之间可以及时地进行信息交流，防止信息滞留，缩短了信息沟通和交流所用的时间，确保及时作出相对正确的决策。

成本优势

虚拟团队打破了组织的界线，使得组织可以大量利用外部人力资源，从而减轻了组织内部人工成本压力。在此基础上，组织可以大力精简机构，重新设计组织构架，使人员朝着有利于组织发展的方向流动，促使组织结构扁平化。此外，团队柔性的工作模式减少了成员的办公费用、为聚集开会而支付的旅行费用等，也减少了重新安置员工的费用，从而降低了管理成本。

虚拟团队的人力资源管理

明确团队目标，赋予共同愿景

虚拟团队的成员是由专家组成的，具有很高的独立性和自治性，他们都专注于自己狭隘的专业领域，并局限于本身的使命和价值观。他们可能执着于自己的专业领域而不考虑团队的共同任务，也可能用自己的专业知识评价其工作业绩。因此，团队的目标应界定得很清楚，可转化为每位成员的具体的行动方案，并且可以通过定性和定量的方式进行衡量。目标还必须被其全体成员强烈认可和接受，并将此目标视为其唯一奋斗目标。在制订团队目标时，要确保个人目标和团队目标相一致，还要考虑组织的整体目标与战略以及组织内其他团队的任务和使命，站在所有关系人的角度考虑目标的制订。目标要有一个约束条件，规定团队在什么时候做什么和怎样做之前必须考虑的边界条件和限制，无论是资源还是时间方面。约束条件仅仅确立团队工作的界限和限制，给团队更多的自主权和较明确的工作中心，在团队中营造了一种鼓励创新的文化氛围。另外，由于团队目标是使团队成员一起工作的黏合剂，因此，团队目标必须具有很好的合作性，它有利于加强成员之间的合作与联系，发挥每个成员的潜能和创造力，实现 1+1>2 的合力效能。

提高团队成员的忠诚度，培养职业道德

调查研究发现，越是知识型人才，其工作流动性就越大；越是由知识工作者组成的组织机构，员工离开它另谋高就也就越容易。而虚拟团队是由来自不同地区的专业技术人才通过远程工作方式进行联系的群体，团队的特征决定了其人员流动的可能性更大。因此，要想成为一支运作成功的团队，培养成员的职业道德，提高其忠诚程度是关键的一步。心理学研究表明，成员对其群体越具有认同感和归属感，他们对团队目标越有奉献精神，越愿意为实现这一目标而发挥自己的最大潜能。职业道德不是靠简单的提升工资等手段获得的，它是由多种因素复杂作用的集合体。首先，团队应该向员工提供具有挑战性的工作，由员工独自完成并对其负责，并能获得关于工作情况的及时反馈。这项任务既能体现成员价值要求又能通过成员的努力得以实现。其次，团队要创造良好的软环境，即注重人情味和感情投入、增加工作的安全性和自由度、明确工作任务和角色、进行公平公正的绩效评估与反馈、加强队员之间的联系、提供培训和发展机会等。虚拟团队应将职业道德尤其是忠诚度视为降低团队人力资源成本和提高人员生产力的一种有效途径。

加强团队的有效沟通

有效沟通是虚拟团队存在和发展的基础。要使团队成员能够有效沟通，首先，应该解决沟通方面的技术问题，包括技术设施的配备、技术手段的掌握、技术手段的更新和开发。由于成员技术层面上存在较大差异，所以，应通过技术培训解决手段掌握问题，同时应在团队中安置一两名专业技师以排除突发技术故障，并同时负责技术系统的购买、安装和开发。其次，解决文化差异所带来的困难。可以通过文化敏感性培训，使成员了解文化差异的状况及可能会带来的相应问题，使成员接受和认可他人的文化背景，尊敬他人的语言风格及行为习惯，以减少因不同的文化带来的冲突。最后，通过标准化解决问题。成员的广泛来源所导致的时区、文化、技术熟练程度的差异容易引起冲突，而通过与工作有关的程序、方法的标准化，可获得一定范围内的统一性，有利于沟通和实现团队目标。例如，规定成员每天至少接收两次 E-mail，就可解决因时区不同而导致信息反馈的延迟。再如，在与工作有关的信件中，尽量使用标准化公函格式，就能够避免因文化差异而造成的误解等问题。另外，由于依靠技术手段的远距离沟通有其脆弱性，所以应交叉运用多种沟通方式，如交叉运用电话、传真、E-mail，依靠网络视听电话及其他软件以防某种技术手段出现突发故障。

营造相互信任的团队环境

优秀团队的一个前提就是要有相互信任的运作环境。虚拟团队的成员来自不同的地方，拥有不同的文化背景和价值观，具有习惯性防卫心理，同时由于缺乏每天进行面对面交流的机会，虚拟化的工作方式使人员产生不真实的感觉，所有这些都影响团队协力作用的发挥。因此，信任关系的确立和维系是虚拟团队管理的核心问题。虚拟团队在其建立初期，应通过团队成员面对面的交流设立一个团队成员共享的未来愿景。共同愿景的设立使得团队成员相互团结，以诚相待，朝着这个共同的目标而努力，这在一开始就会提高大家的工作热情，建立团队成员之间的相互信任。建立信任环境最好的办法就是从信任别人开始，只有当别人感到被信任时，他们才会信任你，这是由人的习惯性防卫心理所决定的。因此，团队成员间应对彼此做出的成就予以认可和信任，逐步在团队中营造起相互信任的环境。虚拟团队还可以开辟开放的虚拟网络空间，使团队成员在那里进行无拘无束的诚实的非正式的信息交流，加强联系和交流，减少孤立感，增强信任。

建构良好的激励模式

对虚拟团队成员的激励问题是管理者所面对的新挑战。因为虚拟团队的运作不同于传统团队，其管理方式也应有所创新。根据虚拟团队的特征，可以构建适应虚拟团队的激励模式。首先，实行高薪。之所以要实行高薪，是因为一方面虚拟团队成员往往是知识型员工，一般具有特殊技能；另一方面因其分散各地，要使其有效投入工作，控制较难，而金钱是其基本需要，高薪可以使成员个体有能力解决后顾之忧，如料理家庭等。其次，提供挑战性工作。知识型员工的显著特征是蔑视权威，忠诚于自己的专业甚于组织目标，成就感强烈，因此应向成员个体提供专业性强的挑战性工作。再次，提供适当的学习机会。由于虚拟团队往往是目标导向的，并且具有明显的动态性，所以成员个体的工作变动性大。为成员提供良好的学习机会，包括沟通技术和相应专门技能的培训和学习，本身就是为员工将来的职业生涯着想，虽然表面上与团队目标不符，但实际上却是一种较好的激励手段。最后，建立特色团队文化。特色虚拟团队文化可以使成员有一种归属感和群体意识，弥补了远距离沟通造成孤独感的缺陷，满足了成员的社会需要，促进成员的社会化，所以也是一种较好的激励手段。

2.3 业务流程再造

进入20世纪90年代以后，全球经济一体化进程迅速加快，高新技术在生活中的应用日益普及，企业所面对的环境越来越复杂，竞争的对抗性越来越强，竞争优势的可保持性越来越低，已经呈现出一种动态竞争的态势。企业战略已经不像以前那样可以保持相当长的时间，而需要根据环境适时作出调整。在这样一种动态的环境下，伴随着经济全球化的浪潮，以及诸如“虚拟制造”、“虚拟企业”、“学习型组织”等新形式、新思想的涌现，对企业的组织模式造成了巨大的冲击：传统以专业分工为特征的泰勒制组织模式由于其刚性太强而无法适应目前这种复杂变化的环境，许多企业为了能够对环境的变化作出快速、准确的反应，纷纷使用业务流程再造等方法来实现其目标。

2.3.1 业务流程再造概述

业务流程再造的概念

业务流程再造是20世纪90年代由美国麻省理工学院的计算机教授迈克尔·哈默和CSC管理顾问公司董事长詹姆斯·钱皮提出的。1993年，在他们联手著出的《公司重组——企业革命宣言》一书中，哈默和钱皮指出，200年来，人们一直遵循亚当·斯密的劳动分工的思想来建立和管理企业，即注重把工作分解为最简单和最基本的步骤；而目前应围绕这样的概念来建立和管理企业，即把工作任务重新组合到首尾一贯的工作流程中去。

所谓“业务流程再造”，是通过对企业现有的业务流程进行根本性的再思考和彻底性的再设计，从而使企业获得成本、质量、服务和速度等方面业绩的显著改善。该理论认为，应从顾客的需求出发，根据环境的变化对企业流程进行根本性思考和分析，重新设计流程，对业务流程的每一环节进行改进，对不提供价值的环节彻底摒弃，力争改进业务流程中每一环节的工作绩效，通过战略设计和组织管理模式上的变革，将企业运行中被割裂的过程重新联结起来，使其成为一个连续的流程，并通过对业务流程的集成与优化，创造更多的“消费者剩余”，实现成本和效率的整体优化，增强企业的竞争能力，从而获得企业绩效的巨大改善。

业务流程再造的核心思想

业务流程再造的核心思想有两条。

（1）以顾客的需求为导向，尽可能缩短流程路线和时间。以顾客为导向，是指在重新设计新流程或修改原有流程时，处处都要站在顾客的角度考虑问题，看看是否有利于顾客，方便于顾客。当今企业的经营环境与过去相比发生了深刻的变化，顾客需求日趋多变，市场竞争空前激烈，以信息技术为代表的新技术日新月异，任何一家企业在如此艰难的环境下要求得生存和发展，一方面要主动适应市场，另一方面要提高效率加快反应速度。

（2）尽量减少不增值的活动（环节）。从理论上讲，企业的最终目的都应该是为了提升顾客在价值链上的价值分配。流程再造的目的就是为了以一种新的结构方式为顾客提供这种价值增加，并提升这种价值增值的程度。反映到流程设计的具体上，就是尽一切可能减少流程中非增值活动以及调整流程的核心增值活动。

2.3.2 业务流程再造的主要方法

业务流程再造作为一种重新设计工作方式、设计工作流程的思想，是具有普遍意义的，但在具体做法上，必须根据本企业的实际情况来进行。美国的许多大企业都不同程度地进行了业务流程再造，其中一些主要方法如下。

合并相关工作或工作组

如果一项工作被分成几个部分，而每一部分再细分，分别由不同的人来完成，那么每个人都会出现责任心不强、效率低下等现象。而且，一旦某一环节出现问题，不但不易于查明原因，更不利于整体的工作进展。在这种情况下，企业可以把相关工作合并或把整项工作都由一个人来完成，这样，既提高了效率，又使工人有了工作成就感，从而鼓舞了士气。如果合并后的工作仍需几个人共同担当或工作比较复杂，则成立团队，由团队成员共同负责一项从头到尾的工作，还可以建立数据库、信息交换中心来对工作进行指导。在这种工作流程中，大家一起拥有信息，一起出主意想办法，能够更快更好地作出正确判断。

工作流程的各个步骤按其自然顺序进行

在传统的组织中，工作在细分化了的组织单位间流动，一个步骤未完成，下一步骤开始不了，这种直线化的工作流程使得工作时间大为加长。如果按照工作本身的自然顺序，是可以同时进行或交叉进行的。这种非直线化的工作方式可大大加快工作速度。

根据同一业务在不同工作中的地位设置不同工作方式

传统的做法是，对某一业务按同一种工作方式处理，因此要对这项业务设计出在最困难最复杂的情况下所运用的处理方法，把这种工作方法运用到所有适用于这一业务的工作过程中。这样做会产生巨大的浪费，因此，可以根据不同的工作设置出对这一业务的若干处理方式，这样就可以大大提高效率，也使工作变得简捷。

模糊组织界线

在传统的组织中，工作完全按部门划分。为了使各部门工作不发生摩擦，又增加了许多协调工作。因此，业务流程再造可以使严格划分的组织界线模糊甚至超越组织界线。如宝洁公司（P & G）根据超级市场信息网传送的销售和库存情况，决定什么时候生产多少、送货多少，并不一味依靠自己的销售部门进行统计，同样，这也就避免了很多协调工作。

2.3.3　业务流程再造中的人力资源管理

人力资源在企业业务流程再造中有着非常重要的作用。在信息社会，人力资本将会取代企业金融资本成为战略资源，这一点在企业流程再造过程中显得特别突出，人成为业务流程再造能否成功的关键。谁拥有人才、知识、技术，谁就能在竞争中占优势，同时也只有拥有了高素质的人才，才能使企业的流程再造得以成功。为此，企业的人力资源开发与管理就显得尤为重要，需要形成一套完善的选才、育才、留才、激才的有效程序，培养业务流程再造所需的高素质人才。要发挥人力资源在企业业务流程再造中的作用，需要注意以下几方面的问题。

合理配置人力资源

合理配置人力资源，要确立以人为本的现代人力资源的管理战略，坚持唯才是举的用人制度，建立能者上、庸者下的企业内部人才流动机制，充分发挥人力资源与物质资源的最优组合，用人所长，人尽其才，最大限度地发挥人的积极性和创造性，把人才放在最合适的岗位上和最急需的工作中，发挥其最高的效率。Federal-Mogul公司是一家年销售额达18亿美元汽车零件制造和分销公司，在对整个业务流程进行再造时，其充分考虑到公司的人力资源状况，把销售代表与工程师组成一个小组，一起走访汽车总装厂，这样避免了销售代表向工程师传递信息的失真；同时公司把销售、设计、制造人员用一套电子工作流系统连接起来，使其相互之间能即刻知道彼此的活动与需要，从而更快地完成工作。

建立科学的基于团队的绩效考核模式

流程的改变意味着每个人工作内容和性质的变化，因此为了更好地突出流程的要求，每个人的绩效考核的内容、标准、形式都将发生变化，科学地重新设计考评体系是必要的。由于以流程为中心的企业大多采用团队工作的方式，所以建立有效的基于团队的绩效考核模式非常关键。在以团队工作为核心的组织中，企业的战略目标被逐级下达到各个团队，团队成为工作的基本单位。企业员工由原来的某一环节的工作负责转向与其他团队合作为组织的战略目标负责。由于团队特殊的运作模式，有效的团队绩效考核，要对团队成员在团队和个人两个层次上进行考核。因此基于业务流程再造的团队绩效评估的关键是：管理人员要在考虑以团队为基础进行绩效评估、利润分享、小集体激励及其他方面的变革的同时，还应该根据个体的贡献进行评估和奖励，并充分协调团队绩效和个人绩效之间的关系，使个人目标和团队目标高度一致。

制定合理的薪酬体系

工作的变革要求在员工薪酬方面作出合理的改变，以体现新流程、新工作的要求。Itoh 的研究表明：成员自身的努力和其他成员的帮助如在战略上是互补的，来自别人的帮助越多，自己的工作越努力，工作团队的产出越大，那么通过激励机制可诱使“团队互助”为最优。诱使团队高度协作的激励机制可使每位成员的收益主要依赖于工作团队的产出。因此业务流程再造中，员工工资可以采用“个人技能工资 + 团队绩效工资 + 公司绩效工资”的模式。这种模式将个人的目标、工作团队的目标和公司的目标很好地统一了起来。这里需要指出的一点是，以工作团队成员的技能代替其绩效作为评价工资多少的标准之一，是因为不仅成员的贡献仍得到承认，而且还可使他们专注于个人能力的提高及对工作团队的贡献。工作团队成员要想拿到期望的工资，必须积累职业技能，并且当他在工作中显示出更多的技能时，还可以在职业道路上得到晋升，这对于员工来说是一举两得的。

注重经营者能力的培养

经营者的能力是保证企业流程再造时组织权力重新分配的关键。流程再造需要抛弃原有的思维模式，大胆进行突破性创新，这就需要经营者要具备用市场的办法解决问题、用科学机制规范企业运行的现代管理能力；具备善于团结、凝心聚力的沟通协调能力和敢于突破瓶颈、善于攻坚克难的开拓创新能力以及处变不惊、沉着应对、驾驭复杂局面的能力。管理人员角色也要有较大转换，从较多地对下属进行监督、控制转变为指导、帮助和支持基层工作，更多地发挥服务的功能。

进行企业文化的再造

企业文化主要指企业的理念、宗旨、目标、价值观、职员行为规范、经营管理制度、企业环境等，其在企业发展中起到导向、维持和约束的作用。企业在业务流程再造时如果没有在企业文化中注入再造思想，员工还是依照旧的价值观和思维模式来关注再造的全过程，再造就必然遭到极大的阻挠，以至于不能贯彻到底，最终半途而废。所以企业在流程再造时要关注企业文化的阻碍因素，不断向员工输入新的思想和理念，把员工的价值取向和行为动机上升到新的高度。只有得到员工的普遍理解和大力支持，流程再造才能达到满意的效果。

注重信息的反馈，保证组织实施持续改善

人力资源相关部门还要辅助其他部门，在人员方面提供准确的信息，对于提出的多个流程改进方案，从成本、效益、技术条件和风险程度等方面进行评估，

选取可行性强的方案。企业再造方案的实施并不意味着企业再造的终结。在社会发展日益加快的时代，企业总是不断面临新的挑战，这就需要对企业再造方案不断地进行改进，以适应新形势的需要。

本章小结

组织变革可以大致分为适应性变革、创新性变革和激进性变革三类。未来组织的变革呈现出组织结构扁平化、组织运行柔性化、组织协作团队化、组织管理人本化、学习型组织等趋势。组织变革与组织发展有十分密切的关系，组织发展可以看成实现有效组织变革的手段。根据团队存在的目的和拥有自主权的大小可将团队分成问题解决型团队、自我管理型团队和多功能型团队三种类型。

在基于团队的人力资源管理过程中需要注意四个方面的问题。相对传统的面对面的团队，虚拟团队具有人才、信息、竞争、效率、成本等方面的优势。虚拟团队的人力资源管理需要从五方面做起。

业务流程再造的核心思想有两条：以顾客的需求为导向，尽可能缩短流程路线和时间；尽量减少不增值的活动（环节）。业务流程再造的主要方法包括合并相关工作或工作组、工作流程的各个步骤按其自然顺序进行、根据同一业务在不同工作中的地位设置不同工作方式、模糊组织界线等。业务流程再造中的人力资源管理需要注意六个方面的问题。

专业术语

组织变革 Organization Transformation
组织发展 Organization Development
学习型组织 Learning Organization
问题解决型团队 Problem Solving Team
自我管理型团队 Self-managed Team
多功能型团队 Functional Team
学习型团队 Learning Team
虚拟团队 Virtual Team
业务流程再造 Business Process Restructuring(BPR)
基于团队的绩效考核 Team-based Performance Evaluation

复习思考题

1. 管理人员在组织变革和组织发展中的作用是什么？
2. 组织变革与组织发展的联系和区别是什么？
3. 组织变革的未来发展趋势带给组织人力资源管理怎样的影响？
4. 虚拟团队的人力资源管理与传统面对面团队的人力资源管理的区别有哪些？
5. 业务流程再造中的人力资源管理应注意些什么？

深度学习

[1] 姚裕群，孔冬. 团队管理［M］. 长沙：湖南师范大学出版社，2007.
[2] 马作宽. 组织变革［M］. 北京：中国经济出版社，2009.
[3] 帕尔默，邓福德，埃金. 组织变革管理［M］. 金永红，奚玉芹，译. 2版. 北京：中国人民大学出版社，2009.
[4]〔美〕德斯勒，〔新加坡〕陈水华. 人力资源管理［M］. 赵曙明，高素英，译. 亚洲版，2版. 北京：机械工业出版社，2013.

实践链接

[1] 十个团队建设游戏. http://www.doc88.com/p-0327331681653.html.
[2] 团队建设常用游戏大全. http://www.xincaiedu.com/html/hydt510.html.
[3] 组织变革案例分析和组织变革技巧. http://www.ceconlinebbs.com/LT/%D7%E9%D6%AF%B1%E4%B8%EF.HTM.

案例分析

联想集团的组织成长

联想集团初创于1984年11月，经过11年的艰苦奋斗，到1995年年底已发展成为拥有12亿元资产，3000多名员工，包括北京联想集团公司和20多家国内分公司27个海外分支机构及600多个经销服务网点的大型产业集体，主要从事计算机研究、开发和生产经营。1995年集体销售收入达67亿元，联想集团在中国500家最大工业企业中排名第56位，在中国电子百家企业中排名第四位，是中国最大的计算机企业。

联想集团是一家国有民营企业，实行董事会领导下的总裁负责制，总裁室下设14个事业部和12个职能管理部门。公司总部主要对公司的发展方向、发展战略、重大投资项目、投资效益等进行直接控制，其他企业的经营和管理权下放给各事业部，事业部独立经营、自负盈亏。

回顾联想的发展历程，其间充满艰辛、坎坷。然而，让联想人最难以忘怀的，则是由两次组织结构的调整所带来的飞速成长。

一、借船出海

1988年，由于联想汉卡在市场推广方面获得初步的成功，联想继续发展的条件有了很大的改善。这主要表现在这样几个方面：一是企业实力增强，由20万元的投入发展到拥有上千万元的自有资本；二是由于西文汉化问题的解决，扫除了计算机在中国推广的一大障碍，联想在中国也有了一定的知名度；三是当时有许多外国知名计算机厂商为占领中国市场寻求与联想合作，从而为联想通过合作发展自己提供了条件；四是联想已经有了一支可以向汉卡以外其地计算机产品进军的队伍。再从市场形势看，由于中国开放不断扩大，人们对计算机的认识日渐提高，这将导致中国计算机市场迅速增长。而世界知名计算机厂商向中国进行简单商品输出已有四五年的历史，但这时中国市场上尚缺乏先进的主导型计算机。这使得联想与外国公司合作推广某种合适计算机会比较有利。从计算机技术方面看，美国和日本在当时具有垄断性优势，而一般性辅助技术则集中于亚洲“四小龙”等国家和地区。对于初获成功的联想来说，如果马上在核心技术和关键领先技术方面与发达国家的实力雄厚的计算机厂商展开竞争，则无异于以卵击石。联想经营者经过大量的调研和分析，决定将市场定位于电脑板卡的开发和制造方面，同时争取做某些世界著名计算机厂家的中国总代理，创造中国市场的主导型计算机，以积累资金和销售经验，并学习电脑整机开发技术。

联想在着手板卡开发和制造项目时遇到了很大的政策性困难。当时，全国有不少国家计划内计算机制造项目正在多家国营厂实施，对于联想这一计划外的计算机厂家提出的计划项目一时难以得到批准。联想拿不到批文，就决定采取“打出去”的办法，到海外去拓展生存和发展空间。但由于联想对国际市场知之不多，而且自身经济实力也不强，因此，就采取优势互补经营策略。1988年投入30万元港币与一家香港计算机经销商合资成立香港联想电脑公司(联想占54%的股份)。将自身科技开发优势与港商对世界电脑市场熟悉的优势结合起来。联想与港商联合起来共闯计算机市场。

香港联想以贸易积累一定资金后马上投入计算机板卡的开发。他们依托一批来自内地的一流科技专家，在1989年就拿出了深受客户欢迎的286板卡产品，然后，香港联想又把板卡的生产基地建在深圳，利用当地劳动力低廉且素质较高的优势，使生产成本迅速下降。这样联想的板卡产品就以良好的性能价格比赢得了较好的市场地位。

在国内市场，联想继续大力开发联想汉卡的市场，占领了全国汉卡市场的50%以上。同时，联想选定美国AST公司作为合作伙伴，成为AST公司在中国大陆的唯一代理商，经过双方共同努力，使得AST计算机成为中国微机市场上的主导机型，以后连续数年成为在中国销量最大的微机。

由于在这一阶段成功的组织拓展策略，使得联想集团有了进一步的发展。一是企业实力进一步提高，联想集团成功地挤入了国际市场，同时在国内市场的实力也稳步增长。二是建立了良好的市场资源，培育企业发展新的生长点。在这一阶段，联想相继在美国、新加坡、德国等地设立了分公司，在国内建立了十几家子公司，从而把自身的经营触角向发达国家和国内各城市延伸，奠定了向产业化发展的基础。三是培育了一支可参与国际市场竞争的队伍，同时也树立了良好的企业形象。

二、组织转型

随着联想集团规模的扩大，管理变得越来越复杂，企业有了一些规范的规章制度，确定了建立具有国际影响的高技术产业跨国集团的长远目标。公司强调和规范各部门、员工的专业化分工以及职责、权利、义务，强调部门、员工的全局意识和公司的统一管理，联想人把这种组织结构称之为“大船结构型”。它在经营方面的突出表现是统一指挥，集中作战，资源向重点项目集中，形成突破。

到1994年下半年，联想集团步入了新的发展阶段，开始逐步成为一家成熟的企业。企业的自有资本已逾10亿元，海内外互补性经营格局基本形成。1994年年初，香港联想公司成为香港上市公司，更为企业发展带来了新的发展机会，企业资本在短期内迅速增加到数十亿港元。由于联想集团的现实规模和强劲发展势头，联想板卡产品在世界市场的重要地位和联想电脑在中国市场的重要地位，许多国际大公司已把联想当作重要竞争对手。这样一来，联想实力增加既使自己获得了更强的抵抗风险、持续发展的能力，同时也因为自身更引人注目而面临着更加激烈的竞争。

在这种形势下，联想集团的决策者们开始认真研究继续发展的问题。根据联想的现有实力，出于规避风险、寻找新的增长机会、提高企业经营效率的考虑和对企业经营管理国际化经验的借鉴，联想决定要在坚持公司计算机产业主导地位，向国际化发展的同时，要开拓新的经营领域，向多样化发展。为了适应新的多样化、国际化经营的要求，也为了解决联想由于规模和业务范围扩大、人员增多、经营区域广阔、市场变化迅速的问题，原来的“大船结构型”或职能式结构管理已难以适应新的情况，公司的统一管理也难以对世界各地广大地区的各种业务领域包括汉卡、板卡、微机、终端、打印设备等出现的新情况作出迅速正确的反应。因此，公司提出改革组织体制，调整集权与分权的关系，形成“多中心”公司，把“大船结构型”组织模式变为“舰队结构型”组织模式，实行事业部制。公司把地区业务和产品领域适当结合起来，把现有业务与今后的发展结合起来划分事业部的经营领域，成立了14个事业部。集团总部主要对公司的发展方向、发展战略、投资收益、重大投资项目、主要经理人员和财务负责人、科技开发负责人等进行直接控制，其他的经营管理权都下放给事业部。形成由集团总部这艘旗舰统帅下的由各个事业部即各种战舰组成的联合舰队，在世界市场的汪洋大海里搏击风浪，各事业部在总部指挥下独立完成经营任务。

成立事业部后，各个事业部的经营机制灵活，能够更有效、更灵活地对市场作出反应，均取得了很好的经营业绩。如微机事业部，仅1995年一年就销售了10万台联想台式计算机，1996年更是达到20万台，成为中国大陆销量最大的台式机品牌，第一次把外国品牌台式机抛在了后面。以此为契机，联想集团又再次迈进了一个新的发展阶段，各项销售指标节节攀升，规模不断扩大，经营业绩也呈现出逐年上升的态势，联想人的梦想正在逐渐成为现实。

思考题：

1. 在联想集团的成长过程中采用了哪几种组织结构？
2. 联想集团进行了哪几次组织变革？为什么要进行这样的组织变革？

第3章 中国人力资源管理相关法律法规

【学习目标】

- 了解中国的人力资源管理相关法律体系
- 理解中国的人力资源管理相关法律的适用范围、目的和特点
- 了解中国的人力资源相关的行政法规
- 培养在人力资源管理中的法律意识

引导案例

单位不支付竞业限制补偿金，职工可自由择业么[1]

向先生研究生毕业后，受聘于一家酿酒厂，在开发部工作，上岗前他与厂方签订了保密和竞业限制协议。因该厂规模小条件差，没有发展空间，干了一年多他就不干了。

劳动合同终止后他严格遵守竞业限制条款，在协议约定的竞业限制期间，拒绝了很多学友的介绍，没有到与工厂有竞争关系的单位去就职，一直待在家里从事论文写作。可厂方却不遵守承诺，不按月给他发竞业限制经济补偿金。为此，向先生很困惑，于是咨询了有关法律人士。

……

《中华人民共和国劳动合同法》相关法律条款要点

第二十三条：用人单位与劳动者可以在劳动合同中约定保守用人单位的商业秘密和与知识产权相关的保密事项。

对负有保密义务的劳动者，用人单位可以在劳动合同或者保密协议中与劳动者约定竞业限制条款，并约定在解除或者终止劳动合同后，在竞业限制期限内按月给予劳动者经济补偿。劳动者违反竞业限制约定的，应当按照约定向用人单位支付违约金。

第二十四条：竞业限制的人员限于用人单位的高级管理人员、高级技术人员和其他负有保密义务的人员。竞业限制的范围、地域、期限由用人单位与劳动者约定，竞业限制的约定不得违反法律、法规的规定。

在解除或者终止劳动合同后，前款规定的人员到与本单位生产或者经营同类产品、从事同类业务的有竞争关系的其他用人单位，或者自己开业生产或者经营同类产品、从事同类业务的竞业限制期限，不得超过二年。

关于竞业限制的法律解释

竞业是指有竞争关系的行业，竞业限制是对员工终止劳动关系后，到有竞争关系的单位就业的限制。权利与义务相一致是法律的基本原则。竞业限制不仅是针对员工的单纯义务条款，法律在规定员工竞业限制义务的同时也给予了受限制的劳动者从限制企业获得经济补偿的权利。企业应给予负有竞业限制义务的员工一定的经济补偿，是实施竞业限制企业的义务。

既然遵守竞业协议是劳动者的法定义务，支付竞业限制经济补偿金是用人单位的法定义务，劳动者不履行义务视为违约，用人单位不履行义务应视为对可得利益的放弃。劳动者不但可以追究用人单位的违约责任，而且可以从此不再受竞业限制协议的约束，自由择业。

3.1 人力资源管理法律体系

市场经济要求劳动力资源的配置必须以劳动力市场为基础，为了确保劳动力市场的有序运行，必须有相应的法律来保护用人单位和劳动者的双方利益，明确界定双方的权利、义务以及相应的法律责任。

3.1.1 人力资源法律体系结构

人力资源法律体系的概念

人力资源法律体系是指一个国家有关人力资源管理的法律、法规及其不同层次、不同分类的有机组合。这些法律、法规协调着企业中的劳动关系，保护雇佣双方的合法权益。其实质是通过法律机制来保证人力资源管理的正常运作。

人力资源法律体系构成

分类构成

2010 年 9 月发布的《中国的人力资源状况》白皮书指出，经过多年发展，中国逐步形成以宪法为根本依据，以劳动法、公务员法为基础，以劳动合同法、就业促进法、劳动争议调解仲裁法为主体，其他单项法律和行政法规为重要组成部分的人力资源开发法律体系。

中国人力资源法律体系按照不同类别可以划分为三种：

（1）劳动关系协调法。主要由以实现劳动关系运行协调化为基本职能的劳动法律制度所构成，包括《宪法》、《劳动法》、《劳动合同法》、《劳动争议调解仲裁法》、《集体合同规定》等。

（2）劳动基准法，又称为劳动条件基准法，是国家规定的最低劳动条件的法律规范的总称。主要由以实现劳动关系中雇员权益基准化为基本职能的劳动法律制度所构成，包括工时、工资、劳动保护、休息休假等方面的法律法规，如《最低工资规定》、《国务院关于职工工作时间的规定》、《女职工劳动保护规定》等。

（3）劳动保障法。主要由以保障雇员实现劳动权益和劳动关系正常运行的社会条件，即由以实现劳动保障社会化为基本职能的劳动法律制度所构成，包括《促进就业法》、《工伤保险条例》、《职业教育法》、《社会保险法》、《残疾人保障法》、《妇女权益保障法》、《禁止使用童工规定》、《残疾人就业条例》等法律和行政法规。

分层构成

根据制定的程序，人力资源法律又可分为规范性法律文件和准规范性法律文件两大类。规范性法律文件主要是指那些有关劳动的、必须以规范的法律文件形式存在的法律、法规；准规范性法律文件主要是指在现实中具有正式文件的法律效力的政策、条例、规定、守则、规程等，是对一些法律条款的重要补充。

1. 规范性法律文件

（1）宪法。它既是规范的劳动法律形式之一，也是其他劳动立法的最高法律依据。

（2）劳动法。从狭义上讲，中国的劳动法是指1994年7月5日第八届全国人民代表大会常务委员会第八次会议通过，1995年1月1日起实施的《劳动法》；从广义上讲，劳动法是调整劳动关系的法律、法规，以及调整与劳动关系密切相关的其他社会关系的法律规范的总称。劳动法作为维护人权、体现人本关怀的基本法律，在西方被称为第二宪法。作为普通的公民，一个人也许一辈子都不会接触到刑法、诉讼法，但劳动法却关系到每一个人。

（3）行政法规。它是中央政府制定的规范性文件，如专门就劳动法的某部分内容作出一定的规定。

（4）部门规章。部门规章是由中央所属部门制定的规范性文件。

（5）地方性法规和地方规章。这是地方政府制定的有关劳动方面的规范性文件。

（6）国际法律文件。它是由国际组织统一制定或由两个以上国家协议制定的规范性文件，经成员国或缔约国批准和签署后即有法律效力，如国际劳工公约。

2. 准规范性法律文件

（1）劳动政策。它是劳动法规的重要补充形式，在劳动法规不规范的情况下，可以替代劳动法规行使法律效力。

（2）劳动标准。它是劳动管理部门将劳动法规定性化、具体化和定量化之后的另一种实施指标，具有与劳动法规同等的效力。

（3）规范性劳动法规解释。它是对劳动法规有解释权的国家机关，就劳动法规在执行中的问题所作出的具有普遍约束力的解释。

（4）集体合同。它是工会组织与企业通过集体谈判依法签订的集体契约，它对于一定范围内的劳动关系具有法律效力。

3.1.2 中国人力资源法律的执行机构

中国境内的劳动争议主要是由劳动调解委员会、劳动争议仲裁委员会和法院三级机构进行处理。其中，企业劳动争议调解委员会由职工代表和企业代表组成。职工代表由工会成员担任或者由全体职工推举产生；企业代表由企业负责人指定。企业劳动争议调解委员会主任由工会成员或者双方推举的人员担任。

劳动争议仲裁委员会是依法成立的，由劳动行政部门代表、工会代表和企业方面代表组成。劳动争议仲裁委员会组成人员应当是单数，劳动争议仲裁委员会主任由劳动行政部门代表担任，实行少数服从多数的原则。劳动争议仲裁委员会下设办事机构，负责办理劳动争议仲裁委员会的日常工作。

劳动争议诉讼案件由法院受理。

3.1.3 中国劳动争议处理程序

根据《劳动争议调解仲裁法》，发生劳动争议后，劳动者可以与用人单位协商，也可以请工会或者第三方共同与用人单位协商，达成和解协议；不愿协商、协商不成或者达成和解协议后不履行的，可以向调解组织申请调解；不愿调解、调解不成或者达成调解协议后不履行的，可以向劳动争议仲裁委员会申请仲裁；对仲裁裁决不服的，除本法另有规定的外，可以向人民法院提起诉讼。

所以，在中国劳动争议的处理方式主要有四种：协商、调解、仲裁、诉讼。其中协商、调解不是必经程序，因为根据《劳动法》第七十九条规定，“劳动争议发生后，当事人可以向本单位劳动争议调解委员会申请调解；调解不成，当事人一方要求仲裁的，可以向劳动仲裁委员会申请仲裁。当事人一方也可以直接向劳动仲裁委员会申请仲裁。对裁决不服的，可以向人民法院提出诉讼”。但是仲裁是诉讼的必经程序，其中部分案件实行一裁终局制。具体处理过程如图 3-1 所示：

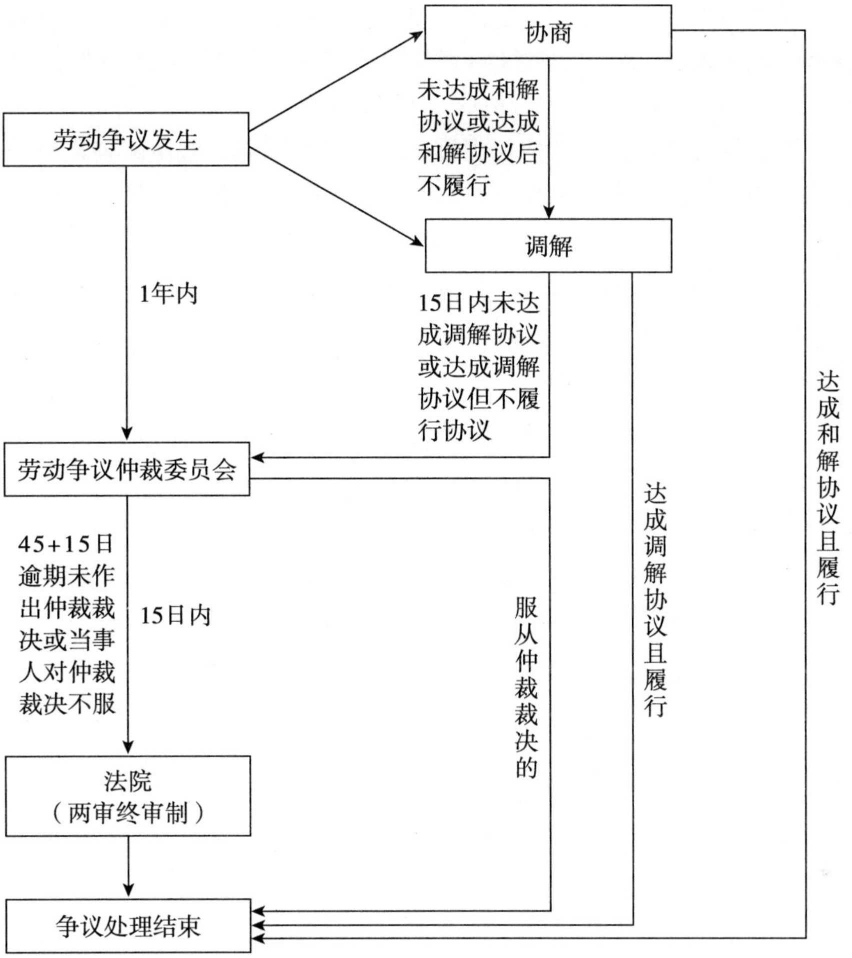

图 3-1　劳动争议处理程序

调解

发生劳动争议后，当事人可以到下列调解组织申请调解：企业劳动争议调解委员会，依法设立的基层人民调解组织，在乡镇、街道设立的具有劳动争议调解职能的组织。

自劳动争议调解组织收到调解申请之日起 15 日内未达成调解协议的，当事人可以依法申请仲裁。

因支付拖欠劳动报酬、工伤医疗费、经济补偿或者赔偿金事项达成调解协议，用人单位在协议约定期限内不履行的，劳动者可以持调解协议书依法向人民法院申请支付令。人民法院应当依法发出支付令。

仲裁

（1）仲裁时效。

劳动争议申请仲裁的时效期间为一年。仲裁时效期间从当事人知道或者应当知道其权利被侵害之日起计算。

仲裁时效因当事人一方向对方当事人主张权利，或者向有关部门请求权利救济，或者对方当事人同意履行义务而中断。从中断时起，仲裁时效期间重新计算。

因不可抗力或者有其他正当理由，当事人不能在规定的仲裁时效期间申请仲裁的，仲裁时效中止。从中止时效的原因消除之日起，仲裁时效期间继续计算。

劳动关系存续期间因拖欠劳动报酬发生争议的，劳动者申请仲裁不受规定的仲裁时效期间的限制；但是，劳动关系终止的，应当自劳动关系终止之日起一年内提出。

仲裁时效何时算起 [2]

2008 年 8 月，某大酒店招用吴某为酒店的锅炉工，2011 年 3 月因劳动合同到期吴某同酒店终止劳动关系，吴某于次月 17 日从酒店处领取了补偿金 1000 元，双方终止劳动合同。

2012 年 3 月，吴某发现经济补偿金有误，于是要求酒店再支付经济补偿金 2000 元，并向当地仲裁委申请仲裁，仲裁委于当月 28 日以原告仲裁申请已超过仲裁时效为由作出不予受理通知。吴某于次月以相同请求向该县人民法院提起诉讼。

……

请问：该案中，原告是否应该获得经济补偿？

《劳动争议仲裁调解法》第二十七条规定：劳动争议申请仲裁的时效期间为一年。仲裁时效期间从当事人知道或者应当知道其权利被侵害之日起计算。同时规定：劳动关系存续期间因拖欠劳动报酬发生争议的，劳动者申请仲裁不受本条第一款规定的仲裁时效期间的限制；但是，劳动关系终止的，应当自劳动关系终止之日起一年内提出。

《劳动合同法》第四十六条第五款规定：除用人单位维持或者提高劳动合同约定条件续订劳动合同，劳动者不同意续订的情形外，依照本法第四十四条第一项规定终止固定期限劳动合同的，用人单位应当向劳动者支付经济补偿。

经济补偿金的算法，《劳动合同法》第四十六条规定：经济补偿按劳动者在本单位工作的年限，每满一年支付一个月工资的标准向劳动者支付。六个月以上不满一年的，按一年计算；不满六个月的，向劳动者支付半个月工资的经济补偿。

法院认为，对原告主张支付经济补偿金的请求，从解除劳动合同到申请仲裁尚不到一年，并未超过仲裁时效，按原、被告陈述的事实可认定原、被告之间的劳动关系系合同期满后解除，且没有《劳动合同法》第四十六条（五）项的除外情形。故被告依法应向原告支付经济补偿金，按原告在被告处的工作时间（共两年八个月，依据上述法律条款，应该按三年计算）和月平均工资 1000 元左右计算，共应支付 3000 元，减除原告已领取的 1000 元，被告尚应支付原告经济补偿金 2000 元。

（2）仲裁申请注意事项。

申请人申请仲裁应当提交书面仲裁申请，并按照被申请人人数提交副本。仲裁申请书应当载明下列事项：劳动者的姓名、性别、年龄、职业、工作单位和住所，用人单位的名称、住所和法定代表人或者主要负责人的姓名、职务；仲裁请求和所根据的事实、理由；证据和证据来源、证人姓名和住所。

书写仲裁申请确有困难的，可以口头申请，由劳动争议仲裁委员会记入笔录，并告知对方当事人。

劳动争议仲裁委员会收到仲裁申请之日起 5 日内，认为符合受理条件的，应当受理，并通知申请人；认为不符合受理条件的，应当书面通知申请人不予受理，并说明理由。对劳动争议仲裁委员会不予受理或者逾期未作出决定的，申请人可以就该劳动争议事项向人民法院提起诉讼。

仲裁庭裁决劳动争议案件，应当自劳动争议仲裁委员会受理仲裁申请之日起 45 日内结束。案情复杂需要延期的，经劳动争议仲裁委员会主任批准，可以延期并书面通知当事人，但是延长期限不得超过 15 日。逾期未作出仲裁裁决的，当事人可以就该劳动争议事项向人民法院提起诉讼。关于当事人提起诉讼的条件，请见《劳动争议调解仲裁法》。

诉讼

诉讼程序是处理劳动争议的最后一道程序。劳动争议当事人对仲裁委员会的裁决不服，进行起诉的案件，由人民法院民事审判第一庭负责受理。

根据《民事诉讼法》和《劳动法》等相关法律的规定，劳动争议当事人对仲裁裁决不服的，可以自收到仲裁裁决书之日起 15 日内向人民法院提起诉讼。一方当事人在法定期限内不起诉，又不履行仲裁裁决的，另一方当事人可以申请人民法院强制执行。

3.2　人力资源管理相关法律

本节将主要逐一介绍中国人力资源相关法律的适用范围、作用、突出特点以及相关的案例分析。

3.2.1　中华人民共和国劳动法

《中华人民共和国劳动法》（以下简称《劳动法》）于 1994 年 7 月 5 日第八届全国人民代表大会常务委员会第八次会议通过，自 1995 年 1 月 1 日起施行。

该法的适用范围在其总则第二条作出了相应的规定：本法适用“中华人民共和国境内的企业、个体经济组织和与之形成劳动关系的劳动者”。“国家机关、事业单位、社会团体和与之建立劳动合同关系的劳动者，依照本法执行”。

根据《劳动法》第二条和1995年《劳动部关于贯彻执行〈中华人民共和国劳动法〉若干问题的意见》，劳动法的适用范围具体为：（1）各类企业和与之形成劳动关系的劳动者；（2）个体经济组织和与之形成劳动关系的劳动者；（3）国家机关、事业组织、社会团体实行劳动合同制度的以及按规定应实行劳动合同制度的工勤人员；（4）实行企业化管理的事业组织的人员；（5）其他通过劳动合同与国家机关、事业组织、社会团体建立劳动关系的劳动者。排除了公务员和比照实行公务员制度的事业组织和社会团体的工作人员，以及农村劳动者（乡镇企业职工和进城务工、经商的农民除外）、现役军人和家庭保姆等。

但随着市场经济的发展，劳动关系呈现多样化，劳动法的调整范围已不适用劳动关系客观发展的需要。因此，《劳动合同法》在劳动法的基础上扩大了调整范围。

3.2.2 中华人民共和国劳动合同法

《中华人民共和国劳动合同法》（以下简称《劳动合同法》）由中华人民共和国第十届全国人民代表大会常务委员会第二十八次会议于2007年6月29日通过，自2008年1月1日起施行。

《劳动合同法》的适用范围

《劳动合同法》的第二条明确规定了其适用范围是：中华人民共和国境内的企业、个体经济组织、民办非企业单位等组织（以下称用人单位），与劳动者建立劳动关系，订立、履行、变更、解除或者终止劳动合同，适用本法。

国家机关、事业单位、社会团体和与其建立劳动关系的劳动者，订立、履行、变更、解除或者终止劳动合同，依照本法执行。

劳动合同法在劳动法的基础上，扩大了适用范围，即增加了民办非企业单位等组织作为用人单位，并且将事业单位聘用制（签订劳动合同）工作人员也纳入本法调整。此外，本法还根据征求意见的情况和现实劳动关系的需要，对非全日制用工作了专门规定。但是对于一些不规范的用工，如家庭雇工、兼职人员、返聘的离退休人员等，劳动合同法未作规定。

《劳动合同法》实施的意义

有利于构建和谐稳定的劳动关系

劳动关系是基本的社会关系，《劳动合同法》是劳动关系的载体，又是用人单位和劳动者权利和义务的凭证。但是随着城镇化和经济结构调整的加快，企业制度改革不断深化，企业形式和劳动关系日趋多样化，劳动用工制度也随之发生了深刻变化，劳动用工领域出现了一些新情况、新问题，劳动者合法权益遭到侵害的情况时有发生。制定《劳动合同法》是形势的需要，是妥善解决上述不和谐劳动关系的法律依据。

有利于保护劳动者的合法权利

《劳动合同法》突出了保护劳动者合法权益的立法宗旨。《劳动法》的宗旨之一就是“为了保护劳动者的合法权益”，《劳动合同法》承袭了《劳动法》的这一宗旨。由于劳动者在劳动关系中处于弱势地位，因此在劳动立法过程中，注重劳动者合法权益的保护，以在一定程度上使劳动关系双方达到平衡，对于劳动关系整体的稳定是有积极意义的。

有利于企业的长期、稳定发展

《劳动合同法》不仅仅保护劳动者的利益，也要维护企业的合法权益，使企业在劳动力市场上用工有法可依。同时，《劳动合同法》的实施对企业内部来讲有利于增强凝聚力和职工的归属感，对外有利于增强竞争的公平性，从而有利于企业的长期稳定发展。

《劳动合同法》的亮点

《劳动合同法》相比于《劳动法》，在许多方面作出了更为明确的规定和说明。首先，《劳动合同法》的适用范围扩大这在前面已经叙述，这里不再赘述。除此之外还有如下六点值得我们重点关注。

制定劳动规章制度，不能单位一方说了算

《劳动合同法》第四条规定：用人单位在制定、修改或者决定有关劳动报酬、工作时间、休息休假、劳动安全卫生、保险福利、职工培训、劳动纪律以及劳动定额管理等直接涉及劳动者切身利益的规章制度或者重大事项时，应当经职工代表大会或者全体职工讨论，提出方案和意见，与工会或者职工代表平等协商确定。

不签书面劳动合同，则须按月付双工资

《劳动合同法》第十条规定：建立劳动关系，应当订立书面劳动合同。已建立劳动关系，未同时订立书面劳动合同的，应当自用工之日起一个月内订立书面劳动合同。用人单位与劳动者在用工前订立劳动合同的，劳动关系自用工之日起建立。

同时《劳动合同法》第十四条中规定：用人单位自用工之日起满一年不与劳动者订立书面劳动合同的，视为用人单位与劳动者已订立无固定期限劳动合同。

不签订书面劳动合同的法律责任

《劳动合同法》第八十二条规定：用人单位自用工之日起超过一个月不满一年未与劳动者订立书面劳动合同的，应当向劳动者每月支付二倍的工资。用人单位违反本法规定不与劳动者订立无固定期限劳动合同的，自应当订立无固定期限劳动合同之日起向劳动者每月支付二倍的工资。

不签劳动合同支付双倍工资

宋某2010年8月到某外语培训学校任教，但该学校始终未与其签订劳动合同，2011年5月，宋某以该学校不签订劳动合同、不缴纳社会保险费为由申请劳动仲裁，要求与该学校解除劳动关系，并要求该学校支付因未订立书面劳动合同的两倍工资以及经济补偿金共3万余元。

……

该案经审理，最终裁决支持了宋某的全部仲裁请求。

明确了劳动合同中的必备条款和约定项

《劳动合同法》第十七条规定：劳动合同应当具备以下条款：（1）用人单位的名称、住所和法定代表人或者主要负责人；（2）劳动者的姓名、住址和居民身份证或者其他有效身份证件号码；（3）劳动合同期限；（4）工作内容和工作地点；（5）工作时间和休息休假；（6）劳动报酬；（7）社会保险；（8）劳动保护、劳动条件和职业危害防护；（9）法律、法规规定应当纳入劳动合同的其他事项。

劳动合同除前款规定的必备条款外，用人单位与劳动者可以约定试用期、培训、保守秘密、补充保险和福利待遇等其他事项。

这些条款与1995年《劳动法》相比较有增有减：增加工作地点条款（从而使用人单位便不能随意变更劳动者的工作地点）、工作时间和休息休假条款（明确了劳动者具体的工作时间和休息休假时间）、社会保险条款（强化用人单位和劳动者的社会保险权利义务意识）以及职业危害防护的条款（与《职业病防治法》相关规定相衔接，促进《职业病防治法》相关规定的落实）。同时取消劳动纪律条款（因为劳动纪律属于用人单位规章制度的内容）、劳动合同终止条件条款（防止用人单位随意终止劳动合同）以及违反劳动合同的责任条款（防止用人单位滥用违约责任条款）。

用人单位不得随意约定试用期，试用期内不能随意解雇劳动者

试用期是用人单位与劳动者在劳动合同中协商约定的对对方的考察期，但是在《劳动合同法》实施之前一些用人单位滥用试用期问题比较突出，如试用期过长、过分压低试用期内工资、在试用期内随意解除劳动合同等，侵犯了新求职劳动者的合法权益。为此，在《劳动合同法》对试用期的期限、工资水平、解除劳动合同的条件、使用期间的培训费用、服务期等作出了相应规定。

《劳动合同法》第十九条规定：劳动合同期限三个月以上不满一年的，试用期不得超过一个月；劳动合同期限一年以上不满三年的，试用期不得超过二个月；三年以上固定期限和无固定期限的劳动合同，试用期不得超过六个月。同一用人单位与同一劳动者只能约定一次试用期。以完成一定工作任务为期限的劳动合同或者劳动合同期限不满三个月的，不得约定试用期。试用期包含在劳动合同期限内。劳动合同仅约定试用期的，试用期不成立，该期限为劳动合同期限。

《劳动合同法》第二十一条规定：在试用期中，除劳动者有本法第三十九条和第四十条第一项、第二项规定的情形外，用人单位不得解除劳动合同。用人单位在试用期解除劳动合同的，应当向劳动者说明理由。

鼓励长期稳定的劳动关系，促进就业稳定

在《劳动合同法》实施之前，根据《劳动法》第二十三条：劳动合同期满或者当事人约定的劳动合同终止条件出现，劳动合同即行终止。同时根据《劳动法》的规定，用人单位解除劳动合同，一般需要支付经济补偿金，而终止劳动合同，一般不需要支付经济补偿金。在实践中发现，许多用人单位选择订立短期劳动合同（"一年一签"），以此来减少解雇成本，但这严重影响了劳动关系的和谐稳定。

《劳动合同法》中对无固定期限劳动合同签订条件的进一步明确，同时规定劳动合同终止情形不能约定，只能法定，并规定固定期限劳动合同期满终止也应当支付经济补偿金，这可以消除用人单位减少解雇成本的动机，从而引导用人单位与劳动者订立长期或者无固定期限劳动合同，鼓励长期稳定的劳动关系，促进劳动者的就业稳定。

无固定期限劳动合同谁说了算

李先生在某公司已经连续工作15年，在最后一次合同期满前1个月，该公司告其不再续签劳动合同，终止劳动合同。

请问，这是否合法？

《劳动合同法》第十四条：无固定期限劳动合同，是指用人单位与劳动者约定无确定终止时间的劳动合同。

用人单位与劳动者协商一致，可以订立无固定期限劳动合同。有下列情形之一，劳动者提出或者同意续订、订立劳动合同的，除劳动者提出订立固定期限劳动合同外，应当订立无固定期限劳动合同：（1）劳动者在该用人单位连续工作满十年的；（2）用人单位初次实行劳动合同制度或者国有企业改制重新订立劳动合同时，劳动者在该用人单位连续工作满十年且距法定退休年龄不足十年的；（3）连续订立二次固定期限劳动合同，且劳动者没有本法第三十九条和第四十条第一项、第二项规定的情形，续订劳动合同的。

用人单位自用工之日起满一年不与劳动者订立书面劳动合同的，视为用人单位与劳动者已订立无固定期限劳动合同。

《劳动法》第二十条规定，双方签订无固定期限劳动合同必须具备3个条件：劳动者在该公司连续工作满10年以上；双方同意续签劳动合同；劳动者提出要签订无固定期限合同。

根据以上法律条款，如果本案发生在2008年1月1日前，按《劳动法》相关条款的规定，只要用人单位不同意签订无固定期限劳动合同，老李就不能与用人单位签订无固定期限劳动合同，合同终止，用人单位也可不支付经济补偿金。而如果本案发生在 2008 年 1 月 1 日后，则应该遵循《劳动合同法》的相关规定，即：如果李先生提出与用人单位签订无固定期限劳动合同，用人单位必须签订，如公司不与劳动者签订合同则需予以补偿。

对劳务派遣进行规范

劳务派遣是指由劳务派遣机构与派遣劳工订立劳动合同，由派遣劳工向要派企业（实际用工单位）给付劳务，劳动合同关系存在于劳务派遣机构与派遣劳工之间，但劳动力给付的事实则发生于派遣劳工与要派企业（实际用工单位）之间。

劳务派遣不仅可以促进被派遣员工的就业，而且可以降低实际用工单位的使用和管理成本。因此随着经济发展，劳务派遣的范围不断扩大，成了一种比较普遍的用工形式。但在实践中，一些被派遣劳动者的社会保险、休息休假、劳动保护等权益受到侵害，不能获得与用工单位的职工同工同酬的权利，发生工伤后往往得不到赔偿。

为了使这种符合社会化分工需要的用工形式能够得到健康发展，维护被派遣劳动者合法权益，《劳动合同法》[3] 对劳务派遣用工形式进行了规范，第五十八条规定：劳务派遣单位应当与被派遣劳动者订立二年以上的固定期限劳动合同，按月支付劳动报酬；被派遣劳动者在无工作期间，劳务派遣单位应当按照所在地人民政府规定的最低工资标准，向其按月支付报酬。第六十三条规定：被派遣劳动者享有与用工单位的劳动者同工同酬的权利。用工单位无同类岗位劳动者的，参照用工单位所在地相同或者相近岗位劳动者的劳动报酬确定。同时第六十条规定：在被派遣劳动者合法权益受到侵害时，用工单位与劳务派遣单位承担连带赔偿责任。从而保证被派遣劳动者的就业稳定权益。

3.2.3 中华人民共和国就业促进法

《中华人民共和国就业促进法》（以下简称《就业促进法》）由中华人民共和国第十届全国人民代表大会常务委员会第二十九次会议于 2007 年 8 月 30 日通过，自 2008 年 1 月 1 日起施行。

《就业促进法》的重要意义

首先，《就业促进法》的颁布进一步完善了中国劳动保障法律体系。对中国建设以《宪法》为依据、以《劳动法》为基础、以《就业促进法》和《劳动合同法》以及《社会保险法》为主干、以相关法律法规为配套的劳动保障法律体系的形成具有重要意义。

其次，《就业促进法》的实施将促进就业的工作机制制度化，使促进就业的各项政策措施法制化，为建立促进就业的长效机制提供了法律保障。

最后，《就业促进法》的实施也必将促使经济发展与促进就业相协调，是社会和谐发展、长治久安的重要基础。

《就业促进法》的亮点

公平就业、反对歧视获得法律保障

条款中明确了妇女、少数民族劳动者、残疾人、传染病病原携带者、进城就业的农村劳动者等群体享有的公平就业权利。

《就业促进法》第二十六条规定：用人单位招用人员、职业中介机构从事职业中介活动，应当向劳动者提供平等的就业机会和公平的就业条件，不得实施就业歧视。

第二十七条规定：用人单位招用人员，除国家规定的不适合妇女的工种或者岗位外，不得以性别为由拒绝录用妇女或者提高对妇女的录用标准。用人单位录用女职工，不得在劳动合同中规定限制女职工结婚、生育的内容。

第二十八条规定：各民族劳动者享有平等的劳动权利。用人单位招用人员，应当依法对少数民族劳动者给予适当照顾。

第二十九条规定：国家保障残疾人的劳动权利。各级人民政府应当对残疾人就业统筹规划，为残疾人创造就业条件。用人单位招用人员，不得歧视残疾人。

第三十条规定：用人单位招用人员，不得以是传染病病原携带者为由拒绝录用。但是，经医学鉴定传染病病原携带者在治愈前或者排除传染嫌疑前，不得从事法律、行政法规和国务院卫生行政部门规定禁止从事的易使传染病扩散的工作。

第三十一条规定：农村劳动者进城就业享有与城镇劳动者平等的劳动权利，不得对农村劳动者进城就业设置歧视性限制。

同时该法第六十二条还规定，对违反法律规定、实施就业歧视的行为，劳动者可以向人民法院提起诉讼。这为广大劳动者维护自身公平就业权利提供了法律武器。

反就业歧视“第一案”胜诉 [4]

2008年6月，25岁的梁女士参加了湖北某广告公司的设计岗位的招聘。在经过重重筛选后，她于7月1日接到上班通知。次日，公司安排梁女士体检。7天后，公司突然通知梁女士，由于她被检出是乙肝病毒携带者，不符合公司录用规定，梁女士刚上班一天就下岗了。

其后，梁女士一纸诉状将该公司告上法庭，要求公司向其赔礼道歉，并支付精神损害抚慰金49999元。

判决结果：武汉首起反就业歧视诉讼案尘埃落定。江汉区法院作出判决，被告湖北某广告有限公司于10日内向原告书面赔礼道歉，并向梁女士支付精神抚慰金5000元。

政府目标责任制

该法明确地确立了就业在经济社会发展中的重要地位，同时也确定了政府在促进就业中负有重要的职责。

《就业促进法》第四条规定：县级以上人民政府把扩大就业作为经济和社会发展的重要目标，纳入国民经济和社会发展规划，并制定促进就业的中长期规划和年度工作计划。

第五条规定：县级以上人民政府通过发展经济和调整产业结构、规范人力资源市场、完善就业服务、加强职业教育和培训、提供就业援助等措施，创造就业条件，扩大就业。

专项资金

该法第十五条规定，县级以上人民政府应当根据就业状况和就业工作目标，在财政预算中安排就业专项资金用于促进就业工作。就业专项资金主要用于以下几个方面：职业介绍、职业培训、公益性岗位、职业技能鉴定、特定就业政策和社会保险等的补贴，小额贷款担保基金和微利项目的小额担保贷款贴息，以及扶持公共就业服务。

免费公共就业服务

该法第三十五条规定，县级以上人民政府建立健全公共就业服务体系，设立公共就业服务机构，为劳动者免费提供下列服务：就业政策法规咨询；职业供求信息、市场工资指导价位信息和职业培训信息发布；职业指导和职业介绍；对就业困难人员实施就业援助；办理就业登记、失业登记等事务；其他公共就业服务。

就业援助（零就业家庭）

该法第五十六条规定：法定劳动年龄内的家庭人员均处于失业状况的城市居民家庭，可以向住所地街道、社区公共就业服务机构申请就业援助。街道、社区公共就业服务机构经确认属实的，应当为该家庭中至少一人提供适当的就业岗位。

3.2.4　中华人民共和国劳动争议调解仲裁法

《中华人民共和国劳动争议调解仲裁法》（以下简称《劳动争议调解仲裁法》）由中华人民共和国第十届全国人民代表大会常务委员会第三十一次会议于 2007 年 12 月 29 日通过，自 2008 年 5 月 1 日起施行。

《劳动争议调解仲裁法》的适用范围

该法第二条明确规定了其适用范围，中华人民共和国境内的用人单位与劳动者发生的下列劳动争议，适用本法：

（一）因确认劳动关系发生的争议；

（二）因订立、履行、变更、解除和终止劳动合同发生的争议；

（三）因除名、辞退和辞职、离职发生的争议；

（四）因工作时间、休息休假、社会保险、福利、培训以及劳动保护发生的争议；

（五）因劳动报酬、工伤医疗费、经济补偿或者赔偿金等发生的争议；

（六）法律、法规规定的其他劳动争议。

《劳动争议调解仲裁法》的突出特点

劳动争议仲裁时效期间延长至一年

《劳动争议调解仲裁法》第二十七条规定：劳动争议申请仲裁的时效期间为一年。仲裁时效期间从当事人知道或者应当知道其权利被侵害之日起计算。仲裁时效由《劳动法》所规定的60天增加到一年，有利于保护劳动者的合法权益。

劳动关系存续期间因拖欠劳动报酬发生争议的，劳动者申请仲裁不受本条规定的仲裁时效期间的限制；但是，劳动关系终止的，应当自劳动关系终止之日起一年内提出。

举证责任倒置情形有所增加

所谓举证责任倒置是指劳动争议案件中，某些事实由用人单位承担举证责任。这是与一般举证责任相对而言的一种举证责任方式，一般举证责任是指“谁主张，谁举证”，也即原告对自己提出的请求和事实，应当提供相应证据予以证明。

在以往劳动者提起劳动仲裁或诉讼要承担举证责任。用人单位往往掌握证据又不提供，这成了许多劳动者在申请时遇到的一道“门槛”。劳动者由于处于信息和资源的弱势地位，在申请仲裁或诉讼时要付出大量的维权时间和成本，负担较重。《劳动争议调解仲裁法》第六条以及三十九条规定：发生劳动争议，当事人对自己提出的主张，有责任提供证据。劳动者无法提供由用人单位掌握管理的与仲裁请求有关的证据，仲裁庭可以要求用人单位在指定期限内提供。用人单位在指定期限内不提供的，应当承担不利后果。

在用工管理中，用人单位掌握的证据有：人事档案、用工花名册、工资发放记录、考勤记录、规章制度、社会保险费交纳记录等。《劳动争议调解仲裁法》的这一规定在很大程度上减轻了劳动者的维权成本和负担。

单方减少劳动报酬的举证责任[5]

尚女士是上海某公司的销售主管，月工资5000元。2008年12月，该公司未经尚女士同意，以金融危机为由，擅自将尚女士工资降至3500元，并且在后续的工资发放过程中，2008年12月和2009年1月均按3500元发放。

尚女士不服公司的单方降薪决定，经过沟通后并未得到满意答复，遂于2009年1月下旬申请劳动仲裁，要求公司支付克扣的工资，并加付克扣工资的25%经济补偿金。

用人单位作出减少劳动者劳动报酬的决定，应当举证证明其决定符合法律规定或双方约定，法律并无规定企业可以单方减少劳动者劳动报酬。

上海市某区劳动争议仲裁委员会依法受理了尚女士的申请，并于2月中旬对本案进行了审理。劳动争议仲裁委员会经过审理后支持了尚女士的仲裁请求。因为在仲裁过程中，该公司无证据证明其与尚女士有可以减少劳动报酬的约定或有调岗协议。因此，该公司单方降低尚女士劳动报酬的行为违反法律规定，应予纠正。

劳动争议仲裁审理期限缩短

为提高效率，《劳动争议调解仲裁法》缩短了仲裁审理时限，规定应当自受理仲裁申请之日起 45 日内结束；案情复杂需要延期的，经劳动争议仲裁委员会主任批准，可延期并书面通知当事人，但延期不得超过 15 日（以前的劳动仲裁期限一般为 60 天，最长可以延长至 90 天）。这将在一定程度上减少劳动者维护权益的时间成本。

部分案件实行一裁终局

《劳动争议调解仲裁法》对原有的劳动争议案件一裁两审终审制作了重大突破，规定部分劳动争议案件实行有条件的“一裁终局”，规定特殊情况下（那些规定明确、争议额小的简单劳动争议案件，如追索劳动报酬、工伤医疗费、经济补偿或者赔偿金，不超过当地月最低工资标准 12 个月金额的小额争议，以及因执行国家的劳动标准，在工作时间、休息休假、社会保险等方面发生的争议）的仲裁裁决为终局裁决，裁决书自作出之日起发生法律效力。

这将在一定程度上遏止一些用人单位通过恶意诉讼拖延时间，加大劳动者维权成本的行为。

劳动争议仲裁不收费

本法第五十三条规定，劳动争议仲裁不收费。劳动争议仲裁委员会的经费由财政予以保障。这减轻了劳动争议当事人的负担，对劳动者来说，大大降低了维权成本。

3.2.5　中华人民共和国社会保险法

《中华人民共和国社会保险法》（以下简称《社会保险法》）由中华人民共和国第十一届全国人民代表大会常务委员会第十七次会议于 2010 年 10 月 28 日通过，自 2011 年 7 月 1 日起施行。这标志着中国在保持对经济发展高度关注的同时，对民生的关注已经提高到更高的立法层面。

《社会保险法》的立法目的

《社会保险法》的立法目的主要是为了：规范社保关系；维护公民参加社会保险和享受待遇的合法权益；使公民共享发展成果，促进社会和谐稳定。

《社会保险法》的突出特点

全国人大常委会首次就社保制度立法

中国的社保制度以前只有单项法规，因此不同部门、不同地方都出台了各自的政策，城乡之间、地区之间、单位之间的社保制度缺乏衔接，也存在差距。《社会保险法》第一次以立法的形式确立了社会保险制度的基本框架，重点包括社会保险的原则、各险种的覆盖范围、社会保险待遇项目和享受条件、社会保险经办机构、社会保险基金监督、各项社会保险的缴纳领取等，因此不仅完善了社会主义市场经济体制，而且实现了全国的统一。

扩大了社会保险的覆盖范围

将所有用人单位和个人都纳入社会保险制度的覆盖范围之中，其中基本养老保险制度和基本医疗保险制度覆盖到城乡全体居民，工伤保险、失业保险和生育保险制度则要求覆盖到所有用人单位及其职工，并强调被征地农民到用人单位就业的，都应参加全部五项社会保险；未就业转为城镇居民的，可参加城镇居民社会养老保险和城镇居民基本医疗保险；继续保留农村居民身份的，可参加新农保和新农合。

同时，该法规定“外国人在中国境内就业的，参照本法规定参加社会保险”。这一规定有利于保护外国劳动者的合法权益，也符合相关国际公约的规定。

强化社会保险的转移接续

原有的社会保险体系各地区各自为政，无法跨地区转移，外地农业户口在与本市企业解除劳动关系时，可以从社保机构获得一次性结算补偿。但《社会保险法》第十九条规定：“个人跨统筹地区就业的，其基本养老保险关系随本人转移，缴费年限累计计算；个人达到法定退休年龄时，基本养老金分段计算、统一支付。”同时，第三十二条规定：“个人跨统筹地区就业的，其基本医疗保险关系随本人转移，缴费年限累计计算。”这一改变可以促进劳动力在劳动市场上的更好流动，提升市场配置资源的能力。

医疗费用异地报销不是梦[6]

2009年冬天，家住河北省石家庄市的刘老太太来到北京帮助儿子儿媳照顾刚刚出生的孙子。一家人本来其乐融融，没料到的是刘老太太由于操劳过度诱发了脑血栓。

在北京的医院住了一个月之后，花费了一万多的医药费还是不见好转。这时候，刘老太太自己开始着急回家了，原因是她在北京没有缴纳医疗保险，没有办法报销医药费用，在北京看病负担太重。但是刘老太太的儿子儿媳又担心老人家回到石家庄市没人照顾，不利于病情的控制。一方面是高额的医药费用无法报销，一方面是独自住在医院无人照料，面对这样的选择，刘老太太一家人犯了难。

《社会保险法》规定，参保人员医疗费用中应当由基本医疗保险基金支付的部分，由社会保险经办机构与医疗机构、药品经营单位直接结算。社会保险行政部门和卫生行政部门应当建立异地就医医疗费用结算制度，方便参保人员享受基本医疗保险待遇。

可以预见，随着《社会保险法》及其配套细则的实施，像刘老太太一家的上述担心即将成为历史。因为今后这些都是人力资源社会保障行政部门和医疗单位的事，病人只要直接拿着医保卡在所在地看病就可以，哪些是自己支付的，哪些是可以报销的，直接用社保基金结算。此外，《社会保险法》还规定，个人跨统筹地区就业的，其基本医疗保险关系随本人转移，缴费年限累计计算。

基本养老金领取更加灵活

原有规定，职工退休领取基本养老金的必要条件是个人缴费年限满 15 年，如不符合此项要件，将终止基本养老保险关系，并将个人账户存储额一次性支付给其本人。但《社会保险法》中已明确：参加基本养老保险的个人，达到法定退休年龄时累计缴费不足 15 年的，可以缴费至满 15 年，按月领取基本养老金，也可以转入新型农村社会养老保险或者城镇居民社会养老保险，按国务院规定享受相应的养老保险待遇。或者仍按原规定一次性领取个人账户存储余额。

但应该注意的是，该法同时规定“个人账户不得提前支取，记账利率不得低于银行定期存款利率，免征利息税。个人死亡的，个人账户余额可以继承”。个人账户其实是养老金的一小部分，退保受损的是参保人。《社会保险法》的这一规定实际上是保护了参保人利益。

完善了保护工伤职工的措施，减轻用人单位负担

这些措施主要体现在以下三个方面：一是将原来的单项法规规定的用人单位支付的工伤职工“住院伙食补助费”、“到统筹地区以外就医的交通食宿费”和“终止或者解除劳动合同时应当享受的一次性医疗补助金”改为由工伤保险基金支付；二是职工所在的用人单位未依法缴纳工伤保险费，发生工伤事故的，由用人单位支付工伤保险待遇，用人单位不支付的，从工伤保险基金中先行支付，然后由社会保险经办机构依法追偿；三是由于第三人的原因造成工伤，第三人不支付工伤医疗费用或者无法确定第三人的，由工伤保险基金先行支付后，然后向第三人追偿。

工伤保险医疗费先行垫付制度从制度设计上实现了工伤保险制度本应具有的统筹资金、共担风险的功能，使工伤职工尤其是农民工能真正得到工伤保险基金的保障。即使用人单位未参加工伤保险，农民工发生工伤后同样可向社保基金申请工伤治疗费，其工伤也能得到及时治疗。

提高了失业人员的医疗保障水平

对失业人员在领取失业保险金期间患病就医，由原来单项法规的可以申领少量医疗补助金，改为参加职工基本医疗保险并享受相应的基本医疗保险待遇，其应当缴纳的基本医疗保险费从失业保险基金中支付。

强化了社会保险各方主体的法律责任

该法明确规定：用人单位不办理社会保险登记的，由社会保险行政部门责令限期改正；逾期不改正的，对用人单位处应缴社会保险费数额一倍以上三倍以下的罚款，对其直接负责的主管人员和其他直接责任人员处五百元以上三千元以下的罚款。用人单位未按时足额缴纳社会保险费的，由社会保险费征收机构责令限期缴纳或者补足，并自欠缴之日起，按日加收万分之五的滞纳金；逾期仍不缴纳的，由有关行政部门处欠缴数额一倍以上三倍以下的罚款。

同时，用人单位不办理社保登记或者未按时足额缴纳社会保险费的，不仅将被罚款，还将面临强行划拨、扣押、查封、拍卖其财物的法律风险。有关单位及个人骗取社保基金的将会面临罚款、解除服务协议以及吊销执业资格的法律责任。社会保险经办机构、征收机构及其工作人员未依法履责的也将会被问责。

总之，对于企业中的人力资源管理而言，《社会保险法》不仅可以帮助企业营造良好的人力资源管理的环境，而且可以促进企业人力资源管理的法律化、制度化。

3.3 劳动政策与法规

3.3.1 行政法规

行政法规是国务院为领导和管理国家各项行政工作，根据宪法和法律，并且按照《行政法规制定程序条例》的规定而制定的政治、经济、教育、科技、文化、外事等各类法规的总称。涉及人力资源方面的行政法规主要有《工伤保险条例》（2011 年修订）、《禁止使用童工规定》、《女职工劳动保护规定》、《社会保险费征缴暂行条例》、《失业保险条例》等，这里主要介绍《工伤保险条例》（2011 年修订）。

《工伤保险条例》（2011年修订）是在2003年4月27日公布的《工伤保险条例》的基础上，结合 2010 年 12 月 20 日公布的《国务院关于修改〈工伤保险条例〉的决定》修订而成，以下简称"新《条例》"。新《条例》与 2003 年的内容相比，在以下六个方面都有变化。

扩大了工伤保险适用范围

新《条例》第二条规定，除现行规定的企业和有雇工的个体工商户以外，事业单位、社会团体，以及民办非企业单位、基金会、律师事务所、会计师事务所等组织应当依照规定参加工伤保险。

扩大了工伤认定范围

新《条例》第十四条中规定，职工在上下班途中，受到非本人主要责任的交通事故或者城市轨道交通、客运轮渡、火车事故伤害的，应当认定为工伤。这样规定，将上下班途中的工伤认定范围由原来的机动车事故伤害扩大到机动车、非机动车的交通事故和城市轨道交通、客运轮渡和火车事故伤害，惠及更多的职工。

简化了工伤认定程序

新《条例》第二十条中规定，对事实清楚、权利义务明确的工伤认定申请，应当在 15 日（原来规定 60 天）内作出工伤认定的决定。取消了工伤认定争议中的行政复议前置程序，从而缩短了争议处理的程序和时间，有利于保护工伤职工的合法权益。

大幅度提高了工伤保险待遇

新《条例》第三十九条中，将一次性工亡补助金的标准从原来的"48 至 60 个月的统筹地区上年度职工月平均工资"，提高至"上一年度全国城镇居民人均可支配收入的 20 倍"。同时将一次性伤残补助金按照伤残级别增加 1 至 3 个月职工本人工资。

增加了基金支出项目

新《条例》第十二条中，明确了将工伤预防的宣传、培训等费用纳入基金支付的规定，并且将原由用人单位支付的工伤职工“住院伙食补助费”、“统筹地区以外就医的交通食宿费”以及“终止或解除劳动关系时的一次性医疗补助金”，改由工伤保险基金统一支付。从而分散了单位的工伤风险，也减轻了参保用人单位的负担，提高了企业参加工伤保险的积极性。

加大了强制力度和惩罚力度

新《条例》第三十一条规定，行政复议和行政诉讼期间不停止支付工伤职工治疗工伤的医疗费用的新规定，从而使工伤职工能够得到及时救治，也可以从制度上遏制部分用人单位恶意诉讼。同时增加了对不参加工伤保险和拒不协助工伤认定调查核实的用人单位的行政处罚规定。对应当参加工伤保险而未参加的，先是要求补缴应当缴纳的工伤保险费并按日加收滞纳金；逾期仍不缴纳的，处以欠缴数额 1 倍以上 3 倍以下的罚款。

3.3.2 部门规章

部门规章是国务院各部门、各委员会、审计署等根据法律和行政法规的规定和国务院的决定，在本部门的权限范围内制定和发布的调整本部门范围内的行政管理关系的，并不得与宪法、法律和行政法规相抵触的规范性文件。主要形式是命令、指示、规章等。

《实施〈中华人民共和国社会保险法〉若干规定》经人力资源和社会保障部第 67 次部务会审议通过，自 2011 年 7 月 1 日起施行。为了实施《中华人民共和国社会保险法》（以下简称社会保险法），制定该规定。

《集体合同规定》于 2003 年 12 月 30 日经劳动和社会保障部第 7 次部务会议通过，自 2004 年 5 月 1 日起施行。劳动部 1994 年颁布的《集体合同规定》同时废止。新规定包括八章内容：总则，集体协商内容，集体协商代表，集体协商程序，集体合同的订立、变更、解除和终止，集体合同审查，集体协商争议的协调处理，附则。新规定对集体协商的内容、程序以及协商代表的产生、职责和权利等都作了详细规定。新《集体合同规定》还规定了签订集体合同的协商双方的代表人数应当对等。不是企业主一个人说了算，这样可以改变单个职工的弱势地位。新的《集体合同规定》就是为了规范集体协商和签订集体合同行为、依法维护劳动者和用人单位的合法权益制定的。

《最低工资规定》于 2003 年 12 月 30 日经劳动和社会保障部第 7 次部务会议通过，自 2004 年 3 月 1 日起施行。最低工资标准是指劳动者在法定工作时间或依法签订的劳动合同约定的工作时间内提供了正常劳动的前提下，用人单位依法应支付的最低劳动报酬。

《工资支付暂行规定》是为配合《劳动法》的贯彻实施，充分保障劳动者通过劳动获得劳动报酬的合法权益，规范用人单位的工资支付行为，特别制定的，自 1995 年 1 月 1 日起执行。该规定对工资支付项目、工资支付水平、工资支付形式、工资支付对象、工资支付时间以及特殊情况下的工资支付等提出明确规定。

除此之外，还有《关于贯彻〈企业职工患病或非因工负伤医疗期规定〉的通知》(对关于医疗期的计算问题、关于特殊疾病的医疗期问题给出了建议),《企业职工患病或非因工负伤医疗期规定》,《企业年金基金管理试行办法》等。

3.3.3 地方性法规

地方性法规，即地方立法机关制定或认可的，其效力不能及于全国，而只能在地方区域内发生法律效力的规范性法律文件。如《甘肃省就业促进条例》、《上海市集体合同条例》、《山西省职工劳动权益保障条例》等。

本章小结

本章主要介绍了人力资源方面相关的法律、法规。其主要目的并不是具体介绍每一部法律法规的具体条款，而是使大家能够对人力资源方面的相关法律、法规体系有初步的了解，同时对最近几年颁布的最新的法律、法规的主要亮点有一定理解和掌握，从而为从事人力资源管理工作培养一种法律意识。

首先大致介绍了人力资源法律体系，在此基础上主要介绍《劳动法》、《劳动合同法》、《就业促进法》、《劳动争议调解仲裁法》、《社会保险法》、《工伤保险条例》(2011 年修订) 等人力资源相关法律的作用、适用范围以及主要特点。

专业术语

劳动法 Labor Law
劳动合同法 Labor Contract Law
就业促进法 Employment Promotion Law
劳动争议调解仲裁法 Labor Dispute Mediation and Arbitration Law
社会保险法 Social Insurance Law
工伤保险条例 Work-related Injury Insurance Regulation
劳务派遣 Labor Dispatch
歧视 Discrimination
试用期 Probation
公平就业机会 Equal Employment Opportunity
医疗保险 Medical Insurance
工伤保险 Work-related Insurance
失业保险 Unemployment Insurance
生育保险 Maternity Insurance
养老保险 Endowment Insurance

复习思考题

1. 2008 年以来，中国颁布的人力资源相关的法律有哪些？这些法律分别从什么时间起开始施行？
2. 如果发生劳动争议该如何处理？

3. 与《劳动法》相比，《劳动合同法》的突出特点是什么？

4.《就业促进法》的突出特点是什么？

5.《劳动争议调解仲裁法》的突出特点是什么？

6.《社会保险法》的突出特点是什么？

7.《工伤保险条例》（2011 年修订）与 2003 年的条例内容相比较，发生了哪些变化？

深度学习

［1］中国人力资源法律网［OL］. http: //www.hrlaw.cn.

［2］常凯. 中华人民共和国劳动合同法释义［M］. 北京：中国劳动社会保障出版社，2007.

［3］程延园 . 劳动合同法及实施条例之 HR 应对［M］. 北京：中国人民大学出版社，2008.

［4］周丽霞 . HR 全程法律顾问——企业人力资源管理高效工作指南［M］. 北京：中国法制出版社，2011.

［5］劳动人事争议处理专业委员会课题组 .《劳动争议调解仲裁法》实施跟踪研究［J］. 中国劳动，2011（6）.

案例分析

用工要合法

某公司招用了一批合同制工人并签订了劳动合同。公司在劳动合同中包括以下条款：工人入厂时需交身份证抵押，并向公司交抵押金 1000 元，合同期限 3 年其中试用期为 1 年，在履行合同过程中，若发现不能胜任工作者企业可随时解除劳动合同。在合同期内，劳动者患病或负伤在 3 个月内不能治愈者的，女职工因怀孕、生育不能正常工作者的，企业可随时终止劳动合同。

请问，企业用工活动中有无违法行为？若有，是哪些？

4 第4章 工作分析

【学习目标】

- 了解工作分析在人力资源管理中的地位和作用
- 掌握工作分析的概念和内容
- 了解工作分析的步骤
- 理解工作分析的原则和方法
- 掌握工作说明书的应用

引导案例

工作分析的细节

工厂的目的是生产，除非它能以最大的生产能力生产，否则便没有服务好全社会。我们没有调查便轻信生产完全依赖设备，而人力是能做好每项工作的前提条件。为了看看真相究竟如何，我把工厂全部不同的工作根据所使用的机器和操作进行分类：把需要体力劳动的分为轻松体力活、中等体力活和重体力活；看它是湿活还是干活，如果是湿活，那是什么种类的流体；看它是干净活还是脏活；是靠近烤炉还是靠近高温炉；空气流通情况；是使用一只手还是两只手都使用；雇员是站着还是坐着工作；它是安静的活还是吵闹的活；它是不是需要精确度；光线是自然光还是人工灯光；每小时需要处理的零件数；所使用的材料的重量；工人所受到的各种限制；等等。在调查的当时，工厂有7882项不同的工作。这些工作中，949项被认为是重体力活，需要由健全、强壮的人来干；3338项需要身体状况和体力一般的人来干；剩下的3595项工作根本不需要什么体力，即使是最没力气、身体最弱的人都能干。

如果任何一个企业，或者说，任何一家工厂的工作像我们所进行的分析一样，得出的比例很可能差别很大，但我非常相信如果工作能够进行充分分工的话——分工达到经济效益最高的程度——有身体缺陷的人将不再难以找到一份如常人一样的工作并得到常人一样的工资。

当一个人被雇佣入厂，原则上是把他安排到适合他身体条件的工作岗位上去。

亨利·福特创造了现代化流水线的生产组织方式，同时，为了利用分工提高生产效率，配合流水线生产，他还对生产汽车的整个工作流程和内容进行了分析。分解、归类，并提出每类工作对工人的要求，同时安排工人到适合的岗位上去。他创造的这种对工序分析的方法，就是我们今天进行人力资源管理工作分析的雏形。

——节选自《汽车大王福特的成功人生：我的生活与工作》

4.1 工作分析概述

4.1.1 工作分析的内容、地位和作用

组织工作可以看成由一系列工作职责构成的系统。每项分解的工作职责构成了职位的内容。工作分析就是将组织工作分解为一系列的职责系统，构建职位体系，规定每个职位的工作内容以及任职者所应具备的特征。

工作分析的内容

管理人员需要通过工作分析获得以下信息[1]78：

工作活动。搜集与工作有关的活动信息，如超市收银员的工作活动包括向顾客收取所购商品款（现金或信用卡）、登记收银金额、盘点收款等。有时还要确定收银员在工作活动中，应如何完成工作、为什么完成和何时完成每一项活动。

工作中人的行为。即工作所需要的人的行为，如感知、沟通、决策等；还包括人的动作，如打字、计算等。

工作中所使用的机器、工具、设备以及其他辅助工作用具。有些工作必须使用工具，例如起重机、切削机、焊机、计算机等。同时还要了解完成这些工作需要具备相应的专业知识技能是什么。

工作的绩效标准。了解员工从事该工作的绩效标准，例如质量、数量和完成时间等方面的要求。

工作背景。即工作环境，包括物理环境，如车间温度、照明度、噪音情况等；工作时间表，如是否需要加班、夜班等；组织和社会环境，包括接触组织内外部人员的情况。

工作对人的要求。不同的人，其能力具有差异性，不同的工作对人的要求也是不同的。工作分析要了解工作本身对承担工作的人的知识或技能的要求，也包括个人特征，如人格、兴趣、动机等。

工作分析的地位和作用

管理者通过工作分析，系统地获得了关于各项工作的职责和任职要求的基本信息，因此，工作分析是人力资源管理和开发职能活动的基础。这种作用体现在图 4–1 中。

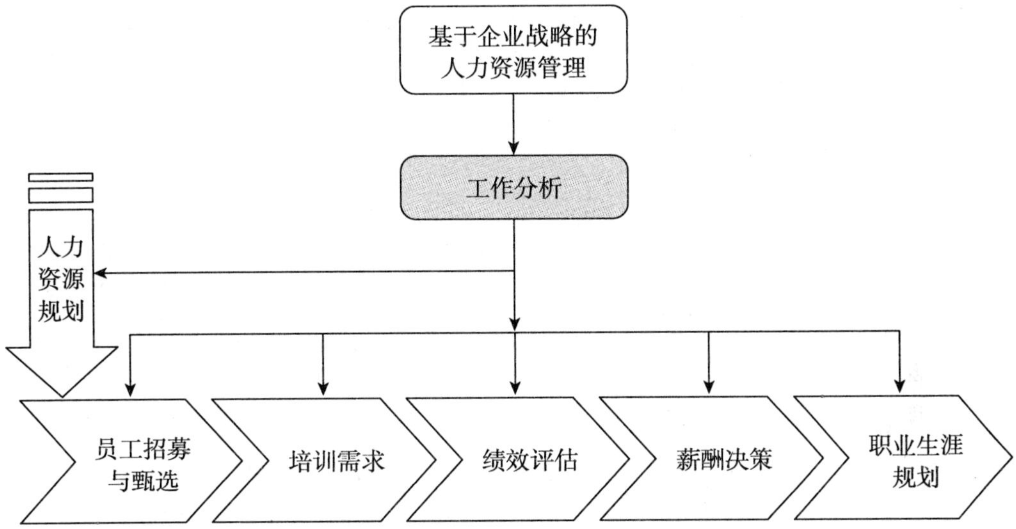

图 4–1　工作分析的地位和作用

企业将每项工作所包含的任务、责任和任职资格进行科学地分析之后，加以明确化，为人力资源管理的各项活动提供了基本依据。

具体来说，这些作用表现在以下几个方面：

制订人力资源规划。人力资源规划是管理者规划为达成经营目标所需的人力资源配置。工作分析可以使管理者明确企业的职位种类，及所需人员数量和条件。实际上，在搭建组织结构框架、进行职位划分和明确授权时，工作分析就开始发挥作用。

分析劳动力市场。“知己知彼”，这是在劳动力市场取得竞争优势的基本法则之一。管理者根据工作分析的结果，了解所需人员数量、条件和特点，并分析企业面临的外部劳动力环境，作出人员需求决策。

员工聘用。从员工招聘方面来看，工作分析能提供工作内容和任职的资格方面的基本信息，说明了需要什么样的人来从事此种工作。同时，工作分析也可以用作确定和实施选择候选人的遴选工具。

员工培训。通过工作分析，形成成果包括岗位规范和工作说明书。其中工作说明书中指出了各项工作所需要的技能，据此可以设计组织的培训内容。

奖酬政策。企业制定奖酬政策的依据有工作价值量、所承担责任、员工能力和绩效表现等因素。工作分析能够提供制定合理公平的奖酬政策所需要的信息。

绩效评估。工作绩效是员工完成职责任务过程中的表现和工作结果。工作分析的职责界定为评价员工工作成绩提供了依据。例如，招聘主管的工作职责是“建立和完善公司的招聘制度，满足公司用人需求等”。

工作设计和组织设计。从工作设计和组织设计来看，工作分析可以对工作活动单元进行组合，达到合理分工、责权相当的目的。通过工作分析还可以挖掘出被忽略的工作职责，这样，工作分析在挽救可能因为被忽略的工作职责而造成的严重后果方面就能够起到积极的作用。

4.1.2　工作分析的步骤

一般情况下，工作分析分为四个步骤，如图 4–2 所示：

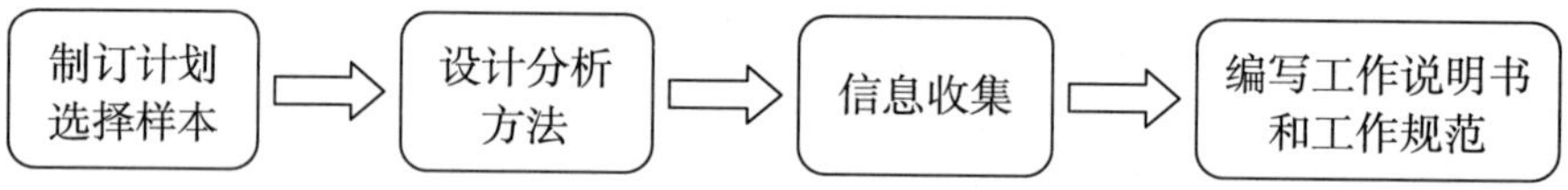

图 4–2　工作分析的步骤

制订计划并选择样本。确定工作分析的目的、用途和结果。例如，工作分析用于重新设计工作，还是为企业招聘与甄选人员等人力资源活动提供依据。管理人员还需要选择那些代表性的工作岗位，而不是对企业所有的工作岗位进行分析。

设计分析方法。根据不同的工作分析目的，选择适合的分析方法。

信息收集。了解相关的组织结构图，生产或工作流程等；利用问卷、访谈、工作日志分析等技术，收集工作活动、工作条件等信息，了解工作对员工的要求。

编写工作说明书和岗位规范。根据信息资料，编制工作说明书和岗位规范等职位体系文件。应用工作分析的成果，完成工作分析计划中设定的目的。

4.2　工作分析的内容

一份完整的工作分析包括以下内容：职位名称、工作任务、工作职责、职位关系、劳动强度和工作环境、资格要求、聘用条件。

进行工作分析，主要解决下列八类问题：

Who？谁完成这项职务？职位体系和职位名称是什么？

What activities？员工完成什么样的体力和脑力活动？这项职务具体做什么事情？

Why？为什么要完成这项工作？

Where？工作将在哪里完成？完成这项工作需要哪些条件？

When？职务时间的安排？

For whom？为谁履行职务？

How？员工怎样完成这项工作？如何履行职务？

With whom？和谁一起完成工作？

4.2.1 工作分析的相关概念

工作分析过程中涉及一些基本概念，这些概念在一般领域里意义相近，比较容易混淆，但是工作分析范畴内却需要严加区别。

工作要素（Job Elements）。指工作中不能再继续分解的最小活动单位，是形成职责的信息来源和分析的基础。例如公司行政前台，问候、导引来访人员就是两个工作要素。

工作（Job）。指为了达成某种目的而进行的一系列工作要素，是工作分析的基本单位。例如接待来访人员。

职责（Responsibility）。指为了在某项关键成果领域取得成果而完成的一系列任务集合，它常常用任职者的行动加上行动的目标来加以表达。例如招聘员工，保证企业人员需要。

职位（Position）。指某一时期内某一主体所负担的一项或几项相互联系的职责集合，它是组织的基本构成单位。职位要落实到特定职员身上，与职员（人）对应，一个职位容纳一个人。比如，行政专员同时担任日常行政事务处理、人员招聘、工资管理等职责。

职务（Headship）。指组织中承担相同或相似职责且重要性相当的若干职位总和。与职位与人的对应性不同，一个职务可能由几个人分担，比如副厂长。

职业（Occupation）。在不同组织、不同时间，从事相似工作活动的一系列工作的总称。例如采购员、会计、教师、工程师等。

其他与工作分析相关用语还有职系、职组、职门、职群、职等等。

4.2.2 工作分析与职位体系

职位体系是指企业内部各个不同领域的职位按照所属关系和等级关系形成的职位组合。职位体系包括职位序列、职位等级等。下面是某企业职位体系示例，见表 4–1。

表 4–1

某企业职位体系示例

职等 / 职级 / 职系 / 职组		Ⅴ	Ⅳ	Ⅲ	Ⅱ	Ⅰ
		员 级	助理级	中 级	副高级	高 级
企业	销售	销售代表	销售经理	部门销售经理	区域销售经理	销售总监
	生产	技术工人	生产主管	车间主任	产品经理	生产总监
	财务	财务会计	财务主管	部门经理	区域财务经理	财务总监

4.2.3 工作分析的结果

工作分析的直接成果是形成工作规范（Job Specification）和工作说明书（Job Desription）。也有的企业直接将二者合并形成工作说明书，里面包含工作描述和工作规范两部分。

工作规范包含了一个人完成某项工作所必备的基本素质和条件。例如，对各类岗位的职责、知识、能力和资历的要求所作的统一规定。工作规范是实现人力资源管理核心理念——人岗匹配的重要支撑性标准。

工作分析的另一个成果是工作说明书。“工作说明书是关于工作执行者要做什么、如何做以及在什么条件下做的一种书面材料。”[1]93 工作说明书提供了某个职位职责完成程度的衡量标准，能够有效地指导人力资源管理的后续流程，例如人员招聘、人员绩效评价等工作。

工作说明书通常包括以下部分。

工作标志。包括工作的名称、地点、所属部门、工作等级等信息。当工作的名称比较接近时，常常会引起对工作职责的混淆。例如，行政前台和宾馆酒店前台的工作有很大相似性。定义清晰的工作名称能体现工作内容的性质，并能把一项工作与其他工作区别开来。

工作综述。描述工作的总体性质，对工作的内容和目的进行归纳。例如，招聘专员的工作概述为：“及时有效地实施招募和筛选，确保公司用人需求。”

工作联系。任职者与组织内外其他人之间的联系情况。包括上下级关系、合作对象、工作中接触的组织外部人员情况等。

工作职责。详细罗列任职者的日常工作与上级分配任务的数量、质量，以及所负责任。

工作权限。为了完成工作职责，任职者需要具有的对人、财、物的控制权、处置权、建议权和决策权。

工作业绩标准。有些工作说明书还制订了每一项任务所达到的标准。

工作条件。工作中的噪音水平、危险水平、温度、湿度等。

工作规范。详细说明任职者的资格和条件。

以会计（出纳）职位说明书为例，如表 4–2 所示。

表 4–2

会计（出纳）职位说明书

编号	F004	职务：	会计—出纳岗位
部门	财务部	岗位定员	2 名
地点	总公司办公楼 204		
工作任务	严格执行各项财务政策、法规和规定，办理现金收付和银行结算业务。		

续表

岗位责任	1. 根据审核无误的会计凭证，办理现金收付和银行结算业务； 2. 根据审核无误的现金收付凭证，登记现金日记账及银行日记账，编制资金收支日报表； 3. 协助编制月度资金计划汇总表和月度资金结算表； 4. 按时发放工资、奖金，并填制有关的记账凭证； 5. 严格遵守现金管理制度和支票使用规定，现金要做到日清月结； 6. 负责库存现金、空白结算凭证、有价票据、印章的安全管理工作； 7. 负责公司收据的开制和公司取得的发票收据的审核工作。
工作关系	上级：财务部经理 下级：无 内部联系：公司各部门 外部联系：对口银行
任职资格	教育背景：会计学、财务管理等相关专业，大专以上学历。 经验要求：有相关工作经验者优先录用。 技能技巧：拥有会计证；具有财务数字分析和差错纠漏能力；熟悉国家各项财务、税务和审计政策法规；熟练进行账务处理和报表编制，熟练使用财务会计方面的软件。 个性：细致、严谨，对数字较为敏感。 态度：责任心强，有原则性；敬业、有团队合作精神。
工作条件	工作场所：办公室。 环境状况：舒适，无安全风险；无职业病风险。
工作设备	个人电脑、财务软件

4.3　工作分析方法

工作分析方法准确讲是在信息收集阶段收集工作分析信息的方法。常用的有观察法、工作日志法、访谈法、非定量问卷调查法、定量法和计算机法等。

4.3.1　观察法（Observation）

观察法是指运用感觉器官或其他工具，对某一工序或作业的员工在正常工作状态下进行观察、记录、分析的一种职位分析方法。观察内容包括工作行为、内容、特点、性质、工具和环境等。运用观察法时要注意以下几个事项。

（1）对调查的工作事项要多提几个问题，例如：做什么？如何做？为何这样做？工作时间？工作环境？使用工具？等等。

（2）为保证信息的真实性，应尽量在不引人注意的地方进行观察记录。

（3）为了客观而全面地分析工作，应选择多个场地对同类工作进行观察，以消除员工个体特征对调查结果的影响。

观察法适合工作相对静止的，标准化程度高而且周期短的工作。例如会计、流水线工人等。

4.3.2 员工工作日志（Participant Diary/Employee Log）

员工工作日志法是为了了解员工实际工作的内容、责任、权力、人际关系等，由任职者对整个工作日的工作内容与工作过程按时间顺序详细记录，经过归纳、分析，达到工作分析的目的的一种工作分析方法。

工作日志法虽然需要投入较多的人力和时间，记录过程复杂，但记录得具体详细，客观性强，有利于事后对比分析，是作工作分析时效度较高的一种工具。

表 4–3 为工作日志表格。

表 4–3

工作日志表格示例

工作日志
日期：自______年______月______日至______年______月______日

姓　　名：　　　　年　　龄：

职务名称：　　　　所属部门：采购部
直接上级：　　　　从事本职位时间：

日　　期	工作活动项目	工作活动内容	工作活动频次	工时消耗	备　　注
2011.5.16	部门会议	总结：讨论价格政策	1 次	1.5 小时	参与
	打电话	了解行业信息	2 次	0.5 小时	承办
	……				
	……				
……					
……					

4.3.3 访谈法（Interview）

访谈法是通过与任职者面对面交谈，获取工作相关信息的方法，分为个别员工访谈、群体员工访谈和对工作主管访谈等三种类型。在实际中，通常会采用多种类型访谈，各个类型互相补充，从多角度完善对工作信息的搜集。

访谈的内容事先需要进行规划，制订访谈提纲。具体包括工作的总体目标，绩效标准，承担的责任范围，对技能、教育和经验的要求，等等。

访谈过程中的经典提问有：

- □ 你的工作名称是什么？
- □ 你所做的是一种什么样的工作？
- □ 你的工作属于哪一个部门？上级和下属都是谁？
- □ 你工作的主要目标是什么？
- □ 你所在职位的主要职责是什么？你是如何做的？
- □ 你都参与了什么活动？
- □ 你对工作环境有什么要求？
- □ 你工作的基本绩效标准有哪些？
- □ 工作需要怎样的教育背景、经验和技能条件？
- □ 在工作中有可能会受到什么样的伤害？

访谈法的优点在于简单、便捷，有利于双向沟通，可就访谈提纲进行深入了解，有利于了解工作动机和态度等深层次内容。访谈法也有不足之处，例如访谈过程中对被访谈者信息的主观性等。

4.3.4 非定量分析问卷法

让员工填写问卷来描述其工作所包括的任务和职责，以获得工作信息的一种工作分析方法。这种方法可以快速高效获取信息，对问卷信息进行计算机处理，可进行大规模的调查。但对问卷设计的质量要求高，同时，由于问卷法属于单向沟通，员工在填答问卷时可能不认真填写而影响填答质量。

上述几种工作分析用到的方法采用了定性研究的方法，在工作分析中还可采用定量研究方法，例如职位分析问卷（PAQ）、管理职位描述问卷（MPDQ）和功能性工作分析方法。

4.3.5 职位分析问卷法

职位分析问卷（Position Analysis Questionnaire）采用结构化定量分析技术，对工作的元素进行标准化评估，得出不同工作的技能数值和等级。目前广泛用于职位分析、评价，以及招聘选拔、培训等人力资源活动中。

职位分析问卷由麦考密克等在 1972 年开发，共分 194 个项目。所有的项目被划分为信息输入、思考过程、工作产出、人际关系、工作环境、其他特征 6 个维度，这些项目被用于对某项工作包含的工作元素进行评价。PAQ 同时给出了 6 项评分标准：信息使用度、耗费时间、适用性、对工作的重要程度、发生的可能性以及特殊计分。

表 4–4 反映了运用职位分析问卷对各个不同工作评估的结果。

表 4–4

职位分析问卷法评估结果示例

职位性质	工作名称	工作价值点值
操作性初级职位	机械操作工	370
	维修工	509
	司机	432
管理类初级职位	打字员	290
	行政助理	395
	客户服务代表	425
管理类中级职位	品质主管	625
	技术维修部主管	640
	行政部主管	550

4.4 岗位设计

保险公司团体保险服务部门的主要工作是对事件进行分类拆分，并且归入相应的客户卷宗，检查团体保险单以及为需要保密的保险单设置密码。一名经理和一名监督员领导这个部门。雇员被分成四个职能组：办事员、密码设计者、高级技术人员和专业职员。

这种工作分配、人事和信息档案的安排导致一些问题：工作的分派和选择是随意的，雇员既没有享有主权的感觉，也没有个人责任感。档案经常被放错，雇员在接客户电话和回复客户的请求时时常出现一些差错。

雇员觉得工作只是不断地重复，太单调乏味。最为典型的是，一名职员在 11 分钟时间里可同时完成两项任务。雇员们很少有机会改变完成任务的次序，他们只需要很少的训练。一些职员做着相同的工作，只是面对不同的档案而已。这些因素使公司无法衡量个人的成绩，所以雇员很少甚至得不到任何信息反馈。

结算部门的工作包括处理档案、保险账单和从团体保险服务部门收取支票。职员将保险费输入计算机，原则上将保持内部账目的收支平衡。结算部门也同样设有一名经理和一名监督员，雇员被分成高级技术人员、保险费输入员和专业职员。

这种工作范围的安排及工作内容的限制带来与前一个部门类似的问题。工作是随便分派的，雇员们认为工作千篇一律，很乏味，没有自由处理的机会。

为了使这两部分的工作能很好地衔接起来，这两个部门的经理和负责人参加了一系列研习班。他们调整了工作内容，以此来增加工作的多样性和提高职员对工作的责任感。例如：每位职员现在要完成八项任务，而以前只有两项。他们呼吁建立自己的工作定量配额、工作速度并改变工作方法。按地域来分派每位职工的保险单。这样就可以明确每个人的工作，评估他的工作成绩，提供建议性的信息反馈。

现在新公司在组织结构上一般将这两个部门合并成一个部门，出于行政原因，这个部门被分成两部分，个体负责根据投保人的住处来发放保险单。然而这样的分组只是为了行政上的方便，他们并不是决策实体，也就是说，他们不能选择成员、选择领导、分配工作、评估工人或决定补偿等。

这个案例说明了社会文明发展到今天，工人们对工作现状的反映和要求。随着文化水平的提高，工人们正在努力改变仅仅为赚钱而工作的传统思想。但事实上，他们期望从工作中得到的东西和实际得到的差距太大。他们喜欢做各种各样的工作，喜欢自由自在地工作，对拘泥于形式的单一、枯燥的工作深恶痛绝。许多人能够忍受自己不喜欢的工作是因为待遇上的需要，但是这一点在许多时候已经变得不那么重要了。越来越多的人难以忍受工作环境带来的牺牲和挫折，成千上万的人开始寻找可供自我满足的工作形式。对他们来说，要求职务扩大和充实，与其说是经济上的需要，不如说是心理上的需要。案例中的变化虽然还不能从根本上解决他们的问题，但依然不失为一种改善劳动生活质量的好方法。

岗位设计是改善员工全面工作生活质量的主要方法之一。社会发展的多元化和员工要求的多元化是21世纪不容回避的事实，管理者既然无法改变外部条件的变化，则必须改变自己的工作设计方法，以激励员工积极性。

岗位设计是一个确定所要完成的具体任务及其完成的方法，并且该岗位在组织中如何与其他工作相互联系起来的过程。所以说只有工作分析是不行的，必须在工作分析的基础上优化岗位设计，才能真正做好这一人力资源管理的基础工作。

4.4.1 岗位设计的意图

岗位设计的意图是要明确说明工作应该怎样做和怎样才能使工作者在工作中得到满足，一方面最大限度地提高组织效率和劳动生产率，另一方面最大限度地帮助个人成长和增加福利。详细说来有这样几点：

（1）明确工作内容，讲究有效合理的分工与协作。不再把分工是否细致当作重点，而是考虑工作的整体性和有效性，同时有助于员工享受完成工作带来的乐趣。

（2）研究工作方法，鼓励员工多学习、多掌握几项相关技巧。把职务的物质要求和员工的生活特征相结合，剔除一些不符合要求的人。

（3）实现充分就业，设计每个人都能够发挥自己特长的岗位。职务设计时考虑能够激发人们的积极性。

（4）完善沟通渠道，改善并促进人际关系。创造人人适宜的软环境。

4.4.2 岗位设计的指导思想

传统的以分工为基础的岗位设计

亚当·斯密《国富论》中的劳动分工理论，在过去若干年来一直影响着企业的岗位设计，可以说直到今天还在起着重要的作用。这种以详细分工为基础的岗位设计将工人固定在狭小的作业范围内，工作的简繁程度与其报酬严格对应，稳定的生产秩序大大减少了学习费用（工种一经制订便可反复重复作业，每人只需学习一种或少数几种技巧即可），所有的工作只是为了效率。如弗雷德里克·泰勒所说，"当工作被科学地设计好，个人在工作中应该作出的努力和一个人为其付出劳动所应得的报酬则是一个定数。"

目前看来，这种纯粹以提高效率降低成本为中心的岗位设计越来越暴露出它的不合理性。随着社会文明与工业文明的发展，亚当·斯密当年的预言"一生都在重复几个简单操作动作的人，最终会变得绝顶的愚蠢和无知"在今天得到了证实。大量从事专业化和标准化工作的工人出现诸多问题：身心上——智力衰退，抑郁成疾；态度上——责任心缺乏，对工作有着说不出的不满，因"企业对员工个人发展漠不关心造成的工人极少有发展机会"而灰心丧气；组织上——高离职率、高缺勤率、抵触创新、怠工成风，劳资冲突日趋严重。这使得因专业分工、作业稳定带来的高效率有名无实。

再造理论

与分工理论形成截然对比的是风行于20世纪90年代中后期的再造理论（Reengineering Theory）。再造又称重构，实际上是指企业从根本上重新考虑、重新设计经营过程，其目的是从很大程度上改善成本、质量、服务和速度等关键性的、现实的业绩指标，使自己更具竞争力。重构在组织与人事上最典型的体现就是岗位再设计，根据市场需求和经营条件允许，重新设定岗位、确定职责。

一份好的职务说明书

"老魏，我不知道你究竟是需要计算机程序员还是公关人员？你必须明白，你们部门的编制上没有公关人员，和市场打交道也不是你们的工作。"小严抱怨说，他是人力资源部负责人，"我提供的每位求职者在FORTRAN程序方面都是很精通熟练的，正像工作说明书中规定的那样。""给我一些真正有用的人"，老魏回答道，他是软件部经理，"我没有说我需要专业程序员。我们不用FORTRAN程序也已经几年了，职务说明书需要修改。公司的市场调查一塌糊涂，我必须自己面对市场。我需要的是既精通业务、跟得上最新软件发展的技术，又懂市场、能够准确掌握市场动态、与客户将订单签下来的人。你提供给我的那些人没有一个合适的。"

在上述案例中，你要考虑的就不能仅仅是一份职务说明书了。

企业重构会涉及人员的裁减与重新配置的问题，但裁员不是重构岗位设计的核心内容，虽然那些大中型特别是官僚主义盛行的大型企业的重复重叠的机构和岗位必须裁掉。重构的基本做法是：组织方面，以扁平式结构代替高长式结构，以产品对象为主体，按流程程序划分经营单位，保持工作的持续性和完整性；人员安排方面，本着自愿与发展的原则，实行工作单位与成员双向选择，提高作业者的工作兴趣；衡量标准上，打破下级层层向上级负责的框架，让工作人员直接面对顾客，向顾客负责，以顾客满意作为唯一的工作衡量标准。

不同形式的岗位设计，其特点如表 4–5 所示。

表 4–5

不同形式岗位设计的特点

	传统（现行）	新型（理想）
作业特征	详细分工，连续作业	统一操作，平行作业
任务数量	一人操作一项任务	一人操作多项任务
工作趋向	工作设计单调、枯燥	工作设计饶有趣味
知识要求	不需很多知识，只掌握一到两种技巧即可	掌握的知识越多越好
决　　策	领导决策	自行决策
责　　任	对上级负责	对顾客负责
管理侧重	重视物质报酬	重视自我价值

4.4.3　岗位设计的适用时机

岗位设计有初设计与再设计之分。在新组织中进行的是初设计，这是眼下人们进行岗位设计的重点所在。人力资源管理者应该想到的是，即使组织是原有的组织，当出现以下几种情况时，也要考虑岗位设计的问题。

原有的岗位设计不合理

原有的岗位设计不合理，或者原有的岗位设计不适应目前的企业规模、战略规划和外部条件，已经影响到企业工作的正常运转。这种现象通常体现在工作量的不协调上：有的岗位工作量大，员工无法按时完成工作；有的岗位工作量小，员工十分悠闲。这种情况提高了人员成本，又破坏了员工之间的和谐，劳乏过度与无所事事的员工会相互抵触，影响工作情绪。

企业进行了较大幅度的改革

深度改革使原有的职务规范不再适应经营管理的实际情况，如企业由小变大、由内向型变为外向型、由单一经营变为多项经营，或者机构精简、生产自动化、组织层次及职位减少等。

员工工作效率下降

工作效率下降多半是因为员工对现有的工作失去兴趣或新鲜感而产生的，这其实是新式岗位设计要解决的主要问题。

存在大量冗员

特别是在老国有企业中，这种现象非常普遍。有效地安排工人就业是企业必须承担的社会义务，也是企业塑造独特文化、增强员工凝聚力的重要方式。这时，岗位设计的重点主要集中在能否增加一些服务性的、对劳动力需求有着增长要求的岗位。

针对以上情况，人力资源管理者在进行岗位设计时，必须考虑到岗位与其他因素的适应问题。如岗位与人员相适应，既做到人尽其才、才得其用、人事（岗位）相宜，又做到事事有人做、人人有事做；岗位与效率相适应，以能够提高效率作为岗位设计的衡量标准，无论增人还是减人，劳动率都不能降低并必须有所提高；岗位与目标相适应，岗位的增加与减少、分解与合并、零散与统一都围绕着目标的实现展开；岗位环境与员工感觉相适应，满足员工在健康、安全、舒适的条件下从事工作的心理及生理需要。

4.4.4 岗位设计的形式

岗位设计的形式在不同时期依据不同的管理理论有所不同。本部分的重点在于介绍新时期新式岗位设计的几种情况。

传统的岗位设计形式——工作专业化

即每位员工只从事针对性极强的一项工作，他是传统的详细分工理论指导下的产物。因其只考虑效率的提高和任务的完成，而不考虑员工的反应，故专业化带来的高效率一定程度上已经被员工的不满和厌倦情绪所造成的旷工、怠工、缺勤或辞职所抵消。图 4–3 形象地描述了工作专业化的情形。

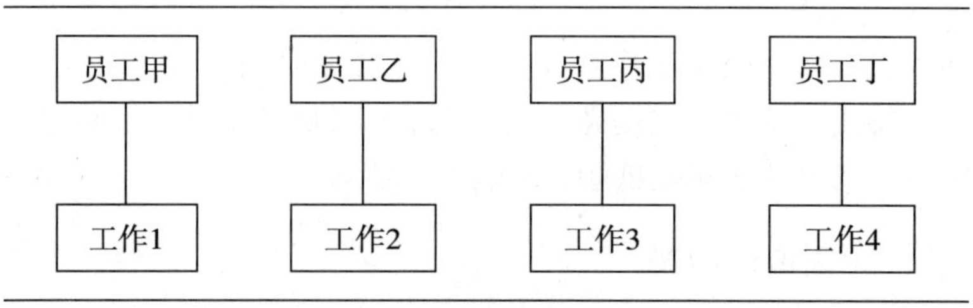

图 4–3 工作专业化岗位设计的特点

岗位设计模式

已有的企业实践告诉我们，注重岗位设计对生产率、职业生活质量和经济效益都有着积极的影响。但不是说，所有的企业都必须进行新式岗位设计。有效的岗位设计固然对企业有利，对其不切合实际的滥用却会导致失败并引起各方面的不满。所以说，对于岗位设计的使用与否除考虑前面提到的适宜的时机外，还要考虑两个基本问题：

（1）是否确有必要重新设计岗位？其他方面的改进（如组织培训、设计薪酬、招聘或选拔）是否同样能够达到目的？重新设计岗位的成本预算是否更经济？

（2）在目前工作结构、技术条件和人员特点一定的情况下，重新设计岗位是否可行？

如果对这两个问题都得到了肯定的回答，便可以按照"以岗定人"和"因人设岗"相结合的思路进行岗位设计了。注意，"因人设岗"的做法要谨慎。

新式岗位设计的形式

工作轮换。即在不同的时间阶段里，员工在不同的岗位上轮换工作，包括部门内部轮换和部门之间轮换。工作轮换可以给员工提供很多帮助，如：给予更多的工作机会，调动和发掘个人潜力；更换工作环境，增强工作新鲜感和刺激性；对组织有全面的认识，提高工作的整体感和系统性；增进不同岗位之间的相互了解，提高协作效率；增加工作经验，掌握更多知识和技巧。如图 4–4 所示。

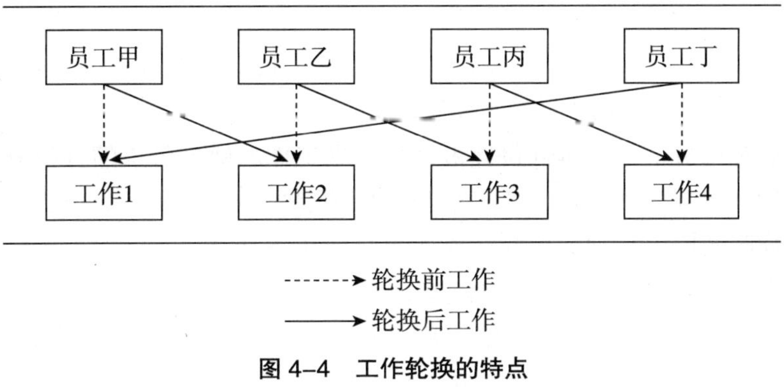

图 4–4　工作轮换的特点

工作扩大化。即扩大工作范围，让员工完成更多的工作量，同时也获得更多的报酬。这项措施会使那些已经对原职工作熟练精通的员工，在"加码"的同时有一种受重视、被重用的感觉，令他们工作得更充实。如图 4–5 所示。

工作丰富化。即通过各种责任的纵向延伸，改变工作内容和责任层次，使员工尽可能参加与自己职务相关的决策工作。其优点是进一步增强员工对工作整体

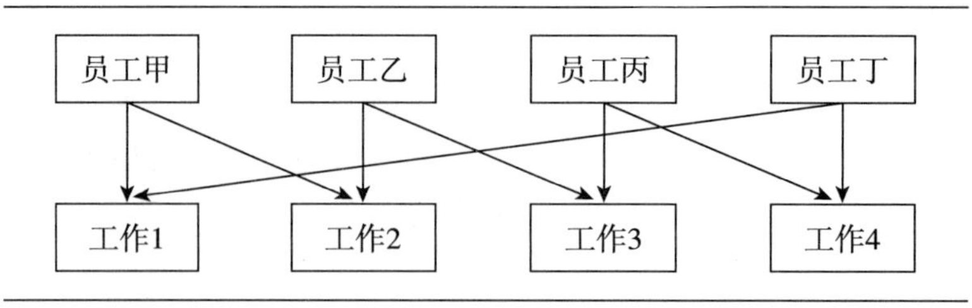

图 4–5 工作扩大化的特点

性和系统性的理解，充分享受工作的成就感。心理学家赫兹伯格提出的关于工作丰富化的五项原则，多年来一直为人们所肯定：

（1）增加工作要求。以增加责任和提高难度的方式改变工作。

（2）赋予工人更多的责任。在经理保持最终决策权的条件下，让员工拥有尽可能多的工作支配权。

（3）赋予员工工作自主权。一定限度内，允许员工自主安排工作进度。

（4）职务反馈。及时将工作结果反馈给员工自己而不是他的上级。

（5）技术培训。提高员工的技术素质，将个人发展与企业目标结合起来。

以员工为中心进行工作再设计。这是“因人设岗”的实例，也是知识经济年代留住人才的有效手段。将公司的使命、战略目标与员工的专业特长、价值取向、个人发展以及对工作的满意度联系起来设计工作。让员工参与一定程度的自我工作设计或者采纳他们的意见，会使员工的潜力得到充分发挥。当然，员工的意见必须是有利于实现组织目标的。

调整工作时间。这是岗位设计的辅助性措施，它从灵活工作时间的角度，给予员工时间方面更大的支配权。

（1）紧缩劳动周。保持一周 40 小时工作时间不变，企业根据情况安排工作 4 天或者 5 天，典型的是每周工作 4 天，日工作时间 10 小时。有的企业直接将周五改为休息日（或者另外 3 天为休息日）。最常见的是，许多企业错开工作时间，灵活搭配人员，做到每天都有人工作。这样做的好处是工作日数量减少，缺勤率和迟到率也减少了，员工拥有更多的闲暇时间。缺点在于较长的工作日令人疲劳，非常规时间段内与别的企业业务往来时存在不方便。

（2）弹性工作时间制。保持每天 8 小时工作时间不变，企业规定一个核心工作时间段（在此时间段内要求所有的员工都工作），然后在此时间段的前后由员工自己决定上下班的时间。弹性工作时间的优点在于，工人自行掌握时间的自由度大了，工作兴趣高了，还可以避开城市里集中上下班的高峰。弱点在于，因整体日工作时间的延长增加了管理系统的复杂程度，增加了公共事业费。

本章小结

工作分析是组织对每个职位的设置目的、职责和任职资格进行界定的过程。通过对工作要素的分析、评价，组织可以构建横向和纵向相结合的职位体系。

通过工作分析所获得的信息，组织可以在人员配置、确定岗位薪酬、工作绩效评估和人员培训等人力资源管理活动中找到基本依据。工作分析让组织人力资源活动更有效率。

工作分析的方法包括观察法、访谈法、工作日志法等定性研究方法，还包括职位分析问卷法等定量方法。

岗位设计主要考虑工作应该怎样做和怎样才能使工作者在工作中得到满足。在最大限度地提高组织效率和劳动生产率的同时，还要最大限度地帮助个人成长和增加福利。岗位设计包括工作轮换、工作丰富化、工作多样化和以员工为中心的设计等形式。

专业术语

工作分析 Job Analysis
工作描述 Job Description
工作规范 Job Specification
工作要素 Job Elements
任务 Task
职责 Duty
职位 Position
职等 Position Grade
职级 Class
职业 Occupation
员工工作日志 Participant Diary

复习思考题

1. 什么是工作分析？企业为什么要进行工作分析？
2. 工作分析的步骤是怎样的？
3. 企业的职位体系是如何形成的？
4. 工作说明书包括哪些内容？工作规范有何用途？
5. 进行工作分析的方法有哪些？各有何优缺点？
6. 什么是岗位设计？企业在哪些情形下要考虑岗位设计？
7. 新型岗位设计有哪些形式？
8. 工作丰富化和工作扩大化各有何特点？

深度学习

[1] 美国劳动部为了推动职业教育的发展，建立了职业信息网站（网址为 http：//online.onetcenter.org/，简称 O*NET）。目前 O*NET 内已有美国的 1102 个标准职业分类，对其中 965 个职业岗位有详细的职业描述。

[2]《中华人民共和国职业分类大典》的职业分类。

实践链接

"与其抱怨人们缺乏责任感，不如先廓清人们的工作职责。"——工作分析如何解决人们在工作中存在的责任扩散的问题？http：//cho.zhaopin.com/articles/697_1.html

案例分析

季立的难题

某国企制药厂有员工1200人。工厂职位结构比较简单，以一线生产工人为主。由于转制的需要，企业要实行规范化、现代化人力资源管理，这就要求进行工作岗位分析，编制全公司职工的工作说明书，并实施聘任制，不合适职位的员工转岗乃至下岗，减人增效。

季立是该厂人力资源部部长，学习过人力资源管理相关的理论知识，她想用上自己所学，领导下属完成这项工作。但现实情况是，除了她自己，人力资源部只有三名下属员工。这三名员工都没有人力资源管理的专业学历。

请问，季立该如何完成企业的工作分析？如果她自己领导下属员工进行工作分析，面临哪些挑战？季立在开展工作前需要注意哪些问题？

5 第5章 人力资源规划

【学习目标】

- 了解人力资源规划的作用和内容
- 理解人力资源规划的程序
- 掌握人力资源需求预测方法
- 掌握人力资源供给预测的方法
- 了解人员定编定岗的含义
- 掌握人员定编定岗的技术

引导案例

山东鲁能积成电子股份有限公司

山东鲁能积成电子股份有限公司的前身——济南积成电子研究所成立于1994年4月。它是山东大学的云教授带领山大分校的几名年轻的工程师和教师一起创立的。

公司一经创立就在全国的电力系统计算机应用领域名列前茅。第一个经营年度经营收入就达1000万元，以后以每两年翻一番的速度飞速发展。1998年时其销售收入已近4000万元。但是，从这时开始，其在全国同行业的排名却下滑到第四五位。为此，公司决策层多次开会商讨，想找出问题的症结。经调研，决定层认识到，电力系统的计算机应用领域的市场需求非常大，公司产品在市场上也很受欢迎，客户深层次的需求也很迫切，但公司的开发、销售、服务能力却跟不上去，故形成员工超负荷工作、任务堆积、人均效益高水准，但全国排名却在下降的情况。问题出在两个方面：一是公司效益虽然很好，但规模太小，无法满足市场日益扩大的、多层面的需求；二是公司人力资源严重匮乏。

这时，公司决策层制订了恢复全国电力控制系统龙头地位的目标，并指令公司人力资源部门制订下一步的人力资源规划。公司人力资源部门在作过人力资源需求、供给预测之后，发现公司计算机软件工程师、硬件工程师、销售工程师的需求量很大，内部供给量不足，只能依赖外部供给，而全国和济南IT人才都供不应求，招聘人才困难，且需支出的成本也很高（工资、奖金等待遇都较高）。

恰在此时，鲁能集团前来洽谈给积成注资，并要求自己的计算机公司合并进来成立鲁能积成股份公司事宜。积成人力资源部门发现这极大地缓解了公司人力资源的不足，向公司决策层表述了接受合并在人力资源方面的好处，并作出合并后人力资源还将有多少需求的计划。经过决策层同意之后，省人才市场和报纸、网上公开招聘合并后公司仍很急需的人才。现在，新成立的鲁能积成公司已成为全国四大软件园之一的齐鲁软件园的骨干企业。

从案例中我们可以看到，济南积成电子研究所的经营效益和人均效益是非常可观的，但其规模的扩张速度不是很理想。这是由于两方面原因造成的，一是其大都来自于科研岗位的管理人员把“科学研究的严谨性”不由自主地带到了经营理念和市场运作中，不能放开手脚扩大企业规模、适应市场的需求；二是管理人员没有作好人力资源的战略规划，没有预测到公司发展所急需的人才种类和数量。

1998 年，公司决策层终于意识到这一点，开始进行人力资源规划。在预测了公司软件工程师、销售工程师的需求数量后，估算了内部的人员供应情况，发现公司人才供需缺口很大，人才严重匮乏。而外部劳动力市场上，IT 人才层次较高、培养周期长，大学毕业生数量虽然呈增长趋势，但软件开发能力较强的 IT 人才却数量不多。这时，积成研究所的人力资源管理人员制订了合理的人力资源规划，一边接受公司的合并改制，吸收鲁能旗下的计算机公司的人员，一边在人才市场上公开招聘，制订了高工资、绩效挂钩、年底分红、缴纳各种保险金、解决户口问题等吸引人才的政策等，使各个岗位都获得了急需的人才，及时缓解了公司人力资源不足的状况，使公司的发展进入了快车道。

这个例子告诉我们，进行人力资源规划是对企业人才需求进行规划和预测，以保证企业的未来发展。企业要进行人力资源规划必须了解以下问题：

□ 企业人力资源规划的内容、目标是什么？
□ 人力资源预测的程序、方法是怎样的？
□ 制订人力资源计划时要注意的问题有哪些？
□ 怎样实施人力资源计划？
□ 人力资源计划怎样调整？

而这些问题的答案，正是人力资源规划的内容。

5.1 人力资源规划概述

企业要保证组织战略目标的实现，就必须对组织目前和未来的各种人力资源的需求进行科学的预测和规划，以保证组织在需要的时候和需要的岗位上能及时得到各种所需的人才，否则，组织的发展目标就难以实现，有时可能会影响到企业的生存。

5.1.1 人力资源规划的定义

人力资源规划是以未来和战略为导向，预测未来的组织任务和环境对组织的要求，以及为了完成这些任务和满足这些要求而设计的提供人力资源的过程。或者说，人力资源规划就是以最经济有效的方法去保证一家企业或组织在最合适的时间、地点去获得最合适种类和合适数目所需人才的一种过程。

人力资源规划关注两方面内容：其一，组织要在未来取得成功，需要配备、培训、开发什么样的人才？其二，为了实现组织目标，应该制定什么样的人力资源管理政策？

5.1.2 人力资源规划的重要性

人力资源规划是联结战略规划和公司业绩的必由之路，其主要关注点在于公司未来的发展，以及战略目标的实现。

人力资源规划必须支持企业的战略发展和核心能力的培养，以提高组织绩效，保证企业战略目标的实现。如图 5–1。

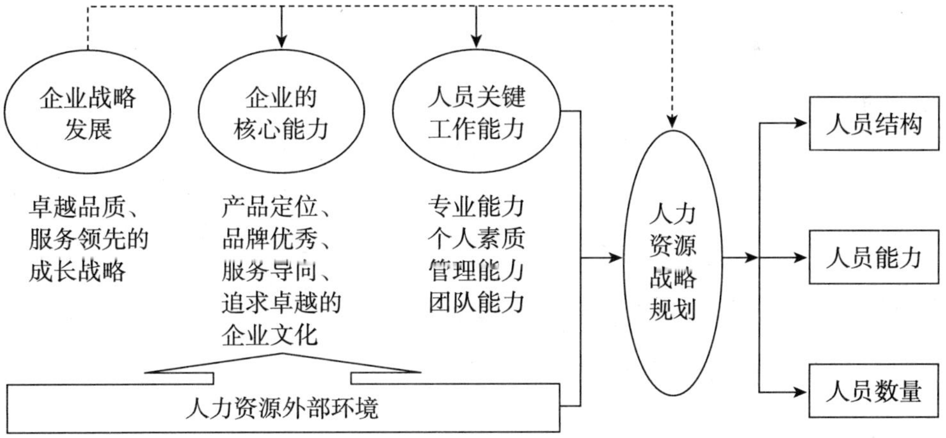

图 5–1 战略发展对人力资源规划的作用

人无远虑、必有近忧。处在信息时代的今天，技术突飞猛进，产业结构不断调整，人才流动越来越快。这时，人力资源规划越来越显示出其重要作用。

外部环境的不断变化要求企业进行人力资源规划

任何企业都处在一定的外部环境之中，而组合这种外部环境的各种因素均处于不断的变化和运动状态。其中的一些因素对企业的影响甚大，并且有些因素直接地影响到企业或组织的人员情况。例如国家的有关离退休年龄的法规政策的变动就直接地影响到企业员工的工作年限。再如技术上的变动，任何一项新技术的采用都会使劳动生产率大幅度提高，这势必会节省许多劳动力，同时也要求对在岗的员工进行再培训以适应新技术的要求。所以，企业组织所处环境中政治的、经济的、技术的等一系列因素的变化，都要求企业组织作出相应的变化。而这种适应环境的变化一般都要带来人员数量和结构的改变。

人力资源规划工作首先要适应外部环境的变化，对本企业人力资源的数量和结构进行预测、分析，为人员招募工作作好准备。

内部环境的变化要求企业进行人力资源规划

企业内部各种因素同样是无时无刻不在运动着和变化着的，人力因素自身就处于不断的变化当中。例如离退休、自然减员、辞职、停薪留职、开除等现象都会导致员工的减少；另外所招聘的人员会导致员工的增加；同时在企业内部进行的工作岗位的调动、提升、免职处罚等现象则导致人员结构的改变。这些变化都会对人员数量和结构造成重创，任何成熟的管理者对此决不能顺其自然，更不能麻木不仁，而要通过人力资源规划等手段来做到心中有数，适时引导和恰当调整。

人力资源规划有助于企业制订长远的战略目标和发展规划

一家企业的高层管理者在制订其战略目标和发展规划以及在选择决策方案时总要考虑到本身的资源，特别是人力资源的情况。

例如，海尔集团公司决定推行国际化战略发展时，其高层决策人员就考虑到其人才储备情况以及所需人才的供给情况。如果有了人力资源规划，就有助于高层领导了解本组织内目前各种人才的余缺情况以及在一定时期内由内部抽调、培训或外部招聘的可能性。这就有助于高层领导者进行目标决策和战略规划。

人力资源规划有助于促进人力资源的开发

组织内进行人力资源规划的过程，是一个发动群体、集思广益的过程，有助于使各级管理人员和员工透彻地了解人力资源开发上存在的问题、努力目标和相应的政策、程序和方法，从而更自觉地为开发人力资源潜力、提高人员素质而努力工作。

5.1.3 人力资源规划的主要内容

人力资源规划与企业的整体规划是紧密相联的，后者是前者的设计基础，前者为后者的实现而服务。从整体上看，人力资源规划包括总体规划和业务规划两个层次；从工作程序上说，人力资源规划包括规划工作和规划预算工作两个环节。

人力资源总体规划

总规划是对计划期内人力资源规划结果的总体描述，是人力资源需求和各类人力资源配置的总框架。如根据企业战略类别，计划期内预期达到的员工总数、预期实现的员工知识构成等。总规划中最重要的内容就是总供给和总需求的平衡比较，这一比较以及对比较产生差异的补足结果，是人力资源规划的终极目的。

人力资源业务规划

业务规划是总规划在各部门、各环节的展开和具体化，其执行结果必须保证总规划目标的实现和完成，每一项业务计划都由目标、任务、政策、步骤及预算等部分构成，如人员补充计划、人员使用计划等。表 5–1 是人力资源业务规划的具体列示。

表 5–1

企业人力资源业务规划类别

计划类别	计划目标	计划的相关政策与措施
人力资源补充、更新计划	优化人力资源结构 满足组织对人力资源的数量和质量上的要求	老员工退休政策 离职及不适合上岗者的解聘 工作分析 新员工的招聘
人力资源使用、调整计划	提高人力资源使用效率，企业内部人力资源合理流动	岗位轮换制度 员工职业生涯规划 工资制度
人力资源发展计划	提高员工能力 选拔后备人才 形成人才群体	全员培训计划 升职、换岗培训计划 升职、换岗选拔制度 未提升资深人员的安排
评估及激励计划	增加员工参与 增进绩效 增强组织凝聚力 改善企业文化	绩效评估计划 奖励计划 惩罚制度 沟通机制
人力资源维护计划	保持员工身心健康 解除员工后顾之忧	安全生产计划 工业卫生计划 职工保健计划 职工福利计划

人力资源规划预算

人力资源规划预算是数字化货币化的人力规划。它表明在未来计划期内，各类人力资源规划在财务上需要花费多少资金。

人力资源计划的预算包括各部门进行人力资源活动的一切费用，包括职工工资、办公费用、招聘广告费、职工培训费等。

5.2　人力资源规划程序

虽然不同规模的企业组织的人力资源规划程序存在着各种各样的差异，但主要步骤则是大同小异。通常，人力资源规划包括有以下七个步骤（如图 5–2）：

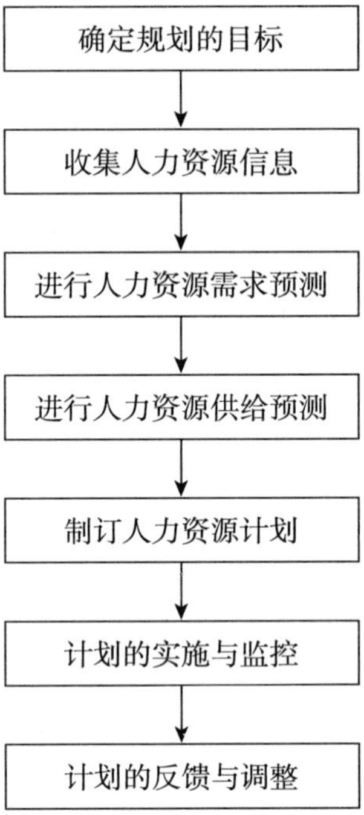

图 5–2　人力资源规划流程图

5.2.1　确定规划目标

这是人力资源规划的第一步，主要根据企业的目标来制订。这一步十分重要，一旦这一步错了，以下的各步再好也没有用。因此，要十分认真地确立目标，使之真正符合企业目标。人力资源规划要确保组织实现下列目标：

- □ 得到和保持一定数量的具备特定技能、知识、能力的人员；充分利用现有人力资源；
- □ 能够预测组织中潜在的人员过剩或人力不足；
- □ 建立一支高素质、运用灵活的人力资源队伍，增强组织适应未知环境的能力；
- □ 减少组织在关键技术环节对外部招聘的依赖性。

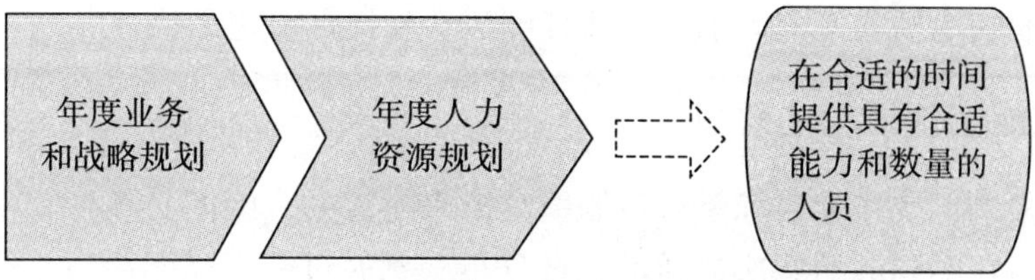

图 5-3　年度人力资源规划的制订

人力资源计划是整个组织计划的一个系列部分。其最终目的是为了实现员工和组织的利益，最有效地利用稀缺人才。人力资源计划目标是随着组织所处的环境、企业战略、战术计划、组织目前的工作结构与员工的工作行为的变化而不断变化的。

5.2.2　收集人力资源信息

人力资源信息包括的内容十分广泛。根据已确立的目标，应该广泛收集外部和内部的各种有关信息。

外部环境信息。即宏观经济形势和行业经济形势、主要竞争对手的动向、相关技术的发展、劳动力市场的趋势、人口趋势、社会发展趋势、政策法规、风俗习惯演变，等等。

组织内部信息。即企业发展规划和业务计划、企业人力资源的现状、企业的离职率和员工的流动情况，等等。

收集信息的方法可考虑使用文献调查、询问调查、个人面谈、专家咨询等方法。对收集来的信息要加以整理、分析，要删除由于偶然因素造成的不能确认准确的材料。

企业组织要建立自己的人力资源信息系统。信息系统要覆盖人力资源管理的所有内容，与人力资源规划有关的内容应独立成节。

5.2.3　预测人力资源需求情况

收集完企业组织的人力资源信息，下一步就是根据企业组织的人力资源目标，预测人力资源的需求情况。

预测企业组织的人力资源需求情况，应该按顺序做好以下四个方面的工作。

预测组织未来生产经营状况

从根本上说，组织未来生产经营状况决定着人员需求量。一般说来，未来生产经营状况的预测，可直接从组织发展战略规划中分离出来而无须预测。组织未来生产经营状态，可由各种具体职能活动的水平和分类计划表示，如各职能的增减及职能领域的扩大或缩小、产品结构的改变、目标市场的变化和市场占有率的增减、新技术的引进或采用、销售额水平的变化、生产率水平的变化，等等。为了能准确地预测人力需求，上述各种活动和指标要定量描述。

估算各职能工作活动的总量

未来生产经营目标是由各职能活动来实现的，因而必须估算各职能活动的总量及其在不同活动层次的活动总量分布。例如对销售职能活动总量的估算，可根据以往销售活动资料的统计分析和未来目标销售额来估算。根据以往销售活动资料的统计分析，我们得到每销售千元货物需 1 工时，若在未来第五年预计销售额为 2400 万元，则可得到 2.4 万工时的销售活动总量。此时，若不考虑其他因素的影响，则可估算出销售人员需求量为 10 人（按每年 300 个工作日，每天工作 8 小时计算）。

但是，仅有各职能未来活动总量的估算还是不够的，因为这些活动是不同质量或等级的。因此，在总量确定以后，还要将其分配到该职能的不同层次上。在上例中，我们可以把销售活动总量分配到市场推销、市场研究、宣传广告、销售管理等不同层次上，从而为确定各类销售人员需求量预测提供基础。

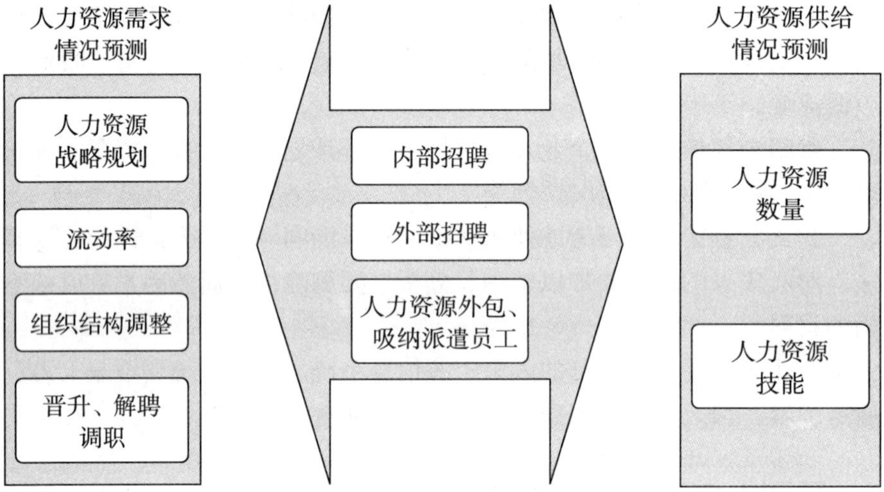

图 5–4　人力资源供需情况

确定各职能及各职能内不同层次类别人员的工作负荷

由于生产技术基础的改善，工作的效率不断提高，因而必须充分考虑各因素变化对工作效率的影响，在此之下确定各职能及各职能内不同层次类别人员的工作负荷。工作效率与工作负荷在不同条件下相关性是不同的。在生产环节，新技术的采用或人员积极性的高度发挥，会使工作效率提高，而工作负荷可以不变或减少。但在销售环节，随市场竞争的激烈，尽管提高了工作效率，而推销单位价值货物的活动量却会增加，导致工作负荷增加。因此，在确定各类人员工作负荷时，要充分考虑各种变量的影响，不能仅从主观出发进行推测。

确定各职能活动及各职能活动内不同层次类别人员的要求量

若上两步预测活动的结果相当可靠，则这步活动就相当简单了，只需进行简单的转换即可。有一点需要注意的是，要留有充分的余地，以防情况的突变。

5.2.4 预测人力资源供给情况

人力供给预测也称为人员拥有量预测，是人力预测的又一关键环节，只有进行人员拥有量预测并把它与人员需求量相对比之后，才能制订各种具体的规划。人力供给预测包括两部分。

首先，是内部拥有量预测，即根据现有人力资源及其未来变动情况，预测出规划各时间点上的内部人员拥有量。在这一阶段要达到对内部人员有用性的了解，对可提升的人员进行鉴别，以及作出个人发展培训计划，通过确认全体人员的合格性，对不合格的要进行培训，对配置不合理的要进行调整。对空缺职位，在分析了内部拥有量之后就可以明确哪些可以从组织内部填充，哪些需从外部招聘。

为达到以上目的，需作如下分析：分析现有人力资源；对职员跳槽和人力损耗的分析；对提升和调换工作所带来的影响的分析；对环境变化和旷工的评估和原因分析。

分析内部人力资源供给应从现有员工着手。为了避免人力流失或损耗，管理者需对造成职工损耗的因素加以分析。导致员工损耗的因素可分为组织外部因素和组织内部因素。导致劳动力损耗的外部因素有更高的收入和更好的发展机会、职工已届退休年龄、已婚女员工怀孕，等等。内部因素有：由于组织缺少周详的人力资源规划，造成的人事政策不稳、裁员等行为；由于缺勤多、员工流失多造成人手不足，进而造成现职员工压力过大，自动辞职率升高；人际关系冲突引起职工不满而辞职；或工作标准的改变使某些职工因失去兴趣或无法适应而辞职；等等。

其次，对外部资源供给量进行预测，确定在规划各时间点上的外部人员的可供量。这种预测包括对地方劳动力市场以及全国劳动力市场的预测。对于地方劳动力市场，需要考虑的因素有：公司所涉及范围内的人口密度；现在或将来来自其他组织对雇员的竞争；当地的失业水平；当地传统的雇佣模式以及获得具备所要求资格技能员工的可能性；当地教育系统和培训机构的人才输出状况；等等。对于全国性的劳动力市场，需要考虑的因素有：离校学生人数和劳动力规模及流动趋势；全国对特殊类别人才的需求，以及教育培训机构的人才输出状况；不断变化的教育模式所带来的影响；本地区、本行业的规模和成熟度；等等。

具体的人力资源需求预测和人力资源的供给预测方法和技术见本章 5.3 节。

5.2.5 制订人力资源计划

在确立目标、收集信息、预测人力资源需求和预测人力资源供应的基础上可以制订人力资源计划。

企业的人力资源计划各不相同，但典型的人力资源计划（见表 5-2）至少应该包括以下几个方面：计划的时间段、目标、情景分析、具体内容、制订者、制订时间。

表 5-2

人力资源计划范本

ABC 公司人力资源计划
1. 计划的时间段
2. 计划达到的目标
3. 目前情景分析
4. 未来情景预测
5. 具体内容　执行时间性　负责人　检查人　检查日期　预算
（1）
（2）
（3）
……
6. 计划制订者
7. 计划制订时间

计划的时间段

要具体写出从何时开始，至何时结束。如果是一份战略性的人力资源计划，可以长达 10 年以上；如果是一份年度人力资源计划，则以 1 年为期限。

计划达到的目标

在这里遵循三项原则：

（1）与企业的目标紧密联系起来。因为人力资源计划是一项局部性计划，它一定要为企业的目标服务。

（2）要具体。不要泛泛而谈，最好要有具体数据。

（3）不要太烦琐。要简明扼要，使人们容易记忆。

目前情景分析

主要是在收集信息的基础上，分析企业目前人力资源的供需状况，指出制订该计划的依据。

未来情景预测

主要是在收集信息的基础上，在计划的时间段内，预测企业未来的人力资源供需状况，进一步指出制订该计划的依据。

具体内容

这是人力资源计划的核心，涉及的方面较多，例如工作分析的启动、新的员工绩效评估系统、改进后的报酬系统、计划中的培训工作、该推行的员工职业计划、招聘方案、促进人员流动方案，等等。每一方面都要写上以下几项内容。

（1）具体内容。要十分具体，不要仅仅写上招聘人员，还要写上诸如“联通公司 IT 技术服务部招聘 8 名技术人员”。

（2）执行时间。写上从启动到完成日期，例如：2011 年 1 月 1 日至 2012 年 12 月 31 日。

（3）负责人。即负责执行该具体项目的负责人，例如：人力资源部经理赵锐。

（4）检查人。即负责检查该项目的执行情况的人。例如：分管人力资源管理的副总经理李志东。

（5）检查日期。写上检查的具体日期与时间，例如：2012 年 8 月 31 日上午 9 时。

（6）预算。写上每一项内容的具体预算。

计划制订者

计划制订者可以是一个人（例如：人力资源部经理赵锐），也可以是一个群体（例如：ABC 公司董事会），也可以包含个人与群体（例如：联通公司人力资源部经理赵锐草拟，由董事会通过）。

计划制订时间

主要指该计划正式确定的日期，例如：董事会通过的日期、总经理批准的日期，或总经理工作会议通过的日期。

5.2.6 人力资源计划的实施和监控

实施和监控是人力资源计划程序的十分重要的一步。不管计划制订得多么完美，在实施过程中出现问题也将前功尽弃。

计划在实施过程中要注意以下三点：不折不扣地按计划执行；在实施前要做好准备工作；实施中要全力以赴。

监控是贯穿在计划实施的每项领域、每一个时刻中的。若忽视了监控，必然会使计划的实施因没有压力而粗枝大叶、流于形式。

监控者应是计划实施人员的上级或平级人员，应勇于负责、严格谨慎；对计划的实施应经常进行定期检查。检查时，根据计划书的内容逐项检查，不能遗漏也不能随心所欲或敷衍了事。检查后，监控者要及时地真实地与实施者沟通检查结果，以利于激励实施者，使之更好地实施计划。

5.2.7 人力资源计划的反馈与调整

反馈与调整是人力资源规划程序的最后一步，也是重要一步。通过反馈，人力资源管理人员可以知道原来规划的内容哪些是正确的，哪些是错误的，哪些不够全面，哪些不符合实际情况，哪些需要加强，哪些需要引起注意等重要信息。

反馈中最重要的一点是保持信息的真实性。由于环境和个体的不同，许多信息不一定真实，因此对反馈信息进行去伪存真、去粗取精的分析就是显得格外重要。

反馈内容的收集工作，可以由规划实施者来做，也可以由规划监控者来做，也可以由两者一起来做。

而规划的调整也是人力资源规划必不可少的一环。因为不管多么严密的计划，都不能保证其在实施中不出现问题，特别是计划执行中环境的变化常常是始料不及的，这时，组织内的人力资源管理者就需要根据实际情况的变化，根据实施中的反馈信息，及时地调整原计划中的一些项目。

5.3 人力资源预测

如同任何好的计划一样，人力资源计划也应当是建立在预测的基础上。这种预测通常包括两方面的内容：一是组织的人力资源需求预测，二是组织内部和组织外部的供给预测。

5.3.1 人力资源需求预测

人力资源需求预测的方法很多，但基本上都属于定性预测方法和定量预测方法两类中，下面我们只是对较常用定性预测方法中的经验预测法、基层预测法、专家预测法和定量预测法中的回归预测法、生产函数预测法作一下介绍。

经验预测法

经验预测法就是根据人力资源管理部门以往的经验对人力资源进行预测的方法。西方很多企业组织经常采用这种方法来预测本组织将来某个时期人力资源的需求量。

例如，一家服装公司根据本身以往的经验认为，一名缝纫工人每天大约可做6件衬衣，那么，若将来的某一个月，企业要生产9000件衬衣，则可预测出公司需缝纫工人数为：9000 ÷ 30 ÷ 6=50。

再如，一家人寿保险公司根据以往的经验，认为公司内部1名管理人员管理30名保险业务员为最佳状态。这样，就可以从保险业务员的增减数来预测公司内部管理人员的需求。

这种方法的缺点是每个人的经验会因经历、性格、判断力等而有所不同，故预测结果是很粗略的。优点是简单明了、操作方便，较适用技术较稳定的企业的中、短期人力资源预测规划。

基层预测法

指一个企业组织的人力资源管理者通过对各个基层部门进行有效的指导，使各个基层部门根据各自的生产任务、技术设备等变化的情况，对本单位将来对各种人员的需求进行初步的预测。在基层预测的基础上，组织的人力资源管理者再对这些基层的预测数据和结果进行专门的分析和处理，最终预测出整个组织将来某一时期内对各种人员的需求总数。

这种方法优点是能充分发挥基层管理人员在人力资源预测规划中的作用。缺点是基层管理人员的阅历、知识以及对组织长远发展的宏观把握等都会影响预测的准确性。故这种预测方法比较适用于中、短期的预测规划。

德尔菲法

德尔菲法也称专家预测法、集体预测法，是指发现专家对影响组织发展的某一问题的一致意见的程序化方法。专家是对所研究的问题有发言权的人。它是美国兰德公司在 20 世纪 40 年代末发明并用于经济生活中的。它适用于对人力资源需要进行中、长期预测。

德尔菲法的基本特点有四项：一是专家参与，既包括组织内部的专家，也包括组织外部不同领域的专家，应博采众长。二是匿名进行，即参与预测的专家互不见面也互不知情，单独地作出自己的判断。三是多次反馈，即预测过程必须经过几轮反馈，使专家的意见互相补充、启发，并渐趋一致。四是采用统计方法，即将每一轮反馈来的预测结果统计起来加以处理，作出定量的判断。

德尔菲法用于人力资源预测，其具体实施步骤是：

- □ 选择 20 名左右熟悉人力资源问题的专家，并为专家提供人力资源预测的背景材料。
- □ 设计人力资源调查表，表中列出有关人力资源预测的各类问题，这些问题必须能够进行统计处理。
- □ 进行第一轮调查，将调查表送交专家，由专家匿名并独立地对上述问题进行判断或预测。然后对反馈回来的调查表进行分析，并用统计方法进行综合处理。
- □ 根据第一轮调查的专家意见与统计分析结果，设计第二轮调查表，并请专家对第二轮调查表中的问题进行判断、预测，并给出相关的分数。
- □ 对第二轮调查反馈的信息进行处理，总分值最高的方案是最佳方案。至此，专家们的意见进一步集中。
- □ 根据第二轮调查的结果，给出第三轮调查表，并提出若干种（一般三种）比较方案，再请专家加以判断或预测。
- □ 表述预测结果。用文字、图表等形式将专家们的预测结果予以公布。

回归预测法

回归分析法指的是根据数学中的回归原理对人力资源需求进行预测。回归分析法包括简单的趋势分析法和一般的计量模型分析法。

趋势分析法

即只根据整个企业组织或企业组织中的某个部门，在过去员工数量的变动趋势来对未来的人力资源需求作出的预测。

例：1998—2010年滨海大学管理学院的教师数量的变化情况如表5–3，试用趋势分析法预测2011年的教师需求数量。

表5–3

滨海大学管理学院教师数量的变化情况

年份	序号（X）	教师数量（Y）
1998	1	17
1999	2	19
2000	3	27
2001	4	30
2002	5	36
2003	6	42
2004	7	50
2005	8	51
2006	9	56
2007	10	62
2008	11	69
2009	12	73
2010	13	80

具体步骤如下。

第一步，做散点图，确定人力需求的变化趋势，如图5–5。

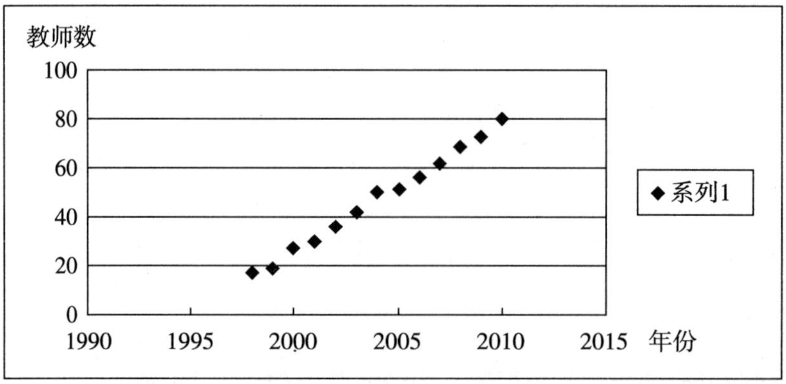

图5–5　趋势分析法散点图

从图 5-5 中我们可以看出，教师数量的变化呈线性趋势，故我们可以用一元线性回归方程进行预测。

第二步，设一元线性回归方程为：

$$Y=a+bx$$

第三步，求回归系数 a、b 和回归方程

根据公式：

$$a=\frac{\sum y-b\sum x}{n}，\quad b=\frac{\sum xy-(\sum x\sum y)/n}{\sum x^2-(\sum x)^2/n}$$

代入数据，得 $a=10.12$，$b=5.28$，则回归方程为 $y=10.12+5.28x$。

第四步，检验回归方程。

根据以下公式求相关系数：

$$r=\frac{\sum xy-\frac{1}{n}(\sum x)(\sum y)}{\sqrt{(\sum x^2-\frac{1}{n}(\sum x)^2)(\sum y^2-\frac{1}{n}(\sum y)^2)}}$$

代入数值，得 $r\approx 0.9976$，故回归方程是有意义的。

第五步，进行预测。

根据回归方程，预测 2002 年管理学院的教师需求数为：

$$Y=10.12+5.28\times 14\approx 84$$

计量模型分析法

和趋势分析法不同的是，计量模型分析法中，人力资源的需求量是和时间因素以外的某一项因素有关系的。当这种关系是一种高度确定的相关关系时，就可以建立一种计量模型来定量地表示这种关系了。然后用这种计量模型进行预测就显得非常简单和方便了。这一方法有两个难点，一是找出和人力资源有相关性的变量很困难；二是各个变量的数据须全面准确。

例中滨海大学管理学院 1989—2001 年的学生数分别为 200、240、300、360、390、450、520、550、590、620、680、740、800，那么预测 2002 年、2003 年的教员需要量。

第一步：从一组数据出发，分析两个变量之间存在着什么样的关系。

设学生数为 X，教师数为 Y，则做散点图，见图 6-7。从中可以看出，随着学生数的增加，教师数也不断增加，且大致呈一直线。故可用一元回归方程来表示。

第二步：求回归方程。

设：$Y=a+bx$，通过计算可知回归系数：$a=-6.32$，$b=0.11$。所以回归方程为 $Y=-6.32+0.11x$

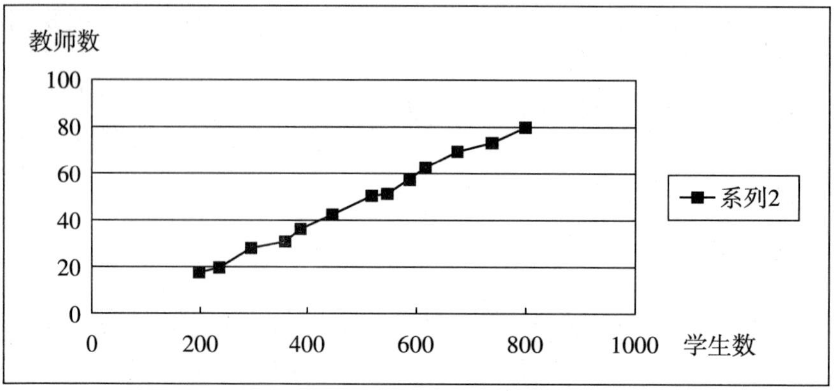

图 5-6　计量分析法散点图

第三步：检验回归方程。

相关系数 r=0.998，则线性回归方程是有意义的。

第四步：利用回归方程进行预测。

若 2002、2003 年学生数增加为 1000、1200 人，教师需求量分别为：

$$Y_{2002}=-6.32+0.11\times 1000 \approx 104$$

$$Y_{2003}=-6.32+0.11\times 1200 \approx 126$$

此预测方法精确、严谨，适合于数据齐全、管理严格的大中型企业的中、长期预测。

以上一元回归分析的前提是人力资源的需要量仅仅取决于业务量一项因素。若取决于多个解释变量，那么就需要采用多元回归分析方法。

比率分析法

比率分析是以下面两种因素的比率为依据的：某些原因性因素（如业务量）；所需要的员工数量。那么

计划期所需要的员工数量 = 计划期业务量 / 目前人均业务量

=（目前的业务量 + 计划期业务的增长量）/ 目前人均业务量

例如，某销售公司每名销售人员每年能实现 40 万元的销售额，现有 10 名销售人员今年完成了 400 万元的销售额。而公司计划明年销售额增加 240 万元，求需要增加多少销售人员？

明年需要的销售人员总数 =（400+240）/40=16 名

明年需要增加的销售人员数 =16−10=6 名

我们还可以利用比率分析法来预测其他一些人员的需求。比如，可以先计算出销售人员和文秘人员的比率，然后以此来确定需要增雇多少文秘人员来与销售人员的增加相匹配。

5.3.2 人力资源供给预测

劳动力的供给分析与劳动力的需求分析的一个重要差别在于，需求分析是研究组织内部对于人力资源的需求，而供给分析则需要研究组织内部的供给和组织外部的供给两个方面。在供给分析中，需要首先考察组织现有的人力资源的存量，然后假定组织现行的人力资源管理政策保持不变，对未来的人力资源数量进行预测。在预测过程中，需要考虑组织内部的晋升、降职和调职等因素，还要考虑到员工的辞职、下岗、退休、开除等因素的影响。而且得到的预测结果不应该仅仅是员工的数量，而应该是对员工的规模、经验、能力和员工成本等各个方面的综合反映。具体而言，估计企业的人力供给应做好以下几个方面的工作：检查现有员工填充企业中预计的岗位空缺的能力，明确指出哪些岗位上的员工将被晋升、退休或被辞退，明确指出哪些工作的辞职率、开除率和缺勤率高得异常或者存在绩效、劳动纪律等方面的问题，对招聘、选择、培训和员工发展需要作出预测，以能够及时地为工作岗位的空缺提供合格的人力补给。

组织内人员供给预测

进行组织内部劳动力供给预测的思路是：确定各个工作岗位上现有员工数量，然后估计下一个时期在每个工作岗位上留存的员工的数量，这就需要估计有多少员工将会调离原来的岗位甚至离开组织。实际情况往往比较复杂，例如，组织的职位安排可能会发生变化，员工的职位转换和离职的变化形式可能不同于以往，等等。因此，在进行内部劳动力供给预测时就需要人力资源计划人员的主观判断来进行修正。常用的内部劳动力供给预测的方法有以下几种。

员工能力登记表

员工能力登记表是用来反映员工工作能力特征的一张表格，这些特征包括培训背景、过往经历、持有的证书、已经通过的考试、主管的能力评价等。登记表是对员工竞争力的一种反映，可以用来帮助人力资源的计划人员估计现有员工调换工作岗位的可能性大小，决定有哪些员工可以补充企业空缺。企业的人力资源计划不仅要保证为企业空缺的工作岗位提供相应数量的员工，同时还要保证每个空缺都有合适的人员来填充。因此，有必要建立员工的工作能力记录，其中包括基层操作员工的技能和管理人员的管理能力的种类及所达到的水平。表 5–4 是一份典型的员工能力登记表。

员工能力登记表的一般作用是服务于晋升人选的确定、管理人员接续计划、对特殊项目的工作分配、工作调动、培训、工资奖励计划、职业生涯规划和组织结构分析。对于要求其成员频繁调动的组织或者经常组建临时性团队或项目组的组织，其技术档案中应该包括所有的员工。而对于那些主要使用员工能力登记表来制订管理人员接替计划的组织，员工能力登记表中可以只包括管理人员。

根据员工能力登记表编制的员工情况报告可以分为三类：一是工作性报告。它包括总的工作岗位空缺情况、新员工招聘情况、辞职情况、退休情况、晋升情况和工资情况。其中，工资情况应该包括资历、工资等级、等级内的工资档次等。工作性报告服务于组织的日常管理。二是规定性报告。这是政府有关部门规定组织提交的报告。三是研究性报告。这种报告是不定期的偶尔编制一次，是对组织内部人力资源状况的研究，为日后改进人力资源管理服务。

表 5–4

员工能力登记表

姓名：	部门：	科室：	工作地点：	填表日期：		
到职日期：	出生年月：	婚姻状况：		工作职称：		
教育背景	类别	学位种类	毕业日期	学校	主修科目	
	高中					
	大学					
	硕士					
	博士					
训练背景	训练主题	训练机构		训练时间		
技能	技能种类			证书		
志向	你是否愿意担任其他类型的工作？				是	否
	你是否愿意调到其他部门去工作？				是	否
	你是否愿意接受工作轮调以丰富工作经验？				是	否
	如果可能，你愿意承担哪种工作？					
你认为自己需要接受何种训练		改善目前的技能和绩效： 提高晋升所需要的经验和能力：				
你认为自己现在就可以接受哪种工作指派：						

职位调配图

职位调配图也称为职位调配卡，它是用来对组织内部各个管理人员进行跟踪，以此显示每一位有可能成为组织重要职位候选人的内部雇员当前工作绩效如何，可提升程度的高低以及所需要的培训等方面的内容。如滨海家电集团公司的职位调配图，如图 5–7。

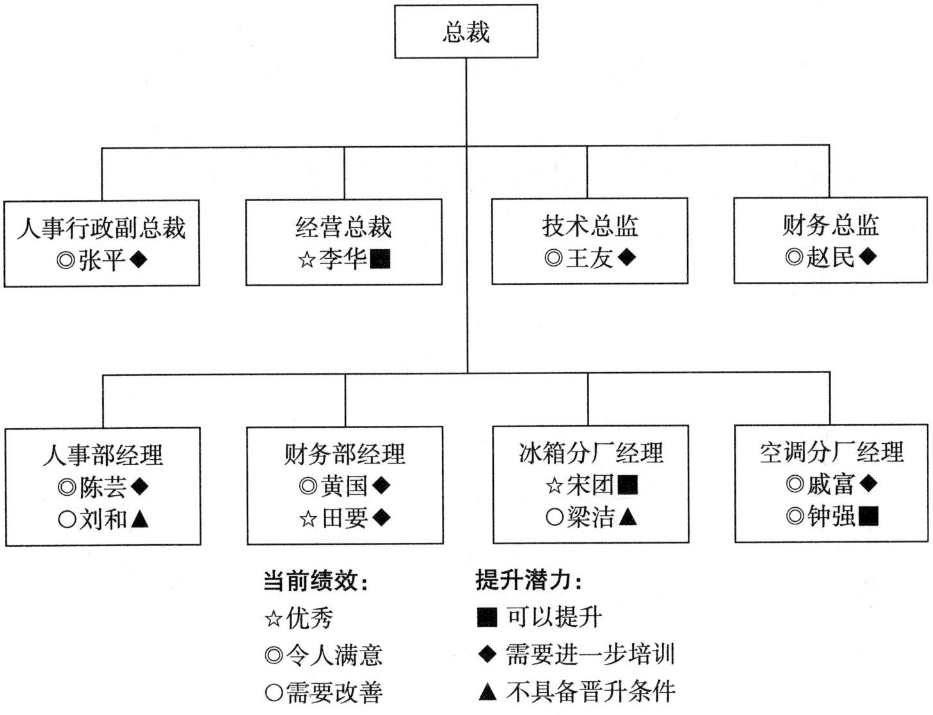

图 5-7　职位调配图

人力资源接替计划

人力资源接替计划的关键是根据工作分析信息明确工作岗位、对员工的具体要求，然后确定一位显然可以达到这一工作要求的候选员工，或者确定哪位员工具有潜力，可能经过培训后胜任这一工作。我们可以使用下面的方法来确定企业中某一具体工作岗位上的内部人力供给，如图 5-8 所示：

		该岗位上现有员工数量50人	辞职	2人
外部招聘	3人		开除	1人
提升进来	5人		降职	1人
			退休	6人
			晋升	7人
流入总量	8人		流出总量	17人

图 5-8　人力资源的接替计划

该岗位员工内部供给量 = 该岗位上现有员工数量 - 流出总量 + 流入总量

=50 人 -17 人 +8 人 =41 人

如果我们用横轴来代表时间（年份），用纵轴来代表职位的级别，然后将企业中各个工作岗位采用上述方法得到的分析综合在一起，就可以得到一种人员接替模型。如加拿大安大略省交通部共有员工近万名（管理人员 2600 人，工会会员 7700 人），1300 个中层、高层管理职位，他们将工作分成 5 种主要职能和 8 种次要职能，后备人员在每年鉴评后由主管确定下一年度是否提升，形成如图 5-9。

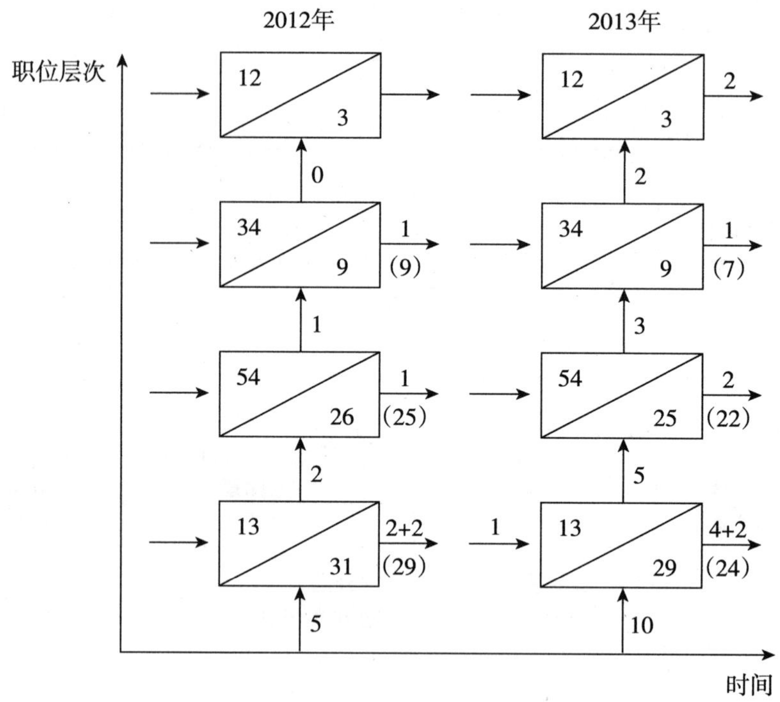

模型说明：接替图以时间推移为序，某一阶段数据是在前一阶段数据的基础上计算得出。若前一阶段（2012 年）数据序号为 1，则后一阶段（2013 年）数据序号为 2。如图中 2013 年现有人数 A_2，可通过 2012 年有关数据计算得出，$A_2=A_1+E_1-D_1-F_1-G_1+C_1$，其中 $H=B-D$

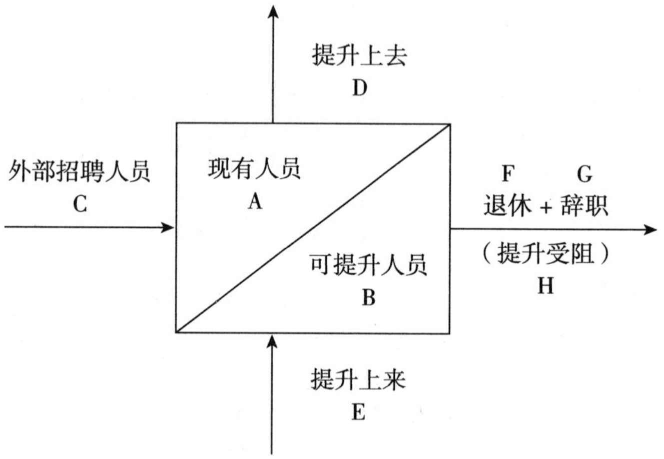

图 5-9 人力资源接替图

马尔科夫预测模型

马尔科夫预测模型是用来预测具有等时间间隔（如一年）的时间点上各类人员的分布状况的一种方法。该模型规定，在给定时期内从低一级向高一级，或从一职位转移到另一职位的转移人数是起始时刻该类总人数的一个固定比例，即转移率。若各类人员起始人数、转移率和未来补充人数已给定，则各类人员的未来数（即未来人员分布状况）就可以预测出来。马尔科夫模型有简单型和复杂型，可以利用计算机进行大规模预测，故具有较强的应用价值。

该方法的基本思想是：找出过去人员变动的规律，以此来推测未来人员变动趋势。现在，我们以渤海公司财务人员变动为例来说明分析的方法。分析的第一步是做一张人员变动矩阵表（见表 5–5），表中的每一项元素表示从一个时期到另一个时期（如从某一年到下一年）在两个工作之间调动的员工数量的历年平均百分比（以小数表示）。一般以 5~10 年为周期来估计年平均百分比。周期越长，根据过去人员变动所推测的未来人员变动就越准确。

例如，表 5–5（A）表明，在任何一年里，平均 80% 的高层领导仍在该组织内，而有 20% 退出。在任何一年里，大约 65% 的会计留在原工作岗位，15% 被提升为高级会计师，20% 离职。用这些年数据来代表每一种工作中人员变动的概率，就可以推测出未来人员变动（供给量）情况。将计划初期每一种工作的人员数量与每一种工作的人员变动概率相乘，然后纵向相加，即得到组织内部未来劳动力的净供给量，如表 5–5（B）。

表 5–5（B）中，如果下一年与上一年相同，可以预计下一年将有同样数目的高层领导人（40 人），以及同样数目的高级会计师（120 人），但基层领导人将减少 18 人，会计员将减少 50 人。这些人员变动的数据，与正常的人员扩大、缩减或维持不变的计划相结合，就可以用来决策怎样使预计的劳动力供给与需求相匹配。

表 5–5

渤海公司人力资源供给情况的马尔可夫分析

	（A）	人员调动的概率				
		G	J	S	Y	离职
职位层次	高层领导人（G）	0.80				0.20
	基层领导人（J）	0.10	0.70			0.20
	高级会计师（S）		0.05	0.80	0.05	0.10
	会计员（Y）			0.15	0.65	0.20

	（B）	初期人员数量	G	J	S	Y	离职
职位层次	高层领导人（G）	40	32				8
	基层领导人（J）	80	8	56			16
	高级会计师（S）	120		6	96	6	12
	会计员（Y）	160			24	104	32
	预计的人员供给量		40	62	120	110	68

人力资源外部供给

如果企业组织在需要增加员工时不能从内部供应得到满足，那么它就需要从外部人才市场招聘。这时，企业组织就需要了解企业外部的人力资源供给情况，了解企业外部满足组织需要的人员是紧缺的，还是宽松的。

本章引导案例中，济南积成电子公司在经过人力资源的需求预测和内部供给预测后发现，其内部软件工程师和销售工程师严重匮乏，远远不能满足组织发展的要求。这时，只能依赖组织外部的劳动力市场，即必须大量招聘外部的软件工程人才和销售人才。这时，公司应了解外部人力资源供应的哪些情况呢?

劳动力市场。从宏观、微观两方面考察劳动力市场供应情况，也就是既要关心全国的劳动力供应情况，也要关心本地劳动力的供应情况，还要考虑劳动力的行业供应情况，劳动力供应的数量、质量，劳动力对职业的选择，组织以外的其他雇主提供的工作岗位数量与层次，提供的工作地点、工资、福利等情况。综合考虑这些方面，看外部人才市场中，企业所需的劳动力是紧缺的还是宽松的。若是紧缺的，企业则需考虑，或者对拟聘用对象支付比竞争对手更高的薪金；或者聘用具有特定潜力的人员，然后通过培训使其达到所需标准。如计算机公司招聘不到计算机专业的本科生，可聘用物理、数学专业的本科生、研究生，然后培训其软件开发技术，四五个月后，大多都会因其抽象思维能力强、科研素质高又学习过简单的计算机课程很快适应，但也有少部分人是无法适应的。这时，企业就除了要负担培训成本外，还要承担人员工资及不能按时完成开发任务的潜在风险。

人口因素。中国近几年人口绝对数增加较快；人口老龄化情况严重；人口结构中年轻人比重下降；男性人口的比例增加；沿海地区、城市人口增加较快。这时，很多公司采用了雇用大龄员工的招聘方针。例如明泉连锁超市，确定了招聘员工年龄在45~60之间的政策并针对老年人学习能力或可能降低的情况，制定了延长培训时间4个星期、增设急救医疗箱等措施。经过半年的运作，发现这种选拔总体效果很好，且培训时间和年轻人一样即可，医疗箱也基本派不上用场；库存损失减少，缺勤率很低、员工补充率下降，而顾客的满足程度相当高。超市总经理决定推广这种经验，以后的连锁店考虑除进货、保卫人员外，多数岗位聘用老年人。

科学技术的发展。科学技术的发展特别是计算机科技的发展对人力资源的供应产生了巨大影响。主要表现在，电子、生物、材料类领域的掌握高科技的白领员工的需求量增大，而以前需要大量蓝领员工的纺织业、冶金业在不断裁员；由于办公室自动化的普及，普通中层管理人员则大规模削减，而有创造力的人员更显珍贵；科学技术的发展减少了人们工作的时间，增加了闲暇时间，使服务业的劳动力需求量增大。

政策法规。各地政府为了各自经济的发展，为了保护本地劳动力的就业机会，都会颁一些相关的政策法规。例如，禁止外国劳动力无序进入中国劳动力市场；防止外地劳动力盲目进入本地劳动力市场；不准歧视妇女就业；保障残疾人就业；员工安全保护法规；从事危险工种保护条例；城市引进人才优惠政策（如本科生和研究生进入城市，户口自动落入等）。

内部和外部人力资源供给的对比

利用内部资源作为劳动力供给有多种优势。企业组织的现有人员对组织的行为方式和组织各部门的协调配合有很好的了解，也适应了组织的文化属性。负责选择内部空缺候选人的人员可以对其能力、过往记录和潜在成就有更深的了解，而对从外部劳动力市场选拔人员在这方面要逊色许多。利用内部劳动力填补空缺，当内部候选人得到提升，也给所有员工传递了一种明确的信号，即组织认可了他们的进步和发展。

然而，对内部选拔的弊端亦应有所认识。尽管负责选拔的人员对候选人可以有更多的了解，但有些情况下这些信息带有倾向性。而且，有关候选人的一些不利资料也会容易由选拔人员掌握，而外部求职者则可较好地掩饰一些有关失败和遭遇困难的记录。最后，内部候选人已被深深包围在组织文化中，如果这种文化是回避风险和保守的，那么一旦空缺需要一位有创新意识的候选人，整个选拔就会大受限制。而外部候选人在工作中需要引进新思想时，则没什么约束，可以放开手脚，大胆改革。不过要达到目的还需要变革企业文化。

变革企业文化的一种方式就是从外部招聘员工。例如，东芝公司为了在车间层次倡导合作精神，提高灵活性，在招聘广告中采用了相应的措辞，将招聘职位称为“装配线技工”而不是更具体的工种，还利用录像节目向候选人介绍其工作环境，使其首先进行自我选择，看是否适应屏幕上所表现的组织环境。此举可以选出具有灵活观点、准备适应多种任务的候选人，而不是只想符合某一种特定和固定角色的人。

5.4 定编定员管理

5.4.1 定编定员的概念

所谓定编定员，就是采取一定的程序和科学的方法，合理地确定组织机构的设置并对各类人员进行合理的配置。

5.4.2 定编定员的作用

定编定员为企业制订生产计划时提供人力配备的依据，也是企业人事调配的基础。它要求根据企业当时的产品方向和生产规模，在一定的时间和技术条件下，本着提高人力资源效率的原则，规定各类岗位必须配备的人员数量和质量。定编定员是一种科学的用人标准，对企业起到的作用有：

- □ 定编定员是企业组织生产、调配劳动力的依据。
- □ 定编定员是编制劳动计划的重要基础和依据。
- □ 定编定员是提高劳动生产率的重要手段。

5.4.3 定编定员的原则

（1）以企业生产经营目标为中心，科学、合理地进行定编定员。

（2）企业各类人员的比例关系要协调。

- □ 正确处理企业直接与非直接生产人员的比例关系。
- □ 正确处理企业生产工人内部基本工人与辅助工人的比例关系。
- □ 正确处理基本生产工人和辅助生产工人内部各工种之间的比例关系。
- □ 合理安排管理人员与全体员工的比例关系。
- □ 合理安排服务人员与全体员工的比例关系。
- □ 正确处理全体员工中男女员工的比例关系。

（3）进行定员工作时，走专业化道路。

（4）坚持科学性，保证员工正常休息时间。

5.4.4 定编定员的方法

按劳动效率定员

指根据生产任务和工人的劳动效率以及出勤率等因素来计算定员人数的方法。其 M_1 计算公式如下：

$$M_1 = \frac{\sum (T \cdot Q) + C + B}{t \cdot p \cdot a}$$

式中 M_1——效率定员人数；

T ——单位产品工时定额；

Q ——产品产量；

C ——计划期允许的废品工时最高限量；

B ——零星任务工时；

t ——制度工时，此处是指一名工人在一年内的制度工日数乘以法定工作日长度；

p ——工时利用率（或平均出勤率）；

a ——工时定额完成率。

由于劳动定额的基本形式有产量定额和时间定额两种，上例是产量定额，如果采用时间定额，其计算公式如下：

$$定员人数 = \frac{生产任务 \times 时间定额}{工作时间 \times 出勤率}$$

按设备定员

指根据工作量确定机器设备的数量，再根据设备数量、设备利用率、开动班次以及工人看管定额和出勤率来确定定员人数的方法。其 M_2 计算公式如下：

$$M_2 = \frac{\sum(n \cdot m \cdot s)}{K}$$

式中 M_2——设备定员人数；

n ——同类型设备开动台数；

m ——单机定员标准；

s ——该型设备平均开动班次；

K ——出勤率。

按岗位定员

指根据工作岗位的多少、各岗位的工作量大小、工作班次等因素来确定定员人数的方法。其 M_3 计算公式如下：

$$M_3 = \frac{\sum(n \cdot m \cdot s) \cdot E}{K}$$

式中 M_3——岗位定员人数；

m ——岗位定员标准；

s ——班次；

n ——同类岗位数；

E ——轮休系数；

K ——出勤率。

按比例定员

指按照企业员工总数或某一类人员总数的比例，来确定某类人员定员人数的方法。其 M_4 计算公式如下：

$$M_4 = T \cdot R$$

式中 M_4——某一种人员的定员数；

T ——服务对象人数；

R ——定员的标准比例。

按组织机构、职责范围和业务分工定员

这种方法一般是先确定组织机构和各职能科室，明确各项业务分工及职责范围以后，根据业务工作量的大小和复杂程度，结合管理人员和工程技术人员的工作能力和技术水平确定定员人数。

本章小结

人力资源规划是预测未来的组织任务和环境对组织的需求，以及为了完成这些任务和满足这些要求而设计和提供人力资源的过程。因为组织外部环境、内部环境的变化，要为决策者提供信息和增强员工的参与意识，所以人力资源规划就显得异常重要。人力资源规划包括企业组织战略规划中的人力资源需求总量和总配置、具体的人力资源管理计划以及人力资源投资预算三个方面的内容。

人力资源规划程序包括七个步骤：第一，根据组织的战略目标，确定人力资源规划目标；第二，广泛收集组织外部和组织内部的各种有关信息；第三，预测所需人员的数量和类型；第四，预测组织内部人力资源（现有人员）和外部人力资源（劳动力市场）供给；第五，根据预测结果，执行人力资源计划，以匹配人力资源的供求；第六，组织实施人力资源计划，并对实施过程进行监控；第七，对执行计划过程中的各种信息进行反馈，再根据反馈结果恰当地调整人力资源计划。

人力资源管理人员目前使用多种技术预测人力资源需求和供给。人力资源需求技术包括经验预测法、基层预测法、德尔菲法、回归分析法、比率分析法。人力资源供给预测中，其组织内人员供给预测包括员工能力登记表、职位调配图、人力资源接替计划、马尔科夫预测模型等方法；而要进行组织外部人力资源供给的预测，则需要了解全国和当地的劳动力供应、人口的发展、科技发展、政策法规等方面的情况。而组织在进行内部选拔、外部招聘决策时，应从公司的实际出发，不能主观地下结论。

专业术语

人力资源规划 Human Resources Planning
战略规划 Strategic Planning
预测 Forecast
劳动力需求 Labor Demand
劳动力供应 Labor Supply
定编定员 Personnel Allocation
人力资源投资预算 Human Resources Investment Budget
劳动力市场 Labor Market
马尔科夫预测模型 Markoff Prediction Model
职位调配 Post Deployment

复习思考题

1. 什么是人力资源规划？企业组织为什么要进行人力资源规划？
2. 叙述人力资源规划过程。
3. 预测人力资源需求有几种方法？试分析各种方法的长处和短处？
4. 如何进行人力资源内部供应预测？
5. 如何进行人力资源外部供给预测？

深度学习

[1] 何奕军 . 基于回归分析的一线机务人员需求预测分析 [J]. 现代企业教育，2007 (20).

[2] 张旭明 . 基于马尔可夫模型的企业销售人员供给预测方法 [J]. 中国集体经济，2012 (6).

实践链接

北京市人力资源和社会保障局《2012 年三季度北京市公共人力资源服务机构供求状况》 http://www.bjrbj.gov.cn/xwzx/gqgx/

案例分析

加拿大炼铝厂的离职情况预测 [1]

加拿大一家大型炼铝厂坐落在一个偏远的小地方，离最近的小城镇 40 英里，离最近的中型城市 100 英里，离最近的大城市 500 英里。因其地理位置，该炼铝厂只能依靠有限的当地劳动力。

在 1972—1973 年的两年期间，雇员们纷纷自动辞职，辞去工作的人数超过该厂历史上任何时期。下面我们将解释离职率上升的原因，但现在，重要的是考虑离职率上升对企业的影响。

为满足工厂管理者对人员配备的要求，工厂人事部匆匆忙忙地招聘大量的新雇员。这样做的结果之一是降低了录用标准。越来越多单身、易迁徙的年轻工人被雇用，而他们中的许多人辞去该厂的工作才仅仅几个月。结果，在人事部招用一名雇员来顶替前一个辞职者仅仅几个月之后，又不得不去再招聘一名新雇员来顶替那个仅仅工作了几个月的替换者。

炼铝是一种连续作业技术，其主要特点之一是生产水平稳定。任何一家生产水平稳定的企业都要求劳动力水平相对稳定。雇员招聘的结果应该是，新招的雇员数量与预计的离职雇员数量相等。在该炼铝厂，工厂管理者用来估计所需新雇员数量的方法不妥是造成新雇员与离职雇员严重不平衡的原因之一。

在制订某一周的计划时，管理人员大约提

前10天准备人员配备表，对打算辞职者和因故缺勤者进行估计。他们从人员配备表中看出人员短缺的程度，并根据该表提出本部门下周的新雇员需要量。

然而，对于招聘某些供销人员所需的提前期，如在当地招聘，至少是两周，常常是三周；如在较远的地区招聘，则需要三个月。而生产部门要求人事部在两周之内发现并招到新雇员。时间问题成为生产部门与人事部门关系恶化的主要因素。有人进行了一项调查来找出离职率增加的原因，并提出解决这一问题和消除其对组织影响的方法。下面我们详细介绍这一调查情况。

基本情况

该厂始建于20世纪50年代初。当时，要使工厂投产并正常运转，必须攻克相当大的技术难关。随着工厂的发展，纯技术观念也在各层次的管理人员中广为流行。这在主要技术问题解决以后仍然持续了很长时间，这种观念的影响之一是人事部仅仅被视为配备人员的生产辅助部门，人事管理中的问题也被认为不如生产经营中的问题那么重要。只是在工厂必须处理的两次罢工期间，人们才对人事问题有所重视。

1973年春，人们开始认识到迅速上升的离职率是一个大问题。起因有以下几点。

第一，因前人事部主任病休了一段时间，工厂任命了新主任。直到1972年秋新主任上任，人事部才被定为高层管理部门。

第二，1972年秋，新的地方工会获准代表大多数工人。新工会的成立在某种程度上鼓励了工人对公司所持的对立态度，同时也导致工人对工作的不满情绪上涨和离职率上升。

第三，1972年秋选举了新的州政府。一些人认为，新政府鼓励工人加入工会的政策缩小了北部工业区的工作与大城市的服务性工作之间原有的工资差别。此外，新政府放宽了失业保险金的条件，这样，工人更容易辞职而去别处寻找更好的工作。

第四，到别处找工作的机会比过去更多了。

进一步的调查

该厂的一些工作是在闷热、脏乱的工作环境下进行的。然而，由于高薪付酬，非技术工人很容易接受这些工作。经过培训以后，新雇员开始对这种不舒服的工作条件反感起来。通常，娱乐活动会使工人们喜欢他们的居住环境，使他们不离开并不喜欢的工作。然而，该厂的居住区没有任何娱乐设施。结果，当在别处容易找到工作时，特别易迁徙的工人立刻就离开了，而不太易迁徙的工人不久也会离开。这就导致了高离职率。

进一步的调查表明，在影响离职率的所有因素中，有许多是公司（具体地说是人事部）所不可能控制的。

要提高工人对工作的满足感，其手段之一是提高居住区社会生活方面的吸引力。而在这方面，工厂管理者所能做的却很少。对工厂内部的工作环境，他们也不会进行多大改善。他们认为，在短期内，工作条件是不变的；只有经过较长时期，也只有通过昂贵的技术上的革新，才能改变工作条件。实际上，公司在维护和更新休闲保健设施、发放娱乐费、改善居住区和工厂间的交通条件方面作了一些努力。这些变化减少了工人对工作的不满足感，却没有提高对工作的满足感。尽管离职率有所降低，但仍然很高。因此，工厂决定寻找一些应对这种高离职率状况的方法。也就是说，如何解决高离职率问题已成为公司战略的一部分。高离职率对公司的影响之一是对工作设计的影响。换句话说即是需要“简化”工作。这样，可以训练员工在尽可能短的时间内完成工作。

建立离职预测模型

在有关方面顾问的帮助下，该厂设计了一种预测全厂范围内离职人数的模型。该模型通过对过去离职人数的研究，推测将来的离职人数。然后，将上个月的实际离职人数与在上上个月对上个月预测的离职人数进行比较，依此调整所作的预测。也就是说，该模型是根据近期所作预测的准确度来调整预测的。

该厂用离职预模型（使用1972、1973年两年的数据）来对1974年离职人数作初步预测。然后，根据这个预测来制订1974年前四个月的招工计划。结果，预测值与实际情况相当吻合。至此，人事和经营管理人员对问题有了统一的认识。这有利于他们共同对待今后几年可能出现的离职问题。此外，厂长开始相信人事部在处理人事问题方面的能力。这样，人事部所提出的一项能降低离职率但也会增加直接劳动力成本的实验方案得到了批准，该实验称为"稳定性奖金"。

"稳定性奖金"是在两次劳资谈判的过程中形成的。1973年10月，劳资谈判达成一项有效期为两年的协议，即第一年增加工资12%，第二年增加工资9%。然而，由于1973年冬到1974年通货膨胀严重，加上其他公司劳资谈判的影响，工会要求提前加薪。企业人事管理人员在认真考虑了下半年预计的辞职损失后，认为增薪增加的开支必然会少于不增薪而发生的辞职损失，故作决策：将原计划书中1974年10月实施第二年加薪的计划提前为1974年5月进行。但前提条件是加薪对象为到1974年10月24日仍然在册的员工。工会同意了这种"稳定性奖金"的条件。

修改后的计划实施后，即1974年5月后，夏季、秋季的辞职率仍然较高，但明显低于实行"稳定性奖金"方案以前的预计水平。1974年11月，公司依据修改后的计划给未辞职员工发放了奖金，总数约为65万美元。

思考题：

1. 你认为工厂管理者在努力适应高离职率状况方面所作的决策正确吗？
2. 对上题所提问题，你能找出什么解决办法？

第6章 员工招聘

【学习目标】

- 掌握理解员工招聘的原则
- 了解员工招聘的过程
- 掌握员工招募渠道的种类
- 熟悉各种招募渠道的优点和缺点
- 掌握员工甄选的方法

引导案例

中兴通讯的人才招聘——选聘一流人才

成立于1985年的中兴通讯是国内最大的通信设备制造业上市公司、中国政府重点扶持的520家重点企业之一。

通讯公司的最大特点就是高速发展。对中兴通讯这样的行业开拓者来说，高速发展有着两方面的含义：一是企业业务的高度膨胀，市场份额不断扩大；二是技术的更新换代持续加快。高速发展的公司面临的首要问题就是人力资源的扩张。人力资源短缺往往是限制业务拓展的主要障碍之一。比如市场份额更大时，由于人手问题而无暇顾及一些客户就可能造成客户的流失。因此，中兴通讯一直非常重视招聘，并提出了“以一流的标准选聘和培训员工”的理念。

一、招聘一流人才

什么是一流人才？对此，中兴通讯的定位是“在某一项专业领域里的国内前5%”，这群人是一流人才。

在招聘中，中兴通讯都会重点考虑人才的背景，对其所受教育的要求一般锁定在重点本科院校。对此，陈健洲解释说，我们不否定非重点高校的学生，但是我们认为在重点高校的范围内，优秀的学生比率要更高，更有利于中兴通讯选聘到一流的人才。中兴通讯的大部分岗位都要求员工有好的技术背景，因此对高校和专业都有较为明确的要求，此外，对工作经验及健康的体魄也要求较高。中兴通讯的面试非常严格，分技术能力和素质考核两个方面进行考察，被面试者须通过

6~7关，实行一票否决制，而且中兴通讯的面试官都是通过专业培训的。中兴通讯的要求很简单：招聘到的人才既是优秀的人才，也是符合公司文化的人才。

二、把合适的人才放在合适的位置上

“其实，世上没有庸才，有的只是放错了地方的人才。”一个人身上所具有的某种特质可能非常适合于某类型的工作，但又非常不适于另一类型的工作。这使人力资源管理部门不得不在人和职业岗位之间作出相当精确的估量，才能把合适的人安排在合适的工作岗位上，以激励员工的积极性、效率、首创精神和提高盈利能力。

将人才招聘进企业，只是人才“为我所有”，要将人才“为我所用”则需一套完善的制度体系。用人的关键是将每个人安排在最适合的岗位上，充分发挥最大效益，人力资源不在于绝对的“数量”和“质量”，关键在于能发挥多大效益。人力资源和其他资源一样，只有合理组合才能发挥“1+1>2”的效果。对于中兴通讯这类非常强调项目团队合作的技术性强的人力资源队伍而言，人岗的合理配置尤其重要。中兴通讯从一开始就重视吸收合适的人才，通过人员评估严格遴选进入每一个岗位的每一名员工，确保人才与岗位的适配性，并通过内部流动来调配人岗的合理性。

人员评估。在中兴通讯，每位员工在被公司正式聘用前，均有两次评估。一次是入职评估，在此过程中，人力资源部和应聘部门的主管会对员工提供的个人情况、工作经历、教育背景等个人资料进行评估。另一次是转正评估，试用员工的部门通过评估确保员工选择合适的岗位，能够得到长足发展。

内部流动。中兴通讯信奉“Right people on right place in right time”的理念，认为人的潜力是一个未知数，具有增值的特点，很多时候可能受到岗位的束缚，引导员工合理释放潜能的途径就要给予员工尝试的机会。因此，中兴通讯鼓励合理的员工内部流动。

思考题：

1. 中兴通讯为何要选择一流人才？
2. 借助案例，分析人员招聘的核心理念是什么。

6.1 员工招聘的概念和原则

6.1.1 员工招聘的概念

员工招聘是根据人力资源规划和工作分析的要求，从组织内部和外部吸收所需员工的过程。人员招聘包括招募、选拔、录用等过程。

招聘工作是人力资源管理活动的第一道环节，招聘的有效性影响着后续工作的质量，包括员工培训、薪酬管理、绩效管理以及职业生涯规划等。因此，员工招聘是人力资源管理的基础性工作。

图6–1显示了员工招聘在整个人力资源管理体系的地位。整个人力资源管理系统以激励为动力。通过有效的招聘工作，可以提高员工素质、改善人员结构，完成组织战略，实现组织目标。

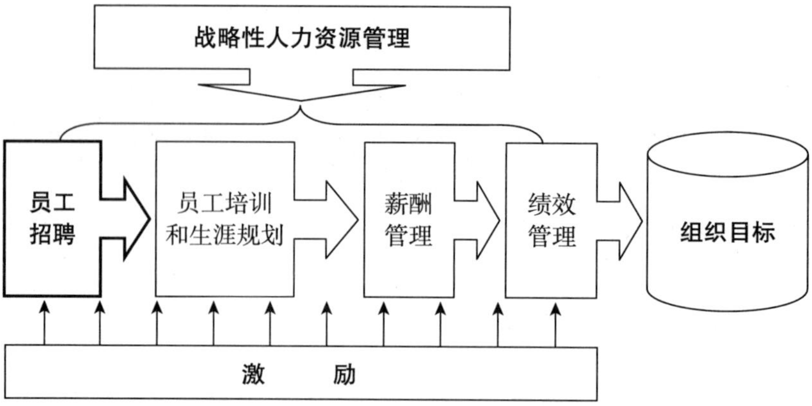

图 6–1 员工招聘与有效的人力资源体系

6.1.2 员工招聘的核心理念

对人力资源进行有效配置和合理使用的基础是人岗匹配。人岗匹配，就是按照“岗得其人”、“人适其岗”的原则，根据不同的素质，将不同的人安排在各自最合适的岗位上，从而做到“人尽其才，物尽其用”。

员工招聘的核心理念之一是实现人岗匹配。人岗匹配包括以下几方面的内容：其一指岗位职责与员工个体特征相匹配，其二指岗位报酬与员工需要、动机相匹配，其三指企业文化和团队与员工个体特征相匹配。

6.1.3 员工招聘的基本原则

按需招聘原则。员工的选聘应以工作岗位的需要和岗位的空缺情况为依据，在组织需要的时候，根据岗位对任职者的资格要求选用人员。

公开、公平、公正原则。招聘工作做到公开、公平、公正，首先要公示招聘信息、招聘程序和方法，使多个候选人能够及时看到信息，前来应聘。这样既可以防止以权谋私、假公济私，又能吸引大量应聘者。其次要确保招聘制度给予合格应征者平等的获选机会，在招聘工作中体现公平公正。

效率优先原则。效率优先原则就是用尽可能低的招聘成本录用到符合组织需要的人才。

6.2 有效的员工招募

招募是员工招聘活动的第一道环节，是吸引人力资源到组织应聘的过程。招募是甄选和录用的基础与前提，聘用是招募的目的与结果。有效的人员招募可以为组织特定的工作岗位吸引尽可能多的工作候选人，以保证组织能够以最低的成本从中选择最适合这一岗位的员工。

6.2.1　员工招募的内容

员工招募的具体内容包括：

（1）根据组织的人力资源需求，制定相应的招募政策；

（2）有针对性地吸引符合组织要求的候选人；

（3）保证组织招募活动的合法性，确保吸引候选人的工作在公平、公正、公开的前提下进行；

（4）明确具体的招募方式。

6.2.2　员工招募的目标

（1）恰当的时间（Right time），就是要在适当的时间完成招募工作，及时补充组织所需的雇员，这也是对招募活动最基本的要求。

（2）恰当的来源（Right resource），就是要通过适当的渠道来寻求目标雇员。

（3）恰当的成本（Right cost），就是要以最低的成本来完成招募工作。

（4）恰当的人选（Right people），就是要把最合适的雇员吸引过来参加组织的招募，这包括数量和质量两个方面的要求。

（5）恰当的范围（Right area），就是要在恰当的空间范围内进行招募活动，这一空间范围只要能够吸引到足够数量的合格雇员即可。

（6）恰当的信息（Right information），就是在招募之前要把空缺职位的工作职责内容、任职资格要求，以及组织的相关情况作出全面而准确的描述，使求职者能够充分了解有关信息，以便对自己的求职活动作出判断。

这就是国内学者达成共识的招募活动必须达到的“6R”基本目标。

6.2.3　员工招募的意义

（1）为组织构建潜在的人力资源供给库，以利于组织在需要时从中甄选到新员工。

（2）使社会更广泛和更深入地了解组织，以扩大组织的知名度。

（3）微观层面上组织的招募会促进宏观层次上劳动力的合理流动，从而提高社会劳动力的合理配置。

6.2.4　员工招募的技巧

保持与机构媒介的联系和良好关系。通过各种劳动就业机构招募员工，是组织引进人才的重要途径，因此，组织应当与政府劳动人事部门、职业介绍所、人才交流中心、劳务市场、大中专院校负责分配和推荐的部门保持密切联系，随时沟通供需信息，以获得招聘上的支持。

选择适宜的招募渠道。在实践中，组织可以选择多种招募渠道，而具体如何选择招募渠道取决于组织以往的经验、所需员工的特征和不同渠道的受众面和有效性。组织要考察特定招募渠道的有效性，可以参考以下指标：一定时期内吸引求职者的数量；目标人选与非目标人选的比率；从招募到录用的时间；每录用一名人选的平均费用；参加面试的人数；以往各种渠道招募录用的人选的任职期限、职位与业绩表现等。

通过招募扩大企业的知名度。组织应该通过策划的招募活动，实现录用合格人才和扩大组织知名度，树立良好组织形象的效果。良好的组织形象，一方面更容易吸引求职者，另一方面可以使组织得到社会公众的信赖和支持，有助于企业产品占领市场。因此，组织招募的各个环节上，应加大对组织的宣传力度。

招募广告要独特。要想在众多的招募广告中脱颖而出，吸引求职者的眼球，就要制作出创意独特的广告。招募广告要能吸引人的注意，引起人们的兴趣。招募广告要将招募的要求等内容全面、简洁地展示出来。

选择合适的招募雇员。在招募工作开展过程中，应聘者首先是与组织的招募雇员接触，在对组织了解不多的情况下，对招募雇员的第一印象直接影响求职者对组织的第一印象。因此，组织在开展招募工作时需要选择合适的招募雇员。

6.2.5 员工招募的基本流程

制订招募计划。一是确定职位空缺。员工招募与甄选工作开始于组织中各工作岗位的职位空缺。二是职务分析。当产生空缺职位时，人力资源和相关部门必须进行工作分析，确定该职位的雇员应具备的资格条件，包括专业技能、工作经验和特殊能力要求等。三是编制招募计划。在招募计划中确定招募的规模、范围、时间、预算。

招募决策。所谓招募决策，是指组织中的最高管理层关于招募计划中重要工作岗位的招募，以及工作岗位需要大量人员招募的决策过程。任何组织都需要进行招募决策，招募决策的好坏直接影响以后招募的步骤。

确定招募工作的员工。一般情况下，招募工作是由组织的人力资源部门和具体用人部门共同协作完成的。用人部门主要从专业角度出发，多方面、深层次地测试求职者的资格，而人力资源部门更多的是辅助和建议。另外，直接参与招募的雇员应经过良好的培训，他们的言谈举止代表了组织的形象。研究表明，招募雇员对工作和组织的了解程度、对求职者的尊重和热情接待的态度，对于组织树立良好形象、提高招募成功率是非常有益的。

落实招募计划。根据招募计划的策略，开始正式的招募工作，这一工作分为以下几个步骤：

□ 确定招募对象；
□ 确定招募渠道；

□ 招募简章，发布招募信息；

□ 回收求职申请表。

6.2.6　员工招募的渠道

内部招募

内部招募的主要渠道

内部招募的渠道主要有内部晋升、工作轮换和内部雇员重新聘用等。

内部晋升是一种用现有员工来填补高于其原级别职位空缺的政策。内部晋升政策给员工提供更多的发展机会，从而使其对组织产生献身精神，提高员工的忠诚度。

工作轮换是一种短期的工作调动，是指在组织的几种不同职能领域中为员工作出一系列的工作任务安排，或者在某个单一的职能领域或部门中为员工提供在各种不同工作岗位之间流动的机会。工作轮换可以在一定程度上消除专业分工过细带来的弊端，有利于克服狭隘的部门观点，有利于部门之间的横向协调，树立系统的全局观念。

内部雇员重新聘用是指组织将解雇、提前退休、已退休或下岗待业的员工再召回组织来工作。这些人大多都对组织工作十分熟悉，不需要进行过多的培训就可以直接上岗，且往往十分珍惜再次就业的机会。

内部招募的方法

推荐法。推荐法是由本组织员工根据组织需求推荐其熟悉的、可以胜任某项工作的雇员，供用人部门和人力资源部门选择与考核。在组织内部最常见是主管推荐下级员工，主管一般比较了解潜在候选人的能力，因此，由主管提名的人选具有一定的可靠性，成功的概率较大。

布告法。布告法是指组织将空缺职位、职责、必需的任职资格、工作水平及其他相关的信息以布告的形式公布于组织中，以吸引组织现有雇员前来应聘。其目的在于让组织中的全体员工都了解到哪些职位空缺，需要补充雇员，使员工感觉到组织在招募雇员方面的透明度与公平性，有利于提高员工士气。布告法一般用于非管理层雇员的招聘，特别适合于普通职员的招聘。

档案法。档案法是从人力资源部门备有的员工个人资料档案中，查看组织中是否有符合空缺职位要求的员工。档案法只限于员工的客观信息，如员工的职位、教育、培训、技能、绩效等情况，而对于主观信息，如人际技能、判断能力等难以确认。

内部招募的优缺点

出现岗位空缺时，组织首先要考虑从内部环境吸收合适的员工。内部招募的优点有：一是内部提升给每个员工带来希望，有利于鼓舞士气，提高工作热情，调动员工的积极性，激发他们的上进心。二是获得聘用的内部员工，本身就是在品德、能力和专业方面都比较优秀的员工，他们与组织共同成长，因而对组织的忠诚度较高。三是组织对自己的员工比较了解。组织可以得到现有员工的更为准确的资料，从而降低作出错误决策的概率。四是员工也了解组织的更多情况，知道组织的运作、组织的价值观和文化，这样员工的预期不准确性和对组织不满意的可能性就降低了。同时，可以省去一些不必要的培训，减少了成本投入。

但同时，内部招募也有一定的局限，促使组织内、外部招募同时使用。一是内部招募容易造成“近亲繁殖”。老员工有老的思维定式，不利于创新，而创新是组织发展的动力。二是由于提升的数量有限，若有些人条件大体相当，但有的被提升，而有的仍在原来的岗位，这样容易造成员工之间的矛盾，同时挫伤没有被提升的员工的积极性。三是选择范围窄，不利于组织的后续发展。一般情况下，外部优秀人才是比较多的，如果一味寻求“本部制造”，降低了外部“新鲜血液”进入组织的机会，表面上看是节约了成本，实际上是对机会成本的巨大浪费。

外部招募

外部招募是指组织从外部招募适合组织空缺职位或新增岗位雇员。

外部招募的主要渠道

自荐。自荐是指应聘者自己到企业所在地提出申请或邮寄履历自荐。对于自荐者企业要礼貌接待，因为这不仅是尊重求职者的表现，更关系到组织在社会上的声誉问题。

引荐。引荐是指通过组织的员工、客户、合作伙伴等熟人的推荐。采用这一方法，应聘者可以从引荐人那里对组织有所了解，组织也可以从引荐人那里了解有关应聘者的情况，从而精简了部分招募程序，节省了费用，但是容易在组织内形成小团体，选用雇员的面较窄。适合于专业雇员，不适合非专业雇员。

广告招募。广告是最常用、最简单且信息传播最广泛的招募手段，它是指在报纸、电视、广播、杂志甚至网络等媒介上刊登组织职位空缺的消息，吸引对这些空缺职位感兴趣的潜在人选应聘。广告的信息扩散面大，传播速度快，可以吸引较多的求职者，因而备选范围大。而且广告可以使求职者事先对企业的情况有所了解，减少应聘的盲目性。但是，使用广告招募时，有吸引力的职位可能有很多应聘者，从而会增加接待、选拔的工作量及费用。

校园招募。校园招募是组织获得潜在管理雇员及专业技术雇员的一条重要途径。人力资源部门应该与相关高校保持密切联系，及时掌握专业设置和毕业生情况，定期到相关高校开展人才招募活动；也可以通过资助或全部负担人才培训费用的方式，将企业所需专业的一些在校生变为委托代培生；还可以通过为即将毕业的学生提供实习场所和机会的方式进行校园招募。

人才交流会。到劳务市场和人才交流中心招募，这两个场所比较固定，因为会有大量无工作雇员或等待跳槽的雇员在此寻找机会。他们一般建有人才资料库，用人单位可以很方便地在资料库中查询条件基本相符的雇员资料。通过人才交流会选择雇员，针对性强、费用低廉，但若寻找高级人才或热门人才效果不明显。

职业介绍机构。职业介绍机构是专门从事人才流动中介工作的机构，因而其联系面较广，掌握的信息也较多。这种方法简单、快捷，组织可以马上找到所需的人才，与由企业自己组织招募活动所需投入的成本相差不大，而且效果更好。但是职业介绍机构往往对应聘者的情况不够了解，因此容易出现推荐的候选人与组织空缺职位不匹配的情况。

猎头公司。猎头公司与职业介绍机构类似，但是它专门为雇主寻找高级人才和尖端人才。猎头公司往往对组织及其人力资源需求有较详细的了解，对求职者的信息掌握较为全面，在供需匹配上较为慎重，其成功率也比较高。它可以帮助组织的最高管理层节省很多招募及选拔高级主管等专门人才的时间，但是其费用一般是所荐人才年薪的25%~35%。

网络招募。网络招募是随着互联网发展起来的一种新兴招募方式。有一些公司专门创办招募网站，同时为企业和个人提供招聘信息，并且也提供网上的招聘管理和个人求职管理服务。例如，中华英才网（www.chinahr.com）、前程无忧网（www.51job.com）、智联招聘（www.zhaopin.com）等。

海外招募。高级管理人才和一些尖端技术人才需要到全球范围去进行选择，特别对于跨国公司来说，获得海外招募来源成为一个重要问题。海外招募选择范围广，候选人的数量和质量都与局限于国内的招募不可同日而语。但是雇佣外国人在手续上比较烦琐，而且对候选人资格、背景的审查非常困难。

外部招募的优缺点

外部招募有很多优点。一是有利于组织的发展和创新，避免组织内部的“近亲繁殖”。新员工会带来不同的价值观和新观点、新思路、新方法，使得企业在管理和技术方面都能够得到完善和改进，为企业的发展产生新的动力。二是有利于平息和缓和内部竞争者之间的紧张关系。内部同事之间的互相竞争，会产生矛盾，不利于企业的运作和管理。外部员工的引入可能对于此种情况产生平衡的作用，避免了组织成员间的不团结。三是求职者来源广泛，具备各类条件和不同年龄层次的求职者有利于满足企业选择合适人选的需要。

外部招募的缺点：一是较难招聘到正好合适的人选，对应聘者的测评有一定风险，应聘者实际水平和能力很难准确判别，因此不称职者会占有一定比例。二是如果组织中有胜任的人未被选用或提拔，外聘雇员的做法会挫伤组织员工的积极性。如果形成外聘制度，则更需慎重决定，因为其影响面可能更大。三是外聘员工需要花费较长的时间来进行磨合和定位，学习和培训成本较高，很可能会出现“水土不服”的现象，应聘者带来的文化可能与组织文化有冲突，影响工作的开展和创造力的发挥。四是外部招募需要通过不同的渠道来发布招募信息或者通过中介机构、猎头招募时，需要支付一定的费用。

6.3 员工甄选

6.3.1 员工甄选的含义

成功的招募为组织吸引来足够的候选人，通过员工测试可以进一步明确应聘者的胜任能力特征，而甄选就是要从这些候选人中挑选出最适合空缺职位的人，以实现雇员和职位的最佳匹配。

甄选是用人单位在招募工作完成后，根据用人条件和用人标准，运用适当的方法和手段，对应聘者进行审查和选择的过程。成功的甄选能够增强组织的生存能力、适应能力和发展能力，提高组织的效益，减少运营成本，确保组织发展所需要的高质量人力资源。

6.3.2 员工甄选的内容

在工作分析时，根据组织战略和人力资源规划要求，制订出胜任岗位要求的任职条件。员工甄选通常对候选者在任职方面表现出的以下几个方面的特征进行测量和评价。

知识。知识是系统化的信息，可分为普通知识和专业知识。普通知识也就是我们所说的常识，而专业知识是指特定职位所要求的特定的知识。在雇员甄选过程中，专业知识通常占主要地位。应聘者所拥有的文凭和专业证书可以证明他掌握的专业知识的广度和深度。知识的掌握可分为记忆、理解和应用三个不同的层次，会应用所学知识才是组织真正需要的。所以，雇员甄选时不能仅以文凭为依据判断候选者掌握知识的程度，还应通过多种测试方式进行考察。

能力。能力是引起个体绩效差异的持久性个人心理特征。通常我们将能力分为一般能力与特殊能力。一般能力是指在不同活动中表现出来的一些共同能力，如记忆力、想象力、观察力、注意力、思维能力、操作能力等。这些是我们日常完成任何心理活动不可缺少的，也是完成任何工作都不可缺少的能力。特殊能力是指在某些特殊专业活动中所表现出来的能力，如设计师需要具有良好的空间知觉能力，音乐家需要具有乐感、把握旋律曲调的特殊能力等，这些都是与特殊专业内容相联系的特殊能力。

个性。个性是指人的一组相对稳定的特征，这些特征决定着特定的个人在各种不同情况下的行为表现。每个人为人处事总有自己独特的风格，这就是个性的体现。例如，同样做一件事情，有的人做事干净利落，很快就做完了；而有的人则慢条斯理，但最终也能保质保量地完成。个性本身没有好坏之分，只有当他们与工作联系起来时，才有适合与不适合的问题。

动力。一个人要想做好一项工作，不仅取决于他的能力如何，还取决于他愿不愿意做这项工作。若一个人有较高的能力，也具有适合做某项工作的个人风格特点，但是如果缺乏愿望和动机，那么也做不好这项工作。反之，如果一个人能力水平相对较低一些，却有强烈的完成工作的愿望和动机，也可以在一定程度上弥补能力的不足，把事情做好。在动力因素中，最重要的是价值观，即人们关于目标和信仰的观念。具有不同价值观的员工对不同组织文化的相融程度不一样，组织的激励系统对他们的作用效果也不一样。所以，组织在招聘员工时有必要对应聘者的价值观等动力因素进行鉴别测试。动力因素通常采用问卷测量的方法进行。

6.3.3 员工测评

员工测评的信度与效度

信度

信度主要是指测试结果的稳定性和一致性，也就是对同一应聘者用内容相似的测试再测他，则所得到的分数也应相似。一件有信度的甄选工具不一定就有效度，但是有效度的甄选工具就一定要有信度。一般信度可分为再测信度、复本信度、分半信度和评分者信度。

再测信度就是用同一种测试工具对同一应聘者在两个不同时间点进行测试结果的一致性。其系数高低既与测试方法本身有关，也跟测试因素有关。例如，今天考的能力测试分数与三周后再考一次的分数很相近，因此我们可推断该测试工具具有再测信度。但是有些学习或记忆因素也要列入考虑范围内。

复本信度是指对同一应聘者使用两种对等的、内容相当的测试结果之间的一致性。例如，对同一应聘者使用两张内容相当的个性测试量表时，两张测试结果应当大体相同。

分半信度是指把同一应聘者进行的同一测试分为若干部分加以考查，各部分所得结果之间的一致性。这可用各部分结果之间的相关系数来判别。

评分者信度是指不同评分者对同样对象进行评定时的一致性。由于有许多招聘或甄选活动是由一组专家共同参与，应建立一套客观明确的计分系统。当评分者都给候选人相同或相近的分数时，这种工具具有较高的评分者信度。

效度

效度是指测试的结果和工作相关的程度，即实际测到应聘者的有关特征与想要测的特征的符合程度。一次测试必须能测出它想要测定的功能才算有效。效度分为效标效度和内容效度两种。

效标效度就是说明测试工具用来预测将来行为的有效性。即证明在测试中表现好的人在工作中也能有上佳的表现，而在测试中表现不佳的人的工作表现也不佳。我们可以把应聘者在选拔中得到的分数与他们被录用后的绩效分数相比较，两者的相关性越大，则说明所选的测试工具越有效。

内容效度就是测试工具能真正测出想测的内容的程度。考虑内容效度时，主要考虑所用的工具是否与想测试的特性有关。例如，招聘打字员测试其打字速度和准确性、手眼协调性和手指灵活度的操作测试的内容效度是较高的。内容效度多应用于知识测试与实际操作测试，而不适用于对能力和潜力的测试。

员工甄选测评的程序与方法

员工甄选一般先要评价求职者的简历和工作申请表，进行初步筛选；然后进行测试和笔试；最后进行面试。初步筛选是对应聘者是否符合职位的基本要求的一种审查；测试主要是对应聘者基本技能、基本知识、心理素质等的一种考查；笔试主要用来测试应聘者的知识和能力；面试是对应聘者综合素质的一种考查。

初步筛选

初步筛选通常分为个人简历筛选和申请表筛选两种方法。

个人简历筛选。个人简历是应聘者自带的个人相关情况的介绍材料。在个人简历的筛选过程中，需要注意以下几个问题：第一，简历的内容是否完整。一份完整的简历一般包括个人基本信息、受教育的经历、工作经历及业绩、性格特征和求职意向等。第二，简历的结构是否合理，设计是否美观。一般来说，简历的结构在很大程度上能够反映应聘者的性格和习惯及组织能力和沟通能力。结构合理的简历一般都比较简练，基本不超过两页。第三，简历中个人信息是否满足职位的要求。要根据个人简历中的客观内容，判断应聘者的专业背景和工作经历是否与空缺岗位相符合。如果不符合岗位需要，就没有必要阅读其他内容了。第四，要客观审查应聘者个人简历的逻辑性。在工作经历和个人成绩方面，要注意简历的条理性和逻辑性。有些应聘者为了能够得到面试的机会，往往会在简历中虚夸自己的工作业绩，虚构自己的工作经历，或者回避一些关键性的问题。

申请表的筛选。申请表通常都是由组织专门设计的，申请表的筛选方法与个人简历的筛选方法基本相同，不同的地方在于：一是要根据申请表准确判断应聘者的态度。态度比较端正的应聘者一般都会认真填写申请表，内容填写得比较完整，字迹也比较工整。对于申请表填写不完整或字迹模糊的应聘者，可以不予考虑。二是通过申请表重点考察应聘者的工作经历。在审查申请表时，要重点对应聘者的工作经历进行审查，要注意应聘者工作经历中所任职务、所具备的技能和基本知识等。对于那些频繁换岗位的应聘者，可以不予考虑。三是考察申请表中的可疑之处。对个人简历或申请表中不明确的地方，应该明确标示出来，在面试时可以进一步核实。

测试

测试是指通过一定的方法对员工的能力和个性等进行考查，并以具体的分数进行量化的过程。测试是雇员甄选过程中的一道关键环节，是对应聘者进行筛选的一种重要手段。一般来说，测试的方法主要有以下几种。

能力测试。能力测试是用于测定从事某项特殊工作所具备的某种潜在能力的测试，包括智力测试和能力倾向测试。其中智力测试内容分为语言和操作两大部分，语言部分包括常识、背数、词汇、算数、理解、类同；操作部分包括填图、图画排列、积木、拼图和数字符号等。能力测试的另一种类型为能力倾向测试，能力倾向是指经过适当训练或被置于适当的环境下完成某项任务的可能性。员工招聘中常见的能力倾向测试有语言理解能力、数字敏感度、逻辑思考能力、空间想象力和综合分析能力等。研究表明，智力作为一般能力，是工作所具备的必要条件，但与特定工作的绩效相关性不十分明显。与职业相关的能力倾向测试则对应聘者未来在一定职业领域的成功有很好的预测。

个性测试。个性是指一个人自身所具有的独特的、稳定的对现实的态度和行为方式。一般来说，个性具有整体性、独特性和稳定性的特点。个性测试的目的是为了了解内隐于应聘者中能够驱动组织绩效的人格特质，以此作为雇员甄选的依据。个性测试主要有自陈式量表法、投射法和笔记测试等。

笔试

笔试主要用来测试应聘者的基本知识、专业知识、管理知识及综合分析能力、文字表达能力等方面的差异。当然，现在也有企业通过笔试来测试应聘者的性格特点和兴趣等。通常来说，对知识的测试有两个方面，即一般知识和能力与专业知识和能力。性格与兴趣通常要运用心理测试的专门技术来测试，仅靠笔试中的一部分题目很难得出准确的结论。

笔试是使用频率非常高的一种人才选拔方法，它省时、成本低、效率高，对应聘者知识、技术、能力的考查信度和效度较高。但是笔试不能全面考查应聘者的工作态度、品德修养和其他一些隐性能力，所以笔试往往被作为其他甄选方式的补充或初步筛选的方法。笔试可分为标准化笔试和非标准化笔试。

面试

面试即面试测评，也叫专家面试，是要求被测试者用口头语言来回答主试者提问，以便了解被测试者心理素质和潜在能力的测试方法。面试是企业最常用的选拔测试工具之一，是招聘选拔的重要过程。通过面试，组织能够客观了解应聘者的业务知识水平、思维敏捷性、语言表达能力及外貌风度。同时，通过面试可以核对应聘者个人材料的真实性，应聘者也能进一步对组织的情况有所了解，决定是否加入该组织。好的面试会为应聘者提供一个战胜自我和领略未来工作情况的良好机会，从而对组织产生浓厚的兴趣；相反，缺乏质量的面试会造成招聘双方的损失。面试的方法种类众多，且各方法有交融的趋势，常用的面试方法有以下几种：

非正式面试。即主考官和应聘者就像平时聊天一样进行交流，主考官可以在不同的场合向应聘者提出问题，要求应聘者口头回答，以便了解应聘者心理素质和潜在能力的一种方法。这种面谈意在观察应聘者的知识面、价值观、谈吐和风度，了解其表达能力、思维能力、判断力和组织能力等。这种方法的好处是应聘者心理负担小，容易发挥自己的真实水平；但这种方法不容易突出主题，而且难以量化，应聘者所提供的一些信息也容易被忽略。

结构化面试。结构化面试是指事先设计好面试的内容、程序以及评分标准，主考官只需按照确定的问题逐一提问的标准化面试过程。其主要目的是评估应聘者工作能力的高低、能否适应该岗位工作，同时也对工作情况作预先介绍，进行组织形象宣传。其优点在于对所有的应聘者按照同一标准进行，可以提供结构与形式相同的信息，便于分析、比较，同时减少了主观性，且对主考官的要求较少。研究表明，结构化面试的信度和效度较好，但过于僵化，难以随机应变，所获得的信息也受限制。

非结构化面试。非结构化面试没有既定的模式、框架和程序，主考官可以根据应聘者的特点和需要重点了解的信息有针对性地提问，也可以根据应聘者对上一个问题的回答进行追问，以了解更深入的信息。其主要目的是给应聘者充分发挥自己能力和潜力的机会。采用非结构化面试要求主考官素质较高，并掌握高度的谈话技巧，能够通过应聘者的自由发挥了解情况，达到面试的目的，这种面试方法常用于高级管理员工的招募与选拔。

半结构化面试。半结构化面试是介于非结构化面试和结构化面试之间的一种面试方法。它兼有两种方法的优点，又可以弥补单一方式的缺陷。其主要特征是提问和回答可以不按固定的格式和程序进行，一部分问题是可以探讨、非固定的问题，一部分则是事先设计好的一系列固定问题。

情景面试。根据应聘者可能担任的职务，向应聘者提出与工作密切相关的问题，要求应聘者描述其在特定情境下的行为方式，主考官依据应聘者的行为是进取性的、武断性的还是被动性的，并归纳出其行为模式，并与空缺职位所期望的模式进行比较，得出评价结果。面试的问题都是建立在对工作已经进行了分析的基础上的，并且由各岗位上的专家审核，直到他们觉得满意。专家们会对问题的回答分等级，以便实现对候选人的等级划分。

压力面试。由主考官依据工作的重要特征，通过有意制造紧张气氛向应聘者施加压力，以测试应聘者应对工作压力的能力。压力面试在于考查求职者的应变能力、人际交往能力，需要求职者具有敏捷的思维、稳定的情绪和良好的控制力。压力面试通常用于对谋求要承受较高心理压力的岗位的雇员的测试。测试时，主考官可能会突然问一些不礼貌、冒犯的问题，让应聘者感到很突然，同时承受较大的心理压力。这种情况下，心理承受能力较弱的应聘者的反应可能会较异常，甚至不能承受。而心理承受能力强的雇员则表现较正常，能较好地应对。这样就可以判别出应聘者的心理承受能力。

小组面试。小组面试是由几位考官同时对一名应聘者进行面试。面试小组考官包括人力资源管理部门的负责人和用人部门的负责人。多名面试考官同时对一位应聘者进行综合考查，观察更为细致全面，评价更加客观、准确。但这种面试给应聘者带来额外的压力，可能会影响应聘者水平的发挥。

考官在面试时，必须注意两个方面的问题：一是要坚持“聘者听，应者讲”的原则，要让应聘者有足够的表现机会。考官的问题要直接明了，言简意赅，在应聘者回答时要认真倾听，并随时作好记录。二是要严格按照面试程序进行。在面试中，考官不要轻易发表个人看法，这样容易暴露考官的想法和面试的目的，让应聘者能够迎合其思想而放弃真实想法。

管理评价中心

管理评价中心法是用于评价、考核和选拔人员管理素质的一组标准化评价活动，采用情景模拟测验，即把应试者置于模拟的工作情景中，让他们进行某些规定的工作或活动，考官对他们的行为表现作出观察和评价，以此作为鉴定、选拔管理人员的依据。

20世纪50年代美国AT&T公司开始采用管理评价中心法。目前在国外各大公司中已十分普及。评价中心技术的几种形式如下。

文件筐测试。即在文件框中放置信件、备忘录和电话记录等文件。首先向应聘者介绍企业的背景资料，告诉应聘者他就是管理者，要他根据自己的经验、知识和性格全权负责处理文件篓中的所有文件；还可能要与业绩不佳的员工面谈、会见对公司产品或服务不满的顾客、分析公司的财务状况等。在测试结束时，每位应聘者都会留下一些笔记、备忘录和信件。考官通过文件筐测试，对应聘者工作条理性、计划能力、预测能力、决策能力、沟通能力五个方面的表现作出评价。

无领导小组讨论。主持人给一组应聘者一个与工作有关的题目，让他们开展讨论。不指定负责人，大家地位平等，采用圆形的桌子，以使每一个位置都具有相同的重要性，也不告诉任何人他应该坐在哪个位置上。最后要求形成一致意见，并以书面形式汇报。几位考官观察应聘者的表现进行评分。此方法能检测出笔试和结构化面试难以检测出的多种能力和素质，能观察到应聘者之间的相互作用，能依据应聘者的行为表现对应聘者进行更全面、更合理的评价。

管理竞赛（又称商业游戏）。即对应聘者进行分组，不为应聘者分派角色，各组代表一家公司在模拟的市场上开展业务竞争。各家“公司”必须在一定时间内提交有关生产、广告或存货数量方面的决策。最后，根据每位应聘者在小组中的表现进行评价。这种测试可以通过计算机进行模拟，也可以用人工操作进行。管理竞赛的优点是有趣味性，模拟的内容具有真实感和竞争性。这种方法可以了解候选人的规划能力、组织能力、领导能力和人际沟通能力等素质。

演讲。了解应聘者的沟通能力和说服他人的能力。

案例分析。通过真实案例，让应聘者阅读后提出一系列的建议。

评价中心在员工甄选中具有较高的效度，但成本较高，适合用于较为重要的管理职位的员工甄选。

6.4 员工录用

在员工甄选工作结束后，需要对甄选评价过程中产生的信息进行综合评价与分析，确定每一位应聘者的素质和能力特点，根据预先确定的人员录用标准与录用计划进行录用决策。

6.4.1 录用前的工作

背景调查。背景调查是组织通过第三者或有关机构和手段对应聘者的教育状况、工作经历、个人品质、工作能力、个人兴趣等情况进行了解和验证。背景调查的方法包括打电话、访谈、要求提供推荐信、委托调查公司调查等。

体检。不同于一般的身体健康检查，主要是了解应聘者的身体素质能否胜任工作岗位要求。通常，招聘单位会要求应聘者到指定医疗机构接受检查，对于身体素质不符合岗位要求的应聘者进行筛选。

决定薪酬。初步决定录用某人之后，招聘者应与该员工沟通，确定薪酬福利水平，达成共识。

建立人才库。所有应聘者资料应归档保存，可按优先次序排列，建立组织人才库。

6.4.2 员工录用

员工录用的过程包括发放录用通知、试用合同的签订、员工的安排与试用、正式录用。

发放录用通知。对于经过各方面考核，确认适合组织招聘岗位要求的应聘者，可决定录用。要注意，作出录用决策的是用人部门。用人部门确定录用人选后，由人力资源部门统一发放录用通知书。对组织而言，如何处理与落选者的关系同样重要。为了建立良好的公众关系，常用的拒绝求职者的方法有：向落选者当面解释说明，或是以书面形式解释其落选理由等，从而减少被拒绝的求职者对组织产生负面情绪的可能。

签订试用合同。员工进入组织前，要与组织签订试用合同，它是对员工与组织双方的约束与保障。试用合同应包括以下主要内容：试用的职位、期限、员工在试用期的报酬与福利、员工在试用期绩效目标与应承担责任、应享受权利、员工转正条件、试用期组织解聘员工的条件与承担责任、员工辞职条件与义务、员工试用期被延长的条件等。

员工职位安排与试用。员工进入组织后，组织要为其安排合适的职位。一般来说，员工的职位是按照招聘的要求和应聘者的意愿来安排的。人员安排即人员试用的开始，试用是对员工的能力与潜力、个人品质与心理素质的进一步考核。

岗前培训。为了使录用的新员工尽快熟悉招聘单位的情况并融入组织，需要进行岗前培训。主要内容包括了解组织历史、现状、未来，组织结构、管理制度；接受组织文化熏陶、相关技能掌握；等等。

正式录用。试用期满，试用合格的员工将正式成为组织的成员。正式录用过程中，用人部门和人力资源部门应对员工试用期的表现作出鉴定，根据考核情况决定是否正式录用；与正式录用员工签订正式录用合同并为员工制订职业发展计划等。

6.4.3 招聘评估

招聘评估是招聘过程中必不可少的一项工作，通过评估，可以对本次招聘工作进行总结和评价，找出各招聘环节的不足之处，为以后开展招聘工作提供改进依据，从而不断提升组织的招聘工作质量。

招聘效果的评估。评价招聘计划完成情况，主要指标有录用应聘比等。

录用人员质量评估。考察录用人员岗位匹配情况。

成本效益评估。对招聘费用和招聘效率两方面进行评价，例如招聘成本、招聘收益成本比等指标。

本章小结

组织根据人力资源战略规划和工作分析，开展有效的员工招聘工作。员工招聘是人力资源管理活动的开始，是人力资源管理的基础性工作。

员工招聘的核心理念是人岗匹配。及时、有效、低成本地为组织吸收到所需的人才，是衡量招聘工作的标准。

员工招聘分为招募、甄选和录用三个部分。有效的员工招募要吸引尽可能多的工作候选人，以保证组织能够通过选聘的方式招到合适的人选。员工招募可以内部招募，也可以外部招募。

员工甄选是进一步明确应聘者的胜任能力特征，挑选出适合空缺职位的人，实现人岗匹配。甄选的方法较多，有简历筛选、笔试、面试、心理测评、评价中心等。

员工录用决策需要进行背景调查，并根据应聘者表现出的个人能力素质特征，参照职位的任职要求，作出录用决策。对于新录用的员工，在经过试用期考核合格后，可以签订正式用工合同。

招聘工作结束后，要对整个招聘工作的成本收益情况作出评估。

专业术语

招聘 Recruiting

招募 Recruitment

甄选 Selection

猎头 Head Hunter

校园招聘 Campus Recruiting

内部推荐 Employee Referrals

信度 Reliability

效度 Validity

面试 Interview

管理评价中心 Management Assessment Center

录用 Hiring

招聘评估 Evaluate Recruiting

复习思考题

1. 员工招聘的核心理念是什么？
2. 什么是员工招募目标？
3. 招募渠道有哪几种？各有何优缺点？
4. 员工甄选的方法有哪些？对于管理职位，企业可以采用哪些招聘方法？
5. 员工录用的过程是怎样的？
6. 如何评估员工招聘工作？

深度学习

[1] 王兰云 . 丰田汽车公司的招聘机制研究——基于战略招聘视角的分析 [J] . 现代管理科学，2009 (3).

实践链接

1. 胜任素质模型在校园招聘的运用，http：//www.chinahrd.net/recruitment-selection/competency-model/2013/0221/188199.html
2. HR 如何防范人才招聘风险，http：//www.chinahrd.net/recruitment-selection/recruitment-strategy/2013/0221/188254.html

案例分析

微软怎样招人 [1]

有一个流传很久的笑话，是说一次 IBM 和微软要举行谈判，为了缓和气氛，IBM 的人特意去商店买了牛仔裤和 T-shirt，而微软的人也特意穿上了西服，打上了蹩脚的领带。

这个笑话反映了两个公司不同的企业文化。很多人都知道微软的企业文化是宽松和自由，给员工充分发挥创造力的空间，这也是微软能吸引很多人才的原因之一。但是，要想进微软工作可不容易，微软在招聘工作上一点也不马虎，而是有一套自己独特的方法和严密的体系。

那么，微软中国分公司怎样招人呢？

微软搜寻人才的方式就很特别。当微软的用户在进行联机检索时，人力资源管理部门就会收集他们检索的有关信息，然后通过一个专用程序统计出用户所使用的关键词。从统计结果中可分析出此人是否具有较高的计算机技能，如是否会使用 C 语言，并将其列为招聘对象。

通过了微软系统认证工程师考试的雇员也会被录进微软的人才数据库，如果成绩比较好，微软公司也会根据得分情况决定是否让他来公司参加招聘考试。对于那些得到宝贵应试机会的人来说，想要进入微软公司需要经历一次笔试、两次（四轮）面试，如果其中任何一道环节出现差错，就会有工作雇员对你说遗憾了。

笔试

由于微软公司录用雇员采用的是普遍撒网、重点捕捞的策略，所以每次都会通知很多人来应试（通常是400~500人），而最终只采用3~5人，这种1%的录用概率就需要在笔试过程中进行第一次筛选。整个笔试的内容主要针对三个方面进行考查：知识面（20%）、编程能力（50%）和智力（30%）。

1. 在考查应试雇员知识面的时候主要要求能够知道一些常用的术语，比如XML、NET、ASP、AOD等，一方面要知道这些缩写词完整的英文含义，同时还要将其翻译成中文。一般说来，了解这些词语最好的方法就是查看微软的相关资料，比如每个月最新版本的MSDN，或者平时多留心注意。

2. 因为微软的工作雇员必须要具备相当的编程能力，所以应试者必须要对微软的VB、VC等编程工具非常熟悉，同时还要具备在短时间之内写出一段符合要求的程序，或者是在现有的程序中查找错误。编程方面的题目占了50%左右的分数，所以这部分是成败的关键所在。

3. 由于微软公司所需要的工作雇员在各方面都是高素质的，因此必须具备足够的随机应变的能力以及与常人所不同的思考方式，而智力题就是对此最好的考查方法了。通常这些智力题难度并不是很大，但是要求应试者有发散性思维和逆向思维能力。比如"男孩走两步的时候女孩需要走三步，现在男孩和女孩同时迈出左脚，问走到第几步的时候会再次同时迈出左脚"，等等。此类题目数量一般在4~5道，有时候在别人的点拨之下很快可以找到答案，但是在有限的时间和紧张的压力下就显得稍微有些难度了。

第一次面试

笔试之后，微软公司会组织专人进行阅卷工作，然后确定分数线并通过电子邮件和电话通知部分成绩优秀的应试者参加第一次面试。和一般的面试不同，第一次面试需要你通过三轮五位面试雇员的考查，而整个面试时间也很长，如果全部面试完毕需要4~5个小时。

第一轮面试是由微软公司的三位软件工程师对应聘者进行的全方位考查，这其中包括简单的网络组建、系统故障分析等。同时，工程师还会询问应聘者一些关于微软其他产品的使用与编程方面的问题。

通过第一轮面试之后，还会有一位资深软件工程师对应聘者进行再次考查，他的提问范围仍然不出前面三位工程师的范畴，但是难度要大大增加。也就是说不仅要知其然，还要知其所以然，这里才最能够体现应试者的综合素质。

通过了前面两轮面试之后，可以说微软应试之旅难度最大的部分已经完成了，但是下面的考查也并不轻松。微软公司是知名的外企，所以接着就轮到一名外方雇员进行英语方面的测试。他的测试就是听与说，主要通过自我介绍进行提问，比如家庭状况、现在工作、为什么要到微软公司、对微软公司的看法，等等。其实这主要就是一些日常对话，涉及技术方面的内容很少。

第二次面试

通过第一次面试之后，就意味着大半只脚已经踏入了微软公司的大门。之所以是大半只脚，是因为在最后一次面试之前每名应聘者都还有20个左右的竞争对手，因此第二次面试就是能否进入微软公司的关键所在。第二次面试是微软分公司的老总和应聘者直接对话，微软在招聘时很注意不给应聘者造成压力，而是让应聘者成功地表现自己的才能。因此，这一轮谈话通常都是在轻松愉快的氛围中进行的，面试者会询问一些为人处世、待人接物以及对待工作和人生的问题，基本上也都是和技术无关的。面试之后，微软公司会综合考虑应聘者的笔试成绩与两次面试得分，整个招聘过程至此才算是告一段落。

思考题：

1. 你认为微软的雇员甄选方法是否科学、有效，为什么？
2. 你能否为微软招聘方案提出改进方法？
3. 如果让你来设计一种模拟情景来测试应聘者的道德素质，你将怎样设计？

第 7 章

人力资源开发

【学习目标】

- 理解人力资源开发的内涵与特征
- 掌握新员工引导的作用与内容
- 掌握员工培训的概念与特点
- 理解员工培训的流程
- 掌握培训的方法

引导案例

“出力不讨好”的计算机培训

某机械公司新任人力资源部部长 W 先生，在一次研究会上学到了一些自认为不错的培训经验，回来后就兴致勃勃地向公司提交了份全员培训计划书，要求对公司全体人员进行为期一周的脱产计算机培训，以提升全员的计算机操作水平。不久，该计划书获批准，公司还专门下拨十几万元的培训费。可一周的培训过后，大家对这次培训说三道四，议论纷纷。除办公室的几名文员和 45 岁以上的几名中层管理人员觉得有所收获外，其他员工要么觉得收效甚微，要么觉得学而无用，白费工夫。大多数人认为，十几万元的培训费只买来了一时的“轰动效应”。有的员工甚至认为，这次培训是新官上任点的“一把火”，是某些领导拿单位的钱往自己脸上贴金！听到种种议论的 W 先生则感到委屈：在一家有着传统意识的老国企，给员工灌输一些新知识，为什么效果这么不理想？当今竞争环境下，学会计算机知识应该是很有用的，怎么不受欢迎呢？他百思不得其解。

7.1 人力资源开发概述

7.1.1 人力资源开发的内涵

关于人力资源开发的概念，国内外学者对其有着各种不同的解释[1]。

- □ 莱奥纳德和纳斯勒：人力资源开发是在某一特定的时期内，为提高雇员行为绩效和促进个体成长，企业雇主所提供的有组织的学习活动。
- □ 麦克兰根：开发就是培训、组织发展和职业生涯发展的综合利用，以便改进个体、团体和组织效率。
- □ 美国培训协会（ASTD）：人力资源开发是整合训练与发展、职业发展与组织发展，以增进个人和组织效率的活动。
- □ 余凯成：人力资源开发是对职工实施培训并提供发展机会，指导他们明确自己的优势与不足，确定今后的发展方向。
- □ 萧明政：开发者通过学习、培训、管理等有效的方式，为实现一定的经济目标和发展战略，对既定的人力资源进行利用、改造与发展的活动。

综合以上观点，我们将人力资源开发定义为：人力资源开发者通过学习、教育、培训、职业生涯规划等有效方式，为实现一定的经济目标与社会目标，对人力资源进行利用、塑造、改造与发展的活动。人力资源开发者的范围很广，包括政府机关、事业单位、社会团体、企业、个人等。本书中所指的人力资源开发是指企业为主体的人力资源开发。企业进行人力资源开发的目的，在于开发员工的内在素质和潜能，以期提高其工作效率，更好地完成企业的任务。

企业人力资源开发的概念包含以下三个含义：

- □ 人力资源开发的对象是员工的素质与潜能。
- □ 人力资源开发是一项复杂的系统工程，涉及组织开发、职业生涯开发、管理开发等多方面的内容。
- □ 人力资源开发管理以提高员工工作效率为目标，对于员工素质的要求是永无止境的。

7.1.2 人力资源开发的特征

组织性

现代企业人力资源开发主要是由企业内部专门的机构共同实施的。企业的人力资源开发一般是以企业的开发为中心，人力资源部门为主体，在企业内各部门的支持和配合下，利用企业自身和各类院校的专业理论实施开发活动。这些开发在员工的工作或业余时间进行，内容丰富多样，目的性和专业性突出[2]。

持续性

现代企业面临着日新月异的技术、产品和市场的变化，企业的各种设备和工艺技术也在不断地更新，经营领域不断扩大，服务的方式与内容不断进步，这些对于企业的人力资源配置与素质都提出了更高的要求，因此企业的人力资源开发是一种不断持续发展的过程。

时效性

由于员工流动性的增强，企业使用人力资源的年限在逐渐缩短，因此企业人力资源的开发必须在尽可能降低开发成本的基础上，力求缩短周期，注重时效，从而在人力资源使用价值的有效期内达到充分利用、减少损失的目的。

目的性

人力资源开发的目的性主要体现在：企业员工开发是围绕着企业经营战略目标的实现，为提高各级员工的岗位综合知识、岗位综合技能和协作适应能力而进行的丰富多样的活动。通过这种有目的的开发，力求大大地改善员工的知识结构、技能结构和心理素质，帮助员工牢固树立起企业的价值观，增强员工对企业的认同感、归属感及其在企业中的生存协作能力，全面提高员工的个人综合实力。

7.1.3 人力资源开发的内容

企业人力资源的开发主要包括员工培训、职业开发、组织开发、管理开发等。

员工培训是指创造环境，使员工能够在这一环境中获得或学习特定的、与工作要求密切相关的知识、技能、能力和态度。

职业开发是指在了解员工兴趣、爱好、能力、特长、经历的基础上确定适合员工的职业方向、目标，并制订相应的计划，以避免工作的盲目性，为个人的职业成功提供最有效率的路径。职业开发的目的在于促进组织需要和员工个人需要的最佳配合。

组织开发是通过改变组织氛围、组织环境和组织文化，创造发挥员工能力的氛围。组织开发的目的是帮助每一位员工发挥才干，改善员工个人之间、群体之间的工作关系，目标是提高组织整体人力资源开发的效能。

管理开发是为企业管理者（或者潜在的管理者）所提供的学习、成长和变革的机会，通过传授知识、转变观念或提高技能来改善当前或未来管理绩效。目标是让培训对象具备实施管理职能所需要的知识、技能、能力、态度和积极性。

7.2 新员工引导

7.2.1 新员工引导的概念与作用

新员工引导，也可以称为导入培训，是指向新员工介绍企业及岗位情况并进行相应的培训，使得新进员工能够尽快进入工作状态中的过程。新员工引导对于新员工和企业而言都非常重要。它是企业将新员工从社会人转变为企业人的过程，同时也是新员工融入组织内部，成为企业一员的过程。其主要作用体现在以下几个方面[3]：

帮助新员工尽快实现组织社会化。组织社会化是指将新员工从组织外成员转变为组织成员的过程，包括为胜任本职工作作好准备，对组织有充分的了解以及建立良好的工作关系等内容。新员工引导实际上是新员工的社会化过程的一部分，社会化是不断给员工灌输企业所期望的主流态度、标准、价值观以及行为模式的持续过程。只有当新员工完成"组织社会化"的全过程，他们才能全力为企业作出贡献。

帮助新员工熟悉、适应新的工作要求。企业应通过实施有效的新员工引导，帮助新员工了解企业的经营理念和办事方式，了解哪些行为是企业所期望的，明确企业的组织结构和发展目标，使新员工尽快熟悉、适应工作场所，清楚自己的工作职责，顺利地开展新的工作。

培养新员工对企业的认同和归属感。企业通过与新员工进行沟通，或者开办团队协作课程等方式，使其树立团队意识，也使得新老员工之间充分接触、相互交流，形成良好的人际关系，有利于新员工融入公司的文化氛围。新员工引导的缺乏或低效实施，将会导致新员工无法有效地融入新的组织环境，使他们产生心理上的距离感，无法真正成为企业内的一员。

7.2.2 新员工引导的参与者

新员工引导是新员工组织成员互动的过程，新员工的直接上级、同事、人力资源管理部门以及新员工自己都将参与到这项活动中来。

直接上级

直接上级在新员工新员工引导中起到信息来源和目标引导的作用。直接上级通过向新员工提供工作规范、绩效期望等信息，使新员工明确自己在企业中的工作目标，以克服对工作的陌生感。同时，直接上级还可以通过鼓励同事帮助支持新员工，或者直接指定老员工进行"传帮带"使新员工快速熟悉本职工作，进入工作角色。最后，直接上级还能够利用职权对新老员工间出现的冲突进行调节，以减轻冲突给新员工带来的冲击。

同事

新员工与同事之间的互动行为可以使其实现组织社会化，通过与同事的沟通他们可以迅速获得企业内部的信息，同事的帮助有助于他们了解组织内部那些不成文的规范。同事的友善行为可以使新员工免于工作失误带来的尴尬，以此来缓解焦虑。另外，同事对新员工的帮助可以使其获得相关的材料和培训，以便帮助他们完成职责。

人力资源部门

在整个新员工引导中，人力资源部门的主要工作是对整个引导过程进行设计、实施和评估。人力资源部门的人员还发挥着推动各管理层积极参与和支持新员工引导的作用。另外，人力资源管理部门还需要对新员工引导的整个过程进行监控，正确处理在新员工引导中出现的种种问题。

新员工

在新员工引导中，新员工应成为积极主动的学习者，而不仅是被动的学习者。企业一方面需要鼓励员工充分地发挥其在新员工引导中的主动性，另一方面应努力创造一种鼓励和强化新员工此种行为的氛围。

7.2.3 新员工的特征

作为企业的新成员，新员工与老员工相比具有以下四种典型性特征。

充满对组织的新鲜感

新员工来到一个新的组织，所面临的新工作、新任务、新同事都给其带来一种崭新的感觉。这种新鲜感会激发新员工自我挑战和受尊重的需求，并希望通过自己努力的工作获得同事和上级的认可。

对组织具有陌生感

新员工在对新组织存在新鲜感的同时，也对新的环境充满了陌生感，其对企业的内部规定、运营模式、领导风格乃至企业内部的“潜规则”都不熟悉，这些都给他们的工作带来了困难。

缺乏职业规划

新员工由于对企业内部的晋升规则并不熟悉，因此往往会对自身未来的发展感到迷茫，无法对自己在组织内部职业生涯进行有效的规划。

离职率较高

进入新的企业后，新员工在企业文化、工作方式、合作模式上会与企业存在冲突，这些会在一定程度上降低新员工的工作热情。同时，一些员工在进入企业后发现，该企业经营状况、工资、福利、职业发展等远没有达到其预期的标准，会产生失望的情绪。因此，新员工往往具有较高的离职率。

新员工进入企业之初，急需了解到的内容主要有：

工作回报。各种物质和精神的回报，如工资、奖金、福利、补贴、住房、职业病保护及保健、休闲娱乐场所、社会保险、休假、评优、评奖。

成长与发展。成长与发展的机会如内部培训、晋升方式、工作能力提升等。

企业制度。企业内部的规章制度，如劳动合同制度、加班制度、请假制度、工作规范等。

企业文化。企业的理念、愿景、价值观、被同事和上级认可的行为规范，人际交往原则。

7.2.4 新员工引导内容

作为企业的新成员，新员工除了要掌握必备的工作技能外，还要了解企业文化、企业制度等，因此需要对新员工进行全面的新员工引导培训（以表 7–1 内容为例），其主要内容如下：

知识技能。指员工成功地完成工作任务所必须掌握的知识技能。具备完成工作任务所必需的技能，是员工组织社会化的重要组成部分。

人际关系。指新员工与组织成员成功地建立令人满意的工作关系。通过新员工引导使得新员工与老员工间实现良好的人际互动，迅速地融入组织之中。

企业规则。指企业内部各种正式的制度和一些无法以文字表达的非正式规则，如语言习惯、处事作风等。新员工对企业规则了解越多，则他们在新工作或新组织中的学习和适应就越高效。

企业目标和价值观。指企业未来发展的规划和整个企业所认同的基本价值判断体系。企业目标和价值观的培训有助于新员工逐渐理解企业的精神，使其加快融入企业文化中。

企业历史与现状。指企业的传统、习俗、传说和礼节，可以传递文化知识和企业目前的经营现状。对企业历史知识的培训有助于新员工了解自身行为的正确性，对企业现状的培训可以使得新员工对于企业的运作流程和未来的发展有较为清醒的认识。

表 7–1

澳柯玛集团新员工入职培训项目表[4]（部分）

序号	培训内容	培训目的
1	厂区及生产车间参观	新员工对公司总体基本了解，增强新员工对现代化大生产的感性认识；通过感受花园式的工厂及洁净、秩序的车间，增强对企业的信心
2	企业发展史培训	让新员工了解企业的发展历史，激发新员工对企业的热爱与献身企业的精神

续表

序号	培训内容	培训目的
3	企业产品室参观	感受企业的创新历程及产品特色，增加员工的荣誉感，为将来的创新提供范本
4	新员工讨论及亲身经历员工宣讲	通过对企业发展史、产品创新、企业建设过程的学习，开展讨论，并聘请当年亲历相关项目的员工参与，介绍当时的背景与思路，使新员工对企业的管理有更深切体会
5	企业文化培训	在亲身感受的基础上，学习企业文化，使对企业文化有更深刻的理解与感受，由感性认识阶段上升到理性认识阶段
6	观看录像并讨论	观看企业发展过程中关键事件的录像，通过讨论社会、企业与员工的关系，增强新员工的社会责任感
……	……	……

7.3 员工培训

7.3.1 培训概述

员工培训是企业人力资源管理中的重要内容，同时员工培训会占用人力资源管理部门的资金、时间和精力。很多企业在进行培训时往往盲目跟风，耗费了大量的成本却没有取得相应的效果。企业要保障培训的有效性，必须按照一定的流程对员工培训进行精心的设计与实施，以尽可能低的成本进行培训工作。

企业进行员工培训，无论对于员工还是企业，都有着非常重要的意义。

提高员工的个人能力

在人才竞争日益激烈的今天，个人能力是决定其收入水平和社会地位的重要因素。个人能力提升的途径，除了学历教育之外，更主要的是通过工作过程中的学习来实现。员工希望通过企业的培训行为可以不断地学习新的知识，提高自身能力，以便能更好地适应目前或者未来的工作，因此能否具有完善的培训制度已经成为当今从业者进行职业选择的重要标准。

增加员工工作满意度

员工通过参加企业的培训，其工作能力将会得到提高，工作能力的提高一般会带来自身业绩的提升，而员工业绩的提升又会带来员工薪酬水平的提高。

企业中的员工，由于在所学专业、教育背景、个性特征等方面的差异，而产生不同的需求，但是对绝大多数员工而言，都存在受到尊重和自我实现的需要，根据马斯洛的需要层次理论，尊重和自我实现的需要属于较高层次的精神需要，员工通过参与企业的培训，能够满足尊重和自我实现的需要，因此能够获得较高的工作满意度。

有助于企业文化建设

企业通过对员工进行培训可以巩固企业文化建设的成果，有助于塑造良好的企业文化。首先，通过对员工的教育和引导可以使企业员工理解企业文化建设的意义。其次，通过对企业文化作用的阐释使得企业员工懂得企业文化与生产经营以及效益的密切关系，提高全员参与企业文化建设的自觉性。再次，通过价值观培训可以使得员工知道本企业所倡导的价值规范体系，理解它的深刻含义，领会它的精神实质，并有所感受与体验，从而强化员工对企业文化的接受与理解、传播与实践。最后，通过对员工的行为进行培训，可以提高员工文化建设的执行能力。

有利于实现组织内部"人岗匹配"

"人岗匹配"是指员工的能力、性格、态度等因素与其所从事的工作相配合，"人岗匹配"是人力资源在整个企业生产过程中发挥作用的重要保障。随着人类生产的日趋复杂化，企业内部的劳动分工越来越细，各种工作岗位对于员工的工作能力和工作态度的要求越来越高，企业内部人岗不匹配的矛盾越来越突出。为了解决这一矛盾，一方面企业可以通过人力资源的合理流动"因岗择人"；另一方面通过员工培训实现"使人适岗"，即通过对员工进行岗位培训使得其熟悉该岗位的工作规范和专业知识，并具备相应的工作技能。同时通过对员工的开发，使其专业知识、技术能力达到岗位规范的更高标准，以适应未来岗位的需要。

形成企业的竞争力

企业竞争的核心是人力资源的竞争，企业通过员工培训可以改变员工的知识、技能、态度、忠诚度、学习力与创造性等，这些都将构成企业竞争力的来源。因此，培训能够帮助企业打造核心竞争力，最终形成企业的竞争优势。

7.3.2 培训流程

员工培训是由需求分析、方案设计、计划实施和效果评估四个步骤构成的螺旋上升的流程。首先是通过培训需求分析确定培训的目的与内容；其次是根据培训的结果制订培训计划；再次是依据计划实施，在计划实施之后对培训的效果进行评估，最后是将效果评估反馈到进一步的培训活动中。整个系统流程如图 7–1 所示。

培训需求分析

培训需求分析是指在培训工作开始之前，由人力资源管理部门根据相关的理

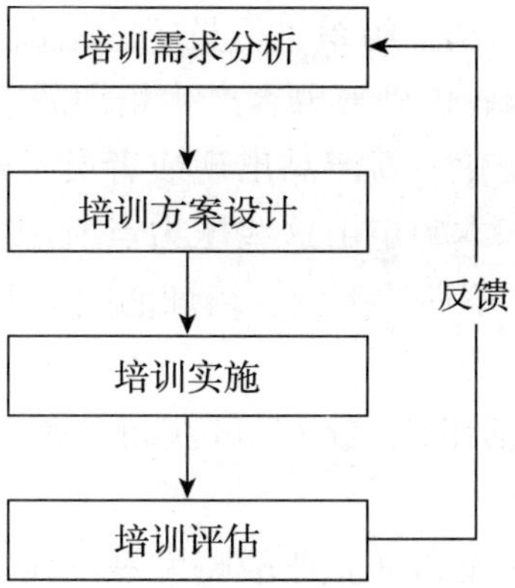

图 7–1　员工培训系统流程

论采用相应的方法，对企业和员工的目标、知识、技能等方面的要求进行系统的甄别与分析，以此确定培训必要性及培训内容的过程。培训需求分析就是要解决需不需要培训、为什么要进行培训、培训什么等问题。

培训需求分析对于整个培训过程具有很强的指导性，是培训计划制订与实施的前提，是现代企业培训的首要环节。通过培训需求分析可以找出培训对象在知识、技能、态度等方面与理想情况的差距，并以此确立培训目标；通过培训需求分析可以找出解决差距的具体方法，制订多样性的培训策略。培训需求分析有利于进行培训成本的预算，节约企业人力资源成本。培训需求分析有利于调整人力资源部门与企业各部门及企业外部相关者之间的关系，更好地促进员工培训的进行。

培训需求分析的理论模型

1. Goldstein 三因素模型

20 世纪 80 年代，I.L.Goldstein 等人将培训需求分析系统化，构建了 Goldstein 模型。模型将培训需求分析分成组织分析、任务分析和人员分析三个部分[5]。如图 7–2 所示。

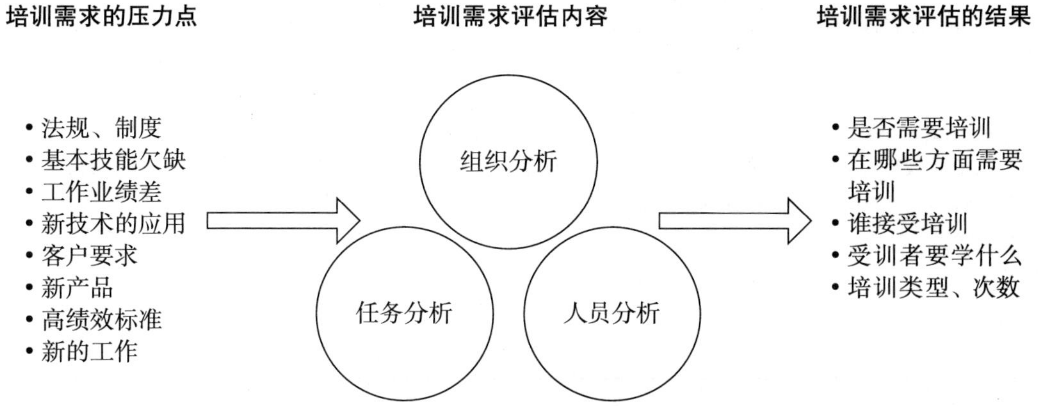

图 7–2　培训需求分析模型

I.L.Goldstein 等人指出，组织进行员工的培训来源于一系列的“压力点”，包括绩效低下、技术进步、内外部顾客产生培训需求、工作重新设计、新法律法规的出台、客户偏好的变化、新产品出现或者员工缺乏基本技能等。通过对组织、任务、人员的分析，基本确定由这些压力点所产生的培训需求，如谁接受培训、受训者需要学到什么、培训的类型、培训的频率等[6]。

（1）组织分析。

组织分析主要包括组织战略、可获得的培训资源、组织支持三个方面的因素。

组织战略因素分析是指从企业战略发展的角度对企业的培训需求进行分析，企业的四种常见经营战略——集中战略、内部成长战略、外部成长战略、紧缩战略都会对应不同的培训需求，如表 7–2 所示。

表 7–2

不同发展战略下员工培训的重心与方向[7]

战略	经营重心	达成途径	关键点	培训重心
集中战略	1. 增加市场份额 2. 降低运作成本 3. 建立和维护市场地位	1. 改善产品质量 2. 提高生产率 3. 技术流程创新 4. 产品客户化	1. 技能先进性 2. 现有员工队伍开发	1. 团队建设培训 2. 跨职能培训 3. 专业化培训计划 4. 人际关系培训
内部成长战略	1. 新市场开发 2. 新产品开发 3. 创新 4. 合资	1. 现有产品营销 2. 增加分销渠道 3. 全球市场扩展 4. 创造新产品 5. 合资扩张	1. 创造新的工作和任务 2. 创新	1. 支持或促进高质量产品价值沟通 2. 文化培训 3. 帮助建立鼓励创造性思考的文化 4. 工作技术能力 5. 管理者沟通 / 反馈 / 谈判方面的培训
外部成长战略	1. 横向一体化 2. 纵向一体化 3. 集中多元化	1. 兼并在产品链条上与公司处于相同阶段的企业 2. 兼并能够为公司提供原料或购买产品的企业 3. 兼并其他企业	1. 一体化 2. 人员富余 3. 重组	1. 确定被兼并企业员工的能力 2. 培训系统一体化 3. 合并后企业中的办事方法与程序 4. 团队培训
紧缩战略	1. 精简规模 2. 转向 3. 剥离 4. 清算	1. 降低成本 2. 减少资产规模 3. 获取收入 4. 重新确定目标	效率	1. 激励、目标设定、时间管理、压力管理培训 2. 领导能力培训 3. 人际沟通培训 4. 重新求职的帮助 5. 工作搜寻技巧培训

可获得的培训资源因素分析是指人力资源管理部门还必须清楚自己可获取的

培训资源。这些资源包括充足的预算、培训所需的场地及设备、培训的时间、专业的培训人员等，资源的限制往往导致许多培训不能达到预期目的。

组织支持主要包括企业决策者的支持和参加受训员工的上级管理者以及同事的支持，如果受训员工的上级管理者与同事对于他们参加培训活动的态度和行为不支持，那么受训员工将培训内容运用于工作中的可能性就不大。

（2）任务分析。

任务分析是指对员工从事的工作进行描述，研究员工怎样承担任务与职责，并分析他们完成这些任务所需要的知识、技能、态度和行为。当员工自身工作状态与任务分析的结果有明显差距时，就需要对其进行培训。

任务分析一般包括四个步骤：首先，选择需要被分析的工作岗位。其次，通过调查、访谈和观察等方式确定一份在该项工作岗位上需要执行的任务的初步清单。再次，通过查证、确认初步清单上的项目，确保清单的可靠性和有效性。最后，在明确工作任务的基础上，进一步确定完成该项工作任务所必需的知识、技能和能力。

（3）人员分析。

人员分析的主要作用是帮助管理者确定培训是否合适以及哪些员工需要培训。其要解决的问题主要是如何确定能否通过培训这种方法，来解决员工的现有绩效和企业对他们的期望绩效之间的差距。人员分析主要包括员工个性结构分析、员工知识结构分析、员工专业结构分析、员工年龄和性别结构分析、员工需求结构分析五个部分。

Goldstein 等人提出的三因素模型将组织分析、任务分析和人员分析构成一套相互联系的系统，其中组织分析是任务分析和人员分析的前提，任务分析和人员分析是组织分析的具体化。任务分析侧重于工作岗位客观要求方面，即企业希望员工达到的标准，而人员分析更侧重于员工个人的能力方面的分析，其目的是为了寻找个人能力与岗位要求的差异。这一模型将企业战略、岗位需求、人员能力进行整合，使得培训需求分析更加全面，分析结果更加科学，因此该模型得到目前学术界的普遍认同。

2. 培训需求差距分析模型

美国学者汤姆·W. 戈特将“现实状态”与“理想状态”之间的差距称之为“缺口”。如图 7–3 所示，该模型是通过对“理想技能水平”和“现有技能水平”之间关系的分析来确认培训需求的。模型的主要思想有两个：第一，只要“理想状态”形成，“现实状态”便会与之构成差距——包括现有知识程度与希望达到的知识程度之间的差距，现有能力水平与希望达到的能力水平之间的差距，现有认识、态度水平与希望达到的认识、态度水平之间的差距，现有绩效与预期的绩效之间的差距，已经达到的目标与要求达到的目标之间的差距，现实中的劳动者素质与理想中的劳动者素质之间的差距，等等。第二，培训需求是由差距的形成而产生的，即“培训需求＝理想状态－现实状态”[8]。

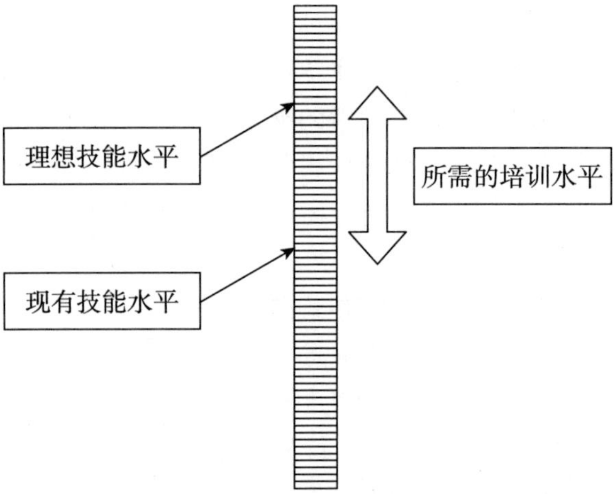

图 7-3 培训需求差距分析模型

培训需求差距分析模型将培训需求分析的重点“差距分析”进行提炼，提高了培训需求分析的可行性。

3. 前瞻性培训需求分析模型

前瞻性培训需求分析模型是由美国学者 Terry L.leap 和 Michael D.Crino 提出的。他们将“前瞻性”思想运用在培训需求分析中是这一模型的核心思想[9]，如图 7-4 所示。这一模型指出，随着技术的不断进步和员工在组织中个人成长的需要，即使员工目前的工作绩效是令人满意的，也可能会需要为工作调动、晋升等作准备或者适应工作内容的变化等原因提出培训要求。前瞻性培训需求分析模型为此提供了良好的分析框架，在确定员工任职能力和个人职业发展方面极具实用价值。

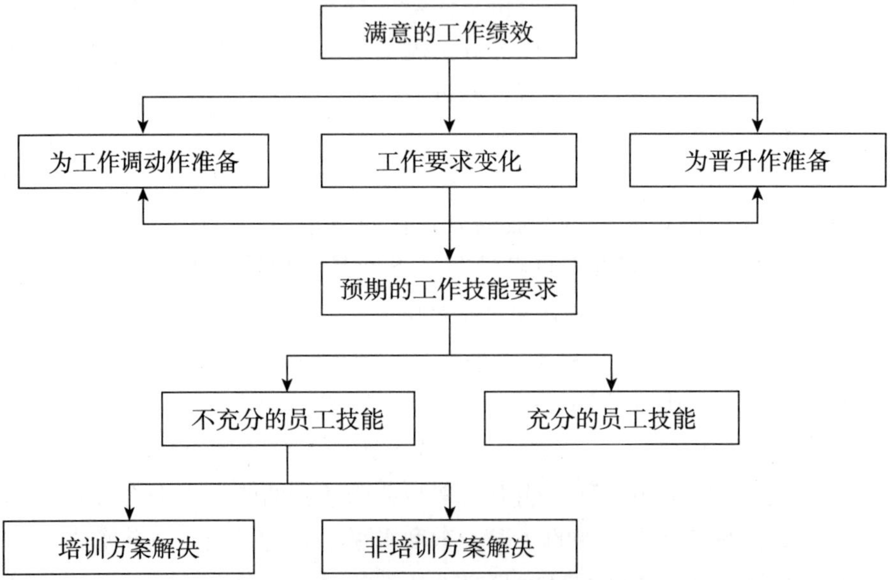

图 7-4 前瞻性培训需求分析模型

该模型将培训需求分析建立在未来需求的基点上，使培训工作变被动为主动，更具有战略意义。充分考虑企业发展目标与员工职业发展规划的有效结合，为组织与个人的发展准备一个结合点，这是开发与激励员工以及培养员工组织承诺的有效手段[10]。

培训需求信息的收集方法

现实中，常用的培训需求信息的收集方法有以下几种[11]：

1. 访谈法

访谈法是针对特定的访谈对象，通过与被访谈人进行面对面的交谈来获取培训需要的信息。访谈法示例如下。

某高校青年教师培训访谈提纲

访谈目的：确定本校青年教师培训需要。

访谈对象：本校青年教师。男性教师，35 周岁以下（含 35 周岁）；女性教师 40 周岁以下（含 40 周岁）。

访谈时间：60~90 分钟。

访谈题目：

A. 您在教学活动中遇到的最大问题是什么？

B. 您心目中有效的培训应该具备哪些特点？

C. 您以前参加过学校组织的培训吗？如果参加过，您觉得这些培训最需要改进的是哪些方面？

D. 您最需要的培训内容是什么？请列举三条以上。

E. 在讲授新课程和使用新教材中，您最不适应的是哪些方面？

F. 怎样看待“90 后”的学生？

G. 关于培训时间、培训的方法、培训考核方法等方面您有什么建议？

2. 问卷调查法

调查问卷法是以标准化的问卷形式列出一组问题，要求被调查人进行打分或是非选择，通过对被调查人选择结果的统计分析确定培训的需求。调查问卷以电子邮件、传真或直接发放的方式让对方填写，也可以在与被调查人进行面谈和电话访谈时由调查人自己填写。下面是一份针对青年教师培训需求的调查问卷。

青年教师培训需求分析调查问卷

问卷编号：

尊敬的老师：

您好！为了更好地了解本校青年教师的培训需求，我们设计了如下问卷。本调查结果仅作为科学研究之用，问卷以匿名方式进行。希望您能积极参与、认真填写，非常感谢您的合作！

（请在所选答案前的字母上打钩）

□ 性别： A. 男 B. 女

□ 婚姻状况：　A. 已婚　B. 未婚

□ 年龄：　A. 21~25　B. 26~30　C. 31~35　D. 36~40

□ 学历：　A. 本科　B. 硕士研究生　C. 博士研究生

□ 您曾参加过以下哪些方面的培训与学习？（多选）

A. 企业挂职锻炼　B. 教学方法的培训　C. 外语知识培训

D. 计算机知识培训　E. 本专业理论知识培训　F. 教学技能培训

G. 心理学培训　H. 其他培训

□ 您认为学校以往组织的培训存在哪些问题？（多选）

A. 缺乏规划，知识没有系统性　B. 培训内容陈旧，缺乏时代特征

C. 培训师水平不高　D. 理论知识过多、缺乏实践技能

E. 培训内容缺乏针对性　F. 培训方法单调乏味

G. 培训时间过长，影响正常授课

□ 作为青年教师，您希望参加以下哪些内容的培训？（请在表格中打钩）

培训具体内容		重要性		
		急需	一般	不需要
基础知识	教育理论			
	专业理论知识			
	教育心理学知识			
	社会学知识			
	管理学知识			
	其他（自行补充）			
基本技能	课堂组织能力			
	表达能力			
	理论联系实践能力			
	教学课件及教学用具设计技能			
	多媒体教学设备使用技能			
	其他（自行补充）			

3. 观察法

观察法就是调查人员亲自查看每一位员工的工作情况，通过仔细观察员工的工作技能、工作态度，从中分析出该员工在工作中的不足。观察法是最为原始的培训需求分析方法，它比较适合那些具有重复性特征的工作岗位，如生产作业人员和服务人员。而对于那些工作周期较长的人员，如营销人员和技术人员，则不

适合。

为了准确地记录员工行为，一般要设计一份观察记录表，以作为培训需求分析的依据，如表 7–3 所示。

表 7–3

培训需求分析观察记录表

观察对象：	所属部门：	工作岗位：
观察地点：	观察时间：	
观察内容	**观察记录**	**评价**
工作积极性		
操作规范的遵守		
操作熟练程度		
生产效率		
与他人沟通		
灵活性与创新性		
突发事件应对		
备注：		
记录人：		记录时间：

4. 关键事件法

关键事件法可以用来考察工作过程和活动情况以发现潜在的培训需求。被观察的对象通常是那些对组织目标起关键性积极作用或消极作用的事件，关键事件的记录为培训需求分析提供了方便而有意义的信息来源。关键事件法培训需求分析实例如表 7–4 所示。

表 7–4

关键事件收集表

员工姓名：	部门：	岗位：
访问背景陈述：		
关键事件内容	员工在工作中遇到哪些重要事件	
	重要事件发生时的情境	
	员工采取了怎样的应对行动	
	员工采取行动后的结果	
	经验或教训	

续表

分析及评价	导致关键事件发生的原因和背景	
	员工的特别有效或多余的行为	
	员工事件处理欠缺的方面	
备注：		
制表人：	日期：	

5. 头脑风暴法

头脑风暴法又称智力激励法、BS法、自由思考法，是由美国创造学家A.F.奥斯本于1939年首次提出、1953年正式发表的一种激发性思维的方法，这一方法可以充分发挥群体决策的力量，已经在企业管理中得到广泛的使用。企业在实施新的项目或者推出新的产品时往往会采用头脑风暴的方法进行培训需求分析。

下面给出针对某个新产品推销人员培训需求的头脑风暴会议记录，以供参考。见表7–5。

表7–5

头脑风暴小组讨论记录表

讨论时间：		讨论地点：
讨论形式：		主持人：
小组成员：		
讨论主题：A产品销售人员培训需求		
讨论项目	内容	结论
问题一：销售人员应具备的产品知识		
问题二：销售人员应具备的沟通技巧		
问题三：销售人员应具备的工作态度		
……	……	……
备注：		
记录人：	日期：	

除了以上提到的几种典型的方法外，人力资源管理部门还可以采用绩效差距分析法、文案分析法、重点团队分析法等进行员工的培训需求分析。企业在实际操作中，可以结合自身特点，综合利用各种方法进行培训需求分析，得出培训需

求结论。

培训方案的设计

培训方案设计是指在培训需求分析的基础上，针对企业和员工的需求，对培训行为进行筹划的过程。培训计划设计的主要工作如下。

拟定培训的目标

拟定培训目标就是确定培训对象经过培训过后，应该发生怎样的变化。

选择培训对象

企业资源是有限的，如何有效地分配企业内部资源进行人员的开发与培训，是人力资源管理工作的重要内容。进行培训对象选择时需要依照以下原则进行。

1. 符合企业发展需要

由于企业的资源是有限的，所以将根据企业目标的需求挑选出来的员工作为培训的对象。人力资源管理部门从企业发展需要的角度出发，找出企业现有状况与应有状况之间的差距，并确定是否必须通过培训来解决，在分析现有培训资源的基础上确认培训对象。

2. 符合员工学习能力

在确定培训对象时，要从员工的实际能力出发，考察受训者是否具备了接受培训的基础。

3. 符合员工需要

员工的培训效果与员工的主观意愿和学习能力有很大的关系。在选择的过程中，不仅要鉴别培训员工的学习能力，而且要考察员工的学习动力。

选择培训方法

培训的具体方法将在下一节进行介绍，企业应依据培训的目标与培训对象进行选择。

选择培训的形式

由于目的的不同，培训形式也是多样的，主要包括在岗培训、脱产培训和岗前培训，三者的主要区别如表 7–6 所示。

在岗培训是指员工不脱离岗位，利用业余时间和部分工作时间参加的培训，这是企业中应用最普遍的培训方式。通过在岗培训，企业可以根据新的技术和职业发展要求来调整、提高在岗员工的工作能力，同时在岗培训还可以满足员工要求掌握更高技能的需求，为其未来的职业发展作好准备。

脱产培训是指员工离开工作岗位，去专门从事知识或技能的学习，如学历进修、技术交流等。

岗前培训是针对新进员工进行的有关企业规章制度、企业文化以及企业的业务和员工构成等情况的培训。

表 7–6

在岗培训、脱产培训和岗前培训的对比

	在岗培训	脱产培训	岗前培训
培训时间	业余时间和部分工作时间，主要集中在周末进行	离开岗位，时间集中	正式走上工作岗位前
培训场地	企业现有的场地	大学或者培训机构的专门场地	企业场地为主，外部场地为辅
培训内容	新模式、新技术、新方法	专门的知识和技能	企业制度、企业历史、员工工作要求
培训对象	需要改善绩效的员工	需要进行专门训练的员工、后备人才	新员工
培训经费	较低	较高	较低

选择培训时间

培训在时间安排上，应有详尽的计划，否则可能会打乱部门正常的工作或者令企业现金流量出现不规则变化。新员工培训时，要考虑工作与培训同时进行，以保证学以致用；老员工培训时，要将培训活动与工作交替安排，以确保工作不因培训受到影响。

培训的实施

培训的实施是培训计划付诸实践的过程，培训的实施过程包括以下三个阶段。

准备阶段

在培训项目实施之前，人力资源管理部门要做好各方面的准备工作，准备阶段的工作主要有以下几个方面。

1. 确认并通知参加培训的员工

对培训和开发计划中确定的人员名单进行审核确认，并填写培训员工统计表，如表 7–7。

表 7–7

培训员工统计表

序号	姓名	性别	单位名称	职务	联系方式	通信方式	电子邮箱	培训内容	考试成绩
1	张 **	男	财务处	出纳	134******	** 市 ** 路	**@126.com	六五普法	
2									
3									

2. 选择培训师

选择合适的培训师是企业进行培训活动的关键问题，往往很多企业的培训工作流于形式的原因就在于培训师选择的失误。

目前培训市场上的培训师主要有两类[12]：

（1）学院派培训师。此类培训师具有扎实的专业知识功底，来自各大高校、研究所，一般具有教授、博士、博导的头衔。这类培训师授课经验丰富，但是由于工作经历的原因，他们更多的是侧重于理论知识的讲授。学院派培训师中，大多缺乏企业的实战经验，在不断推出专业理论的时候，容易忽视理论和企业实践的结合。

（2）实战派培训师。此类培训师在企业担任过或正在担任管理职务。他们以其丰富的实践经验与娴熟的授课技巧赢得企业和员工的好评，目前是普遍受到欢迎的一类培训师。但在培训市场中也混杂着一些水平较低的实战培训师，这些人刻意模仿一些优秀培训师的风格来授课，往往是某些著名培训师的助理或者弟子，但其实他们的实战经验还较为缺乏，专业知识水平也有待进一步的提高，企业在选择培训师时要注意甄别。

学院派培训师与实战派培训师各有侧重，在进行培训时要根据培训对象和培训内容确定培训师的类型。

在确定培训师的类型后，进行具体的培训师选择时，先要确定若干备选的培训师，然后根据一定的标准（见表 7–8）对备选培训师进行选择[13]。

表 7–8

培训师评估表

能力类别	评估项目	信息来源	得分	权重
专业知识	受教育的背景	讲师简历		
	行业工作经验	讲师简历		
	专业工作经验	讲师简历		
	著作或文章	讲师简历和网络搜索		
	知识的系统性	课程大纲		
	知识的实用性	课程大纲		
	知识面	发表文章与交流		
培训技能	从事培训工作时间	讲师简历		
	在培训业的知名度	同业咨询		
	曾经培训服务过的企业	讲师简历		
	语言、声音、感染力	交谈、试讲		
	形象、气质、亲和力	交谈、试讲		
	培训形式与内容安排	试讲、课程大纲		
	配合度	对企业要求的响应情况		

3. 相关资料的准备

主要包括课程资料的编制、培训设备的检查、游戏活动资料的准备、座位签到表的印刷以及结业证书的制作等，下面给出培训准备工作检查表的示例，如表7–9。

表 7–9

培训准备工作检查表

培训日期：

培训地点：

序号	准备项目	要求	时间	备注	准备情况
1	准备培训教材				
2	打印培训考题				
3	更新打印培训日程				
4	打印培训评估表				
5	准备游戏素材				
6	笔记本、笔				
8	矿泉水				
9	草稿纸				
10	与培训师确认时间、准备情况				
11	会议室设备调试（显示器，空调）				

实施阶段

培训实施阶段的主要工作包括以下几方面的内容：

（1）课程开始前的工作。要求受训者签到、引导受训者入座、宣布考核标准与课堂纪律。

（2）课程开始时的介绍工作。培训师的自我介绍、培训课程的简要介绍、培训目标和课程安排的介绍、受训者的自我介绍。

（3）课程进行中的控制工作。注意考察培训师在授课过程中的表现，并观察受训者的课堂反应，如果发现培训师或受训者出现问题，应及时解决。

（4）课程备案工作。作好授课过程中的记录，在得到培训师允许后进行摄影和录像。

收尾阶段

在培训课程结束后要进行一系列的收尾工作，主要包括向培训师致谢、给受训者颁发结业证书、清点设备等。

培训评估

培训评估是指对培训实施过程和实施效果的评估，其主要内容是通过对培训过程的监控和培训效果的测量，以考察培训的有效性，为下一步培训活动提供依据。

培训过程评估

培训过程的评估是人力资源管理部门针对培训的实施过程进行评价，并发现实施过程中存在的问题。培训过程评估的主要内容有以下几个方面：

（1）时间安排。主要是考察企业所安排的培训活动的时间是否符合员工的要求，如是否对其正常工作造成了影响，是否影响到了员工的学习效果，是否影响到培训师的授课效果，等等。

（2）场地选择。场地的选择与布置是否符合培训活动的要求，如噪音、色彩、房间结构、照明、墙与地面、会议室座位、反光、天花板、电源插座、音响等方面是否布置合理。

（3）内容设置。培训的内容设置是否符合受训者的要求，如受训者对课程难度、实用性的认识。

（4）培训师。主要考察培训师的语言能力、专业知识能力、沟通能力、责任心，等等。

（5）组织与管理。主要考察后勤保障、现场组织活动的质量。

对培训过程进行评估主要采用三种方法，即资料分析法、观察法和调查访谈法。

资料分析法是通过收集培训与评估实施过程中的文字、录音、录像等资料对整个培训过程进行评估，所需要收集的资料主要包括培训提纲、培训教材、培训录像、培训录音、会议纪要、现场记录等。

观察法是人力资源管理部门通过对培训与评估实施过程进行现场观察，对整个过程进行评估的方法，主要包括对现场环境的观察、对培训师的授课过程的观察、对受训者课堂反应的观察，等等。

调查访谈法是针对培训活动的客体即受训者进行深入的调查访谈，从受训者的视角对培训活动的有效性进行调查，具体可通过调查评估表的方式进行调查，如表 7–10 所示。

表 7–10

营销人员培训课程评估表

	内容	评估	改进意见
组织管理	时间安排	A B C	
	教师配备	A B C	
	课程安排	A B C	
	组织管理	A B C	

续表

	课程	评估	授课人	表达能力	专业知识
讲座评议	沟通技巧	A B C	张 **	A B C	A B C
	消费心理学	A B C	赵 **	A B C	A B C
	市场营销实例	A B C	李 **	A B C	A B C
	经济合同法	A B C	于 **	A B C	A B C
意　见					

其中 A 为不合格，B 为合格，C 良好。

培训效果评估

培训效果的评估是指根据企业进行培训的目标，对于受训者的学习结果进行评价，通过评价不仅可以验证此次培训活动是否达到了企业预先制订的目标，还有助于企业对培训活动的改进。

1. 培训效果评估的理论模型

许多学者针对企业应该如何进行培训评估提出观点，如考夫曼的五层次评估模型、沃尔的 CIRO 评估模型、高尔文的 CIPP 模型和菲利普斯的五层次投资回报评估模型，等等。其中被培训学界和业界提及和使用最广泛的是唐纳德・柯克帕狄克在 1967 年就提出的培训评估模型，即“柯氏四级评估模型”（见表 7–11）[14]。

表 7–11

柯氏四级评估模型

评估层次	评估重点
结果	工作中导致的结果
行为	工作行为的改变
学习	学到的知识、技能和态度
反应	学习者满意度

柯克帕狄克指出，这四个层次的评估是一个递进的过程：学习者满意，他们才可能学到知识和技能；学到了知识和技能，其工作行为才可能发生改变；工作行为发生改变，才可能导致好的工作结果。

反应评估居于柯氏四级评估模型中的第一层次，它是通过一定方式了解学习者对培训课程的评价，如培训内容、培训材料、培训师、培训设备、培训方法、培训组织等。要使培训有效，首先是学习者对培训有积极的反应，评价的信息显示大多数学习者喜欢该培训课程，就说明培训的内容是学习者能接受的。

学习评估是通过一定的方式测量课程中的原理、事实、技术和技能被学习者掌握的程度，包括学到了什么知识，学到或改进了哪些技能，改变了哪些态度。

行为评估是通过一定的方式了解学习者将培训所学知识和技能转化为行为的程度，即学习者在结束培训回到工作岗位后工作行为有无改变。由于人类行为的复杂性，行为层次上的评估比上述反应和学习层次上的评估更复杂。

结果评估是通过一定的方式了解培训项目给组织带来的如节约成本、绩效和质量改变、利润回报等信息。这一评估普遍被认为是柯氏四级评估中最重要的，但也是最难实际进行的。

2. 培训效果评估的方法

（1）笔试测验法。笔试测验法是指通过试题笔试的方式对培训的效果进行评估，人力资源管理部门往往采用对比笔试的方法对受训者所学的知识进行度量，如果培训后测试的成绩高于培训前，则表明培训有效，反之则无效。通过笔试的方法还可以发现不同类型受训者在学习上的差距。该方法程序简单、便于操作，但也有一定的局限性，因为在工作中太多的能力与技巧是无法用笔试的方式测量，因而常常出现培训考试成绩不错的职工，回到工作岗位后的工作绩效并没得到明显改善的现象，这种方法只适用于对受训者知识层面学习效果的考查，因此一般与其他方法综合起来使用。

（2）工作绩效评价法。在培训项目结束后，每隔一段时间（如3~6个月）以书面调查或面谈的形式，了解受训者在工作上取得的成绩。如单位产量是否增加、工作能力是否提高、人际能力是否增强，等等。

（3）工作态度考察评价法。即对受训者在培训前后工作态度的变化进行考察的方法。如通过培训，受训者在工作过程中明显出现工作热情高涨、工作态度更加积极、工作责任性增强等现象。

（4）跟踪观察法。评估者根据已经掌握的受训者的原有工作状态，在培训结束后直接到受训者所在的工作岗位上，通过仔细观察和记录受训者在工作中的表现，并与培训前的表现记录进行比较，以此来衡量培训对受训者所起的作用。

（5）工作标准对照评价法。以企业制定的员工工作标准为依据，通过了解受训者在工作数量、工作质量、工作态度等方面是否达到工作标准来判定培训工作有无成效。

（6）比较法。通过比较受训者和未受训者的工作成效，进而作出培训效果评价的方法。首先将受训者作为实验组，将同一岗位不参加培训的人员组成控制组，同时对这两组人员进行训前测试和训后测试，将测试结果进行交叉比较，来评估开发的效果，最后在同一时间内对实验组和控制组的工作绩效分别进行评估。这种对比评估方案虽然比较复杂，但是由于它更为准确，因而被许多大公司所采用。

（7）参考意见法。培训部门通过书面调查或面谈的方式，向受训者的主管或者下属了解其在工作上的表现的方法。如征询主管是否认为受训者的工作能力、工作态度有了提高或改变；征询下属员工是否觉得受训者的领导素质有了提高或改变。

7.3.3 培训方法

根据受训者参与方式将培训方法分为四类，每种方法有着各自的特点，在实际工作中，企业应根据培训的目的、内容、对象选择适当的方法（如表 7–12）。

表 7–12

员工培训的类型与方法

类　型	方　法
直接传授型	讲授法
	专题讲座法
	讨论法
实践型	学徒制
	个别指导法
	岗位轮换法
参与型	案例分析法
	模拟训练法
	敏感性训练法
	角色扮演法
	自学法
态度型	拓展训练法

直接传授型方法

此类方法是通过直接的方式将知识传授给受训者的方法，主要包括以下三种。

讲授法。讲授法是指培训师按照事先准备好的资料向受训者传授知识的方法，它是最传统的培训方法。培训师通过逻辑清晰的言语表达，系统地向受训者进行知识的讲解传授，有时还辅以文字、图形、问答以及多媒体工具。

专题讲座法。专题讲座法在形式上和讲授法基本相同，但是其内容并不是系统的传授某方面的知识，而是针对某个具体的专题进行培训。授课内容一般是某个行业当前发展的趋势方向，如新政策下的房地产市场走向。

讨论法。讨论法是指在培训师的指导下，受训者围绕某个或某几个主题展开讨论，由此让受训者在讨论过程中互相交流、启发，以提高受训者知识和能力的一种方法。

实践型方法

实践型方法是将受训者安排在实际的工作场景中，受训者通过亲自参与工作，掌握其所在岗位所需要的知识和能力。主要包括以下三种方法。

学徒制。学徒培训又称“艺徒培训”，是指由用工单位招收学徒工，在师傅的直接教导下通过从事操作性的工作，在工作中掌握工作技能。

个别指导法。个别指导法与学徒制类似，主要通过企业内部的资深员工的指导，使新员工能够迅速掌握岗位所需要的技术与能力，一般采用新员工和老员工共同进行工作的方式，老员工在工作过程完成对新员工的指导。

岗位轮换法。岗位轮换法是指人力资源管理部门安排受训者在预定的时期内变换工作岗位，使其获得不同岗位的工作经验。以医生入职轮岗为例，安排医学专业的毕业生有计划地到各个科室学习，如儿科、妇科、内科、外科等，在每个科室工作一段时间（一般为 1~3 个月）。通过岗位的轮换使得受训者能够对整个企业的运行形成系统的了解，并熟悉企业内各个环节的工作特点。

参与型方法

参与型方法通过培训者与受训者双方的互动行为，调动受训者的积极性，使受训者从亲身参与的培训活动中获得所需要的知识、技能，掌握正确的行为方式。

案例分析法。案例分析法又称个案研究法，在 19 世纪 80 年代首先被哈佛商学院用于高级经理和管理精英的培养，该方法目前已经广泛地应用于培训领域和教学领域。采用案例分析法进行企业员工培训，首先围绕一定的目的选择企业经营的真实场景，然后组织受训者对该案例进行研究和讨论，最后由培训师进行总结。

模拟训练法。模拟训练法是利用现代科学技术手段创设出模拟场景，受训者在模拟场景中学习所需的技能和知识，以此提高受训者处理实际问题的能力。如模拟驾驶室、太空舱、油井井台等。

敏感性训练法。敏感性训练法（Sensitivity Training，简称 ST 法）是把不同职能部门、不同级别、互不相识的受训者组成若干小组。在敏感性训练过程中，受训者自由地讨论自己感兴趣的问题，自由地发表意见，分析自己的行为和感情，并接受对自己行为的反馈意见（批评或其他意见），从而提高对各种问题的敏感性。受训者并没有解决任何特殊问题的意图，人人进行坦率、公正的讨论，讨论的内容只限在“此时此地”发生的事情。

角色扮演法。角色扮演法，就是为受训者提供一种模拟真实的场景，指定受训者在场景中扮演某种角色，借助角色的演练来理解角色的内容，模拟处理工作事务，从而提高处理各种问题的能力。

自学法。自学作为一种培训方式，是由人力资源管理部门组织受训者进行自我学习，并可以采用考核的方式对自学的成果进行考查。

态度型方法

态度型方法是主要针对员工心理状态进行的训练，目前使用较多的是拓展训练法。

拓展训练法是以各种户外和室内活动为载体，以提高团队凝聚力和激发个人潜能为目的一种新型的培训方法。受训者往往被置于各种艰难的环境中去完成一些看似不可能完成的任务，在解决问题、迎接挑战、克服困难的过程中，受训者的心理素质得到提高。拓展训练的项目主要有毕业墙、信任背摔、孤岛求生、空中断桥等。

本章小结

本章的内容包括人力资源开发、新员工引导和员工培训三个方面，主要内容如下：

人力资源开发是企业采取教育、培训、职业生涯规划等有效方式，对员工的内在素质和潜能进行塑造和发掘的过程，具有组织性、持续性、时效性和目的性的特征，主要包括培训、职业开发、组织开发、管理开发等内容。

新员工引导是指向新员工介绍企业及岗位情况并进行相应的培训，使得新进员工能够尽快进入工作状态中的过程，新员工引导对新员工和企业都起到重要的作用，新员工引导的主要内容有知识技能、人际关系、企业规则、企业目标和价值观、企业历史与现状等。

员工培训是一个由需求分析、方案设计、计划实施和效果评估四个步骤构成反复循环螺旋上升的流程，根据受训者参与方式将培训方法分为直接传授型、实践型、参与型和态度型四类，每种方法有着各自的特点，在实际工作中，企业应根据培训的目的、内容、对象选择适当的方法。

专业术语

培训 Training

开发 Development

Goldstein 三因素模型 Goldstein's Three-factor Model

在岗培训 On the Job Training

敏感性训练法 Sensitivity Training

拓展训练 Outward Bound

柯氏模型 Kirkpatrick Model

复习思考题

1. 企业人力资源的开发的内容有哪些？
2. 新员工具有哪些特征？其对企业有哪些迫切的要求？
3. 对于不同类型的新员工，在新员工引导内容选择上应该有哪些侧重点？

4. 企业在选择培训师时需要考虑哪些因素？

5. 培训效果评估的方法有哪些？

6. 对技术人员、管理人员、操作人员进行培训时，在培训方法上有哪些区别？

深度学习

[1] 丁奕，严云鸿．团队合作能力培训方法研究[J]．中国人力资源开发，2009（7）：10–14.

[2] 王伟．西方企业一般培训理论综述[J]．外国经济管理，2003，25（10）：13–19.

[3] 张诗信，秦俐．成就卓越的培训经理[M]．北京：机械工业出版社，2011.

实践链接

沪上一企业实行另类培训　新人上街卖花，http：//news.163.com/11/0906/14/7D9B9NEP00014AEE.html

互动模拟

倾听能力培训

倾听是企业管理沟通中的关键环节，善于倾听的管理者可以给员工留下良好的印象，激励他们畅所欲言，这样不仅可以让管理者获得重要的信息，更有助于管理者作出正确的决策。同时，对于缺乏经验的管理者来说，倾听还可以增长知识和经验，减少或避免因为不了解情况而出现失误。

如果你对自己的倾听能力有足够自信，可以进行下面一个简单的测试游戏。请用一分钟的时间看下面这段文字。

某商人刚关上店里的灯，一男子来到店堂并索要钱款，店主打开收银机，收银机内的东西被倒了出来而那个男子逃走了，一位警察很快接到报案。

请快速对下列问题进行判断：正确（T）、错误（F）、不确定（？）

1. 店主将店堂内的灯关掉后，一男子到达。
2. 抢劫者是一男子。
3. 来的那个男子没有索要钱款。
4. 打开收银机的那个男子是店主。
5. 店主倒出收银机中的东西后逃离。
6. 故事中提到了收银机，但没说里面具体有多少钱。
7. 抢劫者向店主索要钱款。
8. 索要钱款的男子倒出收银机中的东西后急忙离开。
9. 抢劫者打开了收银机。
10. 店堂灯关掉后一男子来了。
11. 抢劫者没有把钱随身带走。
12. 故事涉及三个人物：店主、一个索要钱款的男子，以及一名警察。

答案：

1. 店主将店堂内的灯关掉后，一男子到达。

? 商人不等于店主。

2. 抢劫者是一男子。

? 不确定，索要钱款不一定是抢劫。

3. 来的那个男子没有索要钱款。

F

4. 打开收银机的那个男子是店主。

? 店主不一定是男的

5. 店主倒出收银机中的东西后逃离。

?

6. 故事中提到了收银机，但没说里面具体有多少钱。

T

7. 抢劫者向店主索要钱款。

?

8. 索要钱款的男子倒出收银机中的东西后，急忙离开。

?

9. 抢劫者打开了收银机。

F

10. 店堂灯关掉后，一个男子来了。

T

11. 抢劫者没有把钱随身带走。

?

12. 故事涉及三个人物：店主，一个索要钱款的男子，以及一名警察。

F

案例分析

安岩公司的培训规划

安岩公司里一些新来的会计在结算每天的账目时遇到了一些技术问题，于是公司请某高校财会系的吴教授开发了一门培训课程。该课程设计良好，而且完全适合该公司近1/3需要在这方面提高技能的财会人员。公司总经理对此很满意，于是他决定："既然有如此好的培训课程，那就让财务部所有人员都参加，这对他们没有坏处。"但是培训主管却反对这一决定，他说："即使是简单培训也需要详尽的规划。"在听完培训主管的详细陈述后，总经理要求培训主管尽快制订出公司的培训规划。

请您结合本案例，回答以下问题：

1. 一项培训规划主要包括哪些内容？
2. 如果你是安岩公司的培训主管，如何制订培训规划？

8

第 8 章

职业生涯管理

【学习目标】

- 掌握职业、职业生涯概念
- 掌握职业生涯规划的概念
- 理解职业生涯选择理论及发展理论的基本内涵
- 了解职业规划的意义
- 掌握职业发展路径和运动形式

引导案例

可口可乐的竞争优势

谈到可口可乐的竞争优势时，好多快速消费品的老板都抱怨自己没有可口可乐的品牌影响力，没有可口可乐那样的"秘方"。其实品牌影响力并非"一日之寒"，"秘方"也并没有人们想象的那么神奇。可口可乐最大的竞争优势不是品牌，不是"秘方"，而是敬业、高效的营销团队，是系统、科学的管理机制。使得可口可乐具有强大的竞争优势，促使可口可乐长盛不衰、迅速在全球市场成功拓展的原因是，员工自身职业生涯管理与企业管理制度的结合。

首先，在可口可乐，公司会让员工意识到这份工作对于自己的意义。员工进入企业时，公司便根据企业文化对员工的价值观、世界观进行一系列的提升，让员工清晰地认识到营销不仅仅是一种职业，更是一种值得为之奉献一生的事业，让员工认识到可口可乐的价值，认识到可口可乐会帮助他们实现自己的事业目标，从而满怀激情、满怀希望地加入可口可乐的营销团队。

其次，公司会根据不同的岗位职能进行工作技能培训。从业务员到大区经理，即使以前没有做过营销，但是只要你愿意，只要你根据培训要求，严格按照各种职务的工作操作流程认真努力，那么你同样可以成为可口可乐最优秀的销售精英。

最后，也是最为重要的第一点，随着职位的提升，这份工作对于他们而言已不仅仅只是谋生的工具，他们更注重自身的能力发展以及个人职业生涯规划。他们慢慢地开始对自己有了清楚的认识，然后为自己设定不同阶段的奋斗目标并为之努力，他们将这份工作视为一份事业，努力达到自己想要的位置。同时，可口可乐公司也为员工提供了良好的职业生涯发展空间，两者完美地结合，提升了员工的积极性，而且大大提高了员工的综合能力和企业的向心力。

虽然可口可乐在选拔员工方面投入了巨大的财力人力，然而正是因为一批又一批目标明确、方法正确、爱岗敬业的员工扛起了可口可乐发展的大旗，才为企业的长期发展、世界扩张注入了永不衰竭的动力。

职业是人们为了谋生所从事的工作，劳动者作为社会的一分子，为社会承担一定的义务和责任，并获得相应的报酬。而一个人的职业经历，即一生中所有与职业相联系的行为与活动，以及相关的态度、价值观、愿望等连续性经历的过程，即为职业生涯；它是一种动态的过程，并不包含在职业上成功与否，每个工作着的人都有自己的职业生涯。现今，如何作好职业生涯管理是现代企业人力资源管理的重要内容之一，职业生涯管理无论对于个人还是企业都有着重要意义。

8.1　职业生涯管理理论

从中国企业具体情况看，随着经济全球化的发展和市场竞争的日益激烈，人才对企业生存与发展的决定性作用越来越明显。根据美世人力资源咨询公司（Mercer）对中国企业的调查显示，87% 的企业认为职业生涯管理是留住员工的最重要的方法。因此，将职业生涯管理理论应用于企业实践，建立一套适合企业自身的职业生涯管理体系至关重要。

所谓职业生涯管理，主要是对职业生涯的设计与开发[1]。职业生涯管理理论起源于美国，最早是以“职业指导”的形式出现的。职业指导是指由专门的机构帮助择业者确定职业方向、进行职业选择、谋求职业发展的咨询指导过程。美国波士顿大学教授帕森斯（Parsons）1908 年 1 月 13 日创立了“波士顿职业局”，并于 1909 年 5 月出版了著作《选择职业》。随后，职业生涯管理理论受到苏联、日本、德国等国家的重视和推崇。20 世纪 60 年代以来，职业生涯管理理论和实践获得蓬勃发展，90 年代中期由欧美国家传入中国，并为人们广为接受。综合具有代表性的职业生涯管理理论，其历史的演进大致可划分为如下四种理论。

8.1.1　职业选择理论

职业选择理论是指通过了解人自身的个性特质、不同职业的需求、类型特征，依照自己的职业期望和兴趣选择职业。该理论又分为以下两种。

人—职匹配理论

该理论由“职业辅导之父”帕森斯创立，也称特质因素理论。帕森斯在其所著《选择职业》一书中认为，一个人的职业选择要考察三个方面的因素：一是自我的爱好、价值观、能力、资源、限制条件等；二是不同行业工作性质、要求、成功要素、优缺点、薪酬水平、发展前景和机会；三是前两者的协调和匹配。从此“人职匹配”成为职业指导中永远不变的核心理念，广泛应用于人们的职业选择。

职业性向理论

美国霍普金斯大学心理学教授霍兰德（John Holland）于1971年提出了具有广泛社会影响的职业性向理论（Career–orientation）。他认为，职业性向即人的价值观、动机和需要等是决定一个人选择何种职业的重要因素。霍兰德经测试研究发现六种基本的职业性向并对应于六种职业类型，即调研型、艺术型、社会型、企业型、实际型、常规型（如图8–1）。从业者也能充分调动积极性，发挥自己的才智。

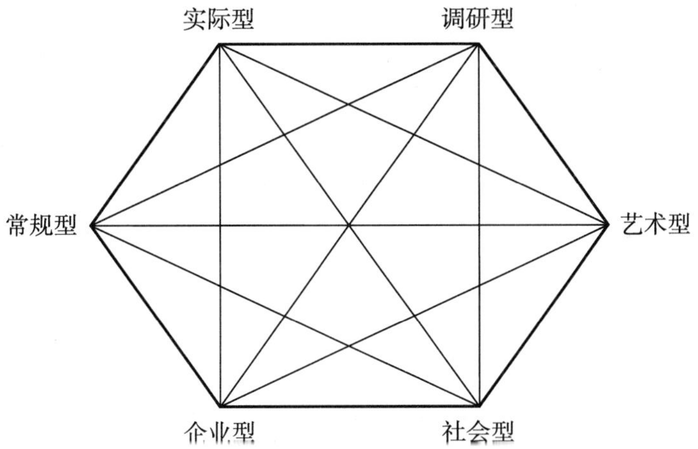

图8–1　职业性向理论中的六种职业类型

调研型。这一类型的人因乐于知识的开发和研究而从事现象的观察与分析。他们一般思维复杂、有创见、有主见，但是缺乏纪律性，易于冲动。具有这种性向的人会被吸引从事那些包含着较多认知活动的职业，这些职业需要的是谨慎繁杂的分析研究，而不必去说服取信于他人，如生物学家、社会学家、数学家和大学教授。

艺术型。这种类型的人往往趋于选择舞蹈、文学、歌唱、设计等方面的职业。他们想象力极强、有主见、易感情用事。他们在语言方面的优势明显高于数学逻辑方面。具有这种性向的人会被吸引从事那些包含着大量自我表现、艺术创造、情感表达和个性化的职业，如艺术家、设计师。

社会型。这种类型的人一大优势就是乐于在现有的工作、社会环境中交得朋友、帮助别人，但是其个性中较消极的一面是独断专行，爱操纵他人。社会型的人适于从事市场营销、销售、培训等包含着大量人际交往活动的职业。

常规型。这种类型的人容易组织起来，喜欢和数据打交道，有明确的目标，不能接受模棱两可的事情。他们的特点是服从、守纪、效率、实际。这种个性类型的人最适于从事会计、银行职员等。

企业型。这种类型的人与社会型的人相似之处在于他们也喜欢与人合作，但主要的区别是企业型的人更喜欢处于领导和控制地位。这类人自信、精力充沛、健谈。具有这种性向的人比较适合从事管理或律师工作。

实际型。这种类型的人一般具有机械方面的能力，乐于从事半技术性或手工性的劳力劳动，比如运动员、管道工、生产线工人都属于这一类型的人。

8.1.2 职业生涯发展理论

每个人的职业生涯都要经历许多阶段，每一阶段都有其不同的特征和相应的职业知识能力要求。为了更好地促进个人的职业生涯发展，学者们根据人的生命周期，将人的职业生涯划分为不同的阶段。比较有影响的相关理论主要有如下几种。

金斯伯格（Eli Ginzberg）“三阶段理论”

美国著名职业指导专家金斯伯格对职业生涯的发展进行过长期研究，对于实践产生过广泛影响。1951 年，金斯伯格出版《职业选择》一书，提出了职业发展的幻想期、尝试期、现实期三个发展阶段，认为职业在个人生活中是一个连续的、长期的发展过程。

幻想期。11 岁之前的儿童时期。儿童们对大千世界，特别是对于他们所看到或接触到的各类职业工作，充满了新奇、好玩的感觉。此时期职业需求的特点是：单纯凭自己的兴趣爱好，不考虑自身的条件、能力水平和社会需要与机遇，完全处于幻想之中。

尝试期。11~17 岁，这是由少年儿童向青年过渡的时期。从此时起，人们的生理和心理在迅速成长、发育和变化，有独立的意识，价值观念开始形成，知识和能力显著增长和增强，初步懂得社会生活和生活经验。在职业需求上呈现出的特点是：有职业兴趣，并能客观地审视自身各方面的条件和能力，开始注意职业角色的社会地位、社会意义，以及社会对该职业的需要。但此时，由于长期处于学校学习，对社会、对职业的理解还不全面，对职业主要考虑的还是个人的兴趣，具有理想主义色彩。

现实期。17 岁以后。即将步入社会劳动，能够客观地把自己的职业愿望或要求，同自己的主观条件、能力以及社会现实的职业需要紧密协调起来，寻找合适于自己的职业角色。此期所希求的职业不再模糊不清，已经有具体的、现实的职业目标，表现出的最大特点是客观性、现实性、讲求实际。

萨柏（Donald E.Super）的“五阶段理论”

萨柏是美国一位有代表性的职业学家。他把人的职业发展划分为五大阶段[2]。

成长阶段。0~14 岁。经历对职业从好奇、幻想到兴趣，到有意识培养职业能力的逐步成长过程。萨柏将这一阶段具体分为三段成长期：首先是幻想期（10 岁之前），儿童从外界感知到许多职业，对于自己觉得好玩和喜爱的职业充满幻想并进行模仿；其次是兴趣期（11~12 岁），以兴趣为中心，理解、评价职业，开始作职业选择；最后是能力期（13~14 岁），开始考虑自身条件与喜爱的职业是否相符，有意识地进行能力培养。

探索阶段。15~24 岁。主要通过学校学习进行自我考察、角色鉴定和职业探索，完成择业及初步就业。首先是试验期（15~17 岁），综合认识和考虑自己的兴趣、能力与职业社会价值、就业机会，开始进行择业尝试；其次是过渡期（18~21 岁），正式进入职业，或者进行专门的职业培训，明确某种职业倾向；最后是尝试期（22~24 岁），选定工作领域，开始从事某种职业，对职业发展目标的可行性进行实验。

建立阶段。25~44 岁。这一阶段的主要任务是获取一项合适的工作领域，并谋求发展。这一阶段是大多数人职业生涯的核心部分。首先是尝试期（25~30 岁），对最初就业选定的职业不满意，再选择、变换职业工作，变换次数各人不等，也可能满意初选职业而无变换；最后是稳定期（31~44 岁），最终确定职业，开始致力于稳定工作。

维持阶段。在 45~64 岁这一长时间内，劳动者一般达到常言所说的“功成名就”，已不再考虑变换职业，只力求维持已取得的成就和社会地位。

衰退阶段。人达到 65 岁以上，其健康状况和工作能力逐步衰退，即将退出工作，结束职业生涯。

格林豪斯（Greenhouse）的“五阶段理论”

美国心理学博士格林豪斯的研究侧重于不同年龄段职业生涯所面临的主要任务，并以此为依据将职业生涯划分为以下五个阶段，形成他的职业生涯发展理论。

职业准备。典型年龄段为 0~18 岁。主要任务是发展职业想象力，对职业进行评估和选择，接受必需的职业教育。

进入组织。18~25 岁为进入组织阶段。主要任务是在一个理想的组织中获得一份工作，在获取足量信息的基础上，尽量选择一种合适的、较为满意的职业。

职业生涯初期。处于此期的典型年龄段为 25~40 岁。学习职业技术，提高工作能力；了解和学习组织纪律和规范，逐步适应工作，融入组织；为未来的职业成功作好准备，是该期的主要任务。

职业生涯中期。40~55 岁是职业生涯中期阶段。主要任务是要对早期职业生涯重新评估，强化或改变自己的职业理想；选定职业，努力工作，有所成就。

职业生涯后期。55 岁直至退休。继续保持已有职业成就，维护尊严，准备退休，是这一阶段的主要任务。

施恩（Edgard H.Sehein）的“九阶段理论”

施恩教授立足于人生不同年龄段面临的问题和职业工作主要任务，将职业生涯分为九个阶段。

成长、幻想、探索阶段。一般 0~21 岁处于这一职业发展阶段。这一阶段的主要任务有三项：一是发展和发现自己的需要和兴趣、能力和才干，为进行实际的职业选择打好基础；二是学习职业方面的知识，寻找现实的角色模式，获取丰富信息，发展和发现自己的价值观、动机和抱负，做出合理的受教育决策，将幼年的职业幻想变为可操作的现实；三是接受教育和培训，开发工作中所需要的基本习惯和技能。在这一阶段所充当的角色是学生、职业工作的候选人、申请者。

查看工作世界。16~25 岁的人步入该阶段。一是查看劳动力市场，谋取可能成为一种职业基础的第一项工作；二是个人和雇主之间达成正式可行的契约，个人成为一个组织或一种职业的成员，充当的角色是应聘者、新学员。

基础培训。处于该阶段的年龄段是 16~25 岁。与上一阶段不同，要担当实习生、新手的角色。也就是说，已经迈进职业或组织的大门。此时主要任务已是了解、熟悉组织，接受组织文化，融入工作群体，尽快取得组织成员资格，成为一名有效的成员，适应日常的操作程序，应对工作。

早期职业的正式成员资格。此阶段的年龄为 17~30 岁，取得组织正式成员资格。面临的主要任务包括：承担责任，成功地履行与第一次工作分配有关的任务；发展和展示自己的技能和专长，为提升或查看其他领域的横向职业成长打基础；根据自身才干和价值观，根据组织中的机会和约束，重估当初追求的职业，决定是否留在这个组织或职业中，或者在自己的需要、组织约束和机会之间寻找一种更好的配合。

职业中期。处于职业中期的正式成员，年龄一般在 25 岁以上。主要任务为：选定一项专业或查看管理部门；保持技术竞争力，在自己选择的专业或领域内继续学习，力争成为一名专家或职业能手；承担较大责任，确立自己的地位；开发个人的长期职业计划。

职业中期危险阶段。处于这一阶段的是 35~45 岁者。主要任务为：现实地评估自己的进步、职业抱负及个人前途；就接受现状或者争取看得见的前途作出具体选择；建立与他人的良好关系。

职业后期。从 40 岁直到退休，可说是处于职业后期阶段，此时的职业状况或任务：成为一名良师，学会发挥影响，指导、指挥别人，对他人承担责任；扩大、发展、深化技能，或者提高才干，以担负更大范围、更重大的责任；如果求安稳，就此停滞，则要接受和正视自己影响力和挑战能力的下降。

衰退和离职阶段。一般在40岁到退休，不同的人在不同的年龄会衰退或离职。此间主要的职业任务，一是学会接受权力、责任、地位的下降；二是基于竞争力和进取心下降，要学会接受和发展新的角色；三是评估自己的职业生涯，着手退休。

离开组织或职业——退休。在失去工作或组织角色之后，面临两大问题或任务：一是保持一种认同感，适应角色、生活方式和生活标准的急剧变化；二是保持一种自我价值观，运用自己积累的经验和智慧，以各种资源角色，对他人进行传帮带。

这些理论虽然有差异，但本质上具有相似性。即都是假设生命的发展阶段和职业发展阶段是高度相关的，都以年龄为重要依据。

8.1.3 职业探索决策理论

在职业生涯的发展过程中充满着许多不确定因素，因而需要作为个体的我们不断地探寻和选择。理想的状态是找到既符合自身兴趣发展又能获得可观收入的工作。职业生涯的探索决策理论最有代表性的是“职业锚理论”。美国麻省理工学院斯隆管理研究院的施恩（Schein）教授于1978年在其出版的《职业的有效管理》一书中首次提出了职业锚的概念。施恩所认为的“职业锚”是个人经过搜索后所确定的长期职业定位[3]。即进入职业生涯后，根据实际工作状况，所感受到的与自己的职业动机、需要、价值观、才干相符合的，能满足自我发展需要的一种长期稳定的职业定位。职业锚分为以下五种类型：

技术能力型职业锚。具有明确的工作目标、需求和价值观。突出强调业务工作能力，具有此类型职业锚的人注重个人技能的发展，热爱自己的专业技术和岗位。

管理能力型职业锚。此类型的人追求管理工作，他们不惧怕责任，全身心投入到管理工作中，其职业目标是更广、更全面的管理职位。

创造型职业锚。这一类型的职业锚在一定程度上与其他类型职业锚有相通之处，但是，他们更侧重于自身的创造力，尽管他们也要求技术能力和管理能力的提高，但是创造性的价值才是他们真正所追求的。

安全稳定型职业锚。顾名思义，安全、稳定是这类员工的职业目标，对他们而言，稳定有两个层面的含义，一是工作的稳定，二是家庭情感的稳定。

自主独立型职业锚。他们追求自由，摆脱约束，侧重于个人职业能力的自由发展、环境的宽松和无约束性。

8.1.4 职业发展主动建构理论

美国斯坦福大学教育和心理学教授约翰·克朗伯兹（John Krumboltz）1996年从自我效能的角度提出了职业生涯规划的“主动建构理论”。职业生涯的自我效能是指我们相信自己能够成功地完成生涯决策活动。他认为职业生涯发展是一个了解自身并作出各种选择的过程。过去的学习、经验以多种方式影响职业生涯的选择和决定。个人信念与期望是职业生涯发展的重要组成部分。因此，职业生涯的发展不是被动的，而是一个主动建构的过程。

8.2 职业规划

职业规划是职业生涯规划的简称，就是对职业生涯乃至人生进行持续、系统的计划的过程，它包括职业定位、目标设定、通道设计三部分内容。虽然职业生涯是指个体的工作行为经历，但职业规划可以从个人和组织两种不同的角度进行分析。

8.2.1 个人职业规划

从个人的角度来说，职业规划是指一个人对自己所要从事的职业、所要工作的组织、在职业发展上要达到的高度等作出规划，并为实现职业目标而积极奋斗的过程。

在市场经济条件下，我们可以自主选择职业。但是，企业作为选择员工的主体，拥有着主导权，任何一个具体的工作岗位，都对从事这一职业的个人具有特定的任职要求，如学历要求、专业知识与技能水平、健康状况、性格特征及道德品质等，这就产生了职业对人的选择。一个人在择业上的决定权很大程度上取决于其所拥有的职业能力和职业素养，而个人的时间、精力毕竟是有限的，要使自己拥有不可替代的职业能力和职业素养，就应该根据自身的潜能、兴趣、价值观和需要，来选择适合自身的职业，将自己的潜能转化为现实的价值，这就需要对自己的职业生涯作出规划。

个人职业生涯规划是一个周而复始的连续过程，包括以下过程。

树立正确的职业发展观。职业发展观是事业起步的基本前提。没有正确的发展观，其他一切都是徒劳。在制订生涯规划时，首先要确立人生方向，正确的职业生涯发展观就如同航海中的罗盘，起着极其重要的作用。

自我评估。自我评估的目的是认识自己，了解自己。只有正确地认识自我，才能作出适合的选择。一般来说，自我评估包括评估自身的兴趣、特长、专业能力和团队合作能力等。

职业方向定位。通过对自我评估，结合生涯发展愿望及内外部环境的分析，我们可初步确立个人的职业发展方向，包括具体的行业、发展的前景等。

设定发展目标。职业发展目标的设定是职业生涯规划的核心。一个人事业的成败，很大程度上取决于有无正确适当的目标。通常职业规划目标的确定包括人生目标、长期目标、中期目标与短期目标。我们首先要根据个人的专业、性格、气质和价值观以及社会的发展趋势确定长期目标，然后根据各阶段的发展和自身的提高不断将长期目标分解为各个短期目标，逐步实现。

制订实施方案。实施方案具体表现为按照既定的目标，具体落实到行动上，主要包括目标如何实现，如何提高办事效率，等等。要有具体的计划与明确的措施，计划越具体越好，以便于后期的评估和反馈。

职业发展的评估与反馈。通常我们在真正行动过程中会常常遇到许多不确定因素，迫使我们对计划作出改变，与此同时，如果发现自身存在偏离，也可以找出原因，最快地作出调整。这就要求我们必须不断地对生涯规划进行评估与修订。

8.2.2 组织职业规划

组织职业规划又可理解为职业管理，即为了实现组织目标，将个人发展与组织的规划有机结合，站在组织的立场上，对员工所从事的职业进行计划、引导和控制的过程。通过将个人发展与组织发展相结合，在对个人和主、客观因素进行分析的基础上，确定一个人的事业发展目标，并选择实现这一事业目标的职业或岗位，制订相应的工作、培训计划，对每一阶段的时间、项目和措施进行合理的安排。一个人职业生涯规划得再好，也离不开组织这个载体。同样，组织的存在和发展也在一定程度上取决于个人的职业规划与发展。在竞争激烈的今天，如何做到让员工满意而选择以组织作为其职业生涯的载体，是人力资源管理如今面临的一大难题。如果一个人的职业发展规划在组织内难以实现，那么存在很大可能性的就是他会选择离开组织。综上所述，员工的职业发展不仅是其个人的行为，也是组织的责任。人力资源管理的一种基本假设就是企业有义务最大限度地利用员工的能力，并且为每一位员工提供一种使其不断成长以及挖掘个人最大潜力和获得职业成功的机会。换句话说，职业生涯规划可以实现企业与员工的双赢，员工因职业生涯规划，对自我的优势、兴趣、能力以及职业前景有了较为全面和充分的认识，通过职业规划与企业提供的发展通道实现对自我职业进行规划管理，提升职业竞争力。企业在了解员工发展期望、动机与职业兴趣的基础上，将其与组织发展相结合，充分实现人员与工作岗位的匹配，最大限度地提高员工的工作效率和实现员工的发展愿望。

通常，企业对员工的职业规划，首先在员工进入企业阶段，在对员工和环境分析的基础上对员工进行评估和定位，从而帮助员工制订职业生涯规划指明方向。其次在员工发展中期为其制订职业发展方案，结合各自的优缺点更好地使其服务于组织，并让其在组织中找到归属感和自身价值。最后在员工后期的职业生涯中，组织给予其一定的优惠措施和物质保证。

8.2.3 职业规划的意义

职业规划是企业资源合理配置的首要问题。人力资源是一种可以不断开发并不断增值的独特资源，通过人力资源的开发能不断提升人的知识、技能，提高创造力，从而使资源得到充分利用，特别是随着知识经济时代的到来，人才更是成为不可或缺的资源，因此企业更应注重人的知识、技能等全方面发展。加强职业生涯管理，充分发挥人的才智，是企业资源合理配置的首要问题。如果离开人的合理配置和有效利用，企业资源的合理配置就是一句空话。

职业规划能充分调动人的积极性，更好地实现组织目标。职业生涯规划的目的就是帮助员工提高在各个需要层次的满足度，既使得员工的物质需要逐步提高，同时又能使他们的自我实现等精神方面的高级需要的满足度逐步提高。因此，职业生涯管理不仅符合个人发展的需要，而且也立足人的高级精神需要，而不是仅仅立足于吃饱喝足这一低层次的需求，协调其制订规划，帮助其实现职业生涯目标。这样必然能激励起员工的斗志和积极性，进而形成强大推动力，更好地实现企业组织目标。

职业规划是企业长盛不衰的组织保证。任何成功的企业，都具有高水平的管理者和一批优秀上进的员工。他们注重人的才能和潜力的充分发挥、人力资源的合理使用，这就构成了企业源源不断的最大资本。企业的主要资本不是设备、机器、厂房，而是这些高水平人才的知识和经验。通过职业生涯管理给员工一个施展自己能力的舞台，充分实现自身价值，是留住人才、凝聚人才的根本保证，也是企业长盛不衰的组织保证。

8.3 职业发展模式

8.3.1 职业发展路径

目前，职业发展路径主要有以下四种类型[4]。

直线型。走直线型职业发展路径，一生职业发展中只从事一种职业，不断学习和提高专业技能，积累经验和资历，只在这种职业的一系列职位中发展。如只从事大学教师，依次担任助教、讲师、副教授和教授。直线型职业发展路径只有一条通道，员工做上升运动，职业发展目标就是晋升。其职业发展需要个人努力，更需要组织栽培。这种情形在计划经济时代比比皆是，例如员工的口号“干一行，爱一行，钻一行”、“甘当革命的螺丝钉”。

螺旋型。走螺旋型职业发展路径，一生职业发展中从事两种或两种以上职业，不断学习和提高多种技能，培养灵活的就业能力，不断积累提升人力资本，在不同职业甚至不同行业中寻求发展。螺旋型职业发展路径的路程不明晰，关键是能够满足个人自身的成就感，运动方式是螺旋式上升。职业发展主要靠员工个人控制。这种路径市场经济中随处可见。

跳跃型。走跳跃型职业发展路径，一生职业生涯中职务等级或职称等级不是依次晋升，而是越级晋升。通常越级晋升的原因主要有以下几种：企业规模扩大的同时，缺乏人才；执行政策规章，破格提拔；个人在自身技能和修养等方面都表现突出，为企业业绩作出巨大贡献的，破格晋升。

走跳跃型职业发展路径可用较短的时间到达较高职业高度，但跳跃型职业发展路径不是一种普通路径，它需要特殊的机遇或个人的努力。

双重型。单线型职业发展路径只能有一种职业发展通道，或者是技术性职业道路，或者是管理型职业道路。通常情况，一般选择技术性职业发展路径的发展机会有限，无论职业地位、薪资还是发展机会都远不如管理性职业发展路径，尤其在中国社会。双重型职业发展路径有两种可以相互跨越的职业发展通道，员工可自行决定其职业发展的方向。该路径的设计是让管理层级和技术等级在各个水平上有可以比较的空间。总的说来各有利弊，在行政职务发展路径的提升意味着可以具有更多作出决策的权力，但是同时意味着承担更多的责任；在技术能力发展路径上的提升意味着可以具有更强的独立性，同时拥有更多从事专业活动的资源。走双重型职业发展路径的大多为专业技术人员，他们可以从技术生涯路径和管理生涯路径中选择一条最适合自己兴趣和能力的职业发展路径。

8.3.2 职业运动形式

向上运动方式。向上运动方式是沿着组织的等级，跨越职位等级边界向上运动的方式。即通过职位升迁而向权力中心移动，其职业地位、报酬、责任及技能要求都会随之有所提高。如营销员晋升为营销经理。

横向运动方式。横向运动方式是指跨越职能边界横向运动的方式。即通过职能部门间或不同单位间调动而积累个人的技能与经验、开发潜力，为进一步精通某一专业，或获得更高职位打下较宽广的基础，其地位和报酬与原来的工作大致相同，但承担了新的责任。例如由市场营销部门转到人力资源部门等，这种运动可以拓宽职业生涯通路，也可消除因缺少晋升机会造成的职业发展停滞现象。它有利于个人工作热情的激发和工作经验的积累，也有利于保持和发展整个组织的活力，实现稳定与流动、维持与发展的平衡。

中心运动方式。中心运动方式是通过赋予员工更大的权力和责任而向权力中心运动的方式。即员工虽然工作岗位没有改变，甚至经济待遇也没有改变，但增加了工作的挑战性，赋予工作更多的权力和责任，员工掌握更多资源，有更多的决策权、更深的工作意义、更强的成就感。中心运动中，有时员工会运动到一个比原来更低的职位，但最终发展到更重要的工作岗位上的可能性较大。

本章小结

具有代表性的职业生涯管理理论，其历史的演进大致可划分为职业选择理论、职业生涯发展理论、职业探索决策理论、职业发展主动建构理论四个阶段。

职业规划是指个人发展与组织发展相结合，在对个人和内外环境因素进行分析的基础上，确定一个人的事业发展目标，并选择实现这一事业目标的职业或岗位，编制相应的工作、教育和培训行动计划，对每一步骤的时间、项目和措施作出合理的安排。职业规划可以从个人和组织两个不同的角度进行分析。

职业发展路径主要有直线型职业发展路径、螺旋型职业发展路径、跳跃型职业发展路径和双重型职业发展路径四种类型。职业运动形式可以分为向上运动、横向运动和中心运动。

专业术语

职业 Occupation

职业生涯 Career

职业生涯管理 Career Management

职业规划 Occupation Plan

探索阶段 Exploration Stage

确立阶段 Establishment Stage

维持阶段 Maintenance Stage

下降阶段 Decline Stage

复习思考题

1. 结合职业性向理论，分析自己更倾向于哪种类型。
2. 本书中所提及的职业生涯发展理论都是根据年龄划分的，你有其他的划分方法吗？
3. 为自己制订一份职业生涯规划。
4. 根据文中职业规划发展模式，选择某一种模式，举例证明。
5. 针对职业运动形式，谈谈你更倾向于哪种，为什么？

深度学习

[1] 龙立荣，方俐洛，凌文辁. 组织职业生涯管理及效果的实证研究 [J]. 管理科学学报，2002 (8).

[2]〔英〕耶胡迪·巴鲁. 职业生涯管理教程 [M]. 北京：经济管理出版社，2005.

[3] 周文霞. 职业生涯管理 [M]. 上海：复旦大学出版社，2004.

实践链接

“3M 公司”职业生涯管理，http：//wenku.baidu.com/view/35d88a91dd88d0d233d46a3c.html

案例分析

花旗银行的人才规划之路

做世界金融领域的领导者，这是花旗集团的战略定位。为了有效地实施公司战略，达到公司理想的未来，花旗集团旗下的品牌公司花旗银行推行了一种独特的人才发展战略，其重要实施内容即人才库盘点——根据每位员工的绩效考核和潜能考核成绩，运用科学的人力资源管理工具，制订合理的人才管理战略和规划。

绩效考核

花旗银行的人力资源部根据员工三年内的九项关键要素，即对整体结果的贡献、对客户的效率、个人业务和技术熟练程度、执行程度、领导力、对内对外关系、全球效力和社会责任等对员工作出综合绩效评估。评估结果分为优秀的绩效、完全达标的绩效和起贡献作用的绩效三个等级。优秀的绩效，表示工作的所有方面都已完全达标，甚至还有一些超标；完全达标的绩效，表示工作的所有方面都已完全达标；起贡献作用的绩效，表示有些工作达标了，有些工作没有达标。每一个绩效等级在操作、技术、专业、领导力、工作关系等方面都有不同的界定，不同绩效等级的员工在这些方面会有不同的表现。

结合绩效考核结果，花旗银行运用十字路口模型来确定员工的职业发展：员工或经理人刚进入企业时是管理自己，从管理自己到管理他人是他职业发展中的第一个“十字路口”；获得一定经验后，他可能会成为一名职能经理，管理一个部门，这是他遇到的第二个“十字路口”；从职能经理到业务经理，再到区域经理、大区经理、企业经理，员工可能会遇到很多“十字路口”。每个“十字路口”对应不同的绩效标准，对员工有不同的要求，公司针对不同的“十字路口”为员工设计内容各异的培训，安排不同的锻炼机会。十字路口模型实际上是花旗的职业发展模型，它被用来判断基于以往的绩效表现出来的潜能。

潜能考核

在考核绩效的同时，花旗也考核潜能。潜能考核结果也有三个级别：一是转变的潜能，即具有调动到十字路口模型中另外一个不同层级的工作岗位上工作的能力和意愿，比如从部门经理到分行行长。具备转变潜能的员工通常具有广泛而深入的操作和专业技能，具有在下一个最高级别工作所需要的执行能力和领导技能，能活学活用新的技能和知识，渴望获得较高的挑战和更多的机会，具有超前的商业眼光，朝着整体业务目标努力，而不是只关心自己管理范围内的业务是否成功。二是成长的潜能，即具有调动到十字路口模型中同一层级更具复杂性的工作岗位上工作的能力和意愿，如从培训经理到人力资源经理。具备成长潜能的员工在操作、技术以及专业上的技能都高于现在的级别所需，执行和领导技能超出现在的级别所需，常常学习和运用新的技能和知识，渴望在同一级别上有更大的挑战，具有承担更多工作的愿望，具有超前的商业眼光，在关注整体业务目标的前提下，关注自己业务的成功。三是熟练的潜能，即能够符合不断变化的工作要求，能够不断深化经验和专业知识。但是不会沿着该十字路口模型移动或者到一个更高的层次，也就是说永远在这个岗位上做下去。具备熟练潜能的员工具有现在级别所需的技能，具有现在级别所需的执行和领导技能，常常学习和运用新的技能，对目前工作中的成长感到满意，希望能够在目前的工作岗位做得更出色，具有目前的工作岗位所需的商业眼光，在关注整体业务目标的前提下关注自己业务的成功。总之，潜能被视为以下几点的结合：以往三年中表现出来的能力；具有成功达到新的“十字路口”所要求的绩效的驱动力；乐于追求其所期望的职业发展方向。

九格方图

九格方图的使用是人才库盘点中最精华的内容，它将绩效与潜能的理念结合在一起，根据绩效和潜能两种考核结果，将员工分别放在九格方图不同的格子里。格子横向是绩效的三个等级，纵向为潜能的三个等级，绩效的三个等级和潜能的三个等级相互穿插，将具有不同绩效和潜能等级的员工分为九类，所有员工都可被放在九格方图相应的格子里。

绩效优秀，潜能属于转变型的员工放在第1格，表示该员工当前具备转变到更高层次的能力，放在第1格的人通常会在六个月内被提升到高一级职位；绩效优秀，潜能属于成长型的员工被放在第2格，表示有能力在目前的层级承担更大的工作职责；绩效完全达标，具备转变潜能的员工被放在第3格，表示该员工将来有能力进行转变，应该在目前的工作岗位上做得更加出色，这类员工有可能往第1格转移；绩效优秀，潜能属熟练型的员工被放在第4格，表示有能力在同一层级的相似工作岗位上高效地工作，工作老练，同时具有掌握新技能的能力，有可能会被安排到别处做其他方面的工作。

绩效完全达标的成长型潜能的员工被放在第5格，有可能在目前的层级承担更多的职责，但是应该努力达到优秀的绩效，在上一年度轮流到新的工作岗位，并且在以前被评在第1、2格内的员工通常也会被放入此格；第6格内是绩效属于贡献，潜能属于转变型的员工，上年度轮流到新的工作岗位，并且在以前被放在第1和第2格的员工也被暂时放在此格，因为他们在新的岗位上还没表现出应有的绩效，具备转变的职能；绩效完全达标的熟练型潜能员工被放在第7格，表示需要往更优秀的绩效努力；第8格内为贡献绩效的成长型员工，他们可能在某些工作方面表现良好，其他方面表现不佳或很差，应该努力在当前的层级达到完全达标的级别；员工一旦被放入第9格，也就是说他属于贡献的绩效等级，熟练型的潜能等级，一般情况下，在未来的3~6个月内他会被迫换一个地方工作或被淘汰。

人才库盘点是花旗战略性的经营工具，当新业务出现时，可以由此确定业务发展所需的技能，找出管理中的问题。同时，它又是一个管理过程，直线经理和人力资源部经理共同探讨评估要点，运用统一的标准来考察团队的工作表现和潜质，同时也顾及员工个人的发展需求和愿望。

人才库盘点不仅对公司有益，对管理者和员工个人都是益处多多：对公司而言，人才库盘点可以更有效地促进人才流动，并找出今后的领导人，使人才管理成为公司的战略重点之一；对管理者而言，人才库盘点可以帮其找到理想的人才，在人才招聘方面作出正确决策，管好和发展他的员工；对员工而言，从中可得到更有效的反馈，并在此基础上主动规划职业未来。

讨论题：

1. 花旗银行运用了哪些工具来衡量员工的职业发展？
2. 各个工具是如何在各个阶段发挥其重要作用的？
3. 花旗银行的职业管理方法对于个人及公司分别有何重大意义？

9 第9章 绩效管理

【学习目标】

- 辨析绩效、绩效管理与绩效考核的含义及其区别
- 熟悉绩效管理过程
- 掌握绩效考核指标制订的原则
- 掌握不同绩效考核的方法及优缺点
- 理解绩效反馈的内容及技巧
- 了解绩效考核结果的运用

引导案例

猴经理和猴秘书[1]

聪明的猴经理雇用了 名漂亮的猴秘书，专门为他打印文件。公司需要打印的文件很多，为了激励猴秘书努力工作，猴经理开始考虑为猴秘书进行绩效考核并按绩效支付报酬。于是，猴经理在打印机上装上了计数器。这样，猴秘书打印的字数会被记录下来，作为支付报酬的依据。

可是，不久猴经理就发现了问题：午休的时候，猴秘书总是打些乱七八糟的东西，这些同样会被计数器记录下来——猴秘书用这种方式为自己寻求更多的奖金。于是，猴经理只好改变了绩效考核的标准，新的绩效标准将根据猴秘书最终提交上来的文件页数来支付报酬。这样，猴秘书将不再打印乱七八糟的东西，因为这些东西不能提交给猴经理，也就没有报酬。

但很快，猴经理发现猴秘书提交的打印件中错别字百出。原来，在数量越多奖金越多的制度下，猴秘书为了追求打印数量而匆忙赶工，也顾不得质量了。

故事的最后结局是，猴经理规定，猴秘书的绩效不仅由提交的打印件数量决定，而且与打印件质量有关——每页文件的错别字若超过四个，则该页将不能计算业绩。

启示：由于人力资源的能动性，在设计绩效考核体系的时候尤其需要慎重考虑。无论是指标的确定，还是出于考核维度的考虑，都必须引起足够的重视，否则就很容易适得其反。

9.1 绩效与绩效管理

9.1.1 绩效

绩效，顾名思义包括“绩”和“效”两个方面。“绩”就是业绩，主要是针对员工讲的，意思是他们做了多少事，工作量如何，做得怎样。“效”即效益，是针对公司来讲的，即指为公司带来的效益、利润等。所以，绩效一般既包括动态的“行为”过程，也包括静态的“结果”。

绩效 = 行为（如何做）+ 结果（做得怎样）

9.1.2 绩效考核

绩效考核（Performance Appraisal）又称绩效评估或绩效评价，是指考核主体对照工作目标或绩效标准，采用科学的考评方法，评定员工的工作任务完成情况、员工的工作职责履行程度和员工的发展情况，并将评定结果反馈给员工的过程。由于绩效具有明显的多样性、多维性与动态性，这就决定了绩效考核目的的丰富化。

9.1.3 绩效管理

绩效管理的概念

绩效管理是一套完整的系统，它将员工绩效和组织绩效相融合，将员工绩效管理提升到战略管理层面。这套系统包括绩效计划、绩效实施、绩效考核、绩效反馈、绩效结果运用等环节。在绩效管理过程中，组织管理者和员工共同参与，管理者与员工通过持续沟通，将企业的战略和目标、管理者的职责、员工的工作绩效目标、管理者与员工的伙伴关系等传递给员工，并在持续不断沟通的过程中，管理者帮助员工消除工作过程中的障碍，提供必要的支持、指导，与员工一起完成绩效目标，从而实现组织的战略目标。

绩效管理的流程

绩效管理的过程通常被看作是一种循环（如图 9-1）。这种循环的周期通常分为绩效计划、绩效实施、绩效考核、绩效反馈面谈与绩效结果的运用五道环节。

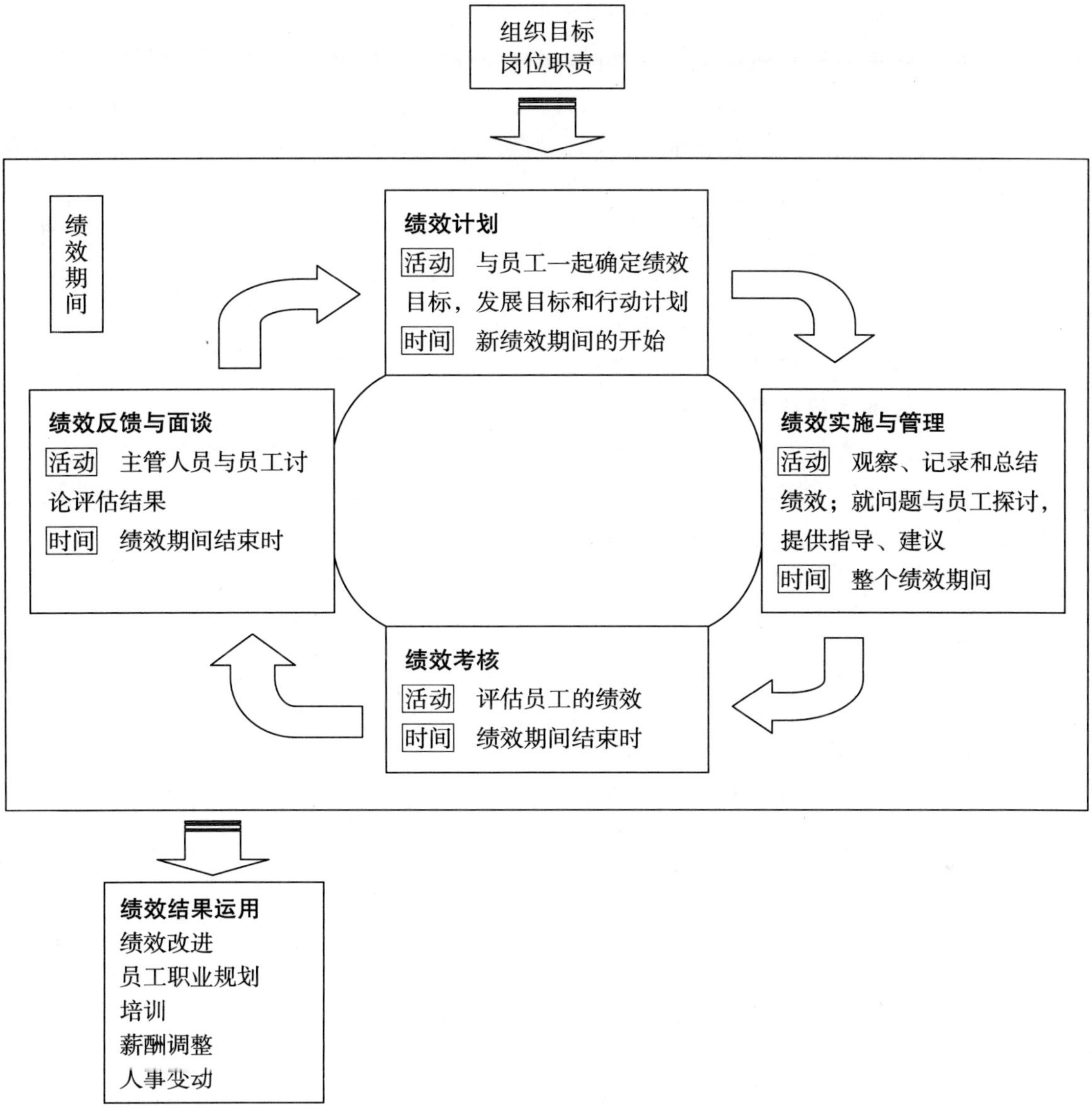

图 9-1　绩效管理过程

绩效计划。绩效计划是绩效管理流程中的第一道环节。管理者和员工共同的投入和参与是进行绩效管理的基础。绩效计划的设计从公司最高层开始，将绩效目标层层分解到各级子公司及部门，最终落实到个人。制订绩效计划主要依据是工作目标和工作职责，管理者和员工双方对员工应该实现的工作绩效进行沟通，并且在考核指标、绩效目标等问题上达成共识。在共识的基础上，员工对自己的工作目标作出承诺。

绩效实施。制订了绩效计划之后，被评估者就开始按照计划开展工作。在工作过程中，管理者要指导和监督被评估者的工作，及时解决发现问题，并调整绩效计划。绩效计划并不是一成不变的，而是随着工作的开展根据实际情况不断调整。在这个绩效期间，需要管理者不断地对员工进行指导并获得反馈。

绩效考核。在绩效期间结束的时候，依据预先制订好的计划，主管人员对下属的绩效目标完成情况进行考核。绩效考核的依据就是在绩效期间开始时双方达成一致意见的关键绩效指标，同时，在绩效实施过程中所收集到的能够说明被考核者绩效表现的数据和事实，作为判断被考核者是否达到关键绩效指标要求的依据，运用科学的绩效考核方法对员工的绩效进行考核和评价。

绩效反馈面谈。绩效管理的过程并不是到绩效评估打出一个分数就结束了，主管人员还需要与下属进行一次面对面的反馈交谈。通过绩效反馈面谈，使下属了解主管对自己的期望，了解自己的绩效，认识自己有待改进的方面；并且，下属也可以提出自己在完成绩效目标中遇到的困难，请求主管的指导。

绩效考核结果的运用。

绩效考核的结果可以作为工资等级调整和绩效工资发放的依据，与企业中的薪酬福利制度接轨；同时绩效考核结果可以计入人事档案，与员工潜力相结合，为员工的晋升或淘汰、培训等提供参考；还可以为员工的岗位变动提供依据。

绩效管理的作用

绩效管理是整合组织绩效与个人绩效的系统管理，具有战略性地位，它是企业战略目标实现的一种重要的支持手段。做好绩效管理工作，具有以下重大意义。

绩效管理保证组织战略目标的实现。企业一般有比较清晰的发展思路和战略，有远期发展目标及近期发展目标，在此基础上根据外部经营环境的预期变化以及企业内部条件制订出年度经营计划及投资计划，以及年度经营目标。企业管理者通过绩效管理将公司的年度经营目标向各个部门分解就成为部门的年度业绩目标，各个部门向每个岗位分解核心指标就成为每个岗位的关键业绩指标。在实施过程中，管理者与各个部门以及员工进行不断的沟通、反馈以确保绩效目标的实现，从而确保组织战略目标实现。

绩效管理促进组织和个人绩效的提升。一方面，绩效管理通过设定科学合理的组织目标、部门目标和个人目标，为企业员工指明了努力方向。管理者通过绩效辅导沟通及时发现下属工作中存在的问题，给下属提供必要的工作指导和资源支持，下属通过工作态度以及工作方法的改进，保证绩效目标的实现。在绩效考核评价环节，对个人和部门的阶段工作进行客观公正的评价，明确个人和部门对组织的贡献，通过多种方式激励高绩效部门和员工继续努力提升绩效，督促低绩效的部门和员工找出差距改善绩效。在绩效反馈面谈过程中，通过考核者与被考核者面对面的交流沟通，帮助被考核者分析工作中的长处和不足，鼓励下属扬长避短，促进个人得到发展；对绩效水平较差的组织和个人，考核者应帮助被考核者制订详细的绩效改善计划和实施举措；在绩效反馈阶段，考核者应和被考核者就下一阶段工作提出新的绩效目标并达成共识，被考核者承诺目标的完成。在企业正常运营情况下，部门或个人新的目标应超出前一阶段目标，激励组织和个人进一步提升绩效，经过这样绩效管理循环，组织和个人的绩效就会得到全面提升。另一方面，绩效管理通过对员工进行甄选与区分，保证优秀人才脱颖而出，同时淘汰不适合的人员。通过绩效管理能使内部人才得到成长，同时能吸引外部优秀人才，使人力资源能满足组织发展的需要，促进组织绩效和个人绩效的提升。

绩效管理有助于开发员工的能力，为企业人力资源管理提供必要的依据。总而言之，绩效管理通过有效的目标分解和逐步逐层的落实，帮助企业实现预定的战略目标。在此基础上，理顺企业的管理流程，规范管理手段，提升管理者的管理水平，提高员工的自我管理能力。

9.1.4 绩效考核与绩效管理的区别与联系

区别。首先，从上述叙述中，我们可以看出绩效管理是一个系统的过程，包括绩效计划、绩效实施、绩效考核、绩效反馈、绩效考核结果运用等环节；而绩效考核只是其中的一道环节，是绩效管理中的一种工具和手段，考核不是最终目的，而是要通过考核以及之后的反馈使得员工认识到哪些地方还需要提升、如何提升等，以便提升员工绩效、组织绩效。其次，绩效管理具有前瞻性。通过事前计划、事中管理、事后考核三位一体的系统，能帮助企业管理者前瞻性地看待问题，有效规划企业和员工的未来发展；而绩效考核则是回顾过去的一个阶段的成果，是事后考核，不具备前瞻性。

联系。绩效考核是绩效管理的重要组成部分，是绩效管理成功的重要支撑。通过绩效考核可以为企业的绩效管理的改善提供资料，帮助企业不断提高绩效管理的水平和有效性，使绩效管理真正帮助管理者改善管理水平，帮助员工提高绩效能力，帮助企业获得理想的绩效水平。

王君给我们的启示[2]

王君最近情绪糟糕透了，坐在办公室，冲着墙上那张××年度销售统计表不断运气。这也难怪，全公司23个办事处，除自己负责的A办事处外，其他办事处的销售绩效全面看涨，唯独自己的办事处作犬牙状，不但没升，反而有所下降。

在××公司，王君是公认的销售状元，进入公司仅5年，除前两年打基础外，后几年一直荣获“销售冠军”，可谓“攻无不克、战无不胜”，也正因为如此，王君从一般的销售工程师，发展到客户经理、三级客户经理、办事处副主任，最后坐上了办事处最高长官——办事处主任这个宝座，王君的发展同他的销售绩效一样，成了该公司不灭的神话。

王君担任A办事处主任后，深感责任的重大，上任伊始，身先士卒，亲率20名弟兄摸爬滚打，决心再创佳绩。他把最困难的片区留给自己，经常给下属传授经验。但事与愿违，一年下来，绩效令自己非常失望！

烦心的事还真没完。临近年末，除了要做好销售总冲刺外，公司年中才开始推行的“绩效管理”也要进行。

王君叹了一口气，自言自语道：“天天讲管理，天天谈管理，市场还做不做。管理是为市场服务，不以市场为主，这管理还有什么意义。又是规范化，又是考核，办事处哪有精力去抓市场。公司大了，花招也多了，人力资源部的人员多了，总得找点事来做。考来考去，考得主管精疲力竭，考得员工垂头丧气，销售怎么可能不下滑。不过，还得要应付，否则，公司一个大帽子扣过来，自己吃不了还得兜着走。”

好在绩效管理也是轻车熟路了，通过内部电子流系统，王君给每位员工发送了一份考核表，要求他们尽快完成自评工作。同时自己根据员工一年来的总体表现，利用排队法将所有员工进行了排序。排序是件非常伤脑筋的工作，时间过去那么久了，下属又那么多，自己不可能一一了解，谁好谁坏确实有些难以区分。不过，好在公司没有什么特别的比例控制，特别好与特别差的，自己还是可以把握的。

排完队，员工的自评差不多也结束了，王君随机选取6名下属进行了5~10分钟考核沟通，OK！问题总算解决了，考核又是遥远的下个年度的事情了，每个人又回到“现实工作”中去。

看到这桩案例，不知道你有何感想，但有一点恐怕大家都会想到：这样的绩效考核到底有什么好处？这算不算是绩效管理？

从人力资源部来讲，王君上交到人力资源部的考核表基本上都放在了文件筐中，并且很可能被遗忘掉！考核内容是人力资源部费尽心血，苦思冥想出来的，但到了各级管理者手中，它像一个死程序、死循环一样，日复一日，年复一年地被重复使用着。

从员工来讲，年复一年的、重复撰写的工作总结，公司和管理者根本就没有仔细看过，考核成了一种“形式”，一种真正意义上的“手段”，只要别出错，结果差不到哪里去，平日再用力，不如年底“一锤子”。只要年底努把力，考核结果准不错。干活不如把上司的脉，做人比做事更重要。

从管理者来讲，平时工作已经够忙了，人力资源部还要插一杠子，如果公司废除考核或将考核权交给人力资源部，那将是一件令人极为开心的事情。

但从实际上来看，王君所在的部门运作得不是很好。他的员工不能按要求完成任务；他们对谁应该做什么不是很清楚，造成有些事没有人做，而另外的事大家又重复做；同一个错误重复发生，致使每个人都感到了手足无措，但是好像没有人知道为什么会这样；而大多数情况下，王君对正在发生的事都不太清楚，他只知道他很忙，他的员工也很忙，但经常忙得“不知道为什么忙”。

在上面的案例中，王君错误地认为绩效评价就是绩效管理，而绩效管理就是填表和交表。因此，要想使绩效管理成功，必须对一些常见的错误概念有清醒的认识，因为这些错误概念能使最好的经理晕了头。

绩效管理不是：简单的任务管理；评价表；寻找员工的错处，记员工的黑账；仅仅是人力资源部的工作；经理对员工做某事；迫使员工更好或更努力工作的棍棒；只在绩效低下时使用；一年一次的填表工作；绩效考核。

绩效管理不是一个多么特别的事物，更不是人力资源部的专利，它首先就是管理，管理的所有职能它都涵盖：计划、组织、领导、协调、控制。因此，绩效管理本身就是管理者日常管理的一部分，想躲都躲不开。

绩效管理是：如何达到目标且达成共识的过程，以及增强员工成功地达到目标的管理方法。该过程由员工和他的直接主管之间达成的承诺来保证完成，并在协议中对下面有关的问题有明确的要求和规定，诸如期望员工完成的工作目标；员工的工作对公司实现目标的影响；明确的考核标准（工作绩效如何衡量，增强对员工行为的引导）；员工和主管之间应如何共同努力以不断提高员工绩效和组织绩效；指明影响绩效的障碍并提前排除或寻求排除的办法。

实际上，绩效管理是一套完整的系统，这套系统包括几个重要的构件：目标/计划、辅导/教练、评价/检查、回报/反馈。绩效管理是持续不断的交流过程，如果仅盯住系统的一个构件，系统是不能很好地发挥作用的。

通过上述论述，不难发现，绩效考核只是绩效管理的一道环节。我们不能简单地将绩效管理理解为绩效考核，更不能将绩效管理看作是一项孤立的工作，认为它反映的只是过去的绩效，而不是未来的绩效；认为它与管理者日常的业务和管理工作毫不相干，与员工发展、绩效改进、组织目标、薪酬管理等工作没有联系，它仅仅成了一种摆设，这样人们认为它毫无意义也就不足为怪了。

9.2 绩效考核

9.2.1 绩效考核指标设定的原则

绩效考核指标的设定必须符合 SMART 原则：

S（Specific）——明确的、具体的。指标要清晰、明确，让考核者与被考核者能够准确地理解目标，目标不可以是抽象模糊的。

M（Measurable）——可量化的。目标、考核指标尽可能数量化或行为化，同时验证这些绩效指标的数据是可以获得的。“比较好、达到知名企业、名列前茅”这种词都不具备可量化性，将导致标准的模糊。没有量化的指标，会使得考核主观性增大，同时对员工的引导性也必然大大降低。

A（Attainable）——可实现的。目标、考核指标都必须是付出努力能够实现的，既不过高也不偏低。比如对销售经理的考核，去年销售收入 2000 万元，今年要求 1.5 亿元，市场没有大的变化，公司也不给予任何支持，这就是一项完全不具备可实现性的指标。指标的目标值设定应结合个人的情况、岗位的情况、过往历史的情况。

R（Relevant）——相关的。考核指标的设计是与企业的发展战略、目标相联系的，与工作岗位职责相关。

T（Time-bound）——有时限性的。目标、指标都要有时限性，要在规定的时间内完成，要关注效率。如要求2000万元的销售额，单单这么要求是没有意义的，必须规定在多长时间内完成2000万元的销售额，这样才有意义。

9.2.2 绩效考核方法

图尺度评价法

图尺度评价法（Graphic Rating Scale）也称为图解式考评法，是最简单和运用最普遍的工作绩效评价技术之一。它列举出一些组织所期望的绩效构成要素（质量、数量或工作态度等），还列举出跨越范围很宽的工作绩效等级（从“不令人满意”到“非常优异”）。在进行工作绩效评价时，首先针对每一位下属员工从每一项评价要素中找出最能符合其绩效状况的分数。然后将每一位员工所得到的所有分值进行汇总，即得到其最终的工作绩效评价结果（如表9-1所示）。

表 9-1

一种典型的图尺度评价

	非常优异	良好	令人满意	中等的	不令人满意
工作数量 在正常情形下可接受工作的数目					
结论					
工作质量 彻底性、整洁性和工作的精确性					
结论					
工作知识 对事实及工序相关因素的清晰理解					
结论					
合作 与同事、上级和下级就一般目标而一起工作的能力和意愿					
结论					
创新 渴望寻找不断增加的责任、自我驱动，害怕一成不变					
结论					

这种方法使用起来较为方便，能为每一位雇员提供一种定量化的绩效评价结果。但是它不能有效地指导行为，只能给出考评的结果而无法提供解决问题的办法。同时，这种方法的准确性不高。由于评定量表上的分数未给出明确的评分标准，所以很可能得不到准确的评定，常常凭主观来考评。

行为锚定等级评价法（Behaviorally Anchored Rating Scales，BARS）

这种方法由史密斯（P.C.Smith）和肯德尔（L.Kendall）于20世纪60年代开发。行为锚定等级评价法的考核表通常包括6~10个明确定义的绩效维度，每个维度有5~6个关键事件“锚”——用反映不同绩效水平的具体工作行为的例子来描述每一个级别的特征。

如表9–2所示，考评销售代表处理客户关系的等级评定。把销售代表处理客户关系，从最好到最不好列一个顺序，就是将他的行为排列成一个顺序，这就叫行为定位等级。

表9–2

行为锚定等级评价法用于销售代表的示例

行　为	打　分（1~6）
经常替客户打电话，帮他作额外的查询	6分
经常耐心帮助客户解决很复杂的问题	5分
当遇到情绪激动的客户会保持冷静	4分
如果没有查到客户相关的信息就会告诉客户，并说“对不起”	3分
忙于工作的时候，经常忽略等待中的客户，时间达数分钟	2分
一遇到事儿，就说这件事儿跟自己没什么关系	1分

这是一种比较好的评估方法。当看到自己得分低，就知道下一回该如何去做就可得高分。所以这个方法对员工行为的导向性很强、很实用。其具体的优缺点如表9–3所示：

表9–3

行为锚定等级评价法的优缺点

优　点	缺　点
• 锚定行为是根据观察或经验所得到的，可操作性较强 • 绩效考核的标准明确 • 能够准确地为员工提供信息反馈 • 绩效指标的导向性强	• 锚定标准的制订较为复杂，耗时耗力 • 不同岗位需要制订不同的指标和标准，不便于比较

行为观察评价法（Behavioral Observation Scales，BOS）

拉森和他的同事开发了行为观察评价法，是指包含特定的工作绩效所要求的一系列行为的表单。

行为观察评价法与行为锚定等级评价法类似，但又不同。相似之处在于，二者都是使用关键事件技术定义，包含所有工作范围的一系列行为。区别在于，行为观察评价法中，考核者指出被考核者某种行为的频率（如：几乎从不，1，2，3，4，5，常常如此），根据表现的频率来打分，而不是定义出被考核者的行为，如表 9–4 所示，其优缺点如表 9–5 所示。

表 9–4

行为观察评价法（中层管理人员的管理技能评价）

BOS 例子：管理技能

行　为	打　分
为员工提供培训与辅导，以提供高绩效	
向员工清晰说明工作要求	
适度检查员工的表现	
认可员工重要表现	
告知员工重要信息	
征求员工意见，让自己工作更好	
总分	

表 9–5

行为观察量表的优缺点

优　点	缺　点
• 有效指导员工行为 • 有利于监控员工行为 • 有利于反馈	• 花大量精力和时间开发 • 每一种工作需要一种单独的工具 • 除非一项工作有许多任职者，否则成本很大且不实际

排序法

排序法一般包括以下四种。

简单排序法（Simple Ranking Method，SRM）

简单排序法也称序列评定法，是指管理者把本部门的所有员工从绩效最高者到绩效最低者（或从最好者到最差者）进行排序，即对一批考核对象按照一定标准排出“1、2、3、4……”的顺序。

这种方法比较简单、易行。但考核的人数不能过多，以5~15人为宜，一般只适用于考核同类职务的人员，应用范围受限，所以比较适合于规模较小、人数不多的企业。

交替排序法（Alternative Ranking Method，ARM）

交替排序法的操作方法是，首先分别挑选出“最好的”与“最差的”，分别排列在第一和最后一名；然后挑选出“第二好的”与“第二差的”，分别排列在第二名和倒数第二名；这样依次进行，直到将所有的被考核人员排列完全为止，从而以优劣排序作为绩效考核的结果。这是一种较为常用的排序考核法。其原理是：在群体中挑选出最好的或者最差的绩效表现者，较之于对其绩效进行绝对考核要简单易行得多。

这种方法更适合于一支团队内履行同一职责的员工，比如对一个部门或项目组内员工的绩效考核。

配对比较法（Paired Comparison Method，PCM）

配对比较法是一种更为细致的通过排序来考核绩效水平的方法。首先，列出如表9-6所示的表格，其中包括需要考核的所有工作要素和需要考核的员工；其次，将每一位员工按照所有的考核要素与所有其他员工进行比较，如果表现得比其他员工好，就用“+”表示，反之，则用“-”表示；最后，将各项评价要素中每位员工得到的“+”的次数相加，得到综合考核得分。

表9-6

配对比较法

评价要素：工作积极性

员工	A	B	C	D	E	得分
A		+	-	-	+	2
B	-		-	-	-	0
C	+	+		+	+	4
D	+	+	-		+	3
E	-	+	-	-		1

它的特点是每一个考核要素都要进行人员间的两两比较和排序，使得在每一个考核要素下，每一个人都和其他所有人进行了比较，所有被考核者在每一个要素下都获得了充分的排序。相对比较可靠，但它适合于人数不多的组织，否则这将是一项非常烦琐的工作。

强制分布法（Forced Distribution Method，FDM）

强制分布法是在考核进行之前就设定好绩效水平的分布比例，比如前15%

得 A 等，其次的 20% 得 B 等，中间的 40% 得 C 等，再之后的 15% 得 D 等，剩下的 10% 得 E 等，然后将员工的考核结果安排到分布结构里去。

这种方法最大的优点是等级划分清晰，同时会有效避免评估中过严或过松“一边倒”的现象。但也存在不足，如果员工的绩效水平事实上不遵从所设定分布样式，那么按照考核者的设想对员工进行硬性区别容易引起员工不满。

当主管被告知使用这种方法对员工进行评价时，该主管可能就会面临如下难题：所有下属都很优秀，但该主管不得不给予某些下属低的评价；同样，如果下属都很普通，但又不得不给予某些下属高评价。

如何解决这类问题呢？

关键事件法（Critical Incident Method，CIM）

关键事件法是由美国学者弗兰纳根（Flanagan）和波拉斯（Baras）1954 年提出的，通用汽车公司 1955 年运用这种方法获得成功。

这是一种通过员工的关键行为和行为结果来对其绩效水平进行考核的方法，一般由主管人员将其下属员工在工作中表现出来的非常优秀或者非常糟糕的行为事件记录下来，然后在考核时点上（每季度或者每半年）与该员工进行一次面谈，根据记录共同讨论来对其绩效水平作出考核。

目标管理法（Management by Objectives，MBO）

目标管理是美国著名管理大师彼得·德鲁克（Peter F.Drucker）于 1954 年在其著作《管理的实践》（*The Practice of Management*）中提出来的。德鲁克认为，并不是有了工作才有目标，而是相反，有了目标才能确定每个人的工作。所以，“企业的使命和任务必须转化为目标”。管理者应该通过目标对下级进行管理。当组织最高层管理者确定了组织目标以后，必须对其进行有效的分解，转变成各个部门以及各个人的分目标，管理者依据分目标的完成情况对下级进行考核、评价和奖惩。

目标管理法是依据工作成果对员工的绩效进行评价的方法，具体操作可以分为以下六个步骤（如图 9–2 所示），其中绩效目标的设定一定要遵循 SMART 原则，同时所制订的目标要简洁明了、重点突出，对员工有一定的激励性（即目标应该是“跳起来可以够得着的果子”）。

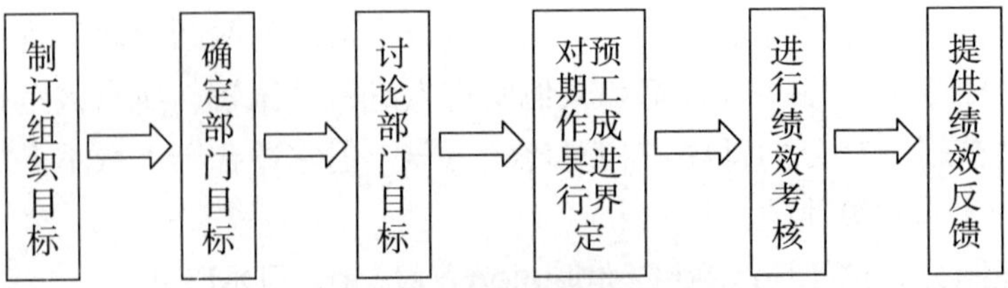

图 9–2 目标管理法的步骤

目标管理在全世界被广泛应用，作为一种绩效评估工具，它的有效性得到了广泛的认可。它使各级部门及员工知道他们要完成的目标是什么，从而可以把时间和精力最大限度地投入到实现这些目标的行为中去；同时，目标管理强调自我控制、自我调节，它将个人利益和组织利益紧密联系起来，有助于启发员工的自觉性，调动员工的主动性、积极性和创造性；目标管理强调在设定目标的过程中要注重上下级之间的沟通、协商，因此也有助于促进组织内部的意见交流和相互了解，改善组织内部的人际关系。

关键绩效指标（Key Performance Indicator，KPI）

KPI 的含义

KPI 把对绩效的评估简化为对几项关键指标的考核，将关键指标作为评估标准，把员工的绩效与关键指标作出比较的评估方法，是企业战略实施和落地的工具，它可以把公司的战略目标和部门、个人的具体工作联系起来。

KPI 的管理思想

KPI 的管理思想是“二八定律”，即在企业的价值创造过程中，20% 的核心员工创造着 80% 的价值，而在每一位员工身上，80% 的工作是由 20% 的关键行为完成的。因此必须抓住这 20% 的关键行为，并对其进行分析和衡量，这样就能抓住企业绩效考核的重心。

KPI 的设定

建立企业或组织的 KPI 体系，通常必须经过以下程序：首先，企业或组织的高级管理层必须充分了解本企业或组织的战略发展目标以及企业的组织结构和运行情况，由企业的高级管理层和专家一起，找出企业的价值评估重点，并找出这些关键业务领域的关键业绩指标，从而建立企业级的 KPI；其次，在专家的指导下，各部门的主管对相应部门的 KPI 进行分解，分解出各部门级的 KPI；最后各部门的主管和管理人员一起将部门级的 KPI 进一步细分，分解为更细的 KPI 及具体岗位（即个人）的绩效衡量指标（如表 9–7）。

表 9–7

关键绩效指标和考核指标制定的示例 [3]

被考核对象：销售副总经理

KPI	权重（%）	考核标准	数据来源
销售额	20	绩效目标值为____万元，达到目标，得分 70 分；每高出目标值 1%，以 70 分为基础加 5 分，100 封顶；每低于目标值 1%，以 70 分为基础减 5 分，销售额低于____万元，得 0 分	销售部
销售回款率	25	销售目标值为____%，达到目标，得分为 70 分；每高出目标值 1%，以 70 分为基础加 5 分，100 封顶；每低 1%，以 70 分为基础减 5 分，回款率低于____%，得 0 分	销售部 财务部

续表

KPI	权重（%）	考核标准	数据来源
解决问题时间	10	未及时解决：0~30 分； 超出预期时间解决：31~60 分； 在预期时间内解决：61~80 分； 远低于预期时间解决：81~100 分	销售部 物流运营部 总经理办公室
执行力	15	对上级下达任务总是执行缓慢：0~30 分 对上级下达任务少数执行缓慢：31~60 分 对上级下达任务偶尔执行缓慢：61~80 分 对上级下达任务总是及时执行：81~100 分	销售部 总经理办公室
客户满意率	20	绩效目标值为____%，达到目标，得分为 70 分；每高出目标值 1%，以 70 分为基础加 5 分，100 封顶；每低 1%，以 70 分为基础减 5 分，回款率低于____%，得 0 分	销售部 人力资源部
部门纪律	10	部门纪律基本有序，时有违纪现象发生：0~40 分； 部门纪律基本有序，偶有违纪现象发生：41~80 分； 部门纪律有序，无违纪现象发生：81~100 分	销售部 人力资源部

各级 KPI 的建立，同样也应当遵循 SMART 原则，通常可采取以下步骤：

- □ 详细描述部门和岗位的工作职责，根据组织的战略目标与部门设置情况和部门间工作的业务流程关系，确定每一部门的工作职责。
- □ 提取工作要项。工作要项指各部门和各岗位的工作中所包含的重要职责，由管理者和被管理者通过商讨共同确定哪些工作作为工作要项。
- □ 建立关键绩效指标。每一个工作要项就是一项关键绩效指标。
- □ 确定不同指标的权重，即确定不同方面的绩效指标在总体绩效中所占的比重。
- □ 确定绩效标准。关键绩效指标体现了每一部门或岗位对组织目标由增值作用的产出。指标规定了从哪些方面对工作产出进行衡量和评价，而标准则表明了在各项指标是分别应达到什么样的水平，指标解决“评价什么”的问题，标准则解决被考评者“做得怎样”、“完成多少”的问题。

KPI 的设定原则

一般情况下，KPI 的设定应该遵循以下几项原则：

- □ 越是高层管理的 KPI 数目越少，结果性越强，量化性越高，越是基层管理的 KPI 数目越多，过程性越强，数量与质量性皆有；

- □ 下属的 KPI 应和上司的 KPI 有因果关系；
- □ 每个人的 KPI 一般不多于 6 项；
- □ 每项 KPI 必须设定衡量标准；
- □ 6 项 KPI 的比重之和为 100%，应有主次之分，最少的权重不少于 10%；
- □ KPI 主要衡量与当年营业计划相关的重要成功因素，而不是记流水账；
- □ KPI 体系和对应目标值一年定一次，一般不中途修改。

KPI 的优缺点

KPI 的优点。首先，通过 KPI 体系的设计，可以使个人目标、部门目标与企业目标之间始终保持一致，从而齐心协力为共同目标努力；其次，KPI 体系不仅成为员工行为的约束机制，同时还发挥着战略导向的牵引作用，能通过绩效管理过程有效地实施企业战略目标；最后，KPI 体系的建立，能为价值评价体系和价值分配体系提供客观、公正的数据，可最大限度地规避各级主管因人为原因造成价值评价的差异，保证员工对立足于 KPI 而建立的价值评价体系的认同，从而激励和约束员工的行为。

KPI 的缺点。首先，考核指标要求苛刻，规范的 KPI 方法使用量化或行为化指标，某些抽象的不能量化和行为化的指标，则不能进入 KPI 体系；其次，考核对象重产出轻过程，不能覆盖工作中的非程序性因素和人为因素；再次，考核范围存在局限，抓住重点但不能兼顾全面，难以面向所有岗位。

平衡计分卡（Balance Score Cards，BSC）

平衡计分卡法是将公司的战略与绩效考核结合起来的一种管理工具。美国哈佛商学院教授罗伯特·卡普兰和复兴方案国际咨询企业创始人兼总裁诺顿在总结了 12 家大型企业的业绩评价体系的成功经验的基础上，提出了平衡计分卡的战略管理业绩评价工具。

所谓的“平衡”是指财务指标和非财务指标的平衡，短期与长期的平衡。平衡计分卡主要从学习与创新、内部流程、客户和财务四个层面进行考核，通过四个层面的相互驱动及因果关系（如图 9-3，图 9-4），来展现组织的战略轨迹，实现绩效考核——绩效改进——战略目标。

产出（财务）方面。通常包括资产负债率、流动比率、速动比率、应收账款周转率、存货周转率、资本金利润率、销售利税率等。

顾客方面。包括客户的满意程度、老客户的维持、获取新的客户、获利能力和在目标市场上所占的份额等。

内部业务流程方面。如与顾客讨论新工作的小时数、投标成功率、返工、安全事件指数、项目业绩指数等指标。

学习与创新方面。从创新和学习角度评价企业运营状况，可用新服务收入所占比例、提高指数、雇员建议数、雇员人均收益等指标。

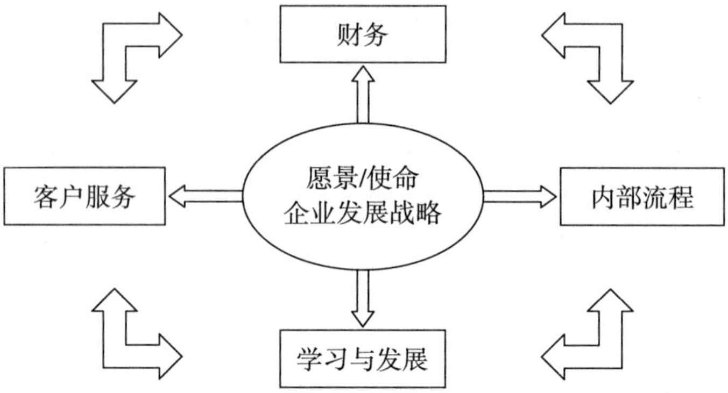

图 9–3 平衡计分卡的四维框架图

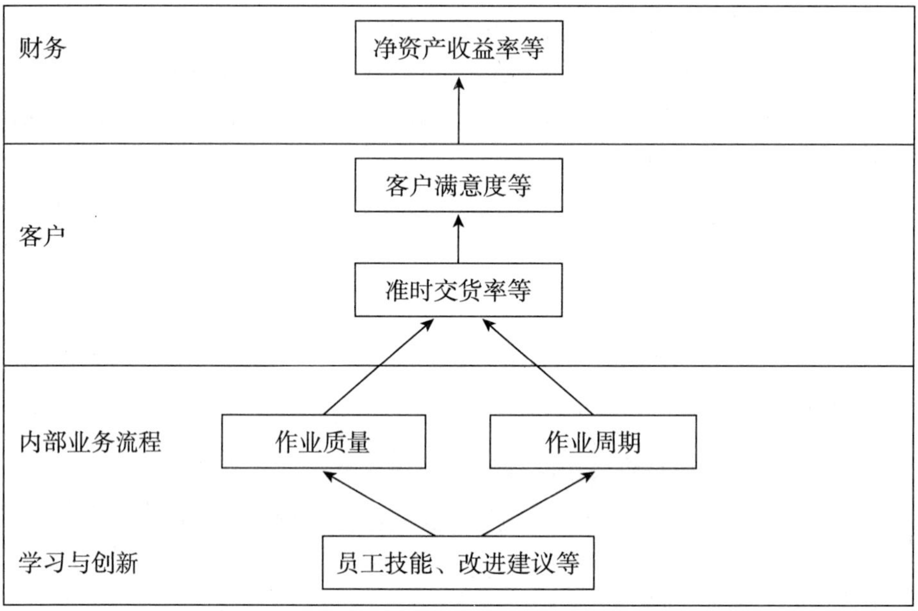

图 9–4 平衡计分卡与各考核指标间的因果关系链

这四个方面包含了领先指标和滞后指标。财务指标是一项滞后的指标，它只能反映公司上一年度发生的情况，不能告诉企业如何改善业绩。平衡记分卡对于领先指标的关注，使企业更关注于过程，而不仅仅是事后的结果。这有助于提高企业的管理水平，以获得更好的财务结果。

同时，可以看出，平衡记分卡是从企业的战略开始，也就是从企业的长期目标开始，逐步分解到企业的短期目标。也就是说平衡记分卡既关注了企业的长期发展，也关注了企业近期目标的完成，使企业的战略规划和年度计划很好地结合起来，解决了企业的战略规划可操作性差的缺点，同时也使企业的年度计划和公司长远的发展方向一致起来。

美国西南航空公司

西南航空公司是所在产业中的一家低成本经营者，它的每有效座位每英里的成本仅为6.5美分，而美国航空公司为9美分，US航空公司（US Air）为15美分，但是或许西南航空公司最突出的成功标志是它的高效率，它因此而赢得了若干次美国运输部颁发的“三重皇冠”——最佳正点率、最佳飞行安全记录和最少投诉次数，还没有哪家航空公司赢得过这样的荣誉。

最初，为应对残酷竞争，西南航空决定压缩成本，目标是向顾客提供低廉的、俭朴的和专一化的航空运输服务。公司决心成为航空运输产业中成本最低的经营者。为了实现这一宗旨，公司向顾客提供不加虚饰的服务。

财务部门很快制订出相关的财务制度，但这并不能从根本上解决问题。非财务指标很快就被制订出来：公司员工要确保飞机从降落到保洁再到下一批乘客登机的时间控制在30分钟以内，也就是说飞机只在地面上停留30分钟。只有这样，飞机的使用率才能达到最大化，既压缩成本又增加客流量的目标才能实现。

管理层很快聚焦于这宝贵的30分钟。首先，顾客的登机时间必须压缩，该怎么办呢？西南航空很快进行调整，在西南航空公司的飞机上，不设头等舱座位，就像在公共汽车上一样；检票员按先来先登机原则发放可重复使用的编了号的塑料登机卡；将登机牌分为A、B、C三档，最先到达的一批乘客发A牌，可以在A窗口登机，依此类推。A类乘客可以随意挑选座位，很快便能就座，紧接着B、C类乘客入座，不用再一次性集体登机，大大减少了排队等候时间。迟到者可以改签下一班航班，这样乘客就不必担心误机，从而保证了飞机的准时起飞。同时，在飞机上不供应餐点。这种“不加装饰”的方法，使旅客上下飞机所用的时间很短——大约15分钟，每天每架飞机平均飞11个班次。

西南航空公司只有一种型号的飞机，即省油的波音737飞机。设备的标准化降低了零件库存成本，并使维修人员喘息飞行训练减至最少。西南航空公司基本上没有枢纽站，都是短程的、点对点的航班，平均飞行时间为55分钟。正因为如此，它不与其他的航班联运，也不需要转运行李。西南航空公司的市场包括34个城市，分布在美国15个州，它集中服务于阳光地带和中西部地区，向东最远到克利夫兰市。虽然西南航空公司服务的城市数量是有限的，但它在这些城市中间提供大量的航班。例如，公司每天有78个航班往返于达拉斯和休斯敦之间；有46个航班往返于菲尼克斯和洛杉矶之间；有34个航班往返于拉斯维加斯和菲尼克斯之间。这使竞争者要想达到西南航空公司的服务频率几乎是不可能的。

当西南航空公司宣称它将提供最低的票价时，它绝不是在说大话，它的平均票价只有58美元。1991年，西南航空公司新辟了圣路易斯—堪萨斯城航线，以及1992年新辟了克利夫兰—芝加哥的航线后，这两条航线的票价从300美元下降到59美元。在西南航空公司服务的大多数城市中，它的票价甚至比城市之间的长途汽车票价还要便宜。正如公司首席执行官凯莱赫所说的，“我们建立了一个巩固的细分市场——我们的主要竞争者是汽车，我们正在从丰田汽车公司和福特汽车公司手中争夺顾客”。

新的流程顺利改革并实施后，公司马上利用平衡记分卡对每一次航班进行考核，标准自然分为与财务标准相关的乘客人数以及飞行成本，还有重新列入考核目标的非财务指标：客户满意度以及飞机在地面停留时间，以此确定员工的绩效。

这样一环扣一环，每位员工对自己的任务心中有数，目标明确，公司也因此获得源源不断的新客流，业绩不断提高。从设定目标到系统流程改造，再到各个部门的考核、奖惩实施，西南航空利用平衡记分卡这一工具成功地完成了战略目标。

360 度考核

360 度考核，也称为全方位反馈评价或多源反馈评价。传统的绩效评价，主要由被评价者的上级对其进行评价；而 360 度反馈评价则由与被评价者有密切关系的人，包括被评价者的上级、同事、下属和客户等，分别匿名对被评价者进行评价，被评价者自己也对自己进行评价（如图 9-5）。然后，由专业人员根据有关人员对被评价者的评价，对比被评价者的自我评价向被评价者提供反馈，以帮助被评价者提高其能力水平和业绩。

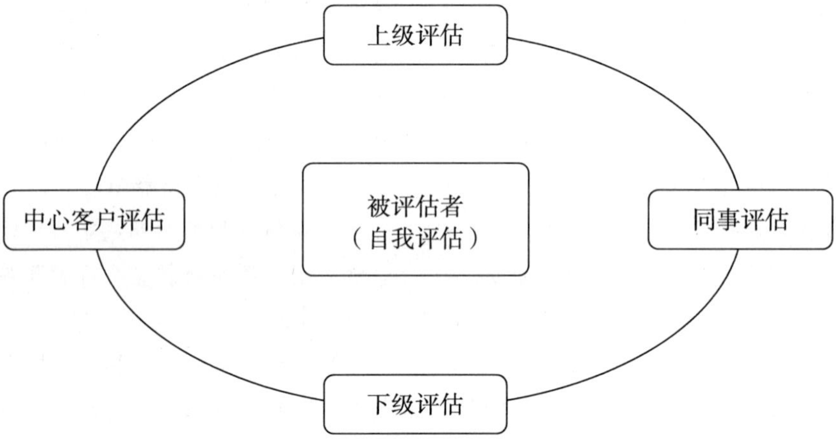

图 9-5　360 度考核

直属主管评估。受评者的工作绩效可由直属主管来评分，从而让受评者了解自己在主管眼中的表现，以及自己在组织中的定位。

同级评估。受评者的工作绩效可由同一部门或者跨部门职位相似的同事来评估，由于评估者与受评者的工作互动较为密切，因此评估的结果具有参考性。

下属评估。受评者的工作绩效可由下属来评分，由于下属常有机会可以观察到受评者的管理行为，因此评估结果可以回馈给受评者作为管理行为改善之参考。

自我评估。受评者针对自己的工作表现及绩效进行评估。

要提醒的是，不要认为这 360 度考评适合每一家企业，它只是在成熟的企业才适用。员工之间的交往模式、部门与部门之间的交往模式都很健康的情况下，

360 度反馈才有真正效果。

在一个健康组织里，当某个人有晋升潜力的时候，可建议作 360 度反馈。因为员工晋升以后，他会与各个部门、各个阶层、各个客户更多地打交道。沟通是不是磨合得好，是不是健康，是员工晋升的一项关键的衡量指标，这时要给他作 360 度反馈。

绩效考核方法如何选择

通常而言，绩效考核方法需要根据组织的文化特征、考核对象、考核成本以及管理者的能力和态度来选择。

9.2.3　绩效考核中应避免的问题

绩效考核标准不明确。比如，不同的考核者可能对于什么是“杰出”、“好”、“不令人满意”等绩效标准作出差异很大的解释。结果有的考核者评价标准低，有的则评价标准高，这样即使是评价同一位员工，也可能因为评价者不同，得出截然不同的结论，显然，这样的结论是缺乏公平性的。解决这类问题的最好办法是用一些描述性的语言对考核标准加以界定。

晕轮效应。晕轮效应指的是人们在对其他人作出评价的时候，如果对他人的某一方面评价较高或较低时，往往会导致对此人所有其他方面都评价偏高或偏低。所以，应对考核者进行培训，使考核者理解晕轮效应的影响，并在考核中尽量避免这一问题出现，尽量客观。

居中趋势。居中趋势意味着所有员工不管干得好干得坏，都被简单地评定为“中”的等级，这样可能会造成“平均主义”，使得绩效考核失去了引导、激励的作用。消除这种不良影响的办法是采用比较评价法，通过对不同员工的比较，对其绩效进行排序。

偏松或偏紧倾向。有些管理者在绩效考核的时候，倾向于总是对下属员工的工作绩效作出过高或过低的评价。可通过多个考核者对同一被考核者打分、评价（如 360 度评价）来降低这种误差。

评价者的个人偏见。被考核者之间的个人差异（主要是指年龄、种族和性别这一类个人特点方面的差异），有时候也会影响他们所得到的评价，甚至会导致他们所得的评价大大偏离他们的实际工作绩效。采取小组评价或员工互评的方法可以有效防止个人偏见误差。

员工过去的绩效状况的影响。员工过去的绩效状况也有可能会影响他们当前所得到的绩效评价等级。比如，有时候，评估者可能会全面地高估一位低绩效者的绩效改善状况；相反，也有可能会将一位高绩效员工的绩效下滑程度看得过于严重。

9.2.4 绩效考核结果的应用

绩效考核结果具有多种用途。首先，绩效考核的结果适用于员工工作绩效和工作技能的提升，通过发现员工在完成工作过程中遇到的困难和工作技能上的差距，制订有针对性的员工发展计划和培训计划（如表 9-8）。其次，绩效考核的结果可以比较公平地显示出员工对公司所作贡献的大小，据此可以决定对员工的奖励和报酬的调整。此外，通过员工的绩效状况，也可以发现员工对现有职位是否适应，根据员工绩效高于或低于绩效标准的程度，决定相应的人事变动，使得员工能够从事更适合自己的工作。

表 9-8

绩效考核结果的部分应用

业绩（高→低）	20%	50%	30%
高 30%	B 奖励 保留/维持	B 奖励 培养	A 晋升 奖励、重点培养
50%	D 保留或调整 视条件而定	C 保留/维持	C 待发展 继续考察
20% 低	淘汰	D/E 淘汰或再给一次机会，视具体条件而定	D 再给一次机会

发展潜力：不显著 ←→ 优秀

9.3 绩效反馈

9.3.1 绩效反馈

绩效反馈的概念

绩效反馈是指管理者将绩效评价的结果反馈给被评估对象，主要包括已经取得的成绩、存在的问题和不足，下一阶段的新的绩效目标以及提升绩效的计划等，在此过程中双方进行的双向沟通与交流。绩效反馈是绩效评估工作的最后一环，也是最关键的一环，能否达到绩效评估与改进的预期目的，取决于绩效反馈的能否有效实施。

绩效反馈的意义

通过绩效反馈，员工可以了解组织对自己的评价与期望，从而不断提升自己的绩效与潜能，也有利于员工更明确地进行职业生涯规划。同时，管理者通过反馈过程的沟通，可以掌握员工的绩效表现、了解员工的需求，以便更有效地激励与辅导。

绩效反馈的意义

管理之父亨利·法约尔曾经做过这样一个实验：他挑选了20名技术水平相近的工人，把他们分成了两组，每10人一组。然后，在相同的条件下，让他们同时进行生产。每隔一小时，他就会去检查一下工人们的生产情况。

对第一组工人，法约尔只把他们各自生产的产品数量记录下来，并没有告诉工人他们的工作进展和速度；而对第二组工人，法约尔不仅对生产的数量进行了记录，而明确地告诉他们各自的工作进度。

一次考核完，法约尔根据考核的结果，在生产速度最快的两个工人的机器上各插了一面小红旗；速度居中的四个人，每人插了一面小绿旗；而最后的那四个人，则各插了一面小黄旗。这样一来，每个工人对自己的生产速度到底如何，就一目了然。

实验表明，第二组工人的生产速度和效率明显高于第一组工人。

可见，将员工的表现反馈给员工是非常重要的，能帮助员工更加明确自己的努力方向，更能激励员工的士气，提高员工的工作效率。

9.3.2 绩效反馈面谈内容

告知员工当期绩效考核结果

绩效反馈面谈一定要坦诚相见，把绩效考核得分表拿给下属看，而不是藏起来。通过对员工绩效结果的通报，使员工明确其绩效表现在整个组织中的大致位置，激发其改进现在绩效水平的意愿。

分析员工绩效差距与确定改进措施

绩效管理的目的是通过提高每一名员工的绩效水平，来促进企业整体绩效水平的提高。因此，每一名主管都负有协助员工提高其绩效水平的职责。改进措施的可操作性与指导性来源于对绩效差距分析的准确性。所以，主管在对员工进行过程指导时要记录员工的关键行为，按类别整理，分成高绩效行为记录与低绩效行为记录。

通过表扬与激励，维持与强化员工的高绩效行为。在表扬员工和激励员工的时候，一定要具体，要对员工所做的某件事具体地提出表扬，而不是笼统地说员工表现很好就完事。

同时，还要通过对低绩效行为的归纳与总结，准确地界定员工绩效差距，在绩效反馈时反馈给员工，以期得到改进与提高。对低绩效行为进行分析时，要对事不对人，要客观、准确、不指责地描述员工行为所带来的后果。只要客观准确地描述了，员工自然就会意识到问题所在。所以，在这种时候不要对员工过多指责，指责只能僵化与员工之间的关系，对面谈结果无益。

沟通协商下一个绩效考评周期的工作任务与目标

绩效反馈既是上一个绩效考评周期的结束，同时也是下一个绩效考评周期的开始。在考核期之初明确绩效指标是绩效管理的基本思想之一，需要各主管与员工共同制订。各主管不参与会导致绩效指标的方向性偏差，员工不参与会导致绩效目标的不明确，失去导向性作用。此外，在确定绩效指标的时候一定要紧紧围绕关键指标内容，同时考虑员工所处的内外部环境变化，而不是僵化地将季度目标设置为年度目标的 1/4，也不是简单地在上一期目标的基础上累加几个百分点。

确定与任务、与目标相匹配的资源配置

绩效反馈不是简单地总结上一个绩效周期员工的表现，更重要的是要着眼于未来的绩效周期。在明确绩效任务的同时确定相应的资源配置，对主管与员工来说是一个双赢的过程。对于员工，可以得到完成任务所需要的资源。对于主管，可以积累资源消耗的历史数据，分析资源消耗背后可控成本的节约途径，还可以综合有限的资源情况，使有限的资源发挥最大的效用。

9.3.3 绩效反馈面谈原则

合适的时间与场所。避开上下班、开会等让人分心的时间段，与员工事先商讨双方都能接受的时间，选择安静、轻松的环境，双方成一定夹角而坐，给员工一种平等、轻松的感觉。使用什么样的开场白，往往取决于谈话的对象与情景，可以设计一个缓冲带，但时间不宜太长，好的开始是成功的一半。

内容具体。面谈交流要直接而具体，不能作泛泛的、抽象的、一般性评价。对于主管来说，无论是赞扬还是批评，都应有具体、客观的结果或事实来支持，使员工明白哪些地方做得好，差距与缺点在哪里。比如，员工小李为了赶一份研发项目计划书而经常加班，这时就不能仅仅说“表现很好”之类的话，而是要把员工做的具体事特别点出，比如“小李，你经常加班赶计划书，领导对你的敬业精神很赞赏，对计划书的编写也很满意”。这样，小李就会感受到不仅加班受到了表扬，而且计划书也获得了通过，受到了赏识，既有说服力又让员工明白主管对自己的关注。如果员工对绩效评估有不满或质疑的地方，向主管进行申辩或解释，也需要有具体客观的事实作基础。这样只有信息传递双方交流的是具体准确的事实，每一方所作出的选择对另一方才算是公平的，评估与反馈才是有效的。

双向沟通。面谈是一种双向的沟通，为了获得对方的真实想法，主管应当鼓励员工多说话，充分表达自己的观点。因为思维习惯的定向性，主管似乎常常处于发话、下指令的角色，员工是在被动地接受；有时主管得到的信息不一定就是真实情况，下属迫不及待地表达，主管不应打断与压制；对员工好的建议应充分肯定，也要承认自己有待改进的地方，一同制订双方发展、改进的目标。

关注行动。绩效反馈面谈中涉及的是工作绩效，是工作的一些事实表现，员工是怎么做的，采取了哪些行动与措施，效果如何，而不应讨论员工个人的性格。员工的优点与不足都是在工作中体现出来的，性格特点本身没有优劣好坏之分，不应作为评估绩效的依据。对于关键性的影响绩效的性格特征需要指出来，必须是出于真诚的关注员工与发展的考虑，且不应将它作为指责的焦点。

寻找原因。反馈面谈需要指出员工不足之处，但不需要一味批评，而应立足于帮助员工改进不足之处，指出绩效未达成的原因。因为出于人的自卫心理，在反馈中面对批评，员工马上会作出抵抗反应，使得面谈无法深入下去。但主管如果从了解员工工作中的实际情形和困难入手，分析绩效未达成的种种原因，并试图给以辅助、建议，员工是能接受主管的意见甚至批评的，反馈面谈也不会出现攻守相对的困境。

充分信任。没有信任，就没有交流，缺乏信任的面谈会使双方都感到紧张、烦躁，不敢放开说话，充满冷漠、敌意。而反馈面谈是主管与员工双方的沟通过程，沟通要想顺利地进行，要想达到理解和达成共识，就必须有一种彼此信任的氛围。主管人员应多倾听员工的想法与观点，尊重对方；向员工沟通清楚原则和事实，多站在员工的角度，努力赢得员工的理解与信任。

本章小结

1. 绩效考核又称绩效评估，或绩效评价，是指考核主体对照工作目标或绩效标准，采用科学的考评方法，评定员工的工作任务完成情况、员工的工作职责履行程度和员工的发展情况，并且将评定结果反馈给员工的过程。

绩效管理则是一套完整的系统，它将员工绩效和组织绩效相融合，将员工绩效管理提升到战略管理层面。这套系统包括绩效计划、绩效实施、绩效考核、绩效反馈、绩效结果运用等环节。

2. 常用的绩效考核方法有：图尺度评价法、行为尺度评价法、行为观察评价法、比较法、关键事件法、关键绩效指标法、目标管理法、平衡计分卡、360度评价法等。每种方法的优缺点及使用范围不同。在考核过程中应避免以下问题：工作绩效考核标准不明确，晕轮效应，居中趋势，偏松或偏紧倾向，评价者个人偏见及员工过去的绩效状况影响等。

3. 绩效反馈是绩效评估工作的最后一环，也是最关键的一环，能否达到绩效评估与绩效提升的预期目的，取决于绩效反馈能否有效实施。绩效反馈是管理者将绩效评价的结果反馈给被评估对象，主要包括已经取得的成绩、存在的问题和不足，下一阶段新的绩效目标以及提升绩效的计划等。在实践中应注意绩效反馈面谈的内容及原则。

专业术语

绩效考核 Performance Appraisal
绩效管理 Performance Management
绩效指标 Performance Indicator
绩效标准 Performance Standard
绩效反馈 Performance Feedback
绩效面谈 Performance Interviews
行为尺度评价法 Behaviorally Anchored Rating Scales
关键绩效指标 Key Performance Indicator
平衡记分卡 Balance Score Cards
360 度反馈 360 Degree Feedback
目标管理法 Management by Objectives

复习思考题

1. 什么是绩效、绩效考核以及绩效管理？
2. 绩效管理与绩效考核有何区别和联系？
3. 绩效管理的目的是什么？
4. 绩效考核指标制订应该遵循哪些原则？
5. 绩效考核的方法有哪些？各有什么优缺点？
6. 如何进行绩效反馈面谈？

深度学习

[1] 卡普兰，诺顿．平衡记分卡：化战略为行动［M］．广州：广东经济出版社，2004.
[2] 孙宗虎，权锡哲．绩效考核量化管理全案Ⅱ［M］．北京：人民邮电出版社，2010.
[3] 方振邦．韩国地方政府绩效管理实践及其对中国的启示——以富川市构建平衡计分卡系统为例［J］．东北亚论坛，2010（1）.
[4] 刘昕．走出高绩效管理的误区［J］．人力资源，2008（15）.
[5] 邹晓春．人力资源管理88个工具［M］．北京：人民邮电出版社，2011.

案例分析

A 公司的绩效考核[4]

公司背景

A 公司是一家以开发、生产和销售电动工具为主要业务的公司。在 1998 年以前，主要从事出口贸易，即从国内有关厂家采购产品卖到国外。随着欧美市场的开拓，出口量逐年增大，为保证产品质量、供货及时和降低采购成本，该公司又相继成立了产品设计开发部门和生产制造厂，企业发展势头很好，人员也从最初的几十人发展到 500 多人。随着企业规模的扩大和复杂性增加，公司管理也遇到一些问题。其中比较突出的是绩效考核问题。

问题出现

该公司以前没有系统的绩效考核制度。到了年底，各部门让员工回顾一下本年度的工作，每人写一份书面总结，然后由部门主管就每个人的小结签个意见（尽管有优良中差的等级，但大多数人得的都是“良”），最后交给人力资源部算完事。至于奖金（红包）的多少，基本是总经理张总一人说了算。原先人少的时候倒也相安无事，一是他对每个人情况都了解，评价大体还算公正；二是原先只有贸易这一块，大家干的事差不多，矛盾并不突出；三是虽然声称奖金发放是根据贡献，可实际上主要还是依据每个人的职务和资历，而且差距不是很大。尽管张总要求大家不要互相打听各自的奖金数，可私底下谁都心知肚明。这种方法实行了几年，虽然谁对它都不满意，可大家也不太把它当回事。不过近年随着企业规模的扩大，部门的增多，考核方面的问题变得突出起来。首先是各个部门都对现行的考核方法有意见，都觉得对自己不公平，而且常常为此闹矛盾。其次是似乎各个层面的人都对考核和红包发放不满，去年年底接连发生骨干跳槽，有人甚至公开说，“什么贡献业绩，干好干坏还不都是老板一句话，没想到，这里的大锅饭比国企还厉害”。

张总觉得这样下去也是个问题，于是找来了新上任的人力资源部王经理：“你了解一下目前公司考核的主要问题到底在哪里，然后搞一套绩效评估方案。要求有三项，一是能够测量出每个人工作的真实情况并作出实事求是的评价；二是能调动大伙儿的积极性，拉开差距；三是要让各部门主管有压力，别把矛盾都交到我这里。”

王经理刚刚MBA毕业，虽然才到公司，情况不大了解，但凭着以往对企业的了解和学校学的知识，她对做好这项工作还是有信心的。为使考核方案有针对性，她决定先作一番调查。

首先来到公司设计部。她知道这是公司的核心部门，也是老板最重视的部门之一。可最近这里跳槽的人不少，成了老板的心病。

设计部李主任一听到她的来意就发起了牢骚：“咱们公司的考核制度早该改了，再不改人都跑光了。”

王经理笑着说：“不改对你有什么影响？谁不知道设计部的红包是全公司最大的。”

李主任说：“你以为多发钱就没事了？关键是怎么发。我给你举个例子，我们设计部一共五名设计师，小王年龄最小、到公司最晚，工资也最低。可他去年一个人就开发了四个新品，是全设计部最多的，卖得都不错。可到年底发奖金所有的人一样。我去找老板，老板说这已经对他破例了，如果根据级别和进公司的年限他还拿不到这么多。你说这是什么话？小王现在跟我提出要走，不然就加工资。你说我怎么办？”

王经理说：“那按每个人设计新产品的数量发奖金不就得了……”

“没这么简单”，李主任打断她的话，“产品设计不能光看数量，还要看市场销路，看它带来的利润，评价起来比较复杂。还有，咱们公司是低工资、高奖金，表面看起来刺激力度很大，可这么低的工资水平根本找不到好的设计师。我这里都是大学毕业生，招聘的时候他们最看重基本工资是多少，与其他公司相比有没有竞争力，人家可不是跟车间的工人比。工资低就把奖金看得特别重，如果奖金波动太大，大家无法接受；可不拉开差距，分配不公平又难以留得住人。你是MBA，帮我们出个主意吧。”

王经理哑然了，她一时还真想不出该怎么办。

……

从设计部出来，王经理找到了生产部经理老宋。老宋原是一家大型国企的副厂长，抓生产很有一套。他说：“我现在统统采取计件工资制，一个月考核一次，对前10%给双奖，后5%黄牌警告，连续两次都在最后就走人，实行末位淘汰。哈哈，实行下来效果不错。还是民营企业机制好，辞退人没那么多麻烦。多劳多得，不劳不得，谁都无话可说。”他大手一挥，很自信的样子。王经理知道老宋的绰号是“大吹”，便长了个心眼儿，又去找了生产部的几名班组长和工人了解情况。谁知大伙儿对目前的考核办法都一肚子意见。班组长的意见主要集中在工时定额上。A公司产品的特点是多品种、小批量，以出口为主，一旦有订单工期就特别紧。要确定每个产品、每道工序的工时定额特别麻烦，有时根本来不及。标准定高了，工人不接受；定低了，老板不满意，弄得两头受气，各工种还经常为此闹矛盾。工人们的意见则又加上一条，“实行计件工资，奖金占了很大一块，可有没有活干，却不取决于我们。忙的时候忙死，闲的时候闲死，各道工序、班组情况也不一样，都用一项标准衡量，还搞什么末位淘汰，不仅不合理，压力也太大”。

“这事你们向老宋反映过么？”王经理问。“反映过，可没用。为定额的事情找到老宋，他就毛估估，随意性很大；但考核时又卡得很死，让人没法接受。”“那你们说应该怎么办？”大伙儿面面相觑，似乎也没什么好办法。

王经理带着一堆问号离开了生产部，她开始感到老板交办的事并不像开始想的那么简单。她知道公司副总兼国际部经理许总是当年与张总一起打天下的元老，对公司的情况最清楚，或许他能给自己出些主意。为使谈话有的放矢，王经理决定先找国际部其他人了解情况。

国际部对外称A贸易公司，有30多人。内部又分为欧洲部、北美部、亚洲及澳洲部等。公司的客户大部分在欧洲和美国，近年来由于产品开始打入美国的连锁超市，出口增长很快，去年的出口额达到3000多万美元，其中大部分产品是从国内采购的，少部分是自己生产的。因此，国际部的人很“牛”，觉得公司有今天主要是靠他们。国际部除一些销售经理外，还有不少文员（主要是些大专毕业的女孩子）负责传真信函、联系客户、接听电话、打字录入等工作。按说国际部的收入是全公司最高的，可跳槽最多的也是这里。近两年有好几个骨干跳槽，或是到竞争对手那里，或是自己成立公司，这是让张总最头痛的。王经理曾私下问过那些走的人究竟为什么离开公司，得到的答案归结起来主要有：一是国际部的收入虽然在公司内部算高的，但与其他公司相比并不高；二是对现行的考核方式不满，不知道评价的依据是什么，既不是根据各部门的业绩（比如欧洲、北美部的销售额是全公司最高的，但年终奖差距并不大），好像又不是看每个人辛苦程度（比如加班加点，公司根本没有加班这一说）；三是他们没说出口，但又是促使他们离开的主要原因，就是公司的主要领导都是有公司股份的，而他们辛辛苦苦干了这么多年，只拿工资和奖金，心理上有些不平衡。“我们不知道自己在这里干究竟为什么！”一个离开公司的骨干这样说。

王经理把了解到的情况向许总作了汇报，许总听了笑笑说：“他们说的是有些道理。可你想过没有，我们公司的市场主要在欧美，客户比较稳定，而其他市场还处在开拓阶段，销售量很小，如果考核完全根据销售额，谁愿意做市场开拓工作呢？说到没有加班费也是这样，由于时差关系，我们的许多工作必须在晚上进行，白天反而可能没什么事。我们只是要求你必须在规定期限完成任务，每天工作时间长短倒不重要。还有一点我可以告诉你，正是因为欧美市场特别重要，我们投入的时间精力也最多，老实说主要的市场和客户都是张总和我亲自跑的，一些大订单也是我们亲自谈的，他们只是做一些联络、制作单据等方面的辅助工作。你说业绩究竟应该算他们的，还是我们的？这就是我们在考核和奖金发放上一直采取模糊办法的原因，有时考核太细未必效果就好。至于股份……这好像不属于考核问题。其他部门的情况我不是太了解，不好说什么。不过现在的绩效考核方法确实有问题，是应该作些调整。你先出个方案我们再商量。”

王经理转了一大圈，觉得公司问题多多，谁的话似乎都有道理，但又好像都有偏颇。究竟怎样才能制订一套合理和有效的绩效评估系统，完成老板交给的任务，她一时有些茫然。

思考题：

1. A公司的绩效考核系统存在什么问题？
2. 为什么过去的一些考核方法现在行不通了？
3. 王经理应该怎样考虑和设计A公司的绩效考核系统？

10 第10章 薪酬与福利管理

【学习目标】

- 掌握薪酬的概念、内涵与构成
- 掌握薪酬设计原则
- 掌握基本薪酬体系的种类
- 掌握奖金的含义、作用和种类
- 掌握福利的含义与福利的组成部分

引导案例

小陈为什么辞职

位于上海市的光明公司是一家IT企业，公司的主要产品是管理软件。小林与小陈是光明公司的技术骨干，俩人以前是大学同学，后来又一起进入光明公司工作，技术水平难分高低。

小林和小陈分别负责不同的产品研发，小林负责A产品，小陈负责B产品，经过一年的艰苦努力，A、B两个产品同时完成推向市场，但市场的表现却完全不同，A产品很快被市场所接受，为公司带来很大的经济效益，而B产品却表现平平。

由于A产品的经济效益，年底公司决定为小林增加基本工资，而小陈负责的产品表现不好，基本工资未动。公司的决定迅速在员工中流传，也很快传到了小陈的耳朵里。

于是，小陈找公司领导谈话，他认为自己受到不公正的评价，因为B产品表现不好，不是产品本身的原因，而是B产品被市场接受需要一定的时间。公司只给小林增加基本工资，小陈觉得自己的工作没有得到公司的认可。而公司领导认为市场可以评价一切，没有接受小陈的意见。

很快，小陈离开了光明公司加入了竞争对手Y公司，依然负责与B产品类似的产品。半年后，市场开始接受该产品，Y公司在该产品上取得了良好的经济效益。

显然，在引导案例中，是光明公司对于员工激励失当导致小陈的离职，而Y

公司在该产品上取得的良好经济效益说明小陈对市场走向的判断正确。光明公司薪酬发放唯业绩论的指导思想导致优秀人才流失，不能不说是公司的一大损失。这个例子启发我们考虑关于激励与薪酬的两个问题：一是为什么激励，不同激励方式会产生什么样的结果；二是激励什么，有哪些要素是组织希望通过激励提倡的。激励结果与激励本身密切相关，直接决定着员工工作积极性以及对组织的忠诚。所以，从组织角度说，懂得如何激励、如何奖励，以及懂得哪些事情该奖或不该奖非常重要。

10.1　薪酬基本概念

10.1.1　薪酬与报酬

薪酬概念的演变

作为劳动者通过提供劳动换取的有偿回报，薪酬存在于不同历史阶段和不同国家地区，不过不同情境下针对不同劳动方式，薪酬的表达方式也有所不同。中国自古至今，有关于俸禄、束修、薪水、饷银、工钱、给养、工资等不同表述。

在国外，“薪酬”一词大致经历了从 Wage 到 Salary，再到 Compensation，最后演变为 Total Rewards 的过程。大约 20 世纪初期，企业里的大部分工作由体力劳动者承担，此时薪酬的主要形式是“工资”（Wage），即支付给蓝领工人（体力劳动者）的工资，他们根据每天的工作量来领取报酬。20 世纪 20 年代以后，出现了“薪水”（Salary）一词，主要代表脑力劳动者（管理人员及专业人员）的收入，通常以月或年为单位，定期支付给员工。后来很多优秀的公司，为了培养雇员的团队协作精神，把所有员工的基本薪酬都定位在 Salary 上。他们认为，所有员工都是在团队中工作的，不应该人为把他们划分为薪水阶层和工资阶层。Salary 的概念主要是在 20 世纪 80 年代以前盛行，到了 80 年代以后，由于工作的差别日趋缩小，两者的区别也逐渐模糊起来。随着生产过程走向机械化与自动化，在生产一线的工人也需具备较高的技能与较多的知识。以前脑力劳动者的薪水往往比体力劳动者的工资高，而现在许多体力劳动者的工资甚至高于脑力劳动者的薪水，因此严格将二者区分已没有太大的意义和必要。

当前，薪酬在英语里直接对应的词汇是 Compensation，具有报酬、补偿的意思，主要指员工向任职单位提供所需要劳动而获得的各种形式的报酬或者补偿，这一概念使薪酬含义更加丰富，这也是本书采用的“薪酬”含义。

报酬体系及其分类

依照管理理论，薪酬管理实践来自管理者对被管理者进行激励的必需。激励是激发和鼓励人们为实现所期望的目标采取行动的动力，激励的过程就是管理者引导并促使员工产生有利于管理目标行为的过程。激励理论在实践中可用于多种用途，其中最具体、最直接、最有效的激励手段就是报酬体系的设计与管理。

“报酬”（Reward）指员工因为为某个组织工作而获得的所有各种其认为有价值的东西的统称，是激励理论在管理实践中最完整的体现，如表 10–1 所示。根据报酬的不同形式和报酬对员工激励作用的方向，报酬可以进行如下分类。

表 10–1

报酬体系构成

报酬（Total Reward）			
经济性报酬（外在）		非经济性报酬	
货币性	非货币性	工作（内在）	工作环境（外在）
工资 奖金 津贴 佣金 延期支付	法定福利 企业福利	有趣的工作 挑战性 责任感 褒奖的机会 成就感 发展机会	合理的人事制度 和谐的人际关系 意气相投的同事 恰当的社会地位 舒适的工作条件 弹性工作时间

经济性报酬与非经济性报酬[1]

经济性报酬指在员工提供劳动与企业支付报酬之间进行的经济性交换，可以分为直接经济报酬和间接经济报酬。其中直接经济报酬指个人获得的以工资、奖金、津贴及佣金形式表示的全部报酬，这也是员工日常能够获得的货币性收入；间接经济报酬也就是福利，它是指员工货币性收入以外的其他各种经济回报，如社会保险、年节假期、娱乐设施、幼儿看护等。这种报酬形式一般不以直接货币的方式兑现，但包含了员工间接得到的诸多经济利益。

非经济性报酬指员工通过工作获得（或在工作过程中享受的）由组织为员工提供的心理满足，它更多强调心理或物质环境方面的收益而非经济效用。例如员工由于努力工作而得到晋升、表扬或受到重视，从而产生的荣誉感、成就感、责任感等。非经济性报酬包括工作和工作环境两个方面，前者强调工作本身给员工带来的满足感和成就感，后者强调物质条件为员工提供的工作便利。

内在报酬和外在报酬[2]4

内在报酬指能够对员工内心产生心理激励的报酬因素。例如有足够趣味或挑战性的工作，可以满足员工的心理需求，这种情况下员工一般无须外在监督便会有自发的工作积极性。

外在报酬指能够对员工产生外部刺激的激励因素。例如经济性报酬和工作环境，通过增加经济收益或优化物质条件保持员工的良好工作状态。

薪酬概念的界定

前面分别分析了薪酬（Compensation）和报酬（Reward）的概念，显然二者有所不同又存在重合。实践中不同用人单位因激励策略与核算口径不同，同样的薪酬概念往往有着不同的界定，包含不同内容。一般来说，薪酬概念的界定存在三种口径：

最宽口径的概念。指员工通过为组织工作而获得的所有来自组织的回报的总和，包括内在也包括外在的，包括有形的和无形的，此时薪酬等于报酬。这一口径的薪酬概念与激励理论密切结合，多用于理论研究和高层薪酬规划及策略。

中等口径的概念。指员工因提供了工作所需劳动而获得的各种形式的经济收入，包括货币收入（薪酬）和非货币收入（福利），也包括有形工资和无形服务。这一口径的概念又称"总薪酬"，是企业获利并进行分配时的员工价值总量，其整体设计和数量构成通常在薪酬制度中得到充分体现。

最窄口径的概念。这里的薪酬仅指货币性薪酬（基本薪酬和可变薪酬之和），不包括福利。需要指出的是：今天的业界薪酬管理越来越习惯运用最窄口径的薪酬概念。因为过去劳动者获得的收入总量中福利所占比例较小，且大部分企业采用普惠制福利，基本上从属于基本工资，福利的个性化激励作用几乎为零。而现在，越来越多的企业注意到福利的个性化激励作用，福利在工资总额中所占比例越来越大，新式福利计划设计层出不穷，福利成为需要特别重视的激励手段，因而有必要将其从单纯的薪酬概念中分离出来。本书所指薪酬便是这一最窄口径的薪酬含义。

总薪酬的基本构成

鉴于非经济性报酬难以进行数量核算，日常薪酬管理工作一般只对经济性报酬（总薪酬）进行核算和设计。从表10–1中可见，货币薪酬部分包括了工资、奖金、津贴和佣金。这里工资体现公平律，是组织向员工支付的在一定时期内保持相对稳定的薪酬形式，又称基本薪酬；奖金和佣金体现贡献律，往往随工作绩效变动而变动，又称可变薪酬；非货币薪酬（福利薪酬）体现需求律，其不以员工为组织提供工作数量为计算单位，而由企业根据激励目标和经营状况进行设计，用以满足员工工作保障及生活精神等方面的需求。基本薪酬、可变薪酬、非货币薪酬是总薪酬的三个主要组成部分，三者数量之比常成为总薪酬设计分配的指导基础。

10.1.2　薪酬设计原则

企业要想吸引、激励和留住有能力的员工，一套合理的薪酬制度起着不容忽视的重大作用。通常，制定薪酬制度应遵循以下原则。

公平原则。即薪酬发放要让职工感觉到被公平对待。这是设计薪酬制度和进行薪酬管理时要首先遵循的原则。公平原则的衡量标准主要是员工对薪酬发放是否公正的判断与认识。这种公平由三个部分构成：

（1）外部公平。指企业员工所获得的薪酬与同一地区同一行业或同等规模的企业员工（或者其他企业从事类似工作的人）相比基本保持一致，因为他们的知识、技能和经验要求基本相同，所作出的贡献也基本相同。通过薪酬调查所得的资料能够显示组织薪酬外部公平的情况。

（2）内部公平。指同一企业不同职务所获得的薪酬与其作出的贡献基本一致，工作评价是决定内部公平的主要方法。

（3）个人公平。指同一企业担负相同或相似职位的人所作贡献与所获薪酬基本一致，这里的标准是依据员工的个人因素，诸如业绩水平和资历等。个人平衡可以通过绩效考评和档案登记来测定。

激励原则。指在企业内部各类、各级职务的薪酬标准上，适当拉开距离，根据劳动差别确定薪酬差别，体现工资分配的导向作用及多劳多得精神。具体方法可以根据薪酬的不同构成作出调整，如薪酬与业绩挂钩、增加岗位津贴、实施管理入股等。

竞争原则。即企业的薪酬标准在社会上和人才市场上要有一定的吸引力，有一定的竞争性。虽然薪酬具体标准的确定要以企业自身财力及经营状况为准，但基本水平不能低于（或明显的低于）市场平均水平，否则即便留住员工也难以为继，更谈不上吸引人才了。

合法原则。即薪酬制度的内容条款不得违背国家法令和政策。合法原则是薪酬设计在法律层面的约束条件，也是员工权益得以落实的法律保障。中国法律法规针对员工工资设计及发放有详细的规定，如最低工资、加班工资核算、劳动补偿等。所以这里的合法原则既指企业在工资管理方面要合乎法律要求，也指在工资发放方面不得侵害员工权益。

经济原则。即企业薪酬设计要考虑经济因素，量入为出。既考虑到激励原则、竞争原则支持的高薪酬策略，又要考虑到合理配置劳动力资源，不使过高工资造成薪酬压力，尽量使员工的知识、能力、工作业绩与企业财务实力相吻合。

10.1.3 薪酬调查

薪酬调查就是通过各种正常的手段，来获取相关企业各职务的报酬水平及相关信息。对薪酬调查的结果进行统计和分析，就会得到企业外部的薪资水平和工资流行情况，这些资料是保持薪酬外部平衡和制定薪酬管理决策的主要依据。

薪酬调查的目的。薪酬调查的目的主要在于为以下工作提供参考：确定新入员工的起点薪酬标准；调整企业整体薪酬水平；调整员工晋升工资；调整具体某岗位的薪酬水平；决定引入人才的薪酬竞争价位，同时为了避免跳槽，确定重点人才的薪酬水平。

薪酬调查的前提条件。由于薪酬管理和薪酬数据在许多企业属于自有资源或者商业秘密，故薪酬调查只能在以下条件允许时才能成功：征得被调查企业的同意，本着相互交流的态度，事先与有关单位联系好；资料来源准确可靠，不能相信道听途说，得到资料后还应再比较一下岗位职责的相似程度；所得资料要及时有效，根据情况及时更新。

薪酬调查的主要内容。一般包括三个方面：同行业企业员工特别是高级管理人员和专业技术人员的工资水平，调资时间、调资范围和调资幅度；本地区工资平均水平和本地区同类型或相近类型企业的工资状况；相同或相近企业的工资结构，包括基本工资、奖金、津贴等直接资金报酬，也包括以佣金、分红、股票期权等形式出现的间接资金报酬，还包括其他非货币性报酬如带薪休假、各种保险计划、弹性工作制度、住房补贴等。

薪酬调查的渠道。一般有如下五种：通过相关企业间的相互调查，互通有无；参加同行业俱乐部或各种协会、学会，实行同行业之间的定期交流；委托专门提供此项服务的专业公司调查；从有关管理部门或机构获取资料，如政府有关部门的统计资料及对某些职位所作的定期工作调查报告；从公开的信息中选择、分析、了解，如招聘广告和人才交流会有时能够透露一些薪酬消息。

10.1.4　薪酬的作用

薪酬是企业提供给员工的劳动报酬，它代表了企业与员工之间的一种利益交换关系。对于企业和员工来说，薪酬具有重要的作用，它是企业能够运作起来的关键。所以薪酬的作用可以从企业与员工两种角度作出分析。

企业角度

企业获得优势人力资源的主要方式。企业的管理，从某种程度上说是对人力资源的管理，人力资源是企业得以有效运行的重要资源之一，因此，能够获得优势人力资源是企业成功的重要因素。而企业获得优势人力资源的一个重要方式就是给员工提供有竞争力的薪酬，有竞争力的薪酬体系是企业吸引人才、留住人才的关键。企业与员工之间本质是利益交换的关系，只有双方的利益得到有效的满足，这种经济关系才能够形成。所以，薪酬是企业获得优势人力资源的重要方式之一，是维持企业与员工关系的纽带。

控制经营成本，提高企业运营效率。随着人力资本价值的提高，薪酬在企业总成本的构成比例日益增大。较高的薪酬水平可以吸引和保留人才，但是，较高的薪酬水平会带来企业生产成本上的压力，从而对企业在产品市场上的竞争产生不利的影响。企业一方面需要获得优秀的人力资源；另一方面需要控制成本，需要利益的权衡。不同的行业和不同的企业，薪酬成本在企业成本中的构成不一样，所以每家企业都应充分发挥企业的潜力，对企业的利益和成本进行有效权衡。因此，利用薪酬吸引人才和留住人才，并关注薪酬成本的变动，寻求成本控制的有效途径，是企业人力资源管理的重点。

改善经营绩效，促进企业战略实现。

薪酬，全面而言，是薪酬的制度和管理系统，指导着员工的工作行为和工作态度。它向员工传递一种特别强烈的信号，通过这种信号可以让员工知道什么样的行为、态度以及业绩是受到鼓励的，是对企业有贡献的，从而使员工的行为和工作态度以及最终的绩效朝着企业期望的方向发展，有助企业战略的实现。相反，不合理和不公正的薪酬则会使得员工采取不符合企业利益的行为，使企业遭受损失，难以达到经营目标。因此，如何制定合理有效的薪酬制度和体系以改善企业经营绩效并促进企业战略的实现，是企业薪酬管理的一项重大课题。

员工角度

员工及其家庭基本生活的保障。对于员工来说，薪酬是员工维持自身及家庭生活的主要来源，它对劳动者及其家庭的生活所起的保障作用是其他任何收入保障手段都无法替代的。企业薪酬必须能够保障员工的基本生活需求，不然企业将无法招到人，企业也就无法运行，而且各国一般都会通过最低工资保障制度来维护和实现员工的利益。因此，薪酬具有保障员工基本生活需要的职能。

员工激励作用。薪酬是企业支付给员工的劳动补偿，它与员工的物质利益密切相关，同时又是根据员工提供的劳动数量和质量、所做出的工作业绩来支付的，具有强大的激励作用。好的薪酬制度能够指导员工的行为，激励员工努力为企业作出奉献。

价值实现作用。薪酬是对员工工作业绩、综合素质能力的认可和回报，是个人价值实现的重要信号。薪酬水平的高低反映了员工在企业中的地位和作用。薪酬不仅能从物质上保障员工的生存需要，还在一定程度上体现了员工自我价值实现的程度，增强了员工对企业的信任感和归属感。

10.2　基本薪酬体系

总薪酬划分为基本薪酬、可变薪酬、福利薪酬三部分，其中基本薪酬（Basic Pay）是最基础的部分，它不仅为员工提供了基本生活保障和稳定的收入来源，通常还作为可变薪酬的计算基数，所以基本薪酬体系的设定在组织整体薪酬设计中起着举足轻重的作用。

从支付基础来看，企业薪酬支付基础主要有三个：基于职位（Pay for position），基于能力（Pay for competence，也叫 Pay for person）和基于绩效（Pay for performance）。通常，基本薪酬的决定常采用基于职位或基于能力为基础，可变薪酬（奖金）的发放多采用基于绩效基础。我们将以职位为基础确定基本薪酬的薪酬体系称为职位薪酬体系，将以能力为基础确定基本薪酬的薪酬体系称为能力薪酬体系。设定基本薪酬体系的实践中，可以单独采用基于职位或者基于能力的薪酬体系，也可以根据不同职位等级分别采用多种薪酬体系。下面详细介绍两种基本薪酬体系设计及内容。

10.2.1　职位薪酬体系

职位薪酬体系的特点

职位薪酬顾名思义就是以职位为付酬基础的薪酬，职位薪酬体系指首先对职位本身的价值作出客观的评价，然后根据这种评价的结果赋予承担这一职位的人与该职位价值相当的薪酬的基本薪酬体系。职位薪酬体系是一种比较传统的确定员工基本薪酬的制度，它最大的特点是员工担当什么样的职位就得到什么样的薪酬，它只重点考虑职位本身的价值，很少考虑人的因素。这种薪酬制度建立在这样一种假设前提下，即每个职位上的人自身所具有的技能与职位要求都是吻合的，员工薪酬增加必须依靠职位晋升才能实现。换句话说，这一薪酬体系有一种暗含意义，就是不鼓励员工掌握更多超出职位要求的技能与知识。

职位薪酬体系的设计流程

基于职位薪酬体系的设计步骤，如图 10-1 所示。

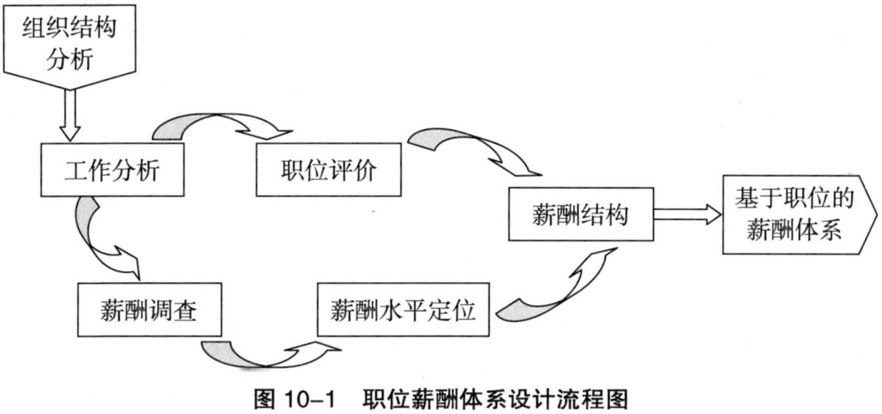

图 10-1　职位薪酬体系设计流程图

了解企业战略和基本组织结构

作为企业赢得竞争优势的一个重要源泉，薪酬以及薪酬管理必须能够支持企业的经营战略，与企业组织结构相符合，与企业的文化相容，并且对外界压力作出快速反应。因此，在企业基本薪酬设计的开始，必须了解企业的战略和组织结构。

工作分析或职位分析

职位分析指的是了解一个职位的有关信息并以一种格式把这种信息描述出来，从而使其他人能了解这种工作的过程。它所要回答的主要是这样两个问题：第一，某个职位上的任职者应该做些什么，怎样做，为什么要这样做。第二，由什么样的人来承担这个职位上的工作才是最合适的。也就是说，企业通过职位分析可以得到两类信息：第一类信息被称为职位描述（Job description）。它是对经过职位分析所得到的关于某一特定工作的职责与任务的一种书面记录。它所阐明的是一种工作或某个职位的职责范围及其内容。通过职位分析得到的第二类信息被称为职位规范。它是对适合承担被分析职位的人的特征所进行的描述，所以职位规范又被称为任职资格条件。它主要阐明适合从事该工作或岗位的人所应当具备的受教育程度、技术水平、工作经验和身体状况等条件。

编写职位说明书

通过上面的职位分析活动我们可以得到各种信息，把重要的信息按照一定格式描述出来并加以确认，就可以得到职位说明书。职位说明书通常分为职位描述和职位规范这两个部分。职位说明书主要由以下几项要素组成：职位标识、职位目的、主要职责、关键业绩衡量标准、工作范围、工作环境和工作条件、任职资格要求和其他有关信息。

职位评价

职位评价，又称职位评估或工作评价，是指在职位分析的基础上，采取一定的方法，对职位的影响范围、职责大小、工作强度、工作难度、任职条件等特性进行评价，系统地确定职位在组织中的相对价值，并据此建立起一种涵盖组织中所有职位的价值结构。职位评价的方法分为定性评价法和定量评价法。定性评价方法有两种，即排序法和等级分类法；定量评价法也有两种，即要素比较法和点数法。

排序法。排序法是根据一些特定的标准，如工作的复杂程度、对企业的贡献大小等，对各个职位的相对价值进行整体的比较，进而将职位按照相对价值的高低排列出次序的职位评价方法。排序时基本采用三种做法：直接排序法，即按照职位的说明，根据排序标准从高到低或从低到高进行排序；交替排序法，即先从所需排序的职位中选出相对价值最高的排在第一位，再选出相对价值最低的排在倒数第一位，然后从剩下的职位中选出相对价值最高的排在第二位，依此类推；配对比较法，也称相互比较法、两两比较法，就是以棋盘方式将所有要进行评价的职位按纵、横对称顺序列在一起，纵横交错两两配对比较，其价值较高者可得 1 分，较低者不得分，最后将各职务所得分数相加，其中分数最高者即为高价值职位。按分数高低顺序将职务进行排列，即可划定职务等级。

等级分类法。等级分类法通过制订出一套职位级别标准，将职位与标准进行比较，并归到各个级别中去。职位级别体系包括确定等级的数量和为每一个等级建立定义和描述。

要素比较法。要素比较法是对职位排序法的一种改进。这种方法与职位排序法的主要区别是：职位排序法是从整体的角度对职位进行比较和排序，而要素比较法则是选择多种薪酬因素，按照各种要素分别进行排序。采用要素比较法的关键是设计等级基准表，首先要分析基准职位，通过对一系列共同付酬要素的分析，细化基准职位付酬要素的对应薪酬；最后把需要评价的职位放入基准表，通过与基准职位的比较得出具体薪酬数。这里的付酬要素必须能够体现出职位之间的本质区别。

点数法。又称要素计点法，是通过计算点数和点值的方法对不同职位价值进行评价，最终再经过点值与点数的换算计算出员工薪酬数的一种定量方法。与另三种方法比较，要素计点法比较复杂，也是量化最为精细的。主要有三项基本特点：一是要有报酬要素，二是要素的等级可以量化，三是权重反映各要素相对的重要性。

除了以上四种主要的职位评价方法，目前还流行其他两种职位评价方法：IPE 职位评价系统和海氏职位评价系统。

10.2.2 技能 / 能力的薪酬体系

技能 / 能力薪酬体系是一种以人为基础的基本薪酬决定体系。在以人为基础的薪酬体系中，个人为组织作出贡献的能力在薪酬决策过程中起主导作用，它所关注的是员工对组织作出贡献的能力的提高。其中，技能薪酬体系是一种长期以来一直存在的基本薪酬决定体系，它几乎有与职位薪酬体系同样长的历史。而能力薪酬体系则是近些年来才开始流行的一种基本薪酬决定方式，它实际上是技能薪酬体系基础上的一种拓展。在很多时候，广义的技能薪酬体系也包括能力薪酬体系。

技能薪酬体系

技能薪酬体系（Pay for Skill，Skill-based Pay，简称 SBP）是指企业根据一个人所掌握的与工作有关的技能、能力以及知识的深度和广度支付基本薪酬的一种报酬制度。这种薪酬体系制度通常适用于所从事的工作比较具体而且能够被清晰界定的操作人员、技术人员以及办公室人员。

技能薪酬体系通常可划分为深度技能薪酬体系和广度技能薪酬体系两种。深度技能是指通过在一个范围较为明确的具有一定专业性的技术或专业领域中不断积累而形成的专业知识、技能和经验。如，典型的大学教师的技能和职业发展就是一种深度技能的积累过程。由于专业化的要求，大学教师的教学和研究领域通常是相对较窄的，他们往往在某一领域（比如财务管理、人力资源管理、英语等）中不断积累和提高自己的水平，而不是什么课程都去教，什么研究都去作。表 10-2 是按照强调深度技能的思路来设计的技能薪资体系的示例，原料处理、配置、灌装、包装这几个不同的工作，分别都有三个不同层次的技能水平，不同的水平是深度技能积累的具体体现。

表 10-2

某生产企业深度技能薪资方案示例 [2]118

		技能种类			
		原料处理	配置	灌装	包装
技能水平	高级	A3	B3	C3	D3
	中级	A2	B2	C2	D2
	低级	A1	B1	C1	D1

广度技能与深度技能不同，它要求员工在从事工作时，需要运用其他上游、下游或者同级职位所要求的多种一般性技能。即要求任职者不仅能够胜任在自己职位范围内需要完成的各种任务，而且能够完成本职位之外的其他职位需要完成的一般性工作任务。

基于能力的薪酬体系

基于能力的薪酬设计是公司根据员工能力的高低给付员工报酬。基于能力的薪酬体系实际上是基于这样一种假设：员工的能力直接决定其创造的价值。因此，付给员工的报酬也应当根据其能力决定。

能力（Competency），可以理解为胜任能力、才干或素质，包括知识、技能、技术、流程和关系。能力薪酬体系是一种依据员工的胜任能力水平给付薪酬的制度。具有胜任能力特征的工作往往是复杂的，如管理人员、专业技术人员等其他白领的工作。能力薪酬包括技能薪酬和一般的能力薪酬，技能薪酬体系通常适用于生产型的企业，能力薪酬体系比较适合技术型、创新型等技术密集型的企业，尤其适合于各类组织中的高层管理职位和技术方面的白领职位，如基础研究、基础教育、技术开发这样一些产出周期长、技术含量高、创新要求高、绩效难于考核测度的职位。

能力薪酬体系一般可以分为两类：一是以基础胜任能力为基础的薪酬。它指的是胜任某个职位的职能或工作应该具有的能力，但是这种能力并不是企业的竞争优势所在。基础胜任能力薪酬制度的关键是建立胜任能力模型，即得到衡量能力的大体标准，并据此对员工的能力进行测评。二是以策略胜任能力为基础的薪酬。它是指非常难以得到的、能够影响企业竞争优势的、在本质上有一定策略性的能力。策略胜任能力薪酬是一种新生的薪酬制度，实际上是一种基于公司战略与核心竞争优势的胜任能力的薪酬制度。所谓核心竞争力，不是指企业在某些产品或市场上的竞争能力，而是指企业在某种科技或管理方面的竞争能力，这种能力使得企业具有不可模仿的竞争优势。这种竞争优势不会随着企业产品的落后或市场领先地位的丧失而消失，而会帮助企业适应产品的变化，重新获得市场。比如，索尼的核心竞争力在于精细的制作工艺，本田的核心竞争力在于节约型生产。这些企业不是总处于市场的领先地位，但是它们的核心竞争力总能帮助其紧跟市场的步伐。因此，这种薪酬制度要求管理者根据企业经营策略来确定所谓的策略能力薪酬。

10.2.3 基本薪酬体系制度的选择

以上基本薪酬体系并非在所有企业都适用，其与企业组织结构、文化特征、员工类别、企业所处行业以及企业不同发展阶段都有密切关联。不同基本薪酬体系类别在选择适用什么样的基本薪酬制度时，需要考虑以下问题。

组织结构。基于能力的薪酬体系并不是对所有的组织都适用。能力薪酬体系适用于扁平化的组织结构形式，层次较少，并且员工职位容易轮换；而传统的、金字塔式的组织结构形式中，等级森严，适用于基于职位的薪酬体系。

发展阶段。不同的组织发展阶段也需要有不同的薪酬支付形式作支撑。组织在初期阶段和处于高度竞争的环境中时，更适用于基于能力的、比较灵活的付酬方式，而在成熟阶段和衰退阶段则适合基于职位的薪酬体系。

组织文化。基于能力的薪酬体系适用于具有开放的、参与式的并且强调个人成就的企业。而强调组织性、规范性和团队合作的企业则可采用基于职位的薪酬体系。

员工类别。基于能力的薪酬体系适用于知识型员工占大多数并且企业的绩效由他们决定的企业，尤其是那些从事创造性工作的员工，比如研发人员。而诸如行政人员的工作则比较稳定且容易描述，适用于基于职位的薪酬体系。

10.2.4 其他薪酬制度

基本薪酬体系决定员工薪酬总量的基础部分，也经常是核算其他薪酬构成内容的基数部分。所以，一般情况下，基本薪酬体系直接体现着薪酬总量发放的基本规则。但是，企业薪酬设计并不仅有职位薪酬和技能 / 能力薪酬两种类别，现代企业经营的多样性及员工需求多样性决定了企业激励方式的多样性，亦即付酬方式多样性，这也决定了薪酬体系建设需要依据不同的基础，采用不同方式进行。现实中，根据企业付酬基础的不同，薪酬体系（制度）可大致分为五种类别，即基于人、基于工作、基于能力、基于协议、基于绩效的薪酬体系。如图 10–2 所示。

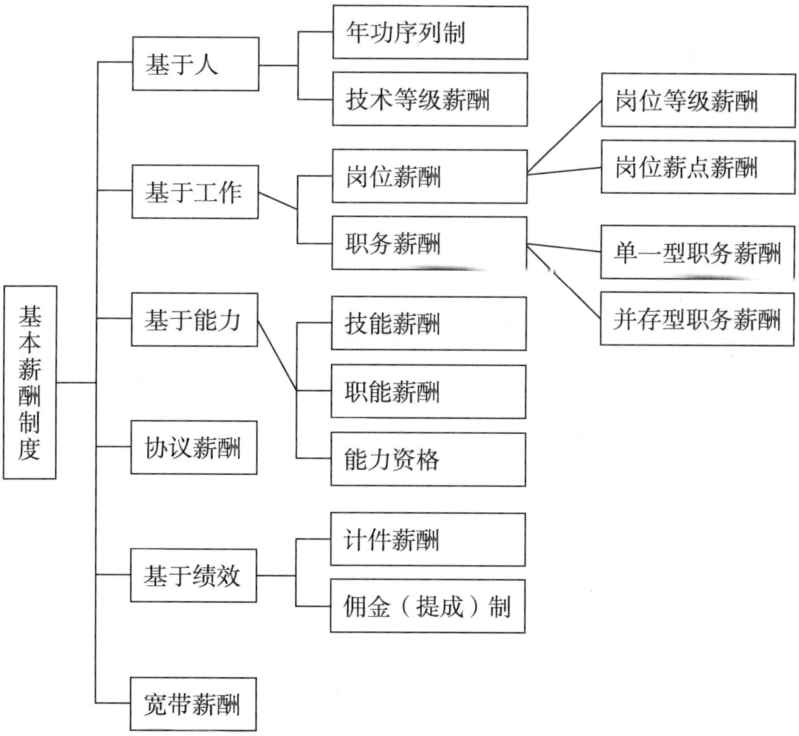

图 10–2 基本薪酬制度框架图

10.3 可变薪酬体系

10.3.1 可变薪酬的含义与特点

可变薪酬（Variable Pay）是为了奖励那些已经实现（超标）某些绩效标准的完成者，或为了激励追求者去完成某些预定的绩效目标，而在基本工资的基础上支付的可变的、具有激励性的报酬。国家统计局1990年1月1日发布的《关于工资总额组成的规定》将奖金定义为“支付给职工的超额劳动报酬和增收节支的劳动报酬”。

可变薪酬的特点

极强的针对性和灵活性。可变薪酬既可以鼓励某方面的工作，也可以抑制某方面的工作，能有效地调节劳动协作过程和重点保证某项工作。它既可以根据生产、工作的需要决定不同的奖励指标及其组合形式，又可以依照单位的劳动分工特点和实现的经济效益大小，灵活地决定可变薪酬标准、奖励范围和奖励周期等。

及时性。可以及时地弥补计时、计件工资的不足。不论经常性生产奖励或一次性奖励，其考核时间较短，条件明确具体，员工一旦创造有效超额劳动，就可以及时得到超出一般工资水平的报酬，从而更加迅速地将劳动成果和报酬紧密联系起来，对生产（工作）起到更大的促进作用。

强激励性。它既是物质鼓励，又是一种精神鼓励。作为物质鼓励，它可以使努力劳动、技术业务水平不断提高的员工，及时获得超过他人的工资收入，激励本人和他人更加努力工作，而且这种激励作用又是源源不断的。作为精神鼓励，可变薪酬的获得，证明员工作出了突出的贡献，企业对他的劳动给予高度肯定和评价，有利于树立劳动光荣的风尚，也有利于鞭策后进，带动整个员工队伍的进步。

可变薪酬的种类

可变薪酬的形式多种多样，选择何种可变薪酬计划取决于企业的经营战略、经济状况、人员情况以及企业想要达到的目标。在企业的目标发生转变时，可变薪酬的形式也随之发生变化。

按奖励时间划分。企业为了提高员工的积极性，对员工一段时期中的工作成效给予奖励，通常表现为月度奖、季度奖、年度奖。

按奖励次数划分。可以分为经常性奖励和一次性奖励。一次性奖励是对作出特殊贡献的员工进行的一次性支付奖励。一次性可变薪酬从广义上来讲，它属于绩效加薪的范畴，但不是在基本薪酬基础上的累积性增加，而是一种一次性支付的绩效加薪。一次性绩效加薪不仅可以有效解决薪酬水平已经处于薪酬顶端的那些员工的薪酬管理问题，而且有助于避免企业固定薪酬成本增加。经常性奖励指按照预定的时期，对日常生产、工作中超额完成任务或创造优良业绩的员工给予的例行奖励，一般是月度奖或季度奖，如超产奖、节约奖等。经常性奖励应预先规定奖励范围、奖励条件和计奖期限等，使员工心中有数。

按奖励对象划分。可以分为个体奖励和群体奖励。个体奖励计划是针对员工个人的工作绩效提供奖励的一种报酬计划，个体奖励计划能够起到提高生产率、降低生产成本以及提高员工收入的重要作用，它是一种最古老的绩效奖励计划，其形式包括计件工资、生产可变薪酬等；群体奖励计划是基于群体对企业的特殊贡献而发放的可变薪酬和其他奖励，是近年来受到重视和广泛应用的一种绩效奖励计划，群体可以是一个部门或企业任何一级组织或者是组织群体。

群体奖励计划与个体奖励计划相比有很多优势。首先，从工作角度来看，工作产出是集体合作的结果，无法衡量员工个人对产出的贡献。其次，从组织状况看，个人的绩效标准需要针对环境的压力而经常性地变化，并且产生方式以及资本和劳动力的要素组合也必须适应压力的要求而经常作出调整。最后，从管理方面看，企业中存在良好的绩效文化和团队合作文化，这是因为在组织制订出明确的目标并且能够就绩效标准与员工进行良好沟通的前提下，员工会对这种奖励计划有充分的信任，同时会有更充足的信心去达成预定的绩效目标。

按奖励对象的层次划分。可分为企业经营者可变薪酬和一般特殊员工可变薪酬。由于企业经营者，特别是总经理对企业的特殊作用，企业对他们应设计特殊的激励制度。据美国的一项调查显示，90% 的公司实行管理人员和总经理奖励制度。另一项调查显示，70% 的小企业也有类似的计划。一般特殊员工可变薪酬，主要针对如销售人员、研发人员等对企业某领域有特殊贡献或表现特别努力并取得优秀业绩的人员。

按奖励条件划分。可分为单项奖和综合奖。单项奖是以生产或工作中某一单项指标作为计奖条件的奖励形式，如节约奖、安全奖、超额奖、质量奖等。综合奖是以生产或工作中多项考核指标作为计奖条件的奖励形式。综合考核指标全面，但由于考核指标过多，又难以作出准确评价，容易出现可变薪酬分配的平均主义。

按发放计划性划分。可分为奖金（Incentive pay）和激励计划（Incentive plan）。一般情况下不加专门限定并在事后发放的统称奖金，有目的有针对性并提前设计激励方案的称激励计划。奖金是最传统意义上的可变薪酬，是对可变薪酬最通俗的称呼；但现代社会越来越多的企业采用设计激励计划的方式对员工进行弹性激励。

“大虫”罗德曼的薪酬激励计划[2]9

“大虫”罗德曼（Dennis Rodman）生于1961年5月13日，身高2.01米，体重99.8千克。在其8年的美国NBA职业生涯中，他先后在活塞队、马刺队、公牛队、湖人队、小牛队效力，多次获得“篮板王”称号，拥有6枚总冠军戒指。但是此人脾气极坏，无论在球场上还是球场外都经常惹是生非，比如谩骂甚至攻击裁判、训练和比赛迟到、场上打架、对记者和对手甚至NBA俱乐部主席出言不逊等，屡次遭到罚款和禁赛处理，可以说“罪行累累”。在效力公牛队期间，他每赛季至少12场比赛不能代表公牛队上场。为了帮助罗德曼“改改”坏脾气，在1997—1998赛季，公牛队俱乐部与其签订了一份目标明确的合同，内容包括：底薪450万美元；如果在本赛季中不惹事，加500万美元；如果能第七次获得“篮板王”称号，加50万美元；如果助攻次数超过失球次数，加10万美元。

这份合同显然很见效。在这个赛季中，罗德曼只有一场因违纪而缺赛，再次获得“篮板王”称号，同时有230次助攻、147个失球，而公牛队也获得了那个赛季的总冠军。

10.3.2 可变薪酬的设计

制定奖励条件和指标

奖励指标是指将部门的工作任务予以分解，形成明确的生产（工作）指标，作为奖励员工的依据。奖励条件是对奖励指标实现程度上的要求。制定奖励条件要坚持以下几项原则。

坚持企业战略、业务单元战略为导向。实质上奖励指标和条件是对组织战略、业务单元战略的分解和落实。

坚持以经济利益为导向。可变薪酬奖励的重点要放在与企业经济效益紧密相关的生产和工作环节。

坚持以员工的超额劳动为导向。可变薪酬是对员工超额劳动的奖励，因此在实施可变薪酬奖励的过程中一定要坚持多超多奖、少超少奖、不超不奖，只有这样才能真正发挥可变薪酬奖励的作用。

坚持具体量化的原则。可变薪酬奖励一定要做到规范化、数量化、具体化，具有操作性。

明确奖励目标、范围、周期及计奖单位

奖励目标。奖励目标要解决“为什么奖励”的问题。变动薪酬是短期内效果显著的激励手段，具有强针对性，所以奖励目标必须明确且清晰，能够在固定期限内完成。譬如“创新奖”的设立，目的是通过激励员工从事创新工作，保持和提高整个企业的创新能力，“全勤奖”则为激励员工按时出勤，减少缺

勤旷工。

奖励范围。指在既定的奖励条件下，参加可变薪酬分配的人员范围和奖励幅度。实施可变薪酬奖励，必须明确受奖人员，制定适当的奖励幅度。只有这样，才能真正达到激励先进、鞭策落后的目的。

奖励周期。指核算超额劳动、支付奖励的时间单位。周期的确定应视奖励指标的性质和工作需要选择，可以是年度、季度、月、周、工作日等固定时间，也可以是完成一定工作的周期等灵活时间。

计奖单位。指按不同劳动特点划分的独立考核并计发可变薪酬的部门和组织。现实中，计奖单位往往是公司总部和业务单位并存。

确定可变薪酬总额

可变薪酬总额是指将多少薪酬收入作为企业全体员工的奖励基金。常见的可变薪酬总额的确定方法有以下几种。

按企业超额利润的一定百分比提取可变薪酬

计算公式：本期新增可变薪酬额 =（本期实际利润 − 上期利润或计划利润）× 超额利润可变薪酬系数

按产量、销售量、成本节约量来发放可变薪酬总额

（1）按企业实际经营效果和实际支付的人工成本两因素决定可变薪酬的支付。

可变薪酬总额 = 生产（或销售）总量 × 标准人工成本费用比率 − 实际支付工资总额

（2）按企业年度产量（销售量）的超额程度提取可变薪酬。

年度可变薪酬总额 =（年度实现销售额 − 年度目标销售额）× 计奖比例

（3）按成本节约量的一定比例提取可变薪酬总额。

可变薪酬总额 = 成本节约额 × 计奖比例

制定可变薪酬的分配方法

可变薪酬的分配方法通常主要有以下两种。

计分法。计分法是将各项奖励条件规定最高分数，有评分定额的员工按照超额完成的情况，无评分定额的员工依据完成任务的程度进行综合评分，最后按照可变薪酬总分求出每位员工可变薪酬的分值。公式如下：

个人可变薪酬额 =（企业可变薪酬总额 ÷ 所有员工考核总得分）× 个人考核得分

系数法。系数法是在按岗位进行劳动评价的基础上，根据岗位贡献的大小确定岗位可变薪酬系数，最后根据个人完成任务情况按系数进行分配。公式如下：

个人可变薪酬额 =（企业可变薪酬总额 ÷ 员工人数）× 个人岗位计奖系数

可变薪酬的管理

设计好企业的可变薪酬体系计划后，需要对可变薪酬计划进行后续的管理，从而及时发现可变薪酬计划的不完善之处并加以完善和管理。在对可变薪酬进行管理时需要注意以下几个问题。

- □ 与员工进行信息沟通，发现可变薪酬管理不完善之处。
- □ 严格绩效考核，制定出合理的考核标准。
- □ 事后评估，发现可变薪酬管理存在的问题，不断完善可变薪酬管理。

10.4 特殊群体的薪酬体系

每一位员工与其他员工都存在差异，因此每一位员工与企业之间的契约都应是个性化的。所以，企业向员工支付的薪酬不仅要满足员工对公平的需要，保持薪酬外部和内部的一致性，而且要体现出员工之间的差异。有一些员工群体由于工作的性质以及所处的工作环境比较特殊，所面临的压力、冲突以及所需要完成的工作任务的特征与其他员工之间存在着较大的差异，同时，这些员工能否妥善解决自己所面临的压力和困境，能否达成既定的绩效水平，对于企业的总体经营绩效又具有非常重要的影响，我们把这些员工群体称为特殊群体。

10.4.1 销售人员的薪酬

销售人员是企业中比较特殊的一类人力资源，一般情况下企业的销售能力往往是其竞争力的核心构成因素。销售部门站在市场的最前端，承担着销售职能，直接为企业带来销售收入。他们的工作具有独特性，工作时间和工作方式高度灵活；工作过程很难直接监督，具有不确定性；业绩实现具有较高的风险性；工作环境复杂多变；等等。所以，对这些人员进行绩效考核和薪酬支付也就要求具有特别的针对性。

销售人员绩效考核的基本关注点有：销售量、销售收入、市场份额、利润和客户满意度等。

企业针对上面的这些指标对销售人员进行考评，确定其适应的薪酬计划。销售人员的薪酬一般有三个主要的构成成分：基薪、佣金和可变薪酬。基薪是指数额固定的薪酬收入，每月按时领取；佣金是指以销售额的一定百分比提取出来的销售提成，提成的百分比即为佣金比率；可变薪酬是指对超出规定销售业绩的那部分工作的奖励，用来报答销售人员在常规销售工作以外所付出的努力。一般来说，企业应用的支付方式主要包括：纯基薪计划、纯佣金计划、基薪 + 佣金计划、基薪 + 奖励计划、混合计划（基薪 + 佣金 + 可变薪酬）。

10.4.2 专业技术人员的薪酬

专业技术工作通常是指利用既有的知识和经验来解决企业经营中所遇到的各

种技术和管理问题，帮助企业实现经营目标的工作。专业技术人员为具有专门技术知识和经验或者专业技术资格证书的人员，比如会计师、律师、科学家、经济学家等。专业技术人员从事的主要是脑力工作，他们或者把握企业的整体运营情况，为企业的发展提供咨询建议和策略支持；或者从事专业研究开发工作，对企业的相对技术竞争优势产生重要的影响。

专业技术人员的知识和技能在其进入企业后的不同时期往往呈现出不同的绩效表现，企业为其支付的奖励报酬就需要与时间相匹配。薪酬专家们以“成熟曲线”来体现技术人员的报酬与其在企业工作年限（或者获得学历后的年限）的函数关系。技术人员的成熟曲线实质上是一套阶梯系统，构成了技术人员的职业发展通道。

一种“双重职业发展通道”的职业生涯体系被运用到技术人员的身上。双重职业发展通道是指管理类和专业技术类双重路径的职业发展通道。这为专业技术人员提供了更大的晋升机会和职业发展空间，而且最高技术等级的工资报酬水平是相当的，一些运用于管理层的分享计划和股票增值计划也可以施行于专业技术人员之中。短期的奖励计划则可以和具体的研究项目过程相联系，按技术研究成果支付可变薪酬；如前所述，一些技术水平认证的等级提升、论文发表数量和质量、专利发明等，都可以作为奖励支付的重要标准；此外，由于技术人员的工作主要依靠脑力，导致科研工作过程在一定程度上难以控制，典型的比如软件工程师，他们在一台电脑前就可以工作，可能很多时候看起来并没有操作行为，但是他们的大脑正在高速运转，进行着高强度的劳动。这时，为其提供轻松的环境或者灵活的工作安排等，也是一种特别的奖励方式。

10.4.3　高层管理人员的薪酬

高层管理人员位于组织层级结构的最高层，他们的主要使命在于密切关注企业的外部环境，为确保组织高效运转制定总体上的战略目标，同时为组织的成长和发展获取各种必要的外部资源。在正常情况下，高层管理人员需要对组织的整体经营状况、主要部门的日常运转以及其他一些重要职能负责，因此，根据组织整体的可预测经营业绩来衡量高层管理人员的工作业绩，是一般企业通常都会采取的做法。

高层管理人员的薪酬一般有基本工资、一次性绩效可变薪酬、短期年度可变薪酬、长期奖励及股票增值计划、管理人员福利及高层管理人员特权等。

一次性绩效可变薪酬。这是用来激励高层管理人员实现具体和特殊目标的可变薪酬形式，这些奖励计划要通过薪酬委员会提交董事会批准。一般有非固定奖励，活动绩效可变薪酬，预定分配可变薪酬，目标计划可变薪酬几种形式。

短期可变薪酬。一般情况下，企业向管理人员支付短期可变薪酬，意在对其在特定时间段里（通常是一年）为组织绩效作出的贡献进行奖励。通常，短期可变薪酬都是以组织的总体经营绩效为基础的。由于管理人员的短期可变薪酬对于企业总体经营业绩的实现情况有着比普通员工更大的影响力，因此，高层管理人员的短期可变薪酬与企业总体经营业绩之间的关系会更为紧密。

长期可变薪酬。短期可变薪酬大多是在一年时间到期的时候以现金的方式向管理人员进行支付的，而长期可变薪酬则通常是延期支付的，它与组织的长期经营绩效具有密切的联系。长期可变薪酬的主要目的在于通过经济上的利益关系促使管理层和企业的经营目标保持一致，从而激励管理人员关注企业的长期发展，以及持续性地达到更高的绩效水平。这种长期可变薪酬的支付期方式在一年以上，且大多以一些与股票相关的增值方案作为主要形式，兑现往往是延期的，因此这些方案在一定程度上也被认为可以起到保留人才的作用。企业对高层管理人员的长期激励主要有股票期权、股票增值权、限制性股票和虚拟股票等方式。高层管理人员的这些持股计划被很多人称为“金手铐”。在美国和其他一些发达国家，与股票相关的奖励方案发展得比较成熟。在中国，由于股票市场发展还不完善，与股票相关的这些长期激励方式还有待发展。

特权奖励。高层管理人员往往拥有其等级特权，这些特权作为额外报酬往往具有激励作用。高层管理人员的这些特权奖励主要包括公司提供交通用车、体检、俱乐部会员资格、携配偶外出旅行、专用司机、专用餐厅和低息或无息贷款，等等。

10.5 福利薪酬设计

10.5.1 福利的含义

福利（Welfare）属于非货币性质的间接报酬，与基本薪酬、变动薪酬一起组成总薪酬体系，是员工以被雇佣身份接受的组织给予的与生活相关的关照和补贴。与基本薪酬相比，福利具有以下特点：与基本薪酬的货币支付和现期支付不同，福利通常采取实物支付或延期支付方式；福利具有类固定成本的性质，与工作量没有直接联系；传统意义上的福利通常实行普惠制，覆盖全体员工，且差异极小；福利也表现为非劳动收入。

10.5.2 福利的作用

吸引和保留员工，培养员工的忠诚度。有竞争力的员工福利计划传递着一种潜在的信息，告诉人们这是一家好的工作单位，愿意为雇员的幸福生活投资。因此，具有吸引力的福利计划既能帮助组织招聘到高素质的员工，同时又能保证已经被雇佣来的高素质员工能够继续留在组织中工作。

有助于充分发挥员工的积极性和主动性。好的福利计划可以改善有战略价值的员工的具体表现。如企业通过培训或者派遣国外学习这些福利项目，可以给员工提供提升自我的机会，从而提高他们的积极性和主动性。

增强员工的归属感。员工在企业中并不只有经济方面的需要，他们还会有心理方面的需要，比如受到尊重和公平对待以及有归属感的需要等。直接薪酬更为偏重员工的能力和业绩，而福利则可以满足员工在平等和归属等其他方面的一些需要。尽管提供各种各样的福利需要增加企业支出，是货币的转化形式，但给员工的感觉不一样，它体现了企业的人文关怀，有利于凝聚人心，增强归属感，激发活力。

减轻税收负担。福利不仅对企业来说存在税收优惠，对员工来说也同样如此。以非货币形式或延期支付方式所得的福利收入无须缴纳个人所得税，企业给员工加薪不一定会增加员工的年度净所得，而且员工可能因为加薪而造成年度所得税费上升，反而增加了税收的负担。企业如果从员工税收减免的角度来规划员工福利，那么就可以减轻员工的税收负担。

影响企业劳动力雇佣决策。员工福利在一般意义上是普惠制的报酬形式，即只要是单位的正式员工，不论其工资、可变薪酬、级别的差异有多大，都是企业福利的受益对象，而且所享受的福利水平差别不大。随着福利在人工成本中的比重增大，它也成了企业劳动力雇佣决策中不可忽略的重要因素，企业会考虑同样工作任务下是雇佣少量高层级人员还是大量低技能人员，或者通过虚拟、外包等手段节约人工成本。

10.5.3 福利的种类

员工福利按其制定的依据不同可以分为两大类：一是法定福利，是指根据国家的政策、法律和法规，企业必须为员工提供的各项福利，主要包括企业为员工缴纳的各种社会保险和住房公积金等；二是企业自主福利，是企业根据自身的管理特色、财务状况和员工的内在需求，向员工提供的各种补充保障计划以及向员工提供的各种服务、实物、带薪休假等。

法定福利

法定福利是政府要求企业为雇员提供的一系列保障计划，由企业和雇员分别按工资收入的一定比例缴纳社会保险，其目的在于降低受了严重工伤或失业的工人陷入贫困的可能性，保障他们及家人的生活，以及维持退休人员的收入水平。法定福利主要包括法定社会保险和法定假期两大类。

五险一金

养老保险。法律规定的养老保险是社会保障系统中的一项重要内容，是社会保险五大险种中最重要的险种之一。养老保险制度是国家和社会根据一定的法律和法规，为解决劳动者在达到国家规定的解除劳动义务的劳动年龄界限，或因年老丧失劳动能力退出劳动岗位后的基本生活而建立的一种社会保险制度，具有强制性、互济性、储备性、社会性等特点。目前全世界的养老保险制度可分为三种类型，即投保资助型（也叫传统型）养老保险、强制储蓄型养老保险（也称公积金模式）和国家统筹型养老保险。

失业保险。失业保险过去在中国被称为待业保险，是劳动者因失业而暂时中断生活来源的情况下，在法定期间从国家和社会获得物质帮助的一种社会保险制度。失业保险制度的类型包括国家强制性失业保险、非强制性失业保险、失业补助制度、综合性失业保险制度等。

医疗保险。医疗保险是指国家立法规定并强制实施的、在人们生病或受伤后由国家或社会给予一定的物质帮助，即提供医疗服务或经济补偿的一种社会保险制度。医疗保险具有与劳动者的关系最为密切、和其他人身保险相互交织、存在独特的第三方付费制、享受待遇与缴费水平不是正相关等特点。

工伤保险。工伤保险又称职业伤害保险或伤害赔偿保险，是指依法为在生产工作中遭受事故伤害和患职业性疾病的劳动者及其亲属提供医疗救治、生活保障、经济补偿、医疗和职业康复等物质帮助的一种社会保险制度。中国的《工伤保险条例》在 2003 年 4 月 27 日颁布，2004 年 1 月 1 日生效实施，2010 年 12 月 20 日进行了重新修订，自 2011 年 1 月 1 日开始按新的条例执行。工伤保险制度有四条实施原则，即无过失补偿原则，个人不缴费的原则，与非因工伤残相区别、待遇标准从优的原则，经济损失补偿与事故预防及职业康复相结合的原则。

生育保险。生育保险是指妇女劳动者因怀孕、分娩而暂时中断劳动时，获得生活保障和物质帮助的一种社会保险制度。实行生育保险制度，对于保证生育女职工和婴儿的身体健康，促进优生优育，对妇女生育价值的认可，真正实现男女平等具有十分重大的意义。

住房公积金。住房公积金是国家机关、国有企业、城镇集体企业、外商投资企业、城镇私营企业及其他城镇企业、事业单位、民办非企业单位、社会团体及其在职职工缴存的长期住房储金。住房公积金是国家推行的一项住房保障制度，它实质上是劳动报酬的一部分，是归职工个人所有的、专项用于解决职工住房问题的保障性资金。

法定假期

法定假期主要包括公休假日、法定休假日、带薪年休假和其他假期。

公休假日。劳动者工作满一个工作周之后的休息时间。国家实行劳动者每日工作时间不超过 8 小时、平均每周工作时间不超过 44 小时的工时制度。

法定休假日。指法定节日休假。中国法定的节假日包括元旦、春节、国际劳动节、端午节、清明节、国庆节、中秋节和法律法规规定的其他休假节日。除了法定假日外，企业可以根据实际情况，在与员工协商的基础上，决定放假与否以及加班工资的多少。

带薪年休假。《劳动法》第四十五条规定，国家实行带薪休假制度。劳动者连续工作一年以上的，享受带薪休假。这一政策并非强制规定，各单位可以结合政策精神灵活运用。

其他假期。在中国，员工还可以享受探亲假、婚丧假、产假与配偶生育假等。

企业自主福利

随着企业的发展，企业为了适应环境的变化和提高薪酬的竞争力，福利种类和形式也多样化了，除了上面提到的法定福利之外，很多企业都会根据自身情况增加额外的福利，即企业自主福利。企业自主福利主要包括企业补充保险和其他福利。

企业补充保险

企业补充保险，是对现行社会保险的辅助性保险，是针对现行社会保险项目少、财力薄，而由企业和职工共同筹资，拓展保险项目、增加理赔金额的补充办法。其性质为企业集体所有，企业内部专用的一种保险基金制。

企业补充养老保险。由于各方面的原因，法定保险中的基本养老保险水平不会很高，难以保证劳动者在退休以后过上宽裕的生活。为此，许多国家都鼓励企业在国家法定的养老保险之外，自行建立企业的补充养老保险计划。企业补充养老保险又称企业年金，它是企业在国家统一制定的基本养老保险之外，依据企业自身的经济实力，在履行缴纳基本养老保险费义务之后的附加保险，所需资金主要来源于企业自有资金，国家在利税方面给予优惠。企业经济条件好时，可以多补充，经济条件差时，可以少补充或不补充，在中国多层次的养老保险中，属于第二次保险。实行补充养老保险，可以使年老退出劳动岗位的职工按照国家规定领取的养老金因企业经济效益不同而有所差别，体现了效率的原则。这样有利于稳定企业的职工队伍，发展企业的生产。企业补充养老保险尚无固定模式可循，但有共同点。中国目前的企业补充养老保险有以下一些共同特点：采用个人账户积累模式；一般情况下，只有企业缴费，职工个人不缴费；缴费来源主要是企业的自有基金、奖励与福利基金，基本不能享受税收优惠政策；积累基金只能存银行、买国债，不能进行市场化投资；企业自愿建立，国家不强制。企业补充养老保险按给付结构来分可以分为收益确定制（Defined-benefits Plans，简称 DB）和缴费确定制（Defined-contribution Plans，简称 DC）。不同的企业情况不同，所以企业要充分结合自身的特点对不同类型、不同种类的补充养老保险制灵活运用。

企业补充医疗保险。法定基本医疗保险的保障水平是有限的，若员工生病住院，通常还要自己承担很大一部分费用，这对员工来说是很大的负担。所以很多企业根据自身情况和员工的这些需求，为员工建立了补充医疗保险。这在很大程度减轻了员工的负担。

其他福利

除了以上这些主要的福利计划之外，企业还会根据企业的管理特点、经营情况和财务状况，给员工提供更丰富的福利。

自助式福利。自助式福利是企业设计了众多的福利项目供员工自由选择。福利支付形式的个性化是其重要特点。这种福利形式，正如自助餐一样，可以让员工自由挑选所喜欢的项目。在自助式福利计划中，除了国家规定的“五险一金”外，企业自己制订“软性”福利，如培训、保险之类的待遇，为企业吸引和留住优秀人才发挥了积极的意义。自助式福利可选项目一般包括：职工意外伤害保险、职工失业保险、职工养老保险、职工医疗保险、大病统筹、职工个人财产保险、带薪休假、提供职工住房、住房补贴、免费午餐、职工食堂或伙食补助、提供交通接送或交通补贴、带薪培训或教育补助、企业股份或期权优先权、娱乐或体育活动、整洁而园林化的厂区、家庭特困补助、家庭慰问金、抚恤金、工伤残疾或重病补助、组织公司旅游或提供疗养机会、节日礼物或优惠实物分配。

一揽子福利。一揽子薪酬福利计划是指不再将薪酬与福利管理分成互不搭界的两项管理工作，而是成为一套有机的系统。两种手段互相配合，共同围绕企业目标运转。例如，一些工作适宜货币的，就采用货币支付的方式；反之就采用非货币，即福利支付的形式。对一些奖励性报酬，可以采取货币与福利并用的方式。

住房福利。免费单身宿舍、夜班宿舍、廉价公房出租或廉价出售给本企业员工、提供购房低息或无息贷款等。

生产性福利。提供舒适的办公环境等。

除了上面提到的这些企业自主福利，还有交通福利、饮食福利、文体旅游性福利、金融性福利、教育性福利、培训和其他生活福利，等等。

10.5.4 福利的发展变化

员工福利弹性化

福利是企业提供给员工的一种额外的工作报酬，目的是体现企业对员工的关怀，塑造一种大家庭式的工作氛围。但在企业实践中却出现了这样的问题：由于企业给员工提供的是同一种没有什么差别的福利计划，而员工往往对福利的偏好不同，同种的福利应用到所有员工身上，这并不能使员工获得最大的满足。这样，企业付出了沉重的人工成本，却不能使员工满意。在这种情况下，企业应开始设计弹性化的福利制度，以满足员工的多样性需求。弹性化的福利主要有四种形式：自助式福利（Cafeteria Style Benefit）、标准组件式福利（Module Style Benefit）、核心外加式福利（Core-plus Style Benefit）、弹性支用账户式福利。

福利趋于重点针对核心人才

以往的福利制度常常是面向企业所有员工的，与员工对企业的贡献和工作业绩并不相关，从而具有普惠性质，这使它往往成了保健因素。员工渐渐将福利看成是企业必备和常规的薪酬，这必将造成企业成本的增加。因此，现在企业越来越倾向于设计重点针对核心人才的福利计划，这样更有利于激励员工努力工作。

福利设计需要注意的问题

企业福利在员工薪酬体系中越来越重要，一套好的薪酬体系不仅可以满足企业员工多方面的需要，提高满意度和工作效率，并且可以提高企业的核心竞争力，吸引并留住员工。

福利体系设计需做好以下几个方面：

- □ 理解企业战略，以战略指导福利计划的设计；
- □ 进行福利调查，确定福利制度的标准；
- □ 确定保障福利的对象；
- □ 了解国家相关法律法规；
- □ 对企业财务状况进行分析，确定福利制度所需资金数量及来源；
- □ 良好的信息沟通。

本章小结

薪酬主要是指员工向其所在单位提供所需要的劳动而获得的各种形式的报酬。

薪酬的核心部分主要包括基本薪酬、奖金和福利三个部分。基本薪酬体系主要由基于职位的薪酬体系和基于技能/能力的薪酬体系构成。其他还包括基于人的薪酬制度、基于绩效的薪酬制度和宽带薪酬。

基于职位的薪酬体系即为职位付酬的薪酬体系。需要首先对职位本身的价值作出客观的评价，然后根据这种评价的结果赋予承担这一职位的人与该职位价值相当的薪酬。基于能力的薪酬设计是公司根据员工能力的高低给付员工报酬。基于能力的薪酬体系中实际上就是基于这样一种假设：员工的能力直接决定其创造的价值，因此，付给员工的报酬也应当根据其能力决定。技能薪酬体系指企业根据一个人所掌握的与工作有关的技能、能力以及知识的深度和广度支付基本薪酬的一种报酬制度。

奖金（Incentive Pay）是为了奖励那些已经实现（超标）某些绩效标准的完成者，或为了激励追求者去完成某些预定的绩效目标，而在基本工资的基础上支付的可变的、具有激励性的报酬。

特殊群体的薪酬体系。特殊群体主要包括销售人员、专业技术人员和高层管理人员。他们的薪酬构成和一般员工的不一样，而是根据他们的特点进行设计。

福利是组织给员工生活的照顾，是员工因其被组织雇佣及其在组织中的职位而获得的间接报酬。福利的种类主要包括法定福利和自主福利。法定福利包括基本养老保险、基本医疗保险、工伤保险、失业保险、生育保险和住房公积金。而自主福利主要包括补充养老保险和补充医疗保险。

专业术语

薪酬 Compensation
薪酬管理 Compensation Management
职位薪酬 Job-based Pay
职位描述 Job Description
排序法 Ranking Method
要素计点法 Point-factor Method
深度技能 Depth Skill
技能薪酬体系 Skill-based Pay System
能力薪酬体系 Competency-based Pay
宽带薪酬 Broad-band Compensation
激励计划 Incentive Plan
法定社会保险 Social Insurance
失业保险 Unemployment Insurance
工伤保险 Injury Insurance
生育保险 Maternity Insurance
基本薪酬 Basic Pay
可变薪酬 Variable Pay
职位分析 Job Analysis
职位评价 Job Evaluation
分类法 Classification Method
要素比较法 Factor Comparison
广度技能 Breadth Skill
胜任能力 Competency
可变薪酬 Bonus
绩效加薪 Merit Pay
员工福利 Employee Benefit
养老保险 Pension Benefit
医疗保险 Medical Insurance
弹性福利计划 Flexible Benefit Plans

复习思考题

1. 薪酬概念的三种口径是如何界定的?
2. 职位评价有几种方法，具体内容是什么?
3. 举例说明公平原则在薪酬设计中的应用。
4. 变动薪酬的类别有哪些?
5. 简述福利的构成。
6. 何为年金? 年金对员工的激励作用是怎样的?

深度学习

[1]〔美〕加里·德斯勒.人力资源管理[M].9版.北京：中国人民大学出版社，2005.
[2]〔美〕雷蒙德·诺伊，等.人力资源管理：赢得竞争优势[M].5版.北京：中国人民大学出版社，2005.
[3]〔美〕阿尔弗雷德·拉帕波特，等.薪酬管理[M].北京：中国人民大学出版社，2004.
[4] Joseph J Martocchio.Strategic Compensation：A Human Resource Management Approach. Pearon Prentice Hall，2004.
[5] 张正堂，刘宁.薪酬管理[M].北京：北京大学出版社，2007.

实践链接

1. 125亿年终奖：华为让谁尴尬，http：//www.ithome.com/html/it/36564.htm
2. 富士康涨薪事件，http：//baike.baidu.com/view/3732457.htm
3. 可变薪酬的时机选择技巧，http：//www.chinahrd.net/compensation-benefits/compensation-encourage/2013/0221/188253.html

案例分析

爱立信中国公司的薪酬设计[3]

爱立信中国公司的员工薪酬与其职位高低成正比。年龄、工龄、学历等因素也有一定的影响，但不起主要作用。对于同一职务，如果由不同学历的人担任，他们之间薪酬的差别可能仅仅在几百元之间。部分员工持有股份。另外，爱立信在计算员工的工龄时，把他来爱立信之前的工作经历也计算在内。

爱立信中国公司员工的薪酬一般由四部分组成：基本工资、可变薪酬、补贴和福利。可变薪酬分为两类：一般人员可变薪酬和销售人员可变薪酬。有一些关键人员还会得到一定的期权、股权，期权、股权的受益者一般为“对公司起关键型作用的人员”，而不一定是高职务者。工资围着市场转，可变薪酬与业务目标接轨。在爱立信，公司业绩与员工工资没有特别的关系，但与员工的可变薪酬有很大关系。爱立信公司员工的可变薪酬与公司的业绩成一定的比例，但并非成正比例。可变薪酬一般可以达到员工工资的60%，对于成绩显著的员工，还有其他补偿办法。员工在爱立信得到提薪的机会一般有以下几次：职务提升，考核优秀或有突出贡献；被评为公司最佳员工者和有突出贡献的员工都有相应的可变薪酬作为激励，突出贡献奖、突出改进奖的可变薪酬额度一般不超过其年薪的20%。

爱立信公司对每个职务的薪酬都设立一项最低标准，即下限。当然，规定下限并非为了设定上限，而是保证其在劳动力市场上的竞争力。据介绍，一般职务薪酬的差异为80%左右，比较特殊的职务可能达到100%，而比较容易招聘的职务可能只有40%的差异。

思考题：

1. 爱立信公司业绩与员工工资没有多大关系，只与可变薪酬有很大关系，这种做法可取吗？
2. 你如何看待爱立信为每个职务的薪酬设置下限？
3. 目前有许多企业实行薪酬宽带制度，即较少的等级、较大的薪酬区间，你认为这种薪酬宽带制度是否适合中国企业？

11 第11章

劳动关系管理

【学习目标】

- 掌握劳动关系的概念和本质
- 掌握劳动关系三大主体间的关系
- 掌握集体协商和集体合同概念
- 掌握集体协商的程序
- 了解劳动保护和工伤管理的相关政策

引导案例

"恶意欠薪"入罪

近些年来，农民工讨薪挨打事件可谓屡见不鲜。河南安阳农民赵建英讨薪未果被打骨折；四川成都全国劳模陈汝强带工友讨薪遭殴打；广州讨薪工人排队被打手扇耳光，打完才能领到工资；吉林长春民工在工地讨薪遭20余名黑衣人持械殴打；陕西西安农民工讨薪遭打身亡；湖北118名农民工在陕讨薪遭殴打，9人重伤；河北农民工高志强艰难讨薪遭报复，为了70元工钱失去一个肾。

2010年8月23日，《刑法修正案（八）（草案）》增加了"恶意欠薪"罪名。

以转移财产、逃匿等方法逃避支付劳动者的劳动报酬或者有能力支付而不支付劳动者的劳动报酬，数额较大，经政府有关部门责令支付仍不支付的，处三年以下有期徒刑或者拘役，并处或者单处罚金；造成严重后果的，处三年以上七年以下有期徒刑，并处罚金。

2011年1月12日，浙江嘉兴平湖市人民法院受理平湖市人民检察院提起公诉的平湖市新艺箱包厂业主黄金敏涉嫌拒不支付劳动报酬罪一案。此案是人力资源和社会保障部曝光的恶意欠薪案例之一，也是《刑法修正案（八）》出台后，浙江省法院系统受理的首例拒不支付劳动报酬罪案件。

11.1 劳动关系概述

11.1.1 劳动关系的含义

劳动关系的概念

劳动关系的是指劳动者与用人单位之间因从事劳动而结成的社会关系的统称。现实经济生活中的劳动关系是指劳动法律关系，即由劳动法律规范所规定的劳动者与用人单位之间的权利义务关系。双方权利和义务的实现，是由国家强制力来保障的。劳动关系中所指的劳动是指劳动者以雇员的身份进行的劳动，这种劳动具有法定的权利与义务关系，即劳动者必须加入某一家用人单位，参加用人单位为其安排的劳动，并遵守单位内部的规定，同时用人单位则必须按照劳动者的劳动数量和质量给予相应的报酬和工作条件。

《中华人民共和国劳动合同法》对劳动关系作出明确定义，劳动关系是指劳动者与用人单位（包括各类企业、个体工商户、事业单位等）在实现劳动过程中建立的社会经济关系。

个别劳动关系与集体劳动关系

根据劳动关系参与者的不同，将劳动关系的状态分为个别劳动关系和集体劳动关系。个别劳动关系是指劳动者个人与用人单位之间建立的权利义务关系，集体劳动关系是指由劳动者的组织——工会与雇主或雇主组织之间形成的关系。

个别劳动关系的特点是：第一，工作中的劳动者行为属于从属行为，其行为要受到用人单位的限制，对于用人单位具有从属性，这种从属性体现为，劳动者要服从用人单位制定的工作规则；劳动者要服从用人单位的指示和命令，劳动者有接受用人单位监督检查及合理制裁的义务。第二，劳动者经济上的从属性，由于劳动者并不占有生产资料，所以劳动者的劳动并不是为自己，而是为实现他人目的而劳动，劳动者获得的只是自己劳动的报酬，因而在经济上具有从属性。

集体劳动关系的特点是：第一，劳动者一方具有独立自主性，工会与个体劳动者不同，工会在经济上具有独立性，其日常运作的经费来源于会员所缴纳的会费而不是用人单位赋予的劳动报酬，因而工会与雇主或雇主组织之间不存在隶属或附属的关系。第二，劳动者一方具有明确的团体意识，工会参与集体劳动关系的目的就在于促进集体劳动者的经济地位、社会地位乃至政治地位的提高。

劳动关系还是劳务关系

宋某在四川省盐业总公司旺苍支公司（以下简称公司）从事小袋盐加工工作，双方没有签订劳动合同或劳务合同。工资支付方式是计件工资，即每装1吨盐7元，每月由各装盐小组统一到公司领取，再按个人装盐的数量分配到个人。因公司提出终止工作关系，宋某在要求经济补偿金时涉及劳动关系的确认。宋某认为自己在公司工作长达10多年，公司对自己有支配权，所以应当存在劳动关系。而公司则认为其工作十分自由，工作时间由其自行决定；公司调整其工作也需经本人同意，且其工作时间不固定，最短的1年里只有5个月，因而认为双方属于劳务关系[1]。

宋某的情况属于劳务关系吗？

劳动关系与劳务关系

劳动关系与劳务关系（雇佣关系）是目前劳动纠纷处理过程中经常遇到的问题，劳动关系与劳务关系都是当事人一方提供劳动力给他方使用，另一方给付劳动报酬。但是，它们之间有着本质的区别，主要表现在以下几个方面[2]：

双方当事人及其关系不同。劳动关系当事人一方是劳动者，另一方是用人单位；劳动者必须是用人单位一员（因此被称为雇员），并且遵守用人单位内部劳动规则和其他规章制度，双方之间存在隶属关系。劳动者接受用人单位的领导和管理，反映的是一种劳动力与生产资料相结合的关系。劳务关系当事人一方或双方既可以是自然人，也可以是法人，还可以是其他组织；劳务提供者无须加入另一方，双方法律地位平等，不存在领导与被领导的关系（因此不属于雇员），反映的是一次性使用劳动力的商品交换关系。

组织劳动和劳动风险责任的承担不同。作为劳动关系当事人一方的用人单位组织劳动，享有劳动支配权，因而有义务承担劳动过程中发生的劳动风险责任；作为劳务关系当事人一方的劳务提供者自行安排劳动，自己承担劳动过程中发生的劳动风险责任。

劳动报酬的性质和支付方式不同。基于劳动关系发生的劳动报酬是工资，其支付方式特定化为一种持续、定期的工资支付；基于劳务关系发生的劳动报酬是劳务费，具有劳务市场价格属性，其支付方式为一次性劳务价格支付。

适用法律不同。劳动关系适用劳动法，由劳动法调整；劳务关系适用民法，由民法调整。

案例中提到的宋某从事的小袋盐加工工作，属于“有盐就工作、无盐就休息”的临时性用工，在工作期间宋某除了要达到公司规定的包装质量标准外，并不受公司规章制度的约束，另外宋某在为公司制作小袋盐期间也并未参加公司举办的任何活动，因此公司与宋某之间的关系属于劳务关系而非劳动关系，宋某提出经济补偿金的要求并不合理。

11.1.2 劳动关系的主体

劳动关系是指劳动者与用人单位之间的社会关系，这种社会关系最早表现为雇员（受雇于用人单位并为之劳动的人）和雇主（雇佣他人进行劳动的人）之间的关系。为了进一步争取自己的利益，雇员组成了工会与雇主相抗衡，同时雇主为了抵御工会的力量也组成了维护自身利益的组织，即雇主组织。这就形成了劳动关系的两个基本主体：雇员（工会）和雇主（雇主组织）。

随着劳动关系的日益复杂化以及政府社会管理职能的加强，政府通过法律、行政等手段逐步介入劳动关系的调整之中。

雇员与工会

雇员的权利与义务

（1）雇员的基本权利。

- □ 国家法律法规规定的劳动者基本权利。
- □ 企业规章制度中规定的员工权利。
- □ 受双方正式签订的劳动用工合同或集体协议保护的权利。
- □ 参加企业的培训，通过学习和培训提高自己业务素质和管理水平的权利。

（2）雇员的基本义务。

- □ 遵守国家法律法规的义务。
- □ 遵守劳动合同及企业规章制度的义务。
- □ 向企业如实提供与工作相关的个人基本资料的义务。
- □ 完成企业安排的工作任务，服从企业的管理，接受企业监督和考核的义务。
- □ 保守企业商业机密的义务。
- □ 遵守职业道德，维护企业形象的义务。

工会的概念

工会是雇员自愿组成的，以保障会员利益为目的连续性组织。由这个定义可以看出工会具有三项基本特征：

- □ 工会是雇员自己的团体，雇员自愿组成工会。
- □ 工会成立的目的在于维护雇员的利益。
- □ 工会是连续性的组织而非临时性的组织。

由于生产资料的所有权归雇主所有，劳动关系的两个主体之间无法处于平等的状态，雇员在资金、信息、谈判技术等方面都处于劣势，因此工会就成为劳动者与雇主谈判过程中重要的平衡力量。

工会的职能

代表职能。工会是雇员利益的代表，一方面，工会通过集体协议、罢工等方式就劳动就业权、劳动报酬权、休假休息权、劳动保护权、职业培训权、社会保障权、请求劳动争议或冲突处理权以及其他和劳动相关的权益与雇主进行谈判，以保障工会会员经济利益的实现；另一方面，工会还代表工会会员的政治愿望和政治理想，通过各种途径影响政府的经济与社会政策，力图推动社会向有利于工会会员的方向发展。

沟通协调职能。工会会员可以通过工会向雇主反映其对企业规章制度、工作报酬、工作条件的等方面的意见，并由工会出面进行协商解决。

综合服务职能。为工会会员提供服务，更好地保障会员的利益。如提供法律咨询、职业培训、职业介绍等。

参与职能。通过参与制定企业工作规范，保护雇员在劳动关系中的合法权益，如工作时间、休假制度、女职工保护措施等。

雇主与雇主组织

雇主的概念

雇主是指组织中组织雇员进行生产活动，且向雇员支付工资报酬的法人或自然人。从劳动关系的角度看，雇主在劳动关系中充当了雇佣劳动者进行劳动的角色，是与劳动者相对的一方。在具体的劳动关系中，某个对象是否属于雇主主要取决于其代表的利益。以人力资源部经理为例，如果在与工人进行工资待遇协商时，其扮演的就是雇主的角色；如果人事部经理就自己个人的工资待遇问题与企业进行协商，其所扮演的就是雇员的角色。

雇主的权利与义务

从广义上讲，雇主的权利与义务包括其在生产经营活动中与各类社会主体如国家机关、社会团体以及公民个人形成的法律关系中包含的权利与义务。我们一般所讲的雇主权利与义务是指在劳动关系中相对于雇员的权利与义务。

法律规定的雇主和雇员的权利和义务并不是完全对等的，从立法原则和实践看，雇主应承担的义务要远远多于其享有的权利，主要是因为雇主是生产资料的所有者和就业机会的提供者，在劳动关系中占优势地位，因此现代各国在立法中都对雇员的权利进行了全面规定，而不是以雇主的权利和义务为出发点。

（1）雇主的义务。

平等雇佣劳动者的义务。雇主需要给雇员提供平等的就业机会，不得进行性别、年龄、地域等方面的歧视。

提供劳动报酬的义务。雇主需要遵守国家法律法规对于雇员工资给付的规定。

保证工人休息休假的义务。雇主需要遵守国家法律法规对于休息和休假的规定。

提供社会保险的义务。雇主需要依照国家规定为雇员缴纳保险金。

保证工人安全和健康的义务。雇主必须保证雇员工作环境、工作过程的安全，并采取相应的劳动保护措施。

另外，雇主还有不得干预工会、不得拒绝集体谈判等义务。

（2）雇主的权利。

由于雇主具有企业生产资料的所有权，因此雇主具备企业资源的组织权、雇员劳动的指挥权、雇员劳动的监督权、雇员的惩罚权以及关闭企业的权利。

（3）雇主组织。

雇主组织是由雇主组成，维护雇主利益，以调整雇主与雇员及雇主与工会之间关系为目的的组织。

雇主组织不同于纯粹的行业协会，纯粹的行业协会并不处理劳动关系，只关注本行业的产品、技术、营销等问题。而雇主组织既有处理劳动关系的职能，也具备行业协会的职能。

雇主组织是法人组织，而非自然人组织。雇主组织成立的目的在于增加与工会谈判的力量，其本身是针对工会的防御性组织。

政府

政府泛指各类国家权力机构，即立法、行政和司法机构的总称。政府所对应的范畴是公民，政府的权力来自于公民的同意或委托，对公民负责，并接受公民的监督。

随着政府职能的不断扩大，现代社会政府的行为已经渗透到了经济、社会和政治生活的各个方面，政府在劳动关系中发挥着重要而特殊的作用。政府在劳动关系中的具体作用体现为其参与劳动关系时扮演的角色，政府在劳动关系中扮演的角色有五项[3]（如表 11–1 所示）：

表 11–1

政府在劳动关系中扮演的角色

角色名称	主要工作内容	政府应采取的态度
保护者	劳动合同	积极、主动
	劳动标准	
	劳动保险	
	劳动福利	
	劳动教育	
	劳动安全卫生	
	劳动监察	

续表

角色名称	主要工作内容	政府应采取的态度
促进者	工会组织	中立、不干预
	集体谈判	
	劳动者参与	
	分红入股	
调停者	劳动争议处理	中立、不干预
规划者	职业培训	积极、主动
	就业服务	
	失业保险	
	人力资源规划	
雇佣者	公共事业	合法化、企业化、民主化

雇员基本权利的保护者。政府在劳动关系中的第一个角色是劳动者权利的保护者，政府通过制定法律、法规保护雇员的基本权利，包括劳动合同、劳动标准、劳动保险、劳动者福利、劳动者教育及劳动安全卫生等，如 2011 年 3 月重庆市政府出台的针对保护员工的《重庆市职工权益保障条例（修订草案）》。

集体谈判与雇员参与的促进者。政府积极促进劳动关系双方进行谈判与对话，使得他们在政府制定的基本规则和基本劳动标准的基础上建立和谐的劳动关系，如中华全国总工会推进企业工资集体协商的活动。另外，分红入股也是企业民主与员工参与的重要手段，政府应该以促进者的角色促使其实现。

劳动争议的调停者。在雇员与雇主发生劳动争议时，政府可以通过仲裁、诉讼等方式对劳动争议进行具有法律效力的调停。

就业保障与人力资源的规划者。政府为全体劳动者建立一套就业保障体系，这套体系包括三大支柱，即职业培训、就业服务和失业保险。同时，政府还必须在人力资源规划方面为劳动者进行整体设计，如中国政府实行的下岗职工再培训政策。

公共部门的雇佣者。公共部门的雇员包括国家与地方公务员、公立学校教师、国有企业雇员等，政府作为公共部门的雇主，应为雇员提供合法、合理的劳动条件，保证其合法利益的实现。

11.1.3 劳动关系的本质

劳动关系体现出来的是劳动者与用人单位之间的社会关系的总和，劳动合同的签订、集体谈判的进行、罢工与解雇等都是这种社会关系的具体表现形式。各种表现形式下体现的是劳动者和用人单位之间在冲突与合作力量共同作用下的动态均衡，只是在不同的事件中冲突与合作的力量表现程度不同而已。

劳动关系冲突

劳动关系的冲突是指劳动关系双方由于在利益、目标和期望等方面存在分歧而相互对抗的过程，劳动关系冲突的表现形式为：罢工、惩处、解雇员工、关闭企业等。导致劳动关系冲突的原因有根本原因和背景原因两种。

劳动关系冲突的根本原因

经济利益上的对立。劳动关系从经济的角度而言是一种劳动力商品的买卖关系，劳动者和雇主之间对工资的讨价还价行为是一种零和博弈（如图 11–1），劳动者的收益往往是雇主的成本，因此双方在经济利益上的对立是无法消除的。

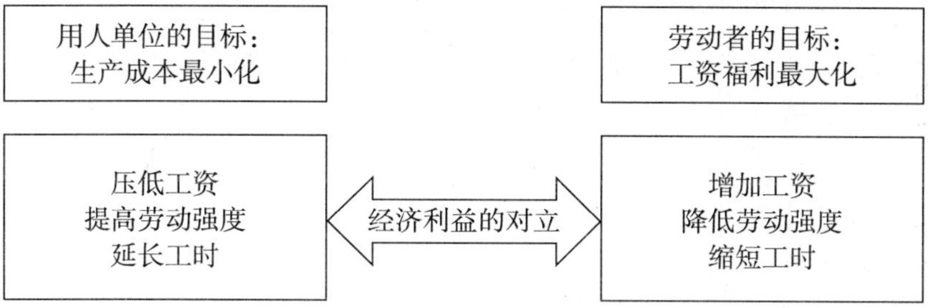

图 11–1　劳动关系双方经济利益的对立

雇佣劳动的本质。劳动者与雇主之间是雇佣关系，劳动者要服从其所在组织的权力层级结构，权力在管理层和劳动者之间的分配是不平等的，管理方的权力在企业中是以一种等级分层的形式逐级递减的。管理方的权力来源于企业所有者的产权，劳动者没有权利决定谁是他们的管理者。

虽然劳动者可以通过职工代表大会等形式参与企业的管理，但是在现实中劳动者难以真正地享有参与管理的权利，在多数情况下，劳动者只能采用辞职、罢工等形式与雇主相对抗。

劳动关系冲突的背景原因

收入差距的加剧。由于“马太效应”的存在，雇主变得越来越富有，劳动者却越来越贫困，劳动者的不满也就随之产生。

劳动力市场的状况。随着生产技术的进步，大量的人力劳动被机器所取代，在劳动力市场双方的力量对比中，劳动者的劣势越来越明显，失业率的不断上升不仅加大了劳动者寻找工作的难度，同时也使得雇主的用工标准逐步提高。

工作本身的属性。虽然现代社会劳动者的工作条件与早期工业化时代相比已经有了显著的提高，但是依然存在大量的危险和艰苦的工作。另外，高度社会分工也使得劳动者的劳动变得更加乏味，这些都加重了劳动者对工作的反感。

劳动关系合作

劳动关系的合作是指在企业中，劳动者和雇主之间通过契约，共同完成产品或服务的生产。这种共同的契约表现为具有法律效力的集体合同、劳动合同、企业规章制度等。劳动关系双方合作的原因有以下两个方面：

双方经济利益的需要。劳动者和雇主之间虽然在经济利益上是对立的关系，但是两者又是相互依存的。雇主需要雇佣劳动者的劳动，才能完成资本向生产力的转变，其掌握的资本才能增值。失去生产资料的劳动者也只能通过向雇主出卖劳动力才能获得报酬，以维持自身和家人的生存。

工作带来的满足感。劳动者通过工作除了获得物质报酬以外，还可以获得尊重和自我实现。

11.1.4 影响劳动关系的环境因素

影响劳动关系的环境因素可以归纳为以下五个方面。

经济环境

影响劳动关系的经济环境包括两个方面，一方面是宏观经济环境，如某个国家或地区的经济增长速度、失业率等；另一方面是微观经济环境，如某一产品在市场上的竞争程度等。

经济环境会对劳动关系双方力量的对比产生直接的影响。由于劳动力市场也是整个市场的一部分，经济环境的波动势必会影响到劳动关系双方的供需情况，显然当经济处于繁荣时期，雇员方的力量就会增强，雇主就会作出相应的让步，相反在经济处于衰退时，雇员方的力量就会减弱，在与雇主的谈判中处于不利地位。

技术环境

技术环境的内容包括产品生产的工序和方式，以及采用这些工序和方式所必需的资本密度（人均资本投资量）、产品和工序是否容易受到新技术的影响、工作是否复杂和需要高水平的知识和技能。

如果企业的产品易受新技术影响，那么员工不服从管理会给管理方带来更多的成本，因而雇员岗位的力量就会增强。相反，那些不易受新技术影响的行业，雇员岗位的力量就弱一些[5]。

新技术、新设备的采用会导致企业雇员数量的减少，这也是技术环境对劳动关系的重要影响。如在集装箱技术刚刚引入美国时，一些极有影响力的劳工领袖，竭力阻止集装箱的发展。当时纽约的码头工会认为，集装箱化会使纽约30%的码头工人失业。

政策环境

政策环境是指政府制定的就业政策、教育与培训政策、财政政策和货币政策对劳动关系的影响，如2011年中国对个人所得税起征点进行调整，劳动者的实际收入得到了提高后对劳动力供求产生的影响。

法律环境

法律环境是指规范雇佣关系双方行为的法律和其他力量的机制，这些机制规定了双方的权利义务，并具有相对的稳定性。现代社会的劳动关系是在一定法律法规约束下的劳动法律关系，国家出台的劳动法以及其他法律会对劳动关系的建立、调整、解除等多个环节产生影响。

社会文化环境

社会环境是指社会阶层分布情况、社会公平情况等。文化环境是指各国、各地区甚至各工种的主流传统习惯、价值观、信仰等。社会环境和文化环境对劳动关系的影响虽然不如其他环境因素那么明显，但是其潜移默化的作用仍不可忽视，特别是在跨国劳动关系调整过程中社会文化环境的影响因素更为明显。

11.2 集体协商与集体合同

11.2.1 集体谈判与集体合同概述

集体协商与集体合同的概念

集体协商

集体协商是指雇员集体性地通过工会组织，与雇主就薪酬待遇、劳动条件等问题进行协商。根据法律规定，雇主必须参与协商，不得拒绝，而协商的结果具有法律约束力。

集体协商在欧美国家被称为“集体谈判”，两者在本质上没有区别，都是以员工集体的形式与雇主进行劳动关系的调整，但是前者强调的是劳动关系双方商讨的过程，后者强调的是劳动关系双方的对立性。

集体合同

集体合同是指工会或职工代表代表全体雇员与雇主之间根据国家法律、法规的规定，就劳动报酬、工作时间、休息休假、劳动安全卫生、保险福利等事项，在平等协商一致的基础上签订的书面协议。集体合同与劳动合同相比存在明显的不同：

当事人不同。劳动合同当事人为单个雇员和用人单位；集体合同当事人为雇员组织团体（工会或职工代表大会）和用人单位或其团体。

目的不同。雇员与用人单位订立劳动合同的主要目的是确立劳动关系；订立集体合同的主要目的是为劳动关系的确立设定具体标准。

内容不同。劳动合同以单个雇员的权利和义务为内容，一般包括劳动关系的各个方面；集体合同以集体劳动关系中全体雇员的共同权利和义务为内容，可能涉及劳动关系的各个方面，也可能只涉及劳动关系的某个方面，如仅就工资问题签订集体合同。

效力不同。劳动合同对单个的用人单位和劳动者有法律效力；集体合同对签订合同用人单位所代表的全体用人单位，以及工会和工会所代表的全体劳动者，都有法律效力。

集体协商和集体合同的关系

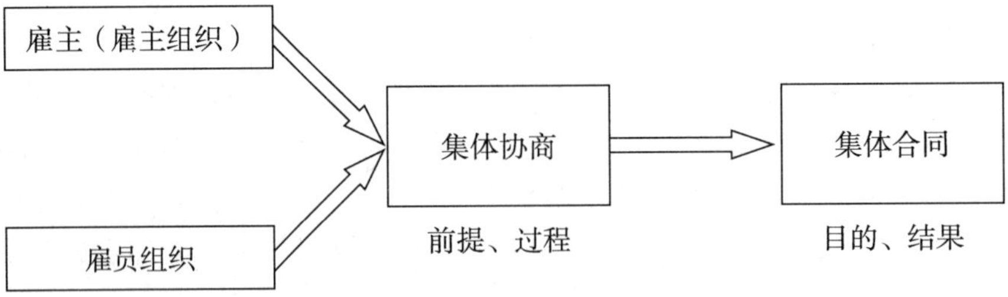

图 11–2 集体协商和集体合同关系图

集体协商和集体合同的关系如图 11–2 所示。

雇主或者雇主组织与雇员组织通过集体协商的方式就劳动标准、劳动报酬等方面的问题进行协商，将协商的结果以集体合同的形式确定下来。因此，集体协商是集体合同签订的前提和过程，集体合同是集体协商的目的和结果。

集体协商与集体合同在劳动关系中的作用

有助于劳动关系的法制化。集体协商是劳动关系双方基于法律制度调整劳动关系的重要途径，它是双方以集体力量平等参与的过程，集体协商的结果往往会以具有法律效力的集体合同的形式确定下来。

有利于维护劳动者的利益。劳动关系的双方存在事实上的不平等，单个员工是相对弱者，力量不足以与用人单位抗衡，可能会被迫地接受用人单位提出的不合理条款。而由工会代表全体劳动者与用人单位签订集体合同，就可以与用人单位平等协商，避免劳动者被迫接受不合理条款。

有利于促进企业的发展。集体协商制度是一种能够根据情况变化不断进行调整的制度，在劳动关系的不断调整中，雇员的利益可以不断地得到实现。这有利于促进雇主和雇员的合作，提高生产效率。

有利于建立平稳和谐的劳动关系。集体协商是劳动关系双方通过平等对话达成双方合意，而非通过冲突或斗争解决问题。由于集体合同代表了双方的选择或妥协，双方当然有意愿去执行这一合同，这种双方协商的方式与仲裁和诉讼决定不同，后者可能引起单方甚至双方的不满。

11.2.2 集体协商的程序

根据《集体合同规定》集体协商的程序可以分为以下三个阶段。

准备阶段

集体协商的提出

雇主与雇员中的任何一方均可就签订集体合同或专项集体合同以及相关事宜，以书面形式向对方提出进行集体协商的要求。一方提出进行集体协商要求的，另一方应当在收到集体协商要求之日起20日内以书面形式给予回应，无正当理由不得拒绝进行集体协商。

确定集体协商的代表

集体协商双方的代表人数应当对等，每方至少3人，并各确定1名首席代表。

职工一方的协商代表由本单位工会选派。未建立工会的，由本单位职工民主推荐，并经本单位半数以上职工同意。

职工一方的首席代表由本单位工会主席担任。工会主席可以书面委托其他协商代表代理首席代表。工会主席空缺的，首席代表由工会主要负责人担任。未建立工会的，职工一方的首席代表从协商代表中民主推举产生。

用人单位一方的协商代表，由用人单位法定代表人指派，首席代表由单位法定代表人担任或由其书面委托的其他管理人员担任。

集体协商的准备工作

协商代表在协商前应进行下列准备工作：

- □ 熟悉与集体协商内容有关的法律、法规、行政规章和政策。
- □ 了解与集体协商内容有关的情况和资料，收集用人单位和职工对协商意向所持的意见。
- □ 拟定集体协商议题，集体协商议题可由提出协商一方起草，也可由双方指派代表共同起草。
- □ 确定集体协商的时间、地点等事项。
- □ 共同确定一名非协商代表担任集体协商记录员。记录员应保持中立、公正，并为集体协商双方保密。

协商阶段

集体协商会议由双方首席代表轮流主持，并按下列程序进行：

- □ 宣布议程和会议纪律。
- □ 一方首席代表提出协商的具体内容和要求，另一方首席代表就对方的要求作出回应。
- □ 协商双方就商谈事项发表各自意见，开展充分讨论。
- □ 双方首席代表归纳意见。达成一致的，应当形成集体合同草案或专项集体合同草案，由双方首席代表签字。

签订生效阶段

经双方协商代表协商一致的集体合同草案或专项集体合同草案应当提交职工代表大会或者全体职工讨论。

职工代表大会或者全体职工讨论集体合同草案或专项集体合同草案，应当有2/3以上职工代表或者职工出席，且须经全体职工代表半数以上或者全体职工半数以上同意，集体合同草案或专项集体合同草案方获通过。

集体合同草案或专项集体合同草案经职工代表大会或者职工大会通过后，由集体协商双方首席代表签字。

11.3 员工职业安全与健康

11.3.1 劳动保护

劳动保护的概述

劳动保护是指国家为了保护劳动者在生产过程中的安全与健康，保护生产力，发展生产力，在改善劳动条件、消除事故隐患、预防事故和职业危害，在法律、组织、制度、技术、设备、教育上所采取的一系列的综合措施。劳动保护在中国也称为劳动安全卫生，在国外也被称为职业安全卫生。劳动保护工作的基本内容包括以下几个方面：

劳动保护的立法和监察。劳动保护立法和监察的内容主要集中在两个方面，一是企业生产管理的制度，如《高温作业分级》、《高处作业分级》等；二是生产技术管理的制度，如《剪切机械安全规程》、《起重吊运指挥信号》等。

劳动保护的管理与宣传。企业劳动保护工作由安全技术部门负责组织、实施，如举办劳动保护宣传展。

安全技术。为了消除生产中引起伤亡事故的潜在因素，保证工人在生产中的安全，在技术上采取的各种措施，主要解决防止和消除突然事故对于职工安全的威胁问题，如国家安监总局要求强制推行井下救生舱。

工业卫生。为了改善劳动条件，在生产过程中采取技术组织措施避免有毒有害物质危害职工健康，防止职业中毒和职业病。

女职工与未成年工的特殊保护。

未成年工保护

未成年工是指年满16周岁未满18周岁的劳动者，中国政府针对未成年工的生理特点出台了一系列的法律法规。

员工最低就业年龄的规定

（1）最低就业年龄。

《禁止使用童工规定》第二条规定：国家机关、社会团体、企业事业单位、民办非企业单位或者个体工商户（以下统称用人单位）均不得招用不满16周岁的未成年人（招用不满16周岁的未成年人，以下统称使用童工）。禁止任何单位或者个人为不满16周岁的未成年人介绍就业。禁止不满16周岁的未成年人开业从事个体经营活动。

（2）最低就业年龄例外规定。

《劳动法》第十三条规定：文艺、体育单位经未成年人的父母或者其他监护人同意，可以招用不满16周岁的专业文艺工作者、运动员。用人单位应当保障被招用的不满16周岁的未成年人的身心健康，保障其接受义务教育的权利。文艺、体育单位招用不满16周岁的专业文艺工作者、运动员的办法，由国务院劳动保障行政部门会同国务院文化、体育行政部门制定。

《劳动法》第十三条第二款规定：学校、其他教育机构以及职业培训机构按照国家有关规定组织不满16周岁的未成年人进行不影响其人身安全和身心健康的教育实践劳动、职业技能培训劳动，不属于使用童工。

未成年工的工作禁忌

由于未成年工的身体发育尚不成熟，因此不适于从事重体力劳动和工作条件恶劣的劳动，因此中国的《未成年工特殊保护规定》第三条规定：用人单位不得安排未成年工从事矿山井下及矿山地面采石作业，森林业中的伐木、流放及守林作业等17项工作。

未成年工的定期体检

为了加强对未成年工的雇佣情况进行的监管，国家规定必须对未成年工进行定期体检。

《未成年工特殊保护规定》第六条规定，用人单位应按下列要求对未成年工定期进行健康检查：

（1）安排工作岗位之前；

（2）工作满一年；

（3）年满十八周岁，距前一次的体检时间已超过半年。

《未成年工特殊保护规定》第七条规定：未成年工的健康检查，应按本规定所附《未成年工健康检查表》列出的项目进行。

《未成年工特殊保护规定》第八条规定：用人单位应根据未成年工的健康检查结果安排其从事适合的劳动，对不能胜任原劳动岗位的，应根据医务部门的证明，予以减轻劳动量或安排其他劳动。

未成年工的登记

为了对未成年工进行管理，政府制定了未成年工登记制度。

《未成年工特殊保护规定》第九条规定：对未成年工的使用和特殊保护实行登记制度。

（1）用人单位招收使用未成年工，除符合一般用工要求外，还须向所在地的县级以上劳动行政部门办理登记。劳动行政部门根据未成年工健康检查表、未成年工登记表，核发未成年工登记证。

（2）各级劳动行政部门须按本规定第三、四、五、七条的有关规定，审核体检情况和拟安排的劳动范围。

（3）未成年工须持未成年工登记证上岗。

（4）未成年工登记证由国务院劳动行政部门统一印制。

《未成年工特殊保护规定》第十条规定：未成年工上岗前用人单位应对其进行有关的职业安全卫生教育、培训；未成年工体检和登记，由用人单位统一办理和承担费用。

女职工保护

女职工是指以工资收入为主要生活来源的女性劳动者。由于女职工在经期、孕期、产期、哺乳期等方面具有独特的生理特点，因此在工作任务分配和工作时间等方面需要进行特殊保护。

女职工在就业薪酬等方面的平等权利

女职工在就业方面与男性具有同等的权利，雇主不得进行性别歧视。在薪酬方面实行男女同工同酬，并且在女职工孕期、产期、哺乳期不得降低其基本工资。

女职工劳动禁忌保护

《女职工劳动保护特别规定》第四条规定，用人单位应当遵守女职工禁忌从事的劳动范围的规定。用人单位应当将本单位属于女职工禁忌从事的劳动范围的岗位书面告知女职工。

- □ 矿山井下作业；
- □ 体力劳动强度分级标准中规定的第四级体力劳动强度的作业；
- □ 每小时负重6次以上、每次负重超过20公斤的作业，或者间断负重、每次负重超过25公斤的作业。

女职工劳动合同解除和终止规定

《劳动法》第二十九条规定：女职工怀孕期间，用人单位不得单方与女职工解除劳动合同，即使双方的劳动合同履行期限届满，劳动合同也应顺延至产后一年，才能与女职工解除劳动合同，但女职工提出解除劳动合同的除外。

《妇女权益保障法》第二十六条规定：任何单位不得以结婚、怀孕、产假、哺乳等为由，辞退女职工或者单方解除劳动合同。

《女职工劳动保护规定》第四条规定：不得在女职工怀孕期、产期、哺乳期降低其基本工资，或者解除劳动合同。

女职工经期、孕期、产期、哺乳期保护

（1）女职工的经期保护。

《女职工劳动保护特别规定》第四条规定，女职工在月经期间禁忌从事的劳动包括：

- □ 冷水作业分级标准中规定的第二级、第三级、第四级冷水作业；
- □ 低温作业分级标准中规定的第二级、第三级、第四级低温作业；
- □ 体力劳动强度分级标准中规定的第三级、第四级体力劳动强度的作业。
- □ 高处作业分级标准中规定的第三级、第四级高处作业。

（2）女职工孕期保护。

《女职工劳动保护特别规定》第六条规定，女职工在孕期不能适应原劳动的，用人单位应当根据医疗机构的证明，予以减轻劳动量或者安排其他能够适应的劳动。

女职工孕期禁止从事的劳动有：

- □ 作业场所空气中铅及其化合物、汞及其化合物、苯、镉、铍、砷、氰化物、氮氧化物、一氧化碳、二硫化碳、氯、己内酰胺、氯丁二烯、氯乙烯、环氧乙烷、苯胺、甲醛等有毒物质浓度超过国家职业卫生标准的作业；
- □ 从事抗癌药物、己烯雌酚生产，接触麻醉剂气体等的作业；
- □ 非密封源放射性物质的操作，核事故与放射事故的应急处置；
- □ 高处作业分级标准中规定的高处作业；
- □ 冷水作业分级标准中规定的冷水作业；
- □ 低温作业分级标准中规定的低温作业；
- □ 高温作业分级标准中规定的第三级、第四级的作业；
- □ 噪声作业分级标准中规定的第三级、第四级的作业；
- □ 体力劳动强度分级标准中规定的第三级、第四级体力劳动强度的作业；
- □ 在密闭空间、高压室作业或者潜水作业，伴有强烈振动的作业，或者需要频繁弯腰、攀高、下蹲的作业。

（3）女职工产期保护。

《女职工劳动保护特别规定》第七条规定，女职工生育享受98天产假，其中产前可以休假15天；难产的，增加产假15天；生育多胞胎的，每多生育1个婴儿，增加产假15天。

女职工怀孕未满4个月流产的，享受15天产假；怀孕满4个月流产的，享受42天产假。

（4）女职工哺乳期保护。

《女职工劳动保护特别规定》第九条规定，对哺乳未满1周岁婴儿的女职工，用人单位不得延长劳动时间或者安排夜班劳动。

用人单位应当在每天的劳动时间内为哺乳期女职工安排1小时哺乳时间；女职工生育多胞胎的，每多哺乳1个婴儿每天增加1小时哺乳时间。

11.3.2 工伤管理

工伤保险金的缴纳

工伤保险在中国属于强制性保险，用人单位必须为员工无条件地缴纳工伤保险。

《工伤保险条例》第二条规定，中华人民共和国境内的企业、事业单位、社会团体、民办非企业单位、基金会、律师事务所、会计师事务所等组织和有雇工的个体工商户（以下称用人单位）应当依照本条例规定参加工伤保险，为本单位全部职工或者雇工（以下称职工）缴纳工伤保险费。

《工伤保险条例》第十条规定，用人单位应当按时缴纳工伤保险费。职工个人不缴纳工伤保险费。

用人单位缴纳工伤保险费的数额为本单位职工工资总额乘以单位缴费费率之积。

对难以按照工资总额缴纳工伤保险费的行业，其缴纳工伤保险费的具体方式，由国务院社会保险行政部门规定。

保安在“非工作时间”猝死值班室算工伤吗

2012年2月，江西籍男子王某应聘成为广州市白云区某木业公司保安，公司安排大门值班室作为王某的住所。同年4月13日晚11时左右，王某突发疾病送医院后经抢救无效，于4月15日下午死亡，经鉴定死亡病因为左基底节脑出血。

白云区人力资源和社会保障局认为，王某在单位门口值班室值班时突发疾病死亡的情形符合《工伤保险条例》相关规定，即在工作时间和工作岗位，突发疾病死亡或者在48小时之内经抢救无效死亡的，视同工伤，故以此认定王某死亡的情形视为工伤，作出“工伤认定决定书”。事后王某所在单位认为王某是在休息时间病发，处于非工作状态，不属工伤，公司提起诉讼要求撤销工伤认定。但广州市白云区法院综合考虑中小企业值班人员的工作特点和王某的岗位性质，认定王某居住在值班室，是为了方便其履行开关公司大门的职责，即使其夜间在值班室休息，也仍然担负着夜间开关大门的职责，故认定王某在工作时间和工作岗位突发疾病，符合王某的工作岗位特征，一审判决维持人力资源和社会保障局作出的工伤认定决定。

工伤的认定

《工伤保险条例》对工伤认定进行了规定。

第十四条　职工有下列情形之一的，应当认定为工伤：

（1）在工作时间和工作场所内，因工作原因受到事故伤害的；

（2）工作时间前后在工作场所内，从事与工作有关的预备性或者收尾性工作受到事故伤害的；

（3）在工作时间和工作场所内，因履行工作职责受到暴力等意外伤害的；

（4）患职业病的；

（5）因工外出期间，由于工作原因受到伤害或者发生事故下落不明的；

（6）在上下班途中，受到非本人主要责任的交通事故或者城市轨道交通、客运轮渡、火车事故伤害的；

（7）法律、行政法规规定应当认定为工伤的其他情形。

第十五条 职工有下列情形之一的，视同工伤：

（1）在工作时间和工作岗位，突发疾病死亡或者在48小时之内经抢救无效死亡的；

（2）在抢险救灾等维护国家利益、公共利益活动中受到伤害的；

（3）职工原在军队服役，因战、因公负伤致残，已取得革命伤残军人证，到用人单位后旧伤复发的。

第十六条 职工符合本条例第十四条、第十五条的规定，但是有下列情形之一的，不得认定为工伤或者视同工伤：

（1）故意犯罪的；

（2）醉酒或者吸毒的；

（3）自残或者自杀的。

工伤医疗期待遇

工伤医疗期间员工停薪留职待遇

《工伤保险条例》三十三条规定：职工因工作遭受事故伤害或者患职业病需要暂停工作接受工伤医疗的，在停工留薪期内，原工资福利待遇不变，由所在单位按月支付。

停工留薪期一般不超过12个月。伤情严重或者情况特殊，经设区的市级劳动能力鉴定委员会确认，可以适当延长，但延长不得超过12个月。工伤职工评定伤残等级后，停发原待遇，按照本章的有关规定享受伤残待遇。工伤职工在停工留薪期满后仍需治疗的，继续享受工伤医疗待遇。

生活不能自理的工伤职工在停工留薪期需要护理的，由所在单位负责。

工伤医疗费用的支付

《工伤保险条例》第三十条规定：职工因工作遭受事故伤害或者患职业病进行治疗，享受工伤医疗待遇。

职工治疗工伤应当在签订服务协议的医疗机构就医，情况紧急时可以先到就近的医疗机构急救。

治疗工伤所需费用符合工伤保险诊疗项目目录、工伤保险药品目录、工伤保险住院服务标准的，从工伤保险基金支付。工伤保险诊疗项目目录、工伤保险药品目录、工伤保险住院服务标准，由国务院社会保险行政部门会同国务院卫生行政部门、食品药品监督管理部门等部门规定。

职工住院治疗工伤的伙食补助费，以及经医疗机构出具证明，报经办机构同意，工伤职工到统筹地区以外就医所需的交通、食宿费用从工伤保险基金支付，基金支付的具体标准由统筹地区人民政府规定。

工伤职工治疗非工伤引发的疾病，不享受工伤医疗待遇，按照基本医疗保险办法处理。

工伤职工到签订服务协议的医疗机构进行工伤康复的费用，符合规定的，从工伤保险基金支付。

《工伤保险条例》第三十一条规定：社会保险行政部门作出认定为工伤的决定后发生行政复议、行政诉讼的，行政复议和行政诉讼期间不停止支付工伤职工治疗工伤的医疗费用。

《工伤保险条例》第三十二条规定：工伤职工因日常生活或者就业需要，经劳动能力鉴定委员会确认，可以安装假肢、矫形器、假眼、假牙和配置轮椅等辅助器具，所需费用按照国家规定的标准从工伤保险基金支付。

工伤津贴的规定

工伤职工已经评定伤残等级并经劳动能力鉴定委员会确认需要生活护理的，从工伤保险基金按月支付生活护理费。

生活护理费按照生活完全不能自理、生活大部分不能自理或者生活部分不能自理 3 个不同等级支付，其标准分别为统筹地区上年度职工月平均工资的 50%、40% 或者 30%。

工伤致残待遇

根据工伤伤残等级的不同，职工将享受不同的待遇。

一级至四级伤残

《工伤保险条例》第三十五条规定，职工因工致残被鉴定为一级至四级伤残的，保留劳动关系，退出工作岗位，享受以下待遇。

（1）从工伤保险基金按伤残等级支付一次性伤残补助金，标准为：一级伤残为 27 个月的本人工资，二级伤残为 25 个月的本人工资，三级伤残为 23 个月的本人工资，四级伤残为 21 个月的本人工资。

（2）从工伤保险基金按月支付伤残津贴，标准为：一级伤残为本人工资的 90%，二级伤残为本人工资的 85%，三级伤残为本人工资的 80%，四级伤残为本人工资的 75%。伤残津贴实际金额低于当地最低工资标准的，由工伤保险基金补足差额。

（3）工伤职工达到退休年龄并办理退休手续后，停发伤残津贴，按照国家有关规定享受基本养老保险待遇。基本养老保险待遇低于伤残津贴的，由工伤保险基金补足差额。

职工因工致残被鉴定为一级至四级伤残的，由用人单位和职工个人以伤残津贴为基数，缴纳基本医疗保险费。

五级至六级伤残

《工伤保险条例》第三十六条规定，职工因工致残被鉴定为五级、六级伤残的，享受以下待遇。

（1）从工伤保险基金按伤残等级支付一次性伤残补助金，标准为：五级伤残为18个月的本人工资，六级伤残为16个月的本人工资。

（2）保留与用人单位的劳动关系，由用人单位安排适当工作。难以安排工作的，由用人单位按月发给伤残津贴，标准为：五级伤残为本人工资的70%，六级伤残为本人工资的60%，并由用人单位按照规定为其缴纳应缴纳的各项社会保险费。伤残津贴实际金额低于当地最低工资标准的，由用人单位补足差额。

经工伤职工本人提出，该职工可以与用人单位解除或者终止劳动关系，由工伤保险基金支付一次性工伤医疗补助金，由用人单位支付一次性伤残就业补助金。一次性工伤医疗补助金和一次性伤残就业补助金的具体标准由省、自治区、直辖市人民政府规定。

七级至十级伤残

《工伤保险条例》第三十七条规定，职工因工致残被鉴定为七级至十级伤残的，享受以下待遇。

（1）从工伤保险基金按伤残等级支付一次性伤残补助金，标准为：七级伤残为13个月的本人工资，八级伤残为11个月的本人工资，九级伤残为9个月的本人工资，十级伤残为7个月的本人工资。

（2）劳动、聘用合同期满终止，或者职工本人提出解除劳动、聘用合同的，由工伤保险基金支付一次性工伤医疗补助金，由用人单位支付一次性伤残就业补助金。一次性工伤医疗补助金和一次性伤残就业补助金的具体标准由省、自治区、直辖市人民政府规定。

工伤死亡待遇

《工伤保险条例》第三十九条规定，职工因工死亡，其近亲属按照下列规定从工伤保险基金领取丧葬补助金、供养亲属抚恤金和一次性工亡补助金。

（1）丧葬补助金为6个月的统筹地区上年度职工月平均工资。

（2）供养亲属抚恤金按照职工本人工资的一定比例发给由因工死亡职工生前提供主要生活来源、无劳动能力的亲属。标准为：配偶每月40%，其他亲属每人每月30%，孤寡老人或者孤儿每人每月在上述标准的基础上增加10%。核定的各供养亲属的抚恤金之和不应高于因工死亡职工生前的工资。供养亲属的具体范围由国务院社会保险行政部门规定。

（3）一次性工亡补助金标准为上一年度全国城镇居民人均可支配收入（2011年为23979元）的20倍。

本章小结

本章讲述了劳动关系的概念、主体、本质；集体合同和集体协商；劳动保护和工伤管理的相关政策三部分内容，具体内容如下。

劳动关系是指劳动者与用人单位之间因从事劳动而结成的社会关系的统称，劳动关系的实质是雇主和雇员的冲突与合作。雇主（雇主组织）、雇员（工会）和政府构成了劳动关系的三大主体。经济环境、技术环境、政策环境、法律环境、社会环境都会对劳动关系产生影响。

集体协商是指雇员集体性地通过工会组织，与雇主就薪酬待遇、劳动条件等问题进行协商。集体合同是指工会或职工代表代表全体雇员与雇主之间根据国家法律、法规的规定，就劳动报酬、工作时间、休息休假、劳动安全卫生、保险福利等事项，在平等协商一致的基础上签订的书面协议。集体协商是集体合同签订的前提和过程，集体合同是集体协商的目的和结果。

劳动保护是指国家为了保护劳动者在生产过程中的安全与健康所采取的一系列的综合措施，包括劳动保护的立法和监察、劳动保护的管理与宣传、安全技术、工业卫生、女职工保护、未成年工保护。工伤管理主要包括工伤保险金的缴纳、工伤的认定、工伤医疗期待遇、工伤致残待遇和工伤死亡待遇五个环节。

专业术语

劳动关系 Labor Relations
集体协商 Collective Bargaining
集体合同 Collective Contract
劳动保护 Labor Protection
工伤 Work-related Injuries
未成年工 Juvenile Workers

复习思考题

1. 个体劳动关系与集体劳动关系的区别有哪些?
2. 在用工实践中，如何界定劳动关系与劳务关系?
3. 如何理解劳动关系的本质?
4. 中国政府在劳动关系中发挥哪些作用?
5. 经济因素对劳动关系的影响有哪些?
6. 女性员工在用工过程中受到哪些保护?
7. 如何对工伤进行认定?

深度学习

[1] 姚先国，李敏，韩军. 工会在劳动关系中的作用——基于浙江省的实证分析[J]. 中国劳动关系学院学报，2009（1）.
[2] 王建军. 工伤认定：行政与司法的冲突及消除[J]. 社会科学研究，2007（2）.
[3] 中国就业培训技术指导中心. 企业人力资源

管理师国家职业资格培训教程（常用法律手册）[M].2版.北京：中国劳动社会保障出版社，2007.

实践链接

广东汕头大火致14人遇难续　涉事作坊涉嫌用童工

http://news.qq.com/a/20121207/000070.htm

案例分析

集体合同与劳动合同效力

2008年2月，王某与某实业公司签订了为期两年的劳动合同。合同约定工资为每月1200元。2008年6月，该公司工会代表全体职工与公司订立了集体合同。集体合同对劳动报酬、工作时间、休息休假、劳动条件等内容规定了具体的标准，其中，关于劳动报酬，集体合同规定员工的月工资不得低于1400元。集体合同生效后，公司仍然按照每月1200元的标准给王某发工资，王某为此向公司提出异议，要求按照集体合同规定的标准发放工资。公司称与他订立的劳动合同中明确约定了工资为每月1200元，其约定早于集体合同，应当按照这一约定履行。

双方协商未果，王某向当地劳动争议仲裁部门申请仲裁，要求公司按照集体合同的约定，为其每月发放工资1400元，其他待遇也不得低于集体合同的规定。

劳动争议仲裁部门将会如何进行仲裁呢？

12 第12章 发达国家的人力资源管理与开发

【学习目标】

- 了解美国企业人力资源管理与开发的特点
- 了解日本企业人力资源管理与开发的特点
- 了解德国企业人力资源管理与开发的特点
- 比较美国、德国、日本企业人力资源管理与开发的差异

引导案例

微软的人力资源管理

微软公司创始于1975年，是全球最大的计算机软件提供商。公司雇员约9.2万人（2010年），其主要产品为Windows操作系统、Internet Explorer网页浏览器及Microsoft Office办公软件套件。微软的发展和业绩与其人力资源管理是分不开的。

员工招聘——宁缺毋滥的选人机制

微软公司在招才纳贤时，把寻找最优秀的人才（Hire the best）奉为“圣经”。微软公司负责招聘工作的戴维·普里查德说：微软在吸纳人才方面的目标是——“寻找比我们（微软现有员工）更为出色的人”。具体说来，微软对这种人的两个最基本要求是创造性、适应性。这是微软根据信息社会和知识经济的要求提出来的。信息社会对人的学习和再学习能力提出了空前的要求。对信息的搜集、整理、应用、淘汰、再搜集，构成了人的发展过程中最有效的循环，这种高速的更新相应地要求人有高度的适应性。

同时，微软的选人依公司战略而展开（Every hire is for Microsoft）。在招聘中不仅从某个岗位的角度，而且从整体上看应聘者对微软是否合适，从文化、发展潜力等多方面来看他是否适合微软，这样可以保证人才进来之后，有很大的灵活性。

员工的工作与考核——用人机制

微软用人的“n–1”思想：微软喜欢启用比工作所需更少的人。微软欣赏的是雇用尽可能少的人，以挑战极限的方式，来完成尽可能多的工作。如果你工作不能专心致志，竭尽全力，微软就不适合你。盖茨本人就是一位工作狂，自创立微软以来，他总是在赶

时间。1997年，他在4天之内踏遍欧洲5个国家，拜见5位政府首脑，发表8篇演说，主持一家海外办事处的开业仪式，并签订了两份重要的企业协定。他每天废寝忘食地从早晨9点半一直工作到深夜，用比萨饼充饥，用咖啡饮料提神，成为微软工作模式的典范。

微软对员工的业绩考核采取经理和员工双方沟通的形式。在每财政年度工作伊始，经理会和员工总结上年度的工作得失，指出改进的地方，制订新一年的目标。目标以报表形式列出员工工作职能和工作目的，经双方共同讨论后确定下来，大概过半年时间，经理会拿出这张表来和员工的实际工作对照，作一次年中评价。年底时，经理还会和员工共同进行衡量，最后得出这名员工的工作表现等级，依此来决定员工的年度奖金和配股数量。

员工的发展——灵活而有章可循的育人机制

对于新加入微软的人，培训有两块：技术培训和软技能培训（管理能力、沟通能力、演讲的能力、跨文化的能力等）。此外，公司还有导师制度，让经验丰富的员工帮助辅导新人。同时，公司还推出员工职业发展模型(career model)，员工可以在网上查到和自己职位相关的所有信息，包括对能力、结果和经验方面的要求。微软所有职位都可以点进去查看。如果一个现在做技术支持的人想做财务，就可以去查财务的职位，了解需要掌握哪些技能、积累哪些经验，需要参加什么样的培训。这些信息对所有的员工都是公开的，能帮助员工针对自己下一步的职业方向制订系统的行动方案。

每年三月份，微软所有员工都会做MYCD（mid-year career discussion，年中职业讨论）。这个时间段，员工会和经理讨论自己的职业发展，并得到经理的指导和资源上的支持，如让员工参加跟下一个工作相关的一些项目、培训，帮他找一位相关领域的导师等。因此，在微软，很多人经历了跨度很大的职业变化，员工可以根据自己的能力和职业兴趣选择技术或管理两条职业发展轨迹。

员工报酬与激励——“数不尽”的留人机制

微软采用低工资高股份的模式激励员工，它是第一家用股票期权来奖励普通员工的企业。微软公司付给员工的工资不高，但公司有年度奖金，且会给员工配股。微软公司职员可以拥有公司的股份，并可享受15%的优惠，公司高级专业人员可享受巨大幅度的优惠，公司还给任职一年的正式雇员一定的股票买卖特权。公司故意把薪水压得比竞争对手还低，创立了“低工资高股份”的典范，微软公司雇员拥有股票的比例比其他任何上市公司都要高。这种将员工的收益与其对企业的股权投资相联系，从而将员工个人利益同企业的效益、管理和员工自身的努力等因素结合起来的做法，具有明显的激励功效。同时，微软的人员流动数目要比同行其他公司低得多。

除此之外，微软还向员工提供健康关怀、体检、其他健康保险、健身俱乐部、带薪休假、免费饮料和水果、旅游津贴等各种各样的员工福利。

微软人力资源管理的特点是什么？与其他发达国家企业的人力管理有无区别？

如第1章所述，人力资源管理主要是对人力资源获取、整合、保持、开发、控制和调整等方面的计划、组织、协调和控制等活动，即通过规划、招聘、甄选、培训、考核、薪酬等各种技术与方法，有效地运用人力资源来达成组织目标的活动。而人力资源开发是指“雇主所提供有组织的学习经验，而员工在一个特定时间内完成，以求得组织整体绩效的可能提升”（Nadler，1990）。中国学者肖鸣政将人力资源开发界定为：开发者通过学习、教育、培训、管理等有效方式，为实现一定的经济目标与发展战略，对既定的人力资源进行利用、塑造、改造与发展的活动。可以看出，人力资源开发更侧重于通过投资来开发和提升人的潜能。人力资源管理与开发虽然侧重点不同，但实践中二者相辅相成、联系非常紧密。

发达国家都非常重视人力资源的开发与积累，但具体到微观企业中的人力资源管理则有一定差异，由于物质资源禀赋以及文化的不同等使得各国企业的人力资源管理与开发采用不同的方法。本章将主要介绍美国、日本、德国的人力资源管理与开发的特点。

12.1 美国的人力资源管理与开发

12.1.1 美国的人力资源管理现状

人力资本是促进未来经济增长的一项主要因素，人力资本投资对于经济的发展是至关重要的，20 世纪美国经济的快速发展很大程度上依赖于其所拥有的较高素质的人力资源。诺贝尔经济学奖获得者舒尔茨研究发现：美国经济的成就与其 20 世纪上半叶在人力资源方面的大量投资分不开，与其不断完善的人力资源管理与开发机制分不开。

本土人才开发

培养本土人才是美国人力资源开发战略的最主要方面。为了培养出大量高素质人才，美国的主要做法有如下方面。

重视发展教育

美国的经济起飞是在南北战争后，从 1852 年马萨诸塞州第一个通过义务教育法到 1919 年亚拉巴马州最后通过义务教育法，其间用了 60 多年时间，美国基本普及了 6~8 年义务教育，为经济追赶奠定了人力资源基础。第二次世界大战前，美国又基本普及了中等义务教育，这比英国、法国、德国等发达国家早 30~40 年。社区学院的出现使美国青年上大学的机会大大增加，也使得美国能分别用两个 30 年（1911—1941 年，1941—1971 年）实现了高等教育毛入学率从 5% 到 15% 再到 50% 的飞跃，成为世界上第一个进入高等教育大众化与普及化阶段的国家，大众化时间比英、法、德等发达国家早 30~40 年，普及化时间早 20 年左右（参见表 12-1）。

表 12-1

主要发达国家高等教育大众化、普及化历程表 [1]

	5% 左右（年）	15% 左右（年）	50% 左右（年）	1996 年水平（%）
美国	1911	1941	1970	80.9
英国	1954	1970	1995	52.3
韩国	1966	1980	1995	67.7
日本	1947	1970	1990	71.8
法国	—	1970	1996	51.0
加拿大	—	—	1980	87.3
澳大利亚	1960	1970	1992	79.8
德国	1960	1970	1996	47.2

美国在 1958 年通过《国防教育法》，把发展教育作为国家的战略重点。布什和克林顿执政期间，更是把教育放在优先发展的位置。布什上台不久就制定了《美国 2000 年教育战略》，提出美国 21 世纪教育发展的六项战略目标。克林顿提出，在 21 世纪的知识经济中，实现教育领先比以往任何时候更为重要，政府的头等大事是确保每个美国人享有世界上最好的教育。1998 年美国高等教育生均教育经费为 19802 美元，居世界第一；中等教育生均经费 7764 美元，仅次于瑞士和奥地利；初等教育生均经费为 6043 美元，仅次于丹麦、瑞士和奥地利。各级生均教育经费都远高于亚太经合组织成员国平均水平，也高于日本、韩国、英国、德国、法国等发达国家。2007 年，美国中小学生均教育支出为 10768 美元，比亚太经合组织成员国平均水平 7401 美元高出 45%。在高等教育方面，美国生均教育成本为 27010 美元，是亚太经合组织成员国平均水平 12471 美元的两倍多，美国在教育方面的大量投资为其成为教育强国和人才强国奠定了雄厚的基础。

重视培养实用人才

美国政府早在 1963 年就颁布了《职业教育法》，1990 年又通过新的职业教育法，明确联邦政府每年向各州提供 16 亿美元的职业教育专项补助经费，并进一步建立和完善了职业教育的资格证书制度和资格鉴定制度。美国职业教育的发展与两年制的社区学院有很大关系。可以说美国有着世界上最完善的社区学院系统，即大众教育系统，目的是为社区居民提供接受高等教育的机会，社区居民只要能提供中学毕业证或相应文件，就可入学。其专业大多是根据当地的工业、商业、服务业的实际需要确定的。设置哪些专业，开设哪些课程，事先要多次调查，反复征询企业的意见，然后进行评价，报地方委员会批准。发现劳动力市场某类技术人员供给大于需求时，停止招生。社区学院作为美国高等教育中最大和最有活力的一个办学层次，培养了大量训练有素的技术人员和普通劳动者，也为高层次人才的培养提供了后备军。

重视继续教育及培训

美国政府高度重视继续教育，每年用于国民知识培训的资金达1000亿美元。1966年颁布《成人教育法案》，从法律上保障继续教育的发展，联邦政府要求所有雇主每年必须以其全员工资的至少1%的资金用于雇员的教育与培训，并逐年递增。尚未达到此最低金额的公司和机构，每年必须上缴其工资总额1%的资金作为国家技能开发资金。成人教育主要有社区团体、雇主、中学、社区学院和四年制大学五条渠道。入学者必须通过统一的考试，84%的大学开设了学分制的成人教育。为鼓励企业对员工开展继续教育与培训，联邦政府还在税收政策上予以优惠，允许企业将教育开支列入成本，免予征税。美国把继续教育看作是衡量一项国家科技水平的重要标志。

外国人才的争夺和使用

在加强培养国内人才的同时，美国还采取各种手段吸纳、争夺、利用外国的人力资源，通过技术移民倾斜政策吸纳各国优秀人才。

从20世纪50年代开始，美国多次修改移民法，1952年《外来移民和国籍法》首开了技术移民的先例，规定移民总配额中的50%用于有技术专长和突出才能的移民，同时对以往移民政策中的种族歧视进行了部分修正。1953—1969年间，美国从发展中国家引进了科学家和工程师近10万人，这就使美国节省教育投资至少40亿美元。在60年代末期，多数资料认为，美国引进一位科学家或工程师能节约教育投资至少4万美元。据1977年苏联出版的《美国科学技术潜力》一书认为，美国在1952—1975年间，由于引进外国专家而使美国节省教育投资和有关费用150亿~200亿美元[2]。1965年，又颁布"优惠制"新移民法，每年专门留出2.9万个移民名额给高级专门人才。美国以全球化方式引进的优秀人力资源中，有很多是世界上第一流的科学家和工程师，他们在化学、物理、生物、数学及电子、信息等学科、技术领域具有世界性的先进水平。在美国1946—1983年间获得化学、物理、生理医学方面诺贝尔奖的127位科学家中，有40%是以移民方式从其他国家引进的。1990年，老布什又签署《美国新移民法》，该移民法将配额移民分成亲属类移民和职业类移民两类。职业类移民配额为14万名，其中，杰出人才4万名，具有高学位或特殊能力的专业人士4万名；技术劳工、专业人员及美国境内缺乏的劳工4万名，特殊移民1万名及投资移民1万名。可以看出，新移民法重点向投资移民和技术移民倾斜。同时，实施H-1B签证计划，是一种有效期为6年的工作签证，允许有特殊专长的人赴美工作，通过发放工作签证方式吸收更多高科技人才到美国工作。随着电子、信息技术的突飞猛进，美国高科技人才短缺日益凸现，2000年将H-1B签证名额从原来的6.5万增加到11.5万。克林顿曾于2000年5月向美国国会提出了一项人才引进计划。按照这一计划，2001—2003年，美国对高科技人才引进的名额将从11.5万人增加到20万人。

2006年2月初，布什总统专程到硅谷的高科技公司发表讲话，表示希望国会增加发给高科技人才的工作签证。他还称，美国需要更多的工程师与物理科学家，如果不鼓励更多地补充美国不能提供的真正聪明优秀的人才，那将是一个错误。5月，国会参议院通过了一项移民法案，其中重要条款包括增加11.5万个H-1B临时工作签证，并增加29万个绿卡名额。同时，决定给所有在美国大学接受高等（硕士学位以上）科学、技术、工程、数学教育的外国学生免除临时工作签证与绿卡配额的限制，只要这些外国学生毕业后愿意留在美国，可以让他们迅速获得美国公民资格。这部移民法是美国在21世纪通过的首部重要的移民法，它更进一步奠定了美国的人才竞争优势，对美国政府的长远发展意义深远。

美国移民问题学者指出，过去20年来，美国"能够取得巨大的经济发展，一项重要原因是信息科技革命……在美国领先全球的信息科技革命中，外国高科技人才发挥了不可磨灭的作用。他们是美国高科技产业的脊梁骨"。美国前商务部长卡洛斯·古铁雷斯在向国会就移民问题作证时表示："就像公司竞争招收最优秀的员工，大学竞争录取与保留最优秀的学生，我们国家将与世界其他国家加强竞争并留住最优秀的高科技人才。"普林斯顿大学校长在国会作证时更是指出："这些外国科学家与学者对美国的科学与教育事业在许多方面作出了杰出贡献……给美国带来了强劲的经济增长与长期的国家安全。美国国家科学院有近20%的杰出科学家与工程师是外国出生的，超过1/3的美国诺贝尔奖获得者是外国出生的。"

同时，美国还将外国留学生作为人才的后备力量。美国实施留学生政策始于第二次世界大战后，通过提供奖学金接收各国留学生，是接收留学生最多的国家。1999年在美留学生49.1万，占全球留学生的1/3。为使留学生留居美国，美国对他们实行"绿卡制"，1991—1992年留美的约60万名外国留学生中，有近50%毕业后滞留美国或加入美国国籍。除此之外，还通过国际科技合作，在"互利原则"下利用别国的人才资源优势，直接到其他国家办企业或设立研究机构，争夺所在国的人才资源，如英特尔公司、微软公司、朗讯公司、美国国家半导体公司和摩托罗拉公司分别在中国创建研究开发机构，直接网罗中国的高级技术人才为其所用。

12.1.2　传统美国企业人力资源管理与开发的特点

美国企业传统的人力资源开发与管理模式是在19世纪末20世纪初形成的，一直到20世纪80年代以前在美国企业中占据主导地位。它的基本特点是：注重市场调节、制度化科学管理，以及刚性工资和劳资关系的对抗性。20世纪80年代以后，越来越多的美国企业开始对传统的人力资源管理模式进行改革，有了不少变化，但长期历史所形成的模式依然发挥着比较重要的影响。

发达的劳动力市场，灵活的人力资源配置

一方面，美国的任意就业政策（Employment at Will）为美国员工在国内市场上高度流动打下了基础；另一方面劳动力市场非常发达，企业与个人都可以充分自由地选择。企业需要的各类人员都可以通过到市场上刊登广告而招聘到或通过“猎头”从别的企业“挖”人。不需要的员工毫不留情地解雇，使其回到市场重新择业。对于劳动者来说，从在校学习、选择专业起就注意劳动力市场的动向，根据自己的兴趣与市场的需要、薪水等来进行专业选择。

整个社会和市场对于这种现象（员工的高流动性）的看法是：能够从流动中找到更好工作的人是“市场价值”很高的优秀雇员，不会予以歧视。所以当员工有更好的选择时，会毫不犹豫地离开；当员工不能胜任工作时，企业也会作出同样的选择。这种人员的流动对美国企业输入新鲜血液，吐故纳新，减轻企业包袱，提高劳动生产力，起了很大的作用。在大城市如纽约，许多30岁以下的年轻人在大学毕业之后换五六次工作是正常现象。频繁地更换工作机会使得许多人可以更好地发挥自己的潜力。对于公司来讲，在经营状况不好的时候解雇员工，减轻负担，精简机构，能够在短时间内扭转亏损局面，恢复元气，增加企业竞争力，提高劳动生产率，乃至打败竞争对手。这种优势与欧洲、日本企业相比十分明显。

但与此同时，这也最终会导致企业员工队伍稳定性差，员工对企业忠诚度低。索尼公司前董事长出井伸之曾经嘲笑美国的管理人员，说他们“将员工看成赚钱的工具，经济景气时就大量招人，不景气时就大量裁人，而经济不景气又不是员工造成的”。

高度专业化、制度化

美国早期科学管理的思想对现代美国企业高度专业化有重要的影响，美国企业重视人力资源的科学化和制度化管理。美国企业与日本企业在管理上最大的区别是职业分工极为细腻，全国各行各业有两万多种职业名称。这种职业分工对企业招聘新的员工，客观地评定员工的工作成绩，有依据地制定公司员工的工资水准，有目标地发放奖金，合理地进行职务评级、提升等打下了坚实的基础。

同时，美国是一个法律制度和法律体系十分完备的国家，人力资源管理必须在法律框架内运作。否则，不论是政府还是企业，都将面临极高的违法成本。

美国企业人力资源管理的专业化和制度化加上发达灵活的劳动力市场调节，使得美国企业招聘员工有较大余地。当企业存在职位空缺时，员工可以通过内部主管推荐、再次录用、继任计划、招聘会、猎头公司、广告招聘等进入企业。这使得有能力的人能够迅速进入“快车道”。同时，公司专业化的管理对评价员工短期表现起了积极的作用。由于员工专业化程度高，美国公司对各行各业的专业经理人员提出的工作目标针对性强，而且容易得到检验评估和监控，所以有能力、有潜力、业绩高的员工能够很快得到提升。

注重物质激励

美国企业的人力资源管理很注重外部激励，同时强调个人价值，以个人激励为对象，所以企业在制定政策时重点考虑的是工作内容、责任大小、工作条件、工作环境以及该工作对企业经营效率所作出的贡献，基本目标是激励员工的工作积极性。当员工感到自己对公司的贡献能够增加公司的业绩，而公司业绩的增长又与自己的切身利益密切相关的时候，工作干劲自然就大了。美国企业给予人才十分优厚的经济条件，如拥有公司股票，提供交通、住宿补贴，提供401k保险和比较昂贵的牙齿保险等。相反，对没有技术、管理专长的人员，如工勤人员、普通雇员，仅提供十分有限的报酬，甚至只提供政府规定的最低工资。

就业不稳定，劳资关系的对抗较强

由于工资刚性，企业很难通过降低工资来降低劳动力成本，只能通过解雇员工来降低劳动力成本和消除多余生产能力。这种做法反过来证明员工对资方的不信任是客观的。劳资双方互不信任的恶性循环加剧了工资刚性和就业不稳定。

工资刚性、就业不稳定、劳动力使用的短期导向，使得美国企业的劳资关系较之日本及西欧的许多国家的企业，劳资关系的对抗性更强。

12.1.3 美国企业人力资源管理的变化与发展

美国企业也开始了人力资源管理模式的变革，特备是在汽车业和家电业。美国企业开始认真研究日本制造业的就业制度、劳资关系以及全面质量管理的方法、吸收一线员工参与管理、重视对人才的长期培养等方面并取得了成效。

开始重视人才资源的自我开发，强化培训

美国企业因为员工的流动性较强，所以对员工的培训不够重视，企业用于员工培训与开发的平均费用仅占日本的1/3。到20世纪70年代后，美国企业的市场被日本、德国企业挤占，美国企业开始反思，重视开展企业内部的人力资源开发工作。

20世纪90年代，美国企业一个突出的战略变化就是全方位地训练员工使用计算机。许多大公司每年花费在计算机上的费用高达几十亿乃至几百亿美元。现在，多数企业都重视员工培训工作，尤其是专业知识方面的培训，其主要方式有：公司内部短期培训、企业外部培训、在职学习等。美国摩托罗拉公司每年用于职工培训的开支超过10亿美元，并创办了摩托罗拉大学，以加强职工的培训工作，并确保职工获得有关的最新技能。经过15年的扩展，现在除在伊利诺伊州肖姆堡的主校舍，还在19个国家（从巴西到南非，再到中国）设立30个分校，通过因特网讲授课程，成为职工培训的典型范例。1988年美国企业办的大学有400所，大多数只限于像摩托罗托那样的高技术公司，到2008年，这样的大学已有2600

所。这类企业大学既为企业职工的终身培训服务，又对最新科技成果的运用起到了推动作用，从而充分挖掘了职工的智力潜能，促进了生产中科学技术水平的提高。开展十分广泛的人力资源培训，是美国企业实施竞争战略及人力资源发展战略的重要举措。

战略性人力资源管理

20 世纪 90 年代以来，美国企业人力资源管理职能发生了重大转变，从维持和辅助性的管理职能上升为具有重要战略意义的管理职能，并成为许多美国企业赖以赢得竞争优势的重要工具。美国企业的人力资源部门承担着人力资源管理与开发的战略性职责，工作重点不是对雇员问题作急救处理，而是积极参与企业的经营发展策略的拟定。从雇员招聘到使用都作为企业发展战略举措来认真对待，不断投资于培训和发展工作，营造员工和企业共同的企业价值观、经营理念和企业文化。

同时，把非核心的（基础性的、重复性的、通用性的）人力资源管理职能外包给第三方，即专业的人力资源公司，这不仅使得公司可以得到专业的人力资源服务，而且可以节约管理成本，降低人力资源投资风险。

开始更多地关注雇员

战略性人力资源管理要求企业不仅把注意力集中在资金、市场和追求利润上，而且要真正关心雇员。2003—2004 年，美国华生怀特全球人力资源咨询公司对美国主要的大公司作了有关股东投资回报率的调查。调查显示，与雇员的有效交流是公司成功的关键动力，并且总结出几点有效交流的方式，如建立强有力的正式对话机制和程序基础，这种机制要依赖于雇员的反馈，并利用网络和技术有效地与职工联络，使职工直接讨论公司的战略转变，不断改进商业战略整合方面的议题，促进管理人员行为的改变，建立职工与客户之间的纽带，由此真正改变雇员的行为。

物质激励为主的报酬体系中，报酬方式呈多样化发展

在金融危机发生后，美国企业的人力资源管理部门为了凝聚人心，出台了多样化的激励形式。如摩根和高盛两家证券公司员工的薪酬要加上股东回报率；为了抵消通胀所造成的损失，各公司每年对所有员工工资均有 4%左右的自然增长；为了解决带婴员工的后顾之忧，高盛公司为他们准备临时性托儿所；为了体现亲情，美国再保险公司还为员工家属提供保险等。

同时，美国企业在薪酬管理方面开始注重将薪酬与组织绩效、团队绩效挂钩。因为随着企业组织结构的变化，企业内许多工作以团队的方式展开，而团队工作的业绩取决于团队成员之间的合作程度，企业绩效考核与薪酬设计又会引导员工的行为。所以美国部分企业纷纷调整薪酬政策，将员工的薪酬主要与个人绩效挂

钩转变为与组织绩效挂钩，如西南航空的利润分享计划，沃尔玛、宝洁等的员工持股计划。

12.2 日本企业的人力资源管理与开发

人们津津乐道的日本企业人力资源管理模式是指第二次世界大战后至 80 年代，在日本经济恢复和高速发展时期形成的人力资源开发与管理的制度和体系。与美国人力资源管理模式相比，它并不注重市场调节、规范化和制度化。而终身雇佣制、年功序列工资制、企业内部工会制度被称为日本企业经营优势的三大法宝，是日本人力资源管理的核心，加上注意劳资之间的合作关系，便形成了日本企业独到的人力资源管理制度，为日本经济的腾飞作出了贡献。

12.2.1 日本企业人力资源管理与开发的特点

终身雇佣制与弹性工资制

日本企业在人力资源管理方面，融入人本主义管理方法，创立了独具特色的终身雇佣制。终身雇佣制是指企业对员工长期雇佣，持续投资开发，非到万不得已时刻（破产）一般绝不裁员。企业即使遇到不景气，人员过剩，也不直接削减工人数量，而是采取削减加班时间、限制录用、闲散劳动力的教育培训等手段，谋求雇佣的稳定。为避免不景气时削减员工数量，通常的雇佣人数控制在较低的水平。日本松下电器产业公司是日本企业界公认的“终身雇佣制鼻祖”。松下公司的创始人松下幸之助曾下令说，决不解雇任何一个“松下人”。即便在 1929 年松下公司经营极为低迷时，松下公司依然固守着创业者的雇佣理念，没有解雇和削减一名职员。松下员工在达到预定的退休年龄之前，不用担心失业。

日本的大中型企业，基本上都实行终身雇佣制，没有实行雇佣制的企业，一般也重视维持雇佣稳定。因而，重视维持雇佣的稳定是日本企业的普遍倾向。它确保了支撑着日本经济的骨干企业在人力资源上的稳定性和高素质，在一定程度上使企业可以节约劳务管理费用，有助于对员工进行长期培训，提高企业的生产、经营及研究开发的效率。同时，终身雇佣制将企业利益与员工利益联系在一起。企业实行弹性工资制，职工工资 25% 左右采用随企业盈亏浮动的分红形式发放。企业的劳动成本富有弹性，这对于企业来说在危机时容易渡过难关。

但终身雇佣制使得日本的劳动力市场欠发达，市场和企业歧视更换工作的员工，员工自身也不愿经常更换工作。同时企业对员工培训投入较多，企业也不愿职工离开，这又进一步加强了终身雇佣制。然而终身雇佣制最主要的弊端就是影响人力资源的有效流动，降低人力资源配置的效率。

年功序列工资制

与日本企业终身雇佣制紧密相连的是年功序列工资制，这是日本企业的传统工资制度，其主要内涵是员工的基本工资随员工本人的年龄和在企业工作年限的增长而逐年增加，而且增加工资有一定的序列，按各企业自行规定的年功工资表次序增加，故称为年功序列工资制。年功序列工资制的基本思路是，员工的业务能力和技术熟练程度与员工本人年功和企业工龄成正比，本人年龄越大，企业工龄越长，对企业的贡献也愈大，功劳也愈高，因此，员工的工资也要逐年增加；同时考虑到随着员工年龄的增长，生活开支也会有所增加，所以员工的生活补贴在一定的年龄段也要每年增加。一般老员工的工资是新员工工资的3倍，终身雇佣工工资是临时工工资的1.41倍左右。

这种年功序列工资制与终身雇佣制相呼应，有利于增强企业对职工的吸引力，比较有效地防止了熟练工人和技术骨干被别的企业挖走，从而巩固长期雇佣制度，有利于稳定员工队伍和企业对人才的长期培养。

20世纪50—70年代初，日本的实际国民生产总值以年均10%左右的速度递增，劳动力的再生产远远赶不上物质再生产迅速扩大的需要。劳动力不足、人才紧缺成为当时日本企业面临的最大问题，而且劳动力供给不足的状况难以在短期内转变。在这种背景下，企业为了稳定熟练工人队伍，防止工人“跳槽”，普遍实行了年功序列工资制。但是随着经济发展，从人才战略角度上讲，这种制度在一定程度上使日本企业失去了活力。

员工招聘——内部调节为主

日本企业有新的工作需要时，一是从学校吸收，二是尽可能通过内部调节来满足，因为从劳动力市场上招聘的人员，或许只具备新工作需要的硬技能，大都不会拥有在企业工作需要的软知识和软技能，重新培训已具备软知识和软技能的员工再去掌握新的硬技能，比起招聘外人来得快捷、划算。因而日本企业人才使用的入口狭窄，进入企业必须从基层干起，通过按部就班的培养过程，逐步了解企业、认可企业、完善自身、创造效益，然后才能提拔重用。对人的评价与提升采取比较慎重的态度和渐进式的方法，不以一时一事取人，侧重于全面、历史地考察。

这种用人原则的好处在于能够比较客观深入地对员工作出评价，鼓励员工踏踏实实工作，树立长远的工作观念，避免短期行为，保证人才选拔的合理性；缺点是缩小了人才选择面，不利于吸引和利用外部人才，不利于企业人才结构的优化。

重视员工素质和人力资本投资，坚持在职培训与开发

日本企业聘用职工时，不看重个人的具体技能，而强调基本素质。他们认为：

高素质的职工可以通过企业自己的培训胜任所有的工作。

企业注重与高校的合作，认为好学生素质高，更愿优先录用。在日本的教育制度下，企业以学校的排名来判断学生的素质，在很大程度上是可靠的。由于重素质轻技能，日本企业在培训新职工上下了更大功夫。

日本企业招聘高素质员工的初衷即希望职工能胜任不同的工作，所以日本企业的专业化分工和管理制度化程度都比美国企业低，更重视通才的培养。职工培训不仅包括"硬技能"（技术方面）还包括"软技能"（企业内部的管理制度、上下关系协调、行为准则等）。日本企业最重要的管理方法之一是对员工进行系统的全方位的公司文化、统计知识、生产体系及质量管理的培训。

企业内部工会制度与合作型劳资关系

与美国跨行业、跨企业的组织工会不同，日本企业中的工会以企业为单位组成，它使企业和员工结成紧密的共同体。在日本，企业工会成为企业员工与雇主之间交涉的中间角色，它缓和了雇主与员工的矛盾，有利于企业实行家族式的经营管理。工会不是企业经营者的对立者，而是合作伙伴。长期以来，职工与企业利益相关联，工会会对企业管理的相关问题发表意见，但不采取对抗性态度。企业经理人与工会干部很多都是穿插担任职务，这有利于企业和工会的相互理解和沟通，有利于解决劳资之间的矛盾和分歧。企业还吸收职工参加管理，使职工不但对企业经营状况能及时了解和掌握，而且能对重大问题的决策发表意见，形成合作性的劳资关系。

以精神激励为主

日本企业在重视使用外部激励的同时，更多的是使用内部激励。采取终身雇佣制度，不轻易解雇工人，即使企业处于困难时期，宁可放假、停工也不会轻易采取裁员的措施。领导与员工之间，雇主与雇员之间，以及职工之间，除了工作上互相配合、通力协作外，还注重不断增强相互间的亲密感和信任感，努力创造友好、和谐和愉快的气氛，使员工有充分的安定感、满足感、归属感，在工作中体味人生的乐趣和意义。好处在于，精神激励调动了普通职工的积极性和献身精神，工资成本的灵活性使日本企业无须大批解雇工人也能比较容易地渡过经济不景气时的难关。

总之，与同时代欧美企业的人力资源管理方式相比，日本企业的管理模式存在以下优点：

- □ 人员稳定——企业很少有对人力资源开发投资而导致损失的顾虑，确保人员整体素质的不断提高；
- □ 员工对企业的依赖性强——增强员工的凝聚力，形成有益的企业文化；
- □ 对新技术、新工艺有较强的消化能力——增强国际市场竞争中的适应性；

□ 容易建立和谐的劳动关系——减少了人际纠纷带来的损失；
□ 有效防止了企业机密和技术情报的外泄；
□ 模糊的职务设计和人与职务的双向开发——组织具有更大的弹性。

12.2.2 日本企业人力资源管理与开发的变革

20世纪90年代，日本国民经济陷入不景气的恶性循环，出现不良债权、企业破产、失业、消费不振等现象。同时，数字技术革命、信息网络技术的发展冲击着日本许多企业的经营模式。相反，美国高科技企业则在国际舞台上高奏凯歌。这迫使日本企业不得不进行组织结构的改革及对相应的人力资源管理模式进行反思和变革。除了不景气问题和国际竞争力的衰退，日本企业还面临再不裁员以降低成本，再不转移生产基地以寻找新的出路，就将陷入绝境的生死考验。2001年，东芝、NEC和日立亏损了7.5亿多美元，许多大公司纷纷实行员工提前退休制度。2002年日本的终身雇佣制度到达了历史的分水岭。裁员的范围也在扩大，从汽车、电机、钢铁等制造业，到流通、金融、运输等行业，几乎都以万人为单位进行裁员瘦身，说明日本企业已经到了迫不得已的阶段了。

首先，在薪酬方面，欧美国家的能力主义薪酬制度被更多地应用到日本的各行各业。引进“能力主义”的原则，提高工资中职能工资的比重，改变以往在评定职能工资时仅考虑年功因素的做法，推行职务能力工资制，导入年薪制，以业绩评估来决定职工年薪的高低。对于一些专业技术人才、高级管理人才，企业依据他们的经验、技术、能力、职务等确定其薪酬标准。年薪制以工作业绩作为评价职工年薪高低的标准，给大批优秀的年轻人创造了发挥才智的机会。

其次，以终身雇佣制为基础，发展多样化的雇佣方式。日本泡沫经济以后，绝大部分企业对终身雇佣制进行了“活用”和改革，采取了新的用人策略。许多企业改变了原来只招募应届毕业生的习惯做法，开始随时录用适合本企业的求职者；录用员工的标准也由优先录用名牌大学生，转变为将工作能力放在第一位。一些专业技术人才、高级管理人才经常以合同雇佣方式被选用。

最后，在晋升方面，打破了原来按年功晋升的做法，提拔有能力的青年人从事管理工作，并对中层管理人员进行岗位调整。对员工的业绩指定量化指标和目标，如达到所规定的目标，不论年龄高低，都有可能获得晋升的机会，并得到与其相应的报酬。职务晋升主要依据员工的业绩、能力、潜力等来确定，与员工在企业工作年限脱离关系，改变了原来“熬年头”和因人设职的现象。

日本企业的人力资源管理模式已逐渐改变以前那种不重视劳动力市场配置的状况，许多企业家和专家纷纷向欧美学习，吸取西方企业的“效率主义”、“能力主义”、“市场法则”等精髓来改革日本企业。总之，日本企业传统的人力资源管理模式在特定的条件下为日本企业的发展作出了巨大贡献，但是随着经济的进一步发展，这一管理模式就要从原来封闭、单一、单向、家族式转向公开式、复线型、对话型、全球化。

终身雇佣制走到头了么[4]

日本松下电器产业公司宣布，从2001年9月引进提前退休制度，该制度适用于连续工作10年以上、年龄在58岁以下的职员，而且这项制度还适用于松下工厂内部的现场人员以及松下总部管理部门的职员等。申请提前退休者可以享受高额退休金等优惠。松下公司计划通过这项提前退休制度裁员5000人。

在电器产业翻天覆地的变化形势之下，松下公司不得不重新审视原有的结构体制以及人事制度，制定适应发展的新战略。松下公司在宣布实行提前退休制度的同时，还表示今后将告别终身雇佣制，每一个职员的未来将由职员自己来负担。

松下公司宣布实行提前退休制度以后，富士通、NEC、索尼等各家电子公司也相继宣布裁员计划。NEC公司宣布到2001年年末，削减国内外工厂职员3000~4000人；富士通计划到该年度末削减员工数千人。除此之外，日本其他产业也相继宣布裁员计划。截至2003年年末，三菱汽车集团计划裁员9500人，五十菱汽车集团计划裁员9700人，住友金属工业集团计划裁员7390人，等等。

日本终身雇佣制受冲击，大企业纷纷裁员，此间分析家指出，这也许是日本结构改革的序曲，但这个头开得有点晚。

另据日本劳动省的一项调查表明，在接受调查的591家企业中，只有9.5%的企业表示坚持终身雇佣制，而38.3%的企业表示终身雇佣制已经不需要。

12.3 德国企业的人力资源管理与开发

第二次世界大战后，20世纪60年代中期德国经济迅速恢复并一跃成为西方第三经济强国，其成功的原因很大程度上得益于巨大的人力资本存量，得益于职业教育的良好发展，它为德国经济培养了大批实用型人才。德国企业产品的高质量、生产的高效率得益于高质量的人力资源。

12.3.1 德国的双轨制人力资源开发

德国汽车及工业产品质量非常优良，这完全得益于该国双轨制职业教育。“双轨制”这一概念往往直接与德国的经济奇迹联系在一起。

双轨制概念中的“双轨”指的是提供培训岗位的企业和提供理论、文化学习的职业学校，即接受义务教育后的青少年作为学生在职业学校上理论知识和文化课，同时，作为学徒在企业上实践课。学生在学习期间不仅不交学费，而且每月还可得到由企业提供的生活津贴及法定社会保险。学生进校后，首先要签两份合同：第一份是与学校签的培训合同，合同规定经过3年的培训，学生应达到什么水平；第二份是在有关部门的安排下，学生与企业签订的合同，合同规定学生边学习边在企业中学习，从10年级开始拿工资。在学习期间能拿到工资，所以吸引了大量的学生上职业学校。一般在3年的学徒期间，每周3~4天在企业里学习，1天到1天半在学校学习，双方共同负责培训。其中，实践课和理论课的比率大致为4∶1或3∶2，行业不同比率亦不同，学生在职业学校上课的课时数随年级的升高而逐渐减少。

参与这个制度正常运行的有国家教育行政部门（联邦教育部和各联邦州教育部，以及联邦劳工总署和各地区劳工局）、经济界（行会）、工会、学校、企业。企业对学徒工培训十分重视，一般投入了大量的时间、人力和财力。大型企业有自己的培训中心，由具有资格证书或被认可的工程技术人员担任培训师。无能力单独组建培训中心的企业，通过几家企业联合建立。培训期满，需经过严格考核才准予毕业。采取培训与考核相分离的办法。考试分为实践技能与专业知识两种。通过考核的学徒工，可以得到国家承认的岗位资格证书，成为该工位上的合格技工。双轨制职业教育的考核、成绩认定及证书发放由各行业协会负责。毕业后，既可留在学徒企业也可到其他企业工作，企业把培训学徒看作是对社会承担的义务之一。

双轨制将理论与实践相结合，成功地解决了培训制度与就业制度的衔接问题，极大降低了德国年轻人的失业率，稳定了社会秩序。最关键的是培养出一批又一批技术精湛的技工，把先进的科学技术迅速地转化为生产力，使德国在战后很快跃居成为世界第三经济强国。

德国的双轨制之所以能够如此成功，主要是因为：第一，其教学活动主要安排在生产车间和实际工作岗位上，有助于学生们全面了解生产流程，更好地掌握操作技能，同时还能使教学内容紧紧跟上劳动力市场的需求，也帮助学生们了解最新的产品和工艺，积累实际工作经验。第二，让经济部门参与办学，免除了职业学校在建造生产车间和购置设备方面的花费，大大减轻了国家的负担。比如，不少国家的职业培训都是在学校内部进行的，但一般的学校没有财力不断更新设备，所以其教学内容往往免不了陈旧过时。相比之下，德国职业教育能够充分利用社会资源，不失为一种明智的办法。第三，学生们在实习过程中也创造价值，可使企业降低办学成本，企业也可以借此物色和挑选后备力量。

同时，德国的职业教育制度以法律的形式保障了双轨制的有效实施。德国职业教育领域重要的法律有：1965年的《手工业条例》、1969年的《联邦劳动促进法》及《联邦职业教育法》、1972年的《企业宪法》、1976年的《联邦青年劳动保护法》以及1981年的《联邦职业教育促进法》。2005年4月1日将《联邦职业教育法》与《联邦职业教育促进法》合并，经修订后颁布并实施新的《联邦职业教育法》。

这些法律对职业教育的经费承担（企业为主）、职业教育规划的目标、年度职业教育报告、职业教育统计的目的及实施，以及建立联邦职业教育研究所的任务、机构和经费的筹措等都作出了具体的规定。

12.3.2　德国企业的薪酬制度

欧洲各国在工资分配制度方面各不相同，但同其他地区相比，劳资双方的工资谈判更为规范化和专业化，在这一点上德国表现得尤为明显，其实行工资自治制度，工资问题是由劳资双方谈判商定的。代表劳方参加工资谈判的雇员组织是工会，代表资方参加谈判的雇主组织是雇主联合会。早在1876年，德国签订了第一个集体合同——全德印刷工人工资协议，1886年已出现了区域性的雇主协会与工会一起进行工资谈判。德国一直以全国和行业范围的谈判为其制订工资方案的依据，在此基础上还制定了顾问和联合决策协议制度，通过局部的谈判来解决工资制订的问题。

保险与福利方面，德国是世界上最早健全社会化保障体系的国家之一，因而企业员工的保险与福利的社会化程度很高。同时，企业内部也为员工提供了种类繁多的福利项目。

12.3.3　德国的产业工会

德国的工会对其社会、经济发挥着巨大的积极推动作用。德国前总理施密特中肯地评价工会：没有工会富有责任感的、以全体人民福利为目标的态度，我们国家今天就不可能这么好地屹立在世界上；没有工会富有批评的、向前看的合作，我们大家就不可能生活在社会经济特别是政治方面普遍稳定的联邦德国之中。德国战后经济上的繁荣和成就，其中就凝聚着德国工人阶级及其组织——工会的巨大努力和卓越贡献。英国学者加文·凯利认为，德国模式之所以仍然具有如此魅力，就在于它在实施市场经济确保经济效率的同时，利用诸如工会组织的力量共同参与经济决策，实施经济民主，从而降低市场经济的无序性、残酷性，使其尽可能朝着社会公正、和谐的目标迈进。简单说来，德国模式的生命力在于"经济效率＋社会公正"。

在德国，劳资双方的组织程度都非常高，一旦有问题通常用谈判方式解决，让矛盾通过规范的渠道得以解决。德国最主要的工会组织形式是产业工会，德国工会联合会是全国性的工会组织，下面有八大产业工会，德国工会联合会只需要做统筹协调工作，提供一些背景资料，或者给罢工提供经济支持，进行劳资谈判都是由产业工会出面，比如，五金产业工会与雇主协会谈成一份合同，当年增加工资3%，五金产业覆盖的所有企业都会把增加工资的幅度带到各个企业进行细化。在这样的体制下，德国很少发生某家企业突然罢工的情况，产业工会谈判谈不下去可以指定一家企业罢工，但很少企业自行罢工。

德国工会运行模式的另一种特征是，罢工被看作是劳资谈判的一个阶段，德国各个产业工会每年都会与相对应的雇主协会进行谈判，来确定新一年的工资标准。如果谈判破裂，法律规定先调解，调解不成，再罢工才是合法的，而且罢工行为全部围绕谈判来进行。在集体合同的有效期内，一般来讲不允许罢工。此外，工会组织罢工要给会员支付罢工津贴，约等于工人平常工资的60%（美国工会支付约30%），因此一般产业工会选择罢工都很讲究策略，会从自己的经济实力出发，罢工多长时间能取得成功都有精确的计算[5]。

12.3.4 劳资关系的平衡

在当前欧洲各国债务危机频发、劳资关系紧张的情况下，德国不仅合理控制了工资上涨的幅度，保证了“德国制造”的全球竞争力，而且工人罢工次数远低于欧盟其他各国，其对外资的吸引力也因而得到增强。能够平衡劳资关系，德国首先依靠的是完善的劳动法律体系。其次是集体合同起到了稳定劳资关系的作用。如上所述，德国在大多数行业实行集体合同制，由雇主协会与工会统一签订。集体合同旨在保护要与强有力雇主相抗衡的雇员。近年来，集体合同不仅在冗员时保护雇员不被无故裁减，雇员工资有保障，而且还从缩短工作时间、使工作时间更有弹性上保护了雇员的权益。最后，德国的企业共决权制度也是其保障劳资关系平衡的一大制度创新，其核心是职工拥有企业管理方面的共决权。共决权制度激发了职工参与管理的热情和创造力，避免了劳资矛盾的激化，被认为是德国的竞争优势之一。

德国企业的员工参与管理[6]

德国可以说是西方国家中实行职工参与企业管理效果最好的国家，这也是战后德国经济发展较快的一个主要原因。

德国工人参与企业管理有着坚实的法律保障，法律明确规定，大型企业要按对等原则由劳资双方共同组成监事会，然后再增加一位中立人士担任主席。当双方意见不一致时，设立调节委员进行调节，如还不能解决，则由监事会主席裁定。《企业法》中规定，凡职工在5人以上的企业都要成立职工委员会，由全体职工选举产生，每3年改选一次，职工委员会人数取决于工厂总人数。职工委员会的主要任务是在工资、福利、安全等方面维护职工的利益，企业主在涉及职工工资福利等重大问题上作出决定前，必须征得职委会的同意。

100名雇员以上的企业应成立经济委员会，负责了解生产经营状况，向职工委员会报告。雇主与职工委员会会晤每月至少一次，协商有关事宜。为调解可能出现的分歧，可成立协调处，劳资双方派遣等额人员组成，主席由中立人士担任或由劳动法院任命。职工委员会及经济委员会的经费由雇主承担。

在雇员超过500人的股份公司、有限责

任公司及合作社，1/3的监事会成员由雇员代表担任。煤炭和钢铁生产企业中，资方和劳方代表各自任命一半监事会成员；此外，还要选择和任命一名负责社会利益的劳工关系董事（特定的共同决定权）。

职工参与企业管理效果十分明显：一是劳资双方关系融洽。由于企业中的重大事项必须有职工参与，这样就保证了管理阶层与员工经常沟通，从而能使双方增进了解，达成共识。二是劳动生产率大大提高。三是可以从职工中汲取许多改进企业经营管理方面的建议。

本章小结

发达国家都非常重视人力资源的开发与积累，但具体到微观企业中的人力资源管理则有一定差异，由于物质资源禀赋以及文化的差异等，使得各国企业的人力资源开发与管理采用不同的方法。

美国企业人力资源管理与开发的主要特点是：发达的劳动力市场，灵活的人力资源配置；人力资源管理专业化、制度化程度高，人才提拔快；员工流动性较高，劳资关系的对抗性较强；更注重物质激励；等等。但是20世纪70年代后，美国的人力资源管理发生了一些变化，如战略性人力资源管理，更多地关注雇员，薪酬方式多样化等。

日本企业人力资源管理与开发的主要特点是：终身雇佣制与弹性工资；年功序列制；企业内工会与合作型劳资关系；注重精神激励；员工招聘以内部提升为主。20世纪90年代，日本企业的人力资源管理方式（特别是终身雇佣制、年功序列制）的不足日益显现，在雇佣、薪酬、晋升等方面开始了一系列的改革。

德国企业人力资源管理与开发的最主要特点是双轨制为主的职业教育，为德国经济的发展培养了大批的技术工人，作出了巨大的贡献。

专业术语

劳动力市场 Labor Market
劳资关系 Labor Relations
物质激励 Material Incentive
精神激励 Spiritual Incentive
终身雇佣 Career Long Employment
年功序列制 Seniority-oriented System
工会 Trade Union
双轨制 Dual System

复习思考题

1. 美国、日本、德国人力资源管理与开发的特点分别是什么？
2. 发达国家的人力资源管理与开发，对中国有何启示？

深度学习

[1] 德鲁克. 管理的实践 [M]. 北京: 机械工业出版社, 2009.

[2] 赵凡禹. 松下幸之助全传 [M]. 武汉: 华中科技大学出版社, 2010.

案例分析

沃里科公司的第二个春天[7]

1983年11月3日，美国《纽约时报》在商业版上，刊出一篇题为《日本人管理好了一家美国的工厂》的长篇报道，在美国企业界引起轰动。

由美国沃里科公司管理了15年的弗里斯特市电视机厂，是著名的希尔斯公司的协作厂家。该厂生产的电视机多由希尔斯公司经销。这家电视机厂一度曾有员工2000人，无论从产值、规模还是职工数量上来说，都是阿肯色州弗里斯特市的重要企业，在当地的企业界中举足轻重。

但是沃里科公司由于管理不善，屡屡出现质量问题，致使弗里斯特市电视机厂陷入重重困境。厂里生产的电视机居然有10%过不了本厂的质检关，必须返修才能出厂。销出的电视机由于质量不佳，用户怨声载道，造成产品大量积压。工厂的财政状况难以为继。不得已厂方只能大量裁员，职工人数减少了3/4，只剩下500人。此举一出，人心大乱，工人们更是无心生产，工厂到了几乎倒闭的地步。

作为销售商，希尔斯公司对弗里斯特市电视机厂的产品质量大为恼火，大量返修的电视机不仅增加了他们的工作量，更是败坏了希尔斯的声誉。看到电视机厂一片混乱的景象，希尔斯公司又为它的前途而担忧。为了扭转厂方的不利局面，由希尔斯公司出面派人前往日本的电器制造业中心——大阪，邀请久负盛名的日本三洋公司，购买弗里斯特市电视机厂的股权，并进一步利用日本的管理人员和技术人员来领导这家工厂。

三洋电器公司对希尔斯的建议迅速作出反应。1976年12月，三洋公司开始大规模购入弗里斯特市电视机厂的股份，并取得了对该厂的控股权。1977年1月，三洋公司派出了大批管理人员和技术人员，接管了弗里斯特市电视机厂。日本人到达目的地后，马上发现他们面临着双重困难。一方面，同日本工人比起来，美国工人的劳动纪律性差，生产效率低，因此生产出的产品质量差；另一方面，工厂中的工人乃至整个城市的居民，并不十分欢迎日本人的到来，战后形成的对日本人的轻视和不满情绪仍在延续。

显然，日本管理人员无法采用在日本惯于使用的管理方法。除了文化和习惯方面的因素外，还有民族感情方面的问题。然而，生产效率必须提高，产品质量必须改善。三洋公司总经理井植聪，对派去的日本人员约法在先：要融入当地的大众生活中去，参加当地的社会事务，不要把自己圈在一个“小东京”里，重要的是要打破民族间的隔阂。

日本管理人员到达弗里斯特市后，先后办了三件事，令美国人大开眼界。他们没有先采取什么严厉的措施，相反，他们首先邀请电视机厂的所有员工聚会一次，大家坐在一起喝咖啡，吃炸面包圈。然后，又赠送给每位工人一台半导体收音机。这时，日本经理对大家说，厂里灰尘满地、脏乱不堪，大家怎么能在这样的环境中生产呢？于是，由日本管理人员带头，大家一起动手清扫厂房，把整个工厂粉刷得焕然一新。

几个月后，工厂的生产状况逐步改善，厂方对工人的需求又开始增加了。日本管理人员一反大多数企业招聘员工的惯例。不去社会上公开招选年轻力壮的青年工人，而是去聘用那些以前曾在本厂工作过，而眼下仍失业的工人。只要工作态度好，技术上没问题，而且顺应潮流的人，厂方都欢迎他们回来应聘。日本人解释说，以前干过本行的工人素质好，有经验，容易成为生产好手，所以才雇用他们。

最令美国人吃惊的是，从三洋公司来的经理宣布，为了在弗斯特市电视机厂建立和谐的工作关系，他们希望同该厂的工会携手合作。三洋公司的总裁亲自从日本来到弗里斯特，同工会代表会面。他的开场白，是谈第二次世界大战后他在美国谋生的经历。他曾在好莱坞为著名电影评论家赫达·霍珀做服务员，每次当他替霍珀打开门厅时，总是看到伊丽莎白·泰勒等大明星正伫立门前。他的一席话，马上赢得了工会代表们的欢迎。双方很快达成协议，共同努力为工厂的发展而奋斗。日本总裁说："我们公司信奉联合工人的原则，希望工会协助公司搞好企业。"

请全体员工吃东西，然后大家一起动手搞卫生，对美国人来讲已是件新奇事；专门雇佣以前被辞退的工人，就更是少见的事；而公司的总裁亲自会见工会代表，恳请双方合作并建立起良好的关系，这在劳资关系一向紧张的美国，实属令人吃惊的举动。

日本人刚来时，很看不惯美国工人在生产线上边干活边吸烟，把烟灰弹得到处都是的样子。在同工会商议后，日本管理人员提出车间内禁烟。由于取得了工会的支持，工人们一声不响地接受了此项命令。

在日本人管理该厂期间，工人们只举行过一次罢工，而且问题很快得到了解决，厂方和工会都表示这次罢工事件没有伤害相互的感情。

弗里斯特市工业委员会主席瓦卡罗说："这些日本人真行，每天早上七八点钟就上班干活了，一天要工作9~11个小时，星期六都有很多人自愿加班。从前的那些管理人员可差远了，他们9点钟才进厂，翻翻当天的报纸邮件，口述一封回信，11点钟准时去俱乐部打高尔夫球，玩到下午3点钟才回厂，东晃一会儿西荡一会儿，就到下班回家的时间了。"

在这家工厂工作了12年的欧文弗说："这些管理人员照顾工人们的情绪，生产上强调质量，强调清洁卫生，并且劝导工人们要爱护机器设备。管理部门还征求工人们的意见，大家一起商量提高生产效率，改善产品质量和工作条件。"

到了1983年，弗里斯特市电视机厂日产希尔斯牌微波炉2000台，彩色电视机5000台（其中有30%用三洋的商标），98%的产品质量合格，可直接投放市场。厂里的经营状况大大改善。

1983年的一个周末，电视机厂2000多名工人和管理人员，和弗里斯特市的市民们一起来到市广场的草坪上举行酒会，庆祝该厂的迅速发展。瓦卡罗说："电视机厂是我们市的命脉，而三洋公司则是我们的支柱。"

思考题：

1. 沃里科公司是怎样从瘫痪状态重新走向"第二个春天"的？
2. 在日本人踏入弗里斯市电视机厂所面临的两

个问题中，你认为哪一个是主要矛盾？为什么？

3. 试分析一下，日本人管理这家工厂的指导原则是什么？

4. 日本与美国的人力资源管理有哪些异同，如何解释？

第13章 全球性人力资源管理

【学习目标】

- 掌握国际人力资源管理的内涵
- 掌握跨国企业人力资源管理的模式
- 熟悉跨国公司选用外派人员的原因
- 了解经济全球化对人力资源的影响
- 了解国际人力资源管理与一般人力资源管理的差异
- 熟悉外派人员管理实务

引导案例

迪士尼公司失败的外派

迪士尼公司曾于1993年从几名候选人中选拔出副总裁Stephen Burker到法国发展主题公园。Burker过去一直在迪士尼服务，且由于工作努力和业绩突出，短短几年内就从一线人员被迅速提升为公司副总裁，其配偶则在另外一家公司拥有一份比较满意的工作，但他们都没有国外工作的经历。

Burker接受外派任务后，与家人来到法国。他凭借其在母国企业形成的"心智地图"，开始雄心勃勃地构造新业务和制定规章制度。比如，规定主题公园内禁止卖酒，游人也不能携带酒进入园内；不办理游园预订服务；不设立游园导游；等等。然而，主题公园自营业以来，经营效果并不理想，游客人数远远没有达到预设目标，当地居民甚至对欧洲迪士尼主题公园的诸多规章制度表示出公然对抗，致使公司处于亏损状态。

过去一直表现出色的Burker此时一筹莫展。与此同时Burker的配偶对当地文化、习俗等也表现出较大的不适应。

一年后，Burker才逐渐明白，其所制订的一系列在美国本土行之有效的规定，比如禁止在主题公园内卖酒及游客不得携带酒进入主题公园等，之所以遭遇到东道国国民的强烈反感，主要是由母国与东道国文化和生活习俗方面的差异造成的。此外，法国人比北美人更加偏好一揽子式度假服务方式，而缺乏包价旅游承办商将给法国人休闲度假带来极大不便。

请在学习本章后，讨论以下问题：

1. Burker 外派失败的原因是什么？

2. 公司应该采取什么措施来克服人员外派失败的问题？

13.1　经济全球化与人力资源管理

13.1.1　经济全球化

经济全球化是当今世界的基本特征。作为科技革命的产物和市场经济发展的结果，经济全球化已成为的历史潮流。正如英国著名经济学家约翰·邓宁教授所说："除非有天灾人祸，经济活动的全球化不可逆转。"经济全球化突出表现为：随着国际分工和世界产业结构的调整，世界贸易和跨国投资快速发展。

按照国际货币基金组织的定义，全球化是"通过贸易、资金流动、技术涌现、信息网络和文化交流，世界范围的经济高速融合。

所谓经济全球化，是指生产要素等资源在全球范围内自由流动、优化配置并使各国经济相互关联度及依存度日益强化的历史进程或发展趋势。经济全球化具有三项标志性特征：市场全球化，即以国家边界分割的国际市场向无国界的一体化国际市场发展，并最终形成全球统一市场；生产要素配置全球化，资本、技术、知识以及人力资源等生产要素趋向于跨国界自由流动，逐步实现全球范围的合理、优化配置；企业全球化，跨国公司在全球经济活动中发挥越来越重要的作用，并出现一批由跨国公司发展而来的"全球公司"，其他企业的生产经营活动也涉及不同程度的国际联系。

13.1.2　经济全球化对人力资源管理的影响

经济全球化正在对人类的经济活动、社会生活、组织管理等各项领域产生深远影响，同样也对人力资源管理产生日益明显的影响。

经济全球化对人力资源管理的影响因素

许多国际管理的研究者已发现在市场全球化的过程中，有许多因素影响着人力资源的管理，主要包括以下因素。

文化因素

文化对于人力资源管理之所以重要在于：文化常常决定其他三项因素。文化对一个国家的法律的制定产生重要的影响，因为法律条文的制定必须考虑该国的文化习俗。文化和经济制度往往紧密地交织在一起。然而，文化对人力资源管理具有重大影响的最关键的理由是：文化常常决定各种人力资源方法实施的效果。

在一个国家实施效果很好的人力资源方法，未必在有着不同信仰和价值观的另一个国家里有效。这可以用文化差异来解释。

文化对人力资源管理的作用表现为文化特征影响领导风格及人力资源管理制度。一是不同的文化里，下属希望领导者如何进行领导，组织层级怎样进行决策，对个体产生激励的东西是什么等许多方面是大相径庭的。例如，在德国，经理通过显示技能取得威望，因此员工依赖经理分派工作任务和解决技术问题。但是在荷兰，经理却一心寻求各派的意见一致，并致力于公开意见交流的结果和平衡各方面利益。二是文化强烈地影响人力资源管理制度的选择。一种文化在何种程度上提倡与集体主义相对立的个人主义价值观，将对定位于个人主义的人力资源管理制度产生重要的影响。在美国，公司挑选员工时往往关注个人的技术技能，很少过问社会技能。在集体主义的文化里，情况正相反，公司要仔细评估某一个体作为团队的一员将会表现如何。三是文化影响薪酬制度。类似美国的个人主义文化的国家，在一个组织里，最高收入和最低收入差距很大，最高收入常常是最低收入的200倍。在集体主义文化里，薪水结构扁平化，最高收入和最低收入相差近20倍。四是文化的差异影响组织的交流和协作过程。集体主义文化比个人主义文化更重视团体决策和参与管理等。当一个在个人主义文化中成长起来的人和一个来自集体主义文化的人在一起工作时，就会出现交流问题和矛盾冲突。

人力资本

所谓人力资本，是指人所具有的含有经济价值的知识、技能和体力（健康状况）等质量因素之和，它是可以投入经济活动并带来新价值的资本性人力资源。

一个国家的人力资本影响着外国公司对该国的投资和进入该国市场的意向。人力资本水平低的国家对低技术和低工资的设备有吸引力；人力资本水平高的国家将能够吸引高技术领域的外商直接投资。比如，在爱尔兰，有超过25%的成人上大学，这个比例高于其他欧洲国家，但爱尔兰的经济只能为350万的人口提供110万个工作机会，教育水平高、职业伦理水平高、失业率高使该国对外国公司极具吸引力，因为与此相关的是高生产率和低离职率。美国的梅特生活保险公司曾在爱尔兰设立机构，为工人分析医疗保险需求，该公司发现该国高水平的人力资本和职业伦理为其竞争优势提供了保障，于是，公司决定将国内其他业务也转到爱尔兰去做。

法律制度

美国的文化属于个人主义且权力差距较小的文化类型，要体现其宪法规定的所谓的“人人平等”，消除工作场所的歧视对其文化来说有重要意义，《平等就业机会法》制约着公司对员工的雇用和解雇措施。要达到同工同酬标准，美国政府还出台了《公平劳动标准法案》。

在德国，雇员在公司、厂级、个人层次上有参与决定的合法权。在公司层次上，公司员工对他们有影响的重要决定产生直接的作用，如大规模的投资和新战略等，通过监督委员会里的职工代表起作用。在厂级层次上，参与决策也是通过工作委员会起作用的，委员会无权过问公司的经营管理，但他们能影响诸如工作时间、付酬方法、雇佣和转移员工等。在个人层次上，雇员享有合同赋予的权利，比如阅读人事档案的权利，了解报酬计算方法的权利。

经济制度

发达国家由于注重个人健康的投资，其劳动力成本相对也较高；在一些发展中国家，由于财力的限制，制约着对健康的投资，也降低了劳动力成本。

经济全球化带来的新课题

现阶段，经济全球化给人力资源管理带来了一些新课题。

稀缺人才的“零距离”国际竞争问题

经济全球化的标志性特征之一是生产要素配置的全球化，其中包括人力资源要素配置的全球化。因此，一般意义上说，人力资源将成为全球共有共享的财富，劳动力将突破一国的市场区域而进行跨国界的流动，因而将会引发全球性人力资源竞争。从实际情况分析，在知识经济时代的人力资源供求关系上，中低层次的劳动力相对充裕，高层次人力资源相对不足，高端人才尤其显得稀缺，全球性人力资源竞争势必体现为高层次紧缺人才的竞争。同时，在经济全球化的国际环境中和中国开放引资的国内背景下，越来越多的跨国公司、金融机构、咨询机构、研发机构等外资组织进驻中国，它们往往采取因地制宜、就地取材的用人战略而与国内组织进行人才争夺，因此，全球化紧缺人才竞争所表现的空间形式已是短兵相接的“零距离”竞争，即国际化人才竞争国内化，而在这场人才争夺战中，国内的国有企业等组织又缺乏竞争优势，如何应对“零距离”的稀缺人才竞争，如何克服人才竞争中的“马太效应”，如何吸引和留住组织所需要的人才，这是经济全球化背景下人力资源管理的新课题，尤其是对国内的国有企业等体制内组织来说更是如此。

企业跨国并购中的人力资源整合问题

近些年来，为了规避或降低竞争的风险及成本，“双赢”或“多赢”的竞争模式正在取代传统的你死我活或两败俱伤的竞争逻辑，由此，企业间尤其是大公司的跨国兼并和收购之风盛行。企业并购中涉及多方面资源的重新洗牌，如产品、市场、技术、资本以及人力资源的整合等，其中，人力资源整合具有统领性效应。不同的企业具有不同的企业文化、管理模式、管理制度、管理风格以及员工结构，企业在兼并和收购过程中，是否有能力以及如何进行取长补短、优势互补，实现人力资源存量、企业文化、管理制度的优化整合，产生一加一大于二的正效应，而不是一加一小于二的负效应，并通过人力资源和人力资源管理制度的有效整合，实现产品、市场、技术、资本的整合，这是决定企业并购成败的关键。

国际化中的“跨文化”管理问题

经济全球化以及人力资源配置全球化的过程是企业国际化的过程。经济全球化导致企业的融资、技术、生产、销售等经营活动国际化，跨国公司进一步向全球市场扩展，这是企业国际化的外在标志；跨国公司的扩展和国际经营企业大量出现又加快了人力资源配置的全球化进程，使其员工结构形成多元化特征，不同程度上成为“移民”企业，这是企业国际化的内在标志之一。企业国际化中凸现出跨文化管理的问题。如何在一家员工来自不同国家的国际化企业中，形成多元文化成分有机融合的企业文化，并使这种“跨文化”型企业文化体现于制度化管理之中，这正在成为经济全球化时代人力资源管理的新课题。

13.1.3　跨国公司与国际人力资源管理

全球性组织的类型

一般说来，企业在走向世界的过程中会经历不同的国际化阶段，而在这些不同的阶段中，对企业人力资源有不同的要求。

第一个阶段是进出口阶段。在这一阶段，企业开始与其他国家的企业发生买卖关系，而没再进一步扩展到其他领域。这时，从事国际交流工作的大多数人员，仅限于销售和市场策划人员以及为数不多的负责合同谈判的经理。这时，企业的人力资源管理工作并不会因为增加了进出口业务而有多大改变，至多不过是制定一些针对出国人员的管理方案。

第二个阶段是跨国公司阶段。这时，企业在外国设置了经营机构。这些机构大多数是向其周边国家提供产品或服务的。跨国公司一般需要从其外国经营机构的所在地雇佣当地雇员，而驻外经营机构重要的管理业务通常是由母公司的外派人员来完成的。这时企业人力资源管理就需要进入新的角色。母国公司的人力资源专业人员需要了解经营所在国的相关知识，需要知道如何实施雇佣、培训，以及有关薪资、卫生与安全等方面的劳动关系政策与法规。目前，大多数组织都处在跨国公司阶段。

第三个阶段是全球性公司阶段。如果一家公司的驻外机构在经营上各自保持独立，那么该公司就属于跨国公司。如果一家公司在许多国家设立分公司，但作为一个整体由总部负责经营，那么这家公司就属于全球性公司。在真正的全球化组织中，人力资源管理使得员工在世界范围内流动，尤其是关键部门的经理和专业技术人员。能够流利地掌握多国语言的人是非常有价值的，他们在各个部门和国家间流动，并且在职业生涯的发展中不断积累经验。

跨国公司的内涵

根据联合国的定义，跨国公司是那些满足以下三项条件的公司：第一，在两个以上国家拥有经营实体，不论这些实体采用何种法律形式或者包括哪些业务领域；第二，拥有决策制定系统，在各个决策制定中心实行连贯一致的政策和策略；第三，业务实体通过所有权形式结合起来，某个实体将有能力影响其他实体的业务活动，尤其是在分享知识和资源以及互相承担责任方面。

跨国管理包括资产所有权管理、资产管理以及本国范围之外的业务运作，其基本职责仍然包括计划、组织、领导和控制，但是如果企业进入多国环境中，管理责任就变得非常复杂，更具有挑战性。跨国管理涉及国外运营管理、多文化环境下的协调工作、国际利益的协调等。

由此可见，无论是出于经济全球化发展动力的科学技术还是跨国公司的管理需要，都对人力资源管理提出了挑战。

国际人力资源管理

经济的全球化及企业的国际化必然伴随着人力资源的全球化，于是国际人力资源管理应运而生。

国际人力资源管理的内涵

关于国际人力资源管理，迄今没有统一的定义。

美国学者约翰·伊凡瑟维奇认为，国际人力资源管理是国际化组织中人员管理的原则和实践。

约翰·B. 库伦认为，当将人力资源管理的功能应用于国际环境时，就变成了国际人力资源管理。

P. 摩根说，国际人力资源管理是处在人力资源活动、员工类型和企业经营所在国类型这三个维度之中的互动组合。

赵曙明指出，区分国内人力资源管理和国际人力资源管理的关键变量是后者在若干不同国家经营并招募不同国籍的员工所涉及的复杂性。

结合以上学者关于国际人力资源管理的定义以及企业国际化目前所处的发展阶段，我们将国际人力资源管理定义为：组织在走向世界的进程中以及成为跨国企业后，其人力资源管理的原则和实践。

国际人力资源管理研究的意义

随着经济全球化与管理国际化的发展，各国之间以及各个国家的企业之间彼此学习与借鉴的愿望日益强烈，尤其是在人力资源管理领域。由于人力资源管理具有强烈的文化特质，也就是人性化与个性化的特点，所以任何一个国家的人力资源管理制度或方法都不能直接在另一国照搬照套，这就需要相互比较和借鉴，需要取长补短。于是，国际人力资源管理的研究成为人力资源管理的重要创新领域。国际人力资源管理的目的包含两个方面的内容：

（1）作为管理科学的一个分支，国际人力资源管理必须从理论上给予一般人力资源管理以补充和丰富，打通不同国家、不同制度或文化背景下的人力资源管理之间的隔阂，实现全球化条件下人力资源管理信息的共享，价值理念与操作技术的相互融合与促进。

（2）国际人力资源管理在实践上需要帮助企业管理者在跨国经营的条件下克服异质文化的冲突，在不同文化、不同价值观的背景下实践国际人力资源的有效管理，在不同的情景中设计出切实可行的组织结构和人力资源管理机制，最合理地配置国际人力资源，最大限度地挖掘和利用国际人力资源潜能，实现全球化条件下企业管理综合效益的最大化。

国际人力资源管理与一般人力资源管理的差异

国际人力资源管理在内容和管理活动类型上与国内企业的人力资源管理并无明显不同，其差异主要体现在它们如何在不同的环境下实现管理职能。全球化的经营环境使人力资源管理活动关注不同的问题领域和管理瓶颈。

人员配备方面

在人员配备方面，战略性的国际人力资源管理，首先应关注关键管理岗位的人员配备，即中层和基层经理与作业人员实现本土化，而高管人员则视企业总部的态度不同，从母国、东道国或全球范围内配备。其次是建立公司高管人员储备，这一点十分重要。跨国公司必须作出自我培养或外部招聘管理人员的决策，为企业长期经营和政策平稳过渡提供人员保障。最后是为寻求企业双重目标的实现，高管人员需在专业管理技能、技术水平和环境、情境适应力之间保持微妙平衡。改进管理人员的招聘来源与开发项目是提高当地文化适应力的主要手段。

培训和开发领域

在培训和开发领域，国际人力资源管理的重心由针对海外派出人员的预备性培训转向建立面向子公司全体管理人员的国际管理开发体系，其目的在于提高管理人员的业绩水平和全球视角。培训与开发涉及的活动十分广泛，通过培训，使管理人员了解组织状况、具体工作职责和需要的工作技能，了解工作场所的社会、文化及法律环境，开发他们在特定社会文化背景下的人际沟通技能。很多研究者将培训开发视为最重要的国际人力资源管理活动，但Tung的研究表明，美、欧、日跨国公司对此的重视程度存在差异。而当培训与开发成为海外派出人员的特权时，企业文化的统一性、当地管理人员管理视角的拓展以及跨国公司的整体利益都将受到损害。因此，目前的趋势是将培训与开发拓展到整个管理层，以推动多文化、多国籍管理团队的形成。

评估和薪酬管理领域

在评估和薪酬管理领域，制度设计要求做到易于理解、公平和实现对管理人员的有效激励，管理人员的国籍、文化背景不应影响报酬与对其的评估。

由于存在经济体制、发展水平、政治制度以及传统、文化方面的差异，国际企业薪酬管理的具体手段并无一定之规，这加大了薪酬问题研究的难度。例如，在某些国家，员工收入包括较低的现金收入和较高比例的保险、年金收入，而在另一些国家，现金收入在总收入中的比例较高。这种工资结构上的差异，在很大程度上是由文化差异所决定的，并不能自动地实现不同文化传统背景下的制度移植。从这个意义上说，研究跨国企业的薪酬影响因素，要比确定具体企业的工资水平更为必要。在薪酬制度设计中，跨国企业不仅应考虑各国在购买力、劳动力市场竞争状况、财务制度和对派出人员“艰难处境”的额外补偿，更重要的是提高员工对公司总体目标及文化的认同和支持水平，从而降低其协调目标、推行企业价值的管理成本。这意味着，企业的报酬系统不仅须考虑那些直接物质报酬（当期支付或延期支付），还应重视非物质报酬的管理作用，如管理人员的职业前景、国际信息交流及参与企业战略计划的可能性等。

确定业绩评估的标准同样十分困难。在跨国企业中，评估标准不仅包括专业技能，还包括管理人员对当地环境和文化的调整能力。郝赛和大卫提出的评估标准包括技术能力、管理技能、文化移植作用、适应性与灵活性、交际能力与语言能力。艾德兰和巴塞洛缪对上述标准提出了异议，他们认为这种标准所反映的仍是母国总部高管人员从民族中心视角进行的评估。在跨国公司的实际评估中，为了强化公司全球利益的贯彻，使用的评估标准还包括管理者对不同文化背景的员工、客户的偏好。

ABB 国际工程集团公司的全球化与本土化

ABB 是一家国际性大型工程集团公司。目前，它已经在全球 140 多个国家和地区深深扎根，雇员总数超过 21 万，业务范围涉及发电、输电、配电、工业自动化、石油自动化和金融服务等领域，一直稳居财富世界五百强之中。ABB 能取得如此巨大的成就，人才本土化是其成功的决定因素之一。

ABB 一直致力于建立以下经营模式：没有地域中心，没有国界限制，一个具有全球性的协调中心，同时在经营与服务上具有深厚地方根基的全球规模的组织。用 ABB 中国公司人力资源副总裁、挪威人博思达先生的话说，ABB“是一个地域轴心和国家属地的企业王国，是一家‘处处无家处处家’的无国界公司”。也可以说，ABB 是一支立足本地市场，融合全球规模和世界一流技术为一体的“多国部队”。

13.2 国际外派人员的甄选

随着跨国企业、国际企业和全球企业的产生和发展，外派人员作为一种新兴的职业群体不断发展壮大。全球经营背景下的外派人员的选派已经成为决定企业跨国经营成功的关键影响要素，因此，外派人员的甄选成为国际人力资源管理领域的重要研究课题。

13.2.1 跨国公司人员配置模式

跨国企业人力资源管理一般存在以下几种模式。

基于成本考虑的本土化模式。有些跨国企业出于成本考虑采取了本土化的高管人员设置模式，这些跨国企业的本土化程度比较高。如联合利华公司在高管人员设置上遵循中国子公司本地化的人力资源管理习惯，公司主要雇用或选拔中国人作为高级管理人员，60% 的高管人员是由中国人来担任的。不过联合利华公司认为，为了更好地贯彻公司的发展战略和管理模式，子公司的总裁应由母国管理者承担，当地管理人员不应染指这一层次的管理职位，所以中国区的总裁还是由欧洲的本土人员来担任。此外，通用电气公司也属于该种情况。

出于战略考虑的全球中心模式。出于战略考虑，可口可乐公司采取了全球中心的策略，各部门的高级管理人员基本上来自世界各地。可口可乐公司的全球中心模式是在世界范围内招聘和选拔雇员，满足当地对高管人员的需求，同时在全球范围内培养和配备人才。可口可乐公司将人力资源管理的重点放在协调全球目标与当地反应能力上，将文化差异转化为企业经营的机会，使用不同国家的高管人员来提高企业的创造力和灵活性，并为有潜质的管理人员提供成长的机会。爱立信公司也采取全球化的人才设置策略。

基于地区合作的地区中心模式。并购企业沿用母公司原来的高管人员设置模式，没有完全本土化。2000 年 3 月，法国的达能集团收购了乐百氏公司 54.2% 的股份。新收购的乐百氏公司在中国设置的高管职位遵循原来的母国模式——按照地区配备，基于整个东亚地区设置，由来自中国香港地区、中国台湾地区、马来西亚、新加坡、印度的人员组成，中国子公司的高管人员也可以在整个东亚地区任职。各子公司的经理人员在本地区的流动，可以加强地区内部各子公司的合作，而且有利于逐渐向全球中心的人力资源管理模式过渡。

基于文化考虑的民族中心模式。民族中心型的模式是由来自母国的管理手段与文化主宰子公司的运营，只有母国的管理人员才可担任公司高级经理。母公司对子公司员工严格控制，中国子公司的关键岗位（如总裁、财务总监）均由母公司直接派遣，聘请的中国高级管理人员仅限于人力资源和信息服务部门，中国雇员普遍从事次要或辅助性的工作。员工的评价和晋升也采用母国标准。在华日本公司乐天和东芝都采取了民族中心的人力资源管理模式。其高管人员都是从日本公司本部派来的。所以很少会这两家公司中层以下的本土管理人员流动性都极高，中层以下的管理者很少会在公司连续工作两年以上。

13.2.2　国际外派人员概述

外派人员的概念

所谓外派人员，是指由母公司任命的在东道国工作的母国公民和第三国公民，还包括在母公司工作的外国公民，其中在东道国工作的母国公民最为普遍。外派人员在跨国公司竞争优势的形成与子公司的发展过程中扮演着重要角色，其工作状况的好坏对跨国公司全球战略的实施和子公司的发展具有重要影响。

跨国公司选用外派人员的原因

跨国公司选用外派人员的原因包括：

加强对海外子公司的控制。母公司通过任命外派人员，尤其是外派经理，可以有效地控制高层管理者的位置，而在较低职位上任用东道国或第三国人员，这样便于母公司通过高层管理间接地控制子公司的生产和经营，有利于母公司的整体统筹规划。

加强对先进技术和管理经验的垄断。在跨国公司的生产经营过程中，应用先进技术和管理经验会对东道国产生一定的技术扩散效应，但是外派人员的方式，有利于技术和管理经验的保密，从而保持跨国公司在该领域的垄断优势，降低生产经营的风险。

保证产品和服务的标准化。选用外派人员，特别是外派经理，有利于监督和管理生产过程，确保达到特定的生产标准和质量要求，以保证与母公司产品和服务标准化相一致。

减少雇员流动、降低培训成本。外派人员的职业生涯主要受母国文化的影响，在工作上受母公司指派，对母公司有较大的忠诚度和依赖度，因此，外派人员会保持在东道国工作的相对稳定性。此外，跨国公司选用外派人员会降低在东道国搜寻符合公司要求的人员的成本，减少培训成本，尤其当东道国的管理、技术和教育水平明显低于母国时更是如此。

13.2.3 国际外派人员甄选的重要性

跨国公司外派人员的失败率较高，这些外派人员的失败会给跨国公司造成巨大的损失。对外派失败原因的研究，以 Tung 的研究最具代表性。其调查表明，对美国公司而言，外派失败原因按重要性排序分别为：配偶不能适应异国环境；外派人员不能适应异国环境；其他家庭问题；外派人员的个性和情感成熟度不能应付海外任务。对欧洲公司而言，只有一种原因，即外派人员的配偶不能适应异国环境。对日本公司而言，失败原因为：不能应付艰巨的海外任务；适应新环境的困难；个性和情感问题；缺乏技术能力；配偶不能适应新环境。

为避免外派人员的失败及其损失，针对上述原因，跨国公司都应加强对外派人员的选拔、招聘与培训，以有效地提高外派效率。许多学者都认为，选拔与招聘是外派成败的决定因素。研究表明，二者之间的相关系数为 0.63。

13.2.4 影响国际外派人员甄选的因素

与国内人员甄选相同，对外派人员的甄选需要制订与职位相匹配的甄选标准。与国内人员甄选标准不同的是，各种外派职位对外派人员的要求具有一定的共性，均要求员工掌握专业或技术方面的技能，具备国际化沟通交际的能力，符合国际化发展的需求，掌握必要的语言技能，同时还要得到家庭的支持，以上五种要素缺一不可。不同的外派环境对外派人员的要求各不相同，在外派人员的甄选环节，应当注意各种环境因素，如任职的时间长短、文化相似性、与东道国雇员沟通的能力、工作的复杂性和责任等方面的因素。不同条件下，进行外派人员甄选的决定性因素各不相同，参见表13-1。

表13-1

不同外派环境下员工甄选标准的优先程度[1]

外派成功因素	外派时间长	文化差距大	与当地公民交流需求高	工作责任大
职业技术能力	高	不确定	中	高
交际能力	中	高	高	中
海外工作动机	高	高	高	高
家庭状况	高	高	不确定	中
语言技巧	中	高	高	不确定

任职时间的长短。外派人员在东道国停留的时间从一个月到若干年不等，短期任职的选择标准通常强调职业技术能力。如果外派时间比较长，对于员工的职业技术能力、国际环境的适应能力、家庭状况的要求比较高。

文化差异。东道国与母国存在一定程度的文化差异。不同国家之间文化的差异又存在着差别，例如，相对于中国与美国的文化差异，中国与韩国之间的文化相似性更高。文化差异越大时，越应当注意在人员甄选过程中考察其交际能力、海外工作动机、家庭状况和语言技巧。

对沟通与交流的要求。外派人员需要与东道国的员工共同工作，在工作的过程中需要必要的沟通和交流。人员甄选时，若职位对交流和沟通的必要性要求越高，就越应当注重考察外派人员的交际能力、海外工作动机和语言技巧。

工作的复杂性和责任。外派人员承担工作的复杂性越高、责任越重大，对于员工专业技术能力的要求就越高。在甄选过程中，要注意考察外派候选人员的技能和以往的任职经历，尤其是成功的实际操作案例。

对以上四种因素应当综合考虑，多角度分析外派职位自身的特点和东道国环境的影响等因素，从而制订严格的甄选标准并选择合适的甄选方式。

13.2.5 外派人员的甄选方法

为了避免外派失败，跨国企业在考虑采用人员海外派遣的初期，就应该建立一套完整科学的甄选制度。在选拔的过程中，应当注重外派人员的专业技能、交际能力、海外工作动机、社交及语言能力以及家庭状况等因素，并选取对应方法进行筛选，参见表13-2。

表 13–2

外派成功因素和选拔方法 [1]

关键性成功因素		选拔方法					
		面谈	标准测试	评估中心	个人资料	关键事件	推荐
职业技术技能	技术能力	√	√		√	√	√
	行政能力	√		√	√	√	√
	领导能力	√		√	√		√
	沟通能力	√		√			√
交际能力	文化容忍力和接受力	√	√	√			
	对不确定性的容忍力	√		√			
	灵活适应新的行为和态度	√		√			√
	强调适应能力	√		√			
海外工作动机	愿意接受外派职位的程度	√			√		
	对东道国文化的兴趣	√					
	对国际任务的责任感	√					
	与职业发展阶段吻合	√			√		√
家庭状况	配偶愿意到国外生活的程度	√					
	配偶的交际能力	√	√	√			
	配偶的职业目标	√					
	子女的教育要求	√					
语言技能	用当地语言沟通的能力	√	√	√	√		√

最常见的选拔方法是面谈、标准化的智力测验或技术知识测验、评估中心、个人资料、关键事件和内部推荐。以往跨国公司在人才甄选中采用的方法基本以主观判断的面试为主，凭借面试官的技术知识和人生阅历作出判断。现在的人才甄选，应当在面试的基础上，增加评估中心、关键事件、标准测试和内部推荐等多种方法。在掌握外派候选人个人资料的基础上，了解各个候选人的技术能力、交际能力、语言能力和家庭环境；通过标准测试筛选出技术技能、语言技能和交际技能等符合标准的候选人；进一步通过面试和关键事件法确定最终候选人的可选范围；利用评估中心的方法有效地甄选出最适合的外派人员。内部推荐也是一种非常有效的甄选方法，通过领导、

下属、同事的推荐，帮助人力资源部门扩大外派候选人的范围，提升甄选的有效性。

此外，在人员甄选中还可以使用先进的心理测评工具、职业生涯测评工具等进一步增强甄选工作的科学性和准确性。

猎人公司（Huntsman Corporation）的外派人员甄选

猎人公司（Huntsman Corporation）是一家坐落在美国盐湖城的私人化工企业，年销售额47.5亿美元。过去五年中，公司主管人力资源的副总裁乔恩·哈茨曼先生定期将其初步认为具有全球领导潜质的中高层管理人员轮流带出国，哪怕这笔花销与近期的商务目标并无直接关联。在这些国际旅行中，哈茨曼带领随行人员去当地餐馆就餐、去购物中心购物、去感受异国的风土人情，并从中观察他们的一言一行，看看这些未来的外派人员是否对新环境的每个细节具有好奇心、敏感性、适应性。在国内，哈茨曼也注意观察在社交场合和日常工作之中，这些经理是主动寻找外国人士交流，还是喜欢和老朋友交往；在和外国人士的谈判中，他们是友好合作的，还是争强好斗的。这种评估方式也许比较费时耗财，但它无疑是十分有效的，其价值就在于它能提前且较为客观地反映出候选者的真实潜质，从而避免公司浪费巨额的投资。

13.3　国际外派人员的培训与保留

严格的甄选仅仅是确保外派人员海外工作成功的第一步。接下来，还要对外派人员进行特殊的培训。此外，公司为了保留住优秀的外派人员，还要在绩效管理、薪酬管理、外派归国等方面制定特殊的国际人力资源政策。

13.3.1　外派人员的培训

为提高外派的成功率，跨国公司必须加强对外派人员的培训与开发，特别是跨文化培训与开发。跨文化培训是促进跨文化交流的有效方法，它能够提高外派的成功率。1995年的一项调查显示，尽管大多数公司（90%）认为跨文化培训有重大价值，但在实际中仍有38%的公司没有任何该类培训计划。32%的公司有针对外派人员整个家庭的培训，27%的公司有针对外派人员及其配偶的培训，3%的公司只有针对外派人员本人的培训。在另外一项调查中，接受调查的企业高层管理人员都认为，国际化经营要求公司的雇员必须深入了解国外的经济生活和经营管理实践。然而，恰恰是在这些公司中，能够向雇员提供此类培训的却很少。

培训内容

文化敏感性和适应性培训

在海外子公司工作的外派管理人员将会遇到因政治经济体制、法律规范和语言文化等的不同所引起的各种经营障碍，如何消除这些障碍，尤其是因母国与东道国之间的文化差异而引发的经营障碍，一直是跨国公司面对的重要课题。特定国家的大多数商业惯例深深地依赖于其文化背景，既然文化有别，外派管理人员就不能将在母国行之有效的商业惯例直接植入东道国，必须依据东道国的文化特质调整其经营管理模式。由于文化因素不像政治、法律那样颇具刚性，因而文化差异也就不像政治、法律差异那样容易识别和理解。为了克服文化差异给海外经营造成的障碍，在外派管理人员前往东道国之前，跨国公司往往对他们进行跨文化方面的培训，特别是文化敏感性和适应性培训，让外派管理人员有机会接触到东道国的文化规范，了解东道国公民的价值观念和行为准则，使其对东道国文化与母国文化的差异有足够的敏感性。通过跨文化培训，让外派管理人员避免触犯东道国的文化禁忌，使其作出适应性调整而对东道国文化产生融通心态，明白在东道国什么样的行为才是恰如其分的。

语言与跨文化交流培训

语言是人们表达思想、传递信息和进行情感交流的重要工具和手段。然而，不同的国家乃至不同的地区，使用的语言都存在着很大的差异。因此，语言沟通对跨国公司全球化经营的成败关系重大。母公司外派的管理人员，作为海外子公司的高层管理者，几乎每天都要同东道国的人打交道，既包括公司的当地管理者和员工，又包括东道国的顾客、供应商、政府及公众。为了与东道国的人进行良好的沟通，发现经营中存在的问题，开发和利用当地的人力资源，开拓公司在东道国的业务活动，占领当地市场，母公司的外派管理人员必须学习并掌握东道国当地的语言。此外，外派者说当地语言，也给东道国当地员工树立了其愿意投入私人时间并努力适应当地环境的良好形象。外派管理者是否具备学习东道国当地语言的能力进而掌握它，攸关其海外经营的成败。在外派人员赴海外上任前，跨国公司无不强化其语言训练。一些跨国公司甚至给学习东道国语言的外派者发放差额工资（一种基于知识的工资形式），以视支持和鼓励。

除了要求学会理解和讲东道国语言外，外派管理人员也需要明了非语言交流上的重大差异。不然，他们就有可能铸下大错，破坏与当地员工、合伙人、用户和供货商的关系。跨文化交流存在方向上的差异，这包括有关时间效率的价值观念、思维习惯、面向未来的价值观、对私人空间的需要、眼神接触、仪表与身体姿态、沉默的含义以及接触的合法性等方面的反差。这些因素成为在东道国环境中与他人有效交流的巨大挑战，跨国公司在外派者上任前，通常会对其进行这方面的培训。

传统的培训和技能开发

除了以上这些特殊的培训之外，外派管理人员还需要持续不断地得到其他一些传统的培训和技能开发。比如，在 IBM 公司，这种开发工作包括通过工作轮换使海外管理人员更为专业。同时，IBM 在世界各地建立了管理技能开发中心，高层管理人员可以在这里进一步提高自身技能。除此之外，一些课堂培训计划（如伦敦商学院的培训项目，或者是位于法国的欧洲商学院的培训项目）也为海外高层管理人员提供了各种受教育的机会（如获得 MBA 学位），这些教育培训项目与他们在美国本土工作的同事所能够得到的培训是类似的。

培训方法

对外派管理人员的培训方法多种多样，常用的主要有如下方法。

提供有关资讯

为使外派管理人员了解并熟悉东道国的经营环境和生活环境，在上任前，跨国公司常给外派管理人员提供以下几方面的资讯：有关东道国的背景资料，包括东道国的历史、地理、政治、社会文化、经济体系、科学与产业、时事、重要人物、宗教和假日等；与生活有关的实用信息，如东道国的生活成本、社会习俗、汇率、治安、法律、医疗、居住与学校、交通、电话、时区及度量衡体制等；与国际工作转换有关的必要信息，如护照规定、签证、工作许可证、关税与合法的报关内容等相关资料。

课堂讲授

跨文化培训中最普遍、最常见的方法就是授课。授课方法的最大长处是，能够在相对较短的时间内向外派人员提供大量信息。课堂讲授能给外派者提供一幅他们即将面临的挑战的清晰画面，特别应教会外派管理者：针对文化差异，如何作出适应性调整；如何理解来自不同文化、宗教背景和不同种族的人，并与其一道有效地工作；如何理解全球市场、全球客户、全球供应商以及全球竞争者；如何管理多元化的团队。课堂讲授常辅以投影、图片等教具，以增强授课效果。

模拟培训

有些大型跨国公司在国内的培训中心对外派者进行模拟式的环境适应性训练，程度不等地模仿、再造出东道国的真实工作环境和工作任务，让外派者实践从其他途径学到的有关跨文化管理的知识和原理。跨文化管理的模拟培训，可以尽可能地压缩学用转化过程，使外派者通过一定的“实地”体验，充分认识东道国的价值观念、行为标准，增强自身的文化敏感性，增强与当地员工合作共事的能力。

案例研究

在外派管理人员出国前，有些跨国公司会组织外派人员研讨一些跨文化管理方面的案例。向外派者提出或者由外派人员自己提出案例中涉及的问题，并由外派者本人作出解决问题的决策。案例研究可让外派者识别和应用已经学到的有关跨文化管理方面的概念和原理。国外经验表明，案例内容一定要抓住外派者的兴趣，案例中给出的条件要可信、易懂；案例中给出问题的方式可以是直接的，也可以是间接的，目的是引导外派者分析问题、解决问题。

全球化工作轮换

随着企业多国经营的扩展，让外派管理人员在全球范围进行工作轮换已成为对其进行培训的一种主要手段。通过全球化工作轮换，可以造就一支具有高超的跨文化管理技能的流动的、国际化的管理人员队伍。

外派人员培训的发展趋势

外派管理人员的培训和开发有以下两个发展趋势：第一，企业除了在雇员外派之前对他们提供跨文化培训之外，越来越多的企业还在外派人员刚刚到达海外工作的早期阶段继续在东道国向他们提供跨文化培训。第二，企业还把从海外归来的管理人员作为一种资源，利用他们来对在总部工作的其他雇员进行“全球性思维”的熏陶。例如，汽车设备制造商博世公司（Bosch）就举行正式的研讨会，让刚刚从海外归来的管理人员用自己的亲身经验，向国内同事传授管理人员及其家庭在海外如何重新安置下来等方面的知识和经验。

LG 公司的外派人员培训

以韩国 LG 公司为例。LG 公司对国外业务制订了长期发展计划，对潜在候选人进行长期考察。考察形式包括设计一份有 100 多个问题的问卷，考察内容涉及外派人员自身业务技术能力、跨文化交流能力、国外工作意愿和环境敏感性，以及外派人员家庭对东道国环境的适应性及跨文化交流能力等。此外，LG 公司雇员还与管理人员讨论特定的训练项目或帮助其在未来的工作中提升优势和克服不足。通过这种互动式交流，制订出一份个性化的发展规划和时间表。由于 LG 公司对潜在外派人员给予了充分时间来培训其在国外工作所需的技能，因此，约 97% 的外派人员工作业绩达到了预期目标。

13.3.2 外派人员绩效管理

传统的跨国公司外派人员绩效管理注重绩效考核，外派人员绩效管理仅仅是跨国公司内部人员绩效管理的缩影，不能适应跨文化环境中的外派人员绩效管理。因此，跨国公司对外派人员的绩效期望值和实际绩效值相差甚远，往往造成外派失败。因此，如何改进外派人员绩效管理，避免外派失败，成为维持跨国公司全球竞争力的重要问题。

影响外派人员绩效管理的因素

影响跨国公司外派人员绩效管理的因素归纳起来大致有以下四种。

企业因素

跨国公司发展战略和行业特征直接决定了公司人力资源管理模式，决定了外派人员的配置特点和职能。而跨国公司的组织类型和管理模式，决定了外派人员的管理制度和绩效信息流动性，以及对文化冲突的应变能力。此外，这些因素还影响到外派人员职业生涯的规划和发展，以及他们的能力发挥，进而影响绩效目标的实现程度。

员工因素

外派人员的能力高低影响到他们与东道国和跨国公司的交流和协调效果，决定了他们对绩效目标的理解和完成程度。外派人员的素质，决定了他们对工作环境的适应水平，对环境和跨文化的融合效果，缓解各种因素对工作的冲击力度。跨国公司外派人员绩效管理者的能力，影响他们对跨国公司和子公司的风险的预测和规避的准确性；对子公司经营状况、行业趋势等的把握能力，影响他们对外派人员绩效规划、绩效辅导、绩效考核和绩效反馈，进而影响外派人员绩效管理的实施和对绩效结果的合理运用。

外部因素

跨国公司外派人员无论是来自母公司、子公司，还是第三国，都将面临外部环境的适应性问题。来自母公司的外派人员，将适应子公司当地的文化，以及政治和经济风险；来自子公司的外派人员，将面临对母公司当地政治和文化理解的问题；来自第三国的外派人员，以上两种情况都有。

内部因素

跨国公司自身面临的国内国际背景，决定了跨国公司的绩效管理模式，也决定了他们对外派人员的绩效管理模式。而跨国公司的发展阶段、经济实力和管理方式等，决定了跨国公司对国际和国内经济、政治形势的利用效果，决定了对外派人员的绩效管理制度的稳定，以及对外派人员工作的支持力度。

外派人员绩效管理的主要模式

目前，跨国公司中存在几种流行的员工绩效管理模式，如目标管理（MBO）导向的绩效管理、关键绩效指标（KPI）、平衡计分卡（BSC）等，每一种都各有侧重点、局限性和适用条件。由于KPI是一种绩效指标的确定和评价方法，所以不常作为绩效管理模式单独使用，而主要蕴含在其他绩效管理模式中。

MBO导向的KPI绩效管理

MBO（目标管理，Management by Objective）是德鲁克最早提出的，它是组织中的上下级共同协商，根据组织使命而确定的一定时期内组织的总目标，由此决定上下级的责任和分目标，并把这些目标作为组织经营、评估和奖励的标准，强调激励和控制。MBO导向KPI的绩效管理是绩效考评与目标管理过程融为一体的一种绩效管理方式，在目标管理的计划、执行、检查、反馈中进行绩效管理的计划、指导、考评、激励，并形成一个完整的闭环，它在对关键环节进行控制和管理的基础上，充分发挥牵引和激励作用。

BSC 导向的 KPI 绩效管理

平衡计分卡（BSC）是罗勃特·卡普兰创立的。它不仅强调了绩效管理与企业战略之间的紧密关系，还提出了具体的指标框架。BSC 的框架包括四部分：学习与成长性、内部管理性、客户价值和财务指标。但应注意的是，卡普兰在创建 BSC 时针对的是一般企业，使用时企业要根据行业特点、企业战略选择、竞争地位及自身情况选择维度。实施 BSC 可分为确定战略目标、战略分解和实施三个阶段。

员工标杆学习导向 KPI 的绩效管理

标杆学习法是企业将自身的 KPI 与最强的竞争企业或那些在行业中领先的、最有名望的企业的 KPI 进行评价与比较，在分析这些企业的绩效形成原因的基础上，建立本企业可持续发展的 KPI，以及绩效改进最优策略的程序与方法。同样，员工的绩效管理也可采用标杆学习的模式，树立本企业的模范，或以行业中领先企业的高绩效员工为标杆，让本企业员工进行学习。该方法分为四个过程：寻找员工 KPI 与实际工作要求的差异；行业中几家领先企业的员工业绩作为标杆；分析标杆企业人事管理工作的核心优势；标杆企业员工的业绩与本企业员工的业绩进行比较与分析，并找出存在的差异。

以上三种模式中，BSC 导向的 KPI 管理模式重点强调财务、内部管理客户价值、学习和成长性四个方面的关键指标，标杆导向的 KPI 模式强调 KPI 的比较。跨国公司外派人员绩效管理经常采用的是 MBO 导向的 KPI 绩效管理模式，它强调目标的阶段性，并分阶段实施。

外派人员绩效管理的问题

跨国公司外派人员绩效管理模式选择是企业绩效管理的侧重点的体现。比如说，跨国公司外派人员绩效管理常用的 MBO 导向 KPI 模式，需要花费很多的时间和精力来和外派人员协调、沟通以便分解和调整绩效指标，因为公司的长期战略规划往往和外派人员的短期绩效目标冲突。此外，受文化差异的影响，在制订外派人员绩效目标时，可能出现过高或过低的现象。在绩效规划过程中，各国的文化导致绩效规划风格、传达的理念不同，产生了绩效辅导过程复杂化、沟通质量和效率降低等现象。在绩效考核中，各国跨国公司的侧重点和考核偏好不同，不可能适合所有的外派人员。

改进外派人员绩效管理的建议

（1）跨国公司可以通过整合公司战略和外派人员职业生涯规划，促进外派人员能力的最大限度发挥，提高绩效管理效果。绩效管理过程受文化因素的影响，跨国公司要优化外派人员配置，可以对他们的文化背景进行研究，制订出适合他们自身文化背景的绩效管理方式，包括绩效辅导、绩效考核、职业生涯规划等，减少文化冲突的影响。此外，企业要根据自己的发展程度，充分了解外派人员面临的环境，使外派人员绩效考核的关键指标设置得更加合理。

（2）跨国公司可以通过跨文化培训提高外派人员的业务能力和素质，改进绩效。在此基础上，通过激励、培训和设置职业快车道等方式，提高外派人员的工作意愿，这需要加强外派人员文化背景分析，为其量身定制最容易接受的激励措施、培训方案和职业生涯开发计划。此外，要严把招聘关，提高外派人员的综合素质和能力的起点。

（3）提高跨国公司绩效管理者的跨文化管理能力，防止“管理者失职”。绩效管理者是外派人员绩效反馈和交流的首要对象，因此应提高绩效管理的能力，强化绩效监督，及时地排除绩效管理中的问题。

（4）优化绩效管理环境，这是提高外派人员和绩效管理者能力、改进跨国公司外派人员绩效管理的基础。跨国公司首先要加强企业文化建设，为子公司和外派人员文化融合奠定基础，为外派人员实现工作绩效、绩效管理者完成绩效管理提供平台。公司要建立学习型企业文化，发挥企业文化对绩效引导的积极性。跨国公司和绩效管理者要积极地、全面地支持外派人员，充分地考虑与东道国的融合度，减轻东道国对外派人员的工作干扰，在绩效管理中，要给予外派人员充分的信任，提高工作的权限。在绩效管理制度上，要尽量与人力资源管理的其他板块相衔接，最大限度地支持外派人员的工作。

13.3.3　外派人员薪酬管理

在薪酬管理乃至整个人力资源管理领域中，外派人员的管理及薪酬支付都是一个难度相当大的问题。而在各种可能的约束条件下，外派人员对公平性的要求是其薪酬管理中的关键性因素。具体说，这种公平性包括外派人员与国内同事之间的公平、外派人员与东道国同事之间的公平，以及母国外派人员与第三国外派人员之间的公平，等等。

外派人员的薪酬组成

基本薪酬

从大的方面说，外派人员的基本薪酬应该与其相似岗位的同事处于同一个薪酬等级上，这可以通过工作评价和薪酬等级评定来确定。当然，由于本国和东道国的工作环境不同，工作内容往往也缺乏可比性，加上对外派人员的工作进行有效监管的难度很大，因此，操作起来会遇到很多的障碍。此外，在同一薪酬等级内部对国内员工和外派人员薪酬水平进行的日常调整，也应该在同一个时间段里按照同样的幅度进行。如果组织无法就这一点作出承诺，外派人员很可能会担心自己在加薪时被遗忘，进而降低自身对组织的承诺水平。

津贴

由于国内与东道国之间的生活成本、工作环境都存在很大的差异，因此，企业应该通过福利津贴的方式，对外派员工的生活成本进行补偿，以保证员工的生活质量不低于同职位的国内员工。津贴的主要形式有：

地域性补贴。根据派驻国生活环境、自然条件、安全因素等分几类地区，给予职工相应的补贴。另外，施工作业现场的工作人员，根据野外环境的不同可以享受野外工作补贴，按现场实际工作天数计算。通常外派单位所在地的实际价格水平与国内都有相当的差距，衡量生活必需品的支出总价，当高于国内价格水平时，就应该向外派人员支付商品与服务津贴。

住房津贴。住房津贴通常包含两方面内容，一是保证外派期间的居住；二是保证员工外派期间对现有国内住房的持有能力，在一定程度上解决其后顾之忧。

家庭补贴。对已婚的外派人员在国外工作期间发放家庭补贴，标准按派驻时间按季度递增。由于外派工作人员因工作而无法兼顾家庭，如无法尽到教育子女的义务，因此企业有责任为其承担子女的教育费用。具体教育费用的多少，视子女就读学校的实际要求，以教育津贴的形式进行发放。

福利

福利是一项灵活性较大的薪酬组成部分，通常企业会为员工办理各项相关的基本保险。另外，对于外派员工，企业可以根据自身的能力，在保证交纳国内基本保险的基础上，选择为外派员工额外购买一些在外生活保障类的基础险种，体现企业对员工人身安全的重视。此外，休假日期安排等，对外派人员要充分考虑外派当地的节假日习俗，然后按照国内全年的节假日休息天数来进行安排，应不少于国内的休假天数，差别部分可以采用带薪休假的天数来平衡。

激励性薪酬

许多跨国公司除了向外派人员提供消费津贴以外，还向其发放激励性奖金。这种奖金一般适用于全体外派人员。传统上，许多公司将这一薪酬方式称为外派奖金，一般按基薪的百分比（最常用的比例为15%）与工资同时按月发放。另有一些公司将该薪酬确定为一个奖金总额，称为工作变动资金。在外派工作的开始和结束时分两次发放。

外派人员薪酬设计模式

薪酬设计决定了薪酬体系的命脉，最常用的跨国公司外派人员薪酬设计模式有四种。

老板拍板模式

老板拍板模式是指企业领导者或决策者凭借自己的行政权威和管理经验，硬性地界定企业外派员工的薪酬。老板拍案模式的最基本条件是老板具有必要的领导权威，这种权威的合法性通常是因为老板是企业资产所有权或使用权的拥有者。老板拍板模式薪酬设计的直接成本较低，一般说来，可以避免企业员工之间的矛盾。但也有其劣势：一方面，倘若老板欠缺薪酬设计的专门知识，会造成薪酬界定的科学性较差；另一方面，此模型仅适宜以私有产权为基础、海外人员较少的企业。

民主协商模式

民主协商是充分发挥员工参与企业管理的思想，通过民主讨论的形式，从员工的角度全面地考虑外派人员的实际问题，在全体员工之间达成共识，界定合理的薪资水平。但民主协商模式也有其自身的局限性，其在操作上的不完善很有可能导致协商过程变得无序，难以控制。而且，如果各外派人员工作岗位差距较大，但薪酬却相同，不利于外派人员的和睦相处。

个案协商模式

对于工作岗位特殊或对企业的海外运营作出特殊贡献的员工，可以通过具有针对性的个体协商来确定员工的基本薪酬水平。这种方式能够最大限度地考虑到人力资源供求双方的实际需求，也能够为企业吸引关键岗位人才提供强大的竞争优势。这种模式适用于谈判协商人员为个别个体的情况，如果通过谈判形式确定薪酬的人员过多，就会打破薪酬管理的普遍适用和公平性的原则，也有可能动摇企业的相关规范或制度。

专家界定模式

专家界定模式是一种较为科学、可靠的薪酬制订模式。由专门的薪酬体系设计专家参与企业的外派人员薪酬界定工作，不但可以很好地化解员工与管理者之间的矛盾，也可以避免外派人员之间在薪酬水平上的矛盾。同时，这种专家设计的薪酬管理模式也有助于企业自身的薪酬管理体系的健康发展，以此为依托对薪酬管理的空白部分给予补充和优化。这一模式唯一的缺点是直接成本较高。

影响外派人员薪酬设计的因素

外派期限

多数外派人员的外派期限为2~5年，因此其薪酬制度也多以此期限为基础。如果公司在外派某一员工初期就决定其外派期限长于5年，那么该员工的薪酬就会以工作地的薪酬体制为准。当然，实际情况往往要复杂得多。有时海外员工工作地的薪酬水平远远低于其国内水平，那么无论其工作期限长短都要按国内的标准来确定（尤其是短期薪酬）。另外，虽然许多海外员工最初外派期限为2~5年，但在工作过程中常常会由于实际需要而延长，此时就需要公司管理者考虑调整这些员工的薪酬方案。针对这种情况，许多公司规定在同一地方工作5年以上的海外员工的薪酬要在5年后实现当地化，尽管有此规定，许多公司仍尽力避免该情况的发生。另外，如果员工的外派期限不足一年，情况又会有所不同。因为在这种情况下，员工的家人通常不随其外派，那么子女教育津贴和住房补助等方面的规定就会比较简单。

外派方式

根据外派方式的不同，大体可分为定期外派调回或长期派驻两种方式。定期外派调回是最常见的一种方式，可以按照派驻时间的长短，和其他实际相关因素对外派期间薪酬进行调整，调回后即恢复国内相关标准。而长期派驻，由于其人事关系向驻外单位转移，那么这部分员工的薪酬就要特殊一些，要结合驻外单位相对独立的薪酬管理体系，制订合理公平的薪酬水平，并由派出企业承担一部分补助。

外派人员类型

许多跨国公司坚持这一原则：所有外派人员的薪酬应服从同一种制度规定。但其他一些公司对薪酬制度按员工职位级别与种类、工作部门和外派地点进行了区分。例如，对管理类外派人员和技术类外派人员采用不同的薪酬制度。这种做法的好处在于可以针对不同员工的不同要求提供薪酬，同时在报酬上准确体现各个部门不同的工作性质与环境。其缺点是难以管理，而且有可能引起员工的不满。采用这种薪酬制度的公司总结出：只要政策制定得比较明确，对各种员工的不同薪酬水平给予合理解释，并且不发生频繁的员工调换，这种方式还是比较有效果的。关键在于对不同员工的划分标准要取得公司上下的统一意见。总之，外派人员类型是影响公司外派人员薪酬制度的重要因素。

雅芳的全球员工福利计划

雅芳提供的福利在劳动力市场上是具有竞争力的。雅芳根据各地的要求为员工在当地保险公司办理养老保险，也遵守各地政府的规定为员工购买工伤险、生育险等其他社会保险项目。雅芳为员工购买了公务出差保险，全部保险费用由公司支付，如果员工在公务期间发生意外事故，此保险计划将根据员工的受伤或损失程度为员工的家人提供最高不超过五年年薪的公务出差保险补偿。雅芳员工在购买供个人及家庭使用的雅芳产品可以享有低于顾客价的优惠。另外，在假期上也大大多于法定假日。

13.3.4 外派人员归国适应管理

使完成外派任务的雇员能够有效地回归到国内工作，是外派员工管理中的最后一道重要环节。当外派人员对东道国的新文化适应后，突然发现要回到曾经熟悉的母国，必然会经历一系列逆文化冲击，归国适应的必要性也就凸现出来了。在归国阶段，组织对外派人员的归国适应重视得越早，应对措施越仔细，外派人员就越容易迅速重新适应母国，越可能继续在公司留任，并保持良好的工作绩效。

外派人员归国适应的必要性

研究显示，被外派出国工作的人员，从境外工作岗位归来后，第一年内辞职的可能性是国内同事的 3 倍，平均约有 15% 的外派员工在回国后一年内辞职。在一些情况下，离职率可能高达40%，而相比之下，正常员工的离职率仅为3%~5%。许多跨国公司的雇主经常会损失有才能的员工，他们的投资无法带来回报。

不确定性因素的规避

外派人员在归国时面临着更多的不确定性。一方面母国环境可能发生了巨大变化，当外派人员归国时，特别是最初的一段时间内，常常会对这种环境的巨大变化产生不确定感；另一方面，归国人员对工作角色的清晰感降低，缺乏必要的信息来判断自己应该在组织中承担的角色，以及应该如何满足工作伙伴的期望和要求。外派人员经历着信息匮乏的煎熬，在归国后开始的新工作中容易失去目标和方向，对未来感到不安。在这种心态下，外派人员不可能集中精力工作，不可能充分发挥他们应有的创造力和积极性，从而导致其业绩大大降低。

留住人才，减少损失

大量的事实证明，跨国公司在对外派人员的人力投资的利用上常常是失败的，因为在外派任职期满后很多外派人员可能选择离开公司。归国人员流失将给公司带来重大的损失。首先是经济上的损失。跨国公司在外派工作上投入了大量的财力、物力和人力，一旦拥有宝贵的国际经验的外派人员离开公司，巨额投资将无法获得回报；其次，外派人员离职后更可能加入竞争对手的公司工作，间接地加强了对方的实力，降低了自己的竞争优势；最后，外派人员的高流失率可能向公司中的其他同事传递着这样一种信号，即国际任职可能对个人的职业生涯产生不利影响，削弱公司将来雇佣外派人员的能力。

外派人员归国适应的管理建议

当具有成熟经验的外派人员回国任职时，他们将成为跨国公司从事国际营运的重要的人力资本。但如果企业对外派人员的归国适应缺乏考虑，将使得其丧失人力资本优势，同时，外派人员本身的职业生涯发展也会遭遇瓶颈。外派人员完成外派任务归国后，面临重新适应母公司的工作环境、生活环境、组织文化、报酬减少、重新安置等问题。要使其能迅速融入母公司的文化，发挥其海外所学，有效地利用外派人员这种增值了的人力资本，提高人力资源和技术资源的回报率，并防止人力资源流失，企业应该提供后续支持。因此，帮助员工尽快实现归国适应成为跨国公司人力资源管理策略的必然选择。

提前为归国人员作好职业规划设计

克兰菲尔德管理学院的迈克尔·迪克曼表示，雇主之所以可能失去驻外员工，原因是未能在他们归来后为他们设计恰当的职业发展路线。他表示："必须投入更多的时间和精力，为雇员的归国作准备——他们回来以后，需要感到安全，需要一个重要的职位，还需要清楚看到自己未来的职业发展道路。"提前的职业规划可以使归国人员明确可能有的职业机会，有助于归国人员在考虑自己的职业前景时获得职业安全感，同时也增加对公司的满意度。在外派人员出国之前就为之制订好归国计划，包括明确外派他们出去工作的目标，让他们知道这是如何与之长期意义上的职业发展之路融为一体的，并确定他们归国后可能担任的岗位，这个岗位应该可以令他们在国外学到的新技能有用武之地。

加强外派人员的归国培训

目前，很多跨国公司并没有提供归国培训，原因在于缺乏培训经验、培训费用高以及培训需求不强烈。事实上，考虑到外派人员归国后的高流失率以及由此所导致的高成本，公司对归国培训的投入的确是很值得的。归国培训通过提供有关归国过程和可能面临的相关问题，如敏感性培训、角色扮演技术、组织变革、社会的发展以及处理归国适应的方式等，能够帮助外派人员及其家庭克服逆文化冲击、降低不确定性程度，有助于外派人员心理期望与回国后必须面对的实际情况相一致，帮助他们在母公司中重新定位，作好归国适应。

明确工作信息，提供工作保证

让归国人员准确了解且清楚认识到自己新工作的要求以及可能遇到的限制，并尽可能重视归国人员的兴趣，尽可能为归国人员提供工作保证，给予一份可接受并有利于自身职业发展的工作，提供能够发挥归国人员在外派任职期间获得的知识、技能的职位或机会。当公司给归国人员安排了合适的新工作挑战时，他们能欣然接受并能肯定新工作与企业对他们的期望，从而有利于降低对工作的忧虑，提高归国后的归属感和责任感。

充分信任，重点关注工作安置

随着外派任务的完成，与母国公司的重新整合所带来的系列问题是急需解决的。外派人员在外派任职期间往往会获得并提高其自身与职业相关的技能。归国后，他们自然将这种技能视为对于他们的职业发展很有帮助的、对公司是有价值的人力资本。然而，很多外派人员归国后常常发现，自己似乎早被总部遗忘，失去了在母国发展的位置，难以获得升迁、重用。公司对归国人员在外派任职期间所获得的有价值的技能的低估或忽略，必将引起归国人员的失望和不满。因此，为了避免外派人员归国后的流失，解决好其安置问题也就成为重点工作。

加强沟通，提供多种形式的信息支持服务

跨国公司应与外派人员保持密切联系，定期安排外派人员参加总部管理会议或回母国访问、参观，还可给外派人员及时寄去公司简报、期刊、邮件、新闻报纸和礼物等，让外派员工持续了解国内公司的新动向，增强外派人员对母国文化和母公司的熟悉和亲近感，以促进他们归国后能更快适应。

解除后顾之忧，为归国人员的家属提供各种帮助

外派人员和家属的归国适应是互相关联的。Linda 和 Gregersen 的研究表明，如果归国人员的配偶对其归国后的非工作条件感到惊喜，有利于增强归国人员对组织的承诺。因此，从某种意义上来说，跨国公司提供归国支持时并不能仅仅针对归国人员本人，还应该为其家属的归国适应提供各种帮助，帮助归国人员及其家庭重新适应母国的生活环境和文化。如为了缓和归国初期的困难，公司可以帮助外派人员配偶寻找工作、提供临时的归国过渡津贴、帮助归国人员的孩子解决上学问题等。

合理安排，缩短外派期限

外派期限长短与外派人员跨国任职适应呈正相关，但与外派人员归国适应呈负相关。外派人员在国外任职时间越长，对归国适应就越不利，原因在于工作和生活的不确定性会随着时间的增长而增加。外派人员离开总部的时间越短，重新融入母公司就会变得越容易，外派所带来的困难也会小得多，国内业绩记录中断对外派人员职业发展所造成的负面影响也能降到最低限度。为保证外派人员归国适应的成功，在外派任务期限允许的情况下，公司可通过合理安排，尽可能地缩短外派期限。

本田公司的外派人员归国管理

日本本田汽车公司在启动外派业务之前，首先制定明确的战略目标（如发展一种新款的汽车或改善供应商关系等），然后通过调查表及面试等形式来考查、识别各候选人与外派业务相关的综合能力。在外派人员外派任务完成前六个月，公司总部即开始考虑外派人员的再安排问题，以寻求与外派人员能力相匹配的职位。同时，还为外派任务完成后回国的人员举行欢迎会暨报告会，一方面对外派人员工作成绩表示尊重和肯定，另一方面则期望从外派工作中获取经验或教训。由于本田公司制定了一体化的外派人员发展战略，几乎所有外派人员工作业绩均达到或超过总部预期，而且外派任务完成后回国人员的离职率低于5%。

本章小结

影响全球化人力资源管理的主要因素包括四个方面：文化因素、人力资本、法律制度、经济制度。一家企业在走向世界的过程中会经历不同的国际化阶段，一般来说会经历三个阶段：进出口阶段、跨国公司阶段、全球性公司阶段。跨国企业人力资源管理一般存在以下几种模式：基于成本考虑的本土化模式、基于战略考虑的全球中心模式、基于地区合作的地区中心模式、基于文化考虑的民族中心模式。

与国内人员甄选标准不同，各种外派职位对外派人员的要求具有一定的共性，均要求员工掌握专业或技术方面的技能，具备国际化沟通交流的能力，符合国际化发展的需求，掌握必要的语言技能，同时还要得到家庭的支持。最常见的外派人员选拔方法包括面谈、标准化的智力测验或技术知识测验、评估中心、个人资料、关键事件和内部推荐。外派人员培训的内容包括文化敏感性和适应性培训、语言与跨文化交流培训以及传统的培训和技能开发。外派人员绩效管理的主要模式包括MBO导向KPI

的绩效管理、BSC导向KPI的绩效管理、员工标杆学习导向KPI的绩效管理等三种模式。最常用的跨国公司外派人员薪酬设计模式有老板拍板模式、民主协商模式、个案协商模式、专家界定模式四种。

专业术语

人力资本 Human Capital
跨国公司 Transnational Corporation（TNC）
全球性公司 Global Corporation
国际人力资源管理 Global Human Resource Management（GHRM）
母国 Home Country
东道国 Host Country
第三国 The Third Country
外派人员 Expatriate
文化敏感性培训 Cultural Sensitivity Training
跨文化培训 Cross–cultural Training
全球化工作轮换 Global Job Rotation
跨文化管理能力 Cross–cultural Management Capability
外派人员归国 Repatriation

复习思考题

1. 外派人员的甄选与企业一般员工的甄选有哪些不同之处？
2. 跨国公司为何经常采用MBO导向KPI的外派人员绩效管理模式？这种模式的优缺点分别是什么？
3. 外派人员薪酬设计的关键是什么？
4. 结合本章的内容，请谈谈造成人员外派失败的原因有哪些。
5. 如何有效加强外派人员的归国管理？

深度学习

[1] 赵曙明，等.国际人力资源管理[M].5版.北京：中国人民大学出版社，2012.
[2] 林新奇.国际人力资源管理[M].2版.上海：复旦大学出版社，2011.
[3]〔美〕德斯勒，〔新加坡〕陈水华.人力资源管理[M].赵曙明，高素英，译.亚洲版，2版.北京：机械工业出版社，2013.
[4] 薛求和，廖勇凯.国际人力资源管理教程[M].上海：复旦大学出版社，2010.

实践链接

[1] 外派员工：你拿什么补偿我. http://epaper.oeeee.com/D/html/2008-09/10/content_568523.htm.
[2] 惠普：如何招到全球化员工. http://www.wesiedu.com/zy/hr/anli/201112/33192.html.
[3] 全球化人力资源管理面临的挑战：亚洲公

司在美国的经验教训．http://guanli.1kejian.com/guanli/softdown.asp?softid=17973．

[4] 外派人员薪酬，如何不再心愁．http://home.hr.com.cn/home.php?mod=space&uid=27056&do=blog&id=611635．

案例分析

TCL 集团的外派人员管理

TCL 集团股份有限公司创立于 1981 年，是目前中国最大的、全球性规模经营的消费类电子企业集团之一。2006 年，TCL 在全球各地销售了超过 2100 万台彩电，1100 万部手机，海外营业收入超过中国本土市场营业收入，成为真正意义上的跨国企业。TCL 海外事业部是其整个海外市场的控制中枢，处理着全球 50 多个国家上百个分支机构的管理事务，从员工招聘、培训，到外派员工的调动、职位晋升、奖惩等人力资源事宜都在这里完成。据权威机构对中国企业海外运营情况的调查显示，中国企业海外员工两年内的离职率高达 70%，而 TCL 的这一比例则不到 15%。TCL 集团国际化的成功以及外派人员管理的特色，为其他企业的国际化道路提供了有益借鉴。

人员选拔

TCL 海外业务创始人、海外事业部总裁易春雨，作为 TCL 海外事业拓展的领军人物，曾亲手打下了 TCL 的第一个海外市场——越南。如今，辗转多个国家、鏖战海外 6 年的易春雨，已经拥有了极为丰富的海外经验。什么样的人才适合外派？在他从公司内部选拔人员进入海外市场时，注重 4 个方面的标准：一是在国内有丰富的阅历和经验。“如果是新来的大学生，他们对 TCL 的发展不了解，对中国业务不了解，到那里也无从下手。”二是做事很踏实，能够吃苦。三是要在困难中还能看到希望。四是独立开展工作的能力要比较强。易春雨说：“在那里，不存在像国内这么好的支持系统。就像通过火箭把你送上月球，一旦走出太空舱，就靠你自己了。我们希望他离开 TCL 国内这个系统以后，还能存活，还能发展，还能独立处理很多事情。”

与很多中国企业在选拔外派员工时注重其语言能力不同，TCL 选择的是业务优先——就是将综合素质较强的人才派驻目标市场，迫使其在语言不通的外国市场迅速实现语言本土化，如派驻越南的员工，在一年后大部分都学会了越语。总体上说，易春雨看中的，“三成是专业能力，七成是精神和个人综合素质”。

弹性薪酬管理

考虑到海外不同区域经济、文化的跨度大，而且具有很大的波动性（薪酬受经济形势和工作调动的影响）。为了保证整体薪酬的平衡并且与战略保持一致，TCL 借鉴跨国企业的经验，将薪酬划分为基本工资和海外派遣津贴两部分。

基本工资为外派员工提供基本的生活保障，确保员工的稳定感；而海外派遣津贴则包括国外服务津贴、艰苦条件津贴、安置迁移津贴、归国度假津贴等，同时又将市场绩效目标和区域市场特征等内容纳入其中，体现了薪酬的弹性特点，保证了整体薪酬的激励目标，总体构成了 TCL“弹力薪酬模型体系”。充分的适应性、弹性和可操作性，是海外薪酬管理的核心。“弹力薪酬模型”围绕地区特征、区域战略目标（不同发展阶段的战略目标不同，战略与员工业绩考核相结合）、员工（级别待遇）3 个维度而展开。

这样的体系可以保持非常强的柔滑性和活动性，并具有相当的公平性，避免了派遣员工挑肥拣瘦的问题。

有了这样一套体系，人力资源工作者有了执行的标准，对在全球各个地区飞来飞去的人员的薪资进行调整变得非常容易。为了贴合实际，TCL人力资源管理者还通过各种方式和100多位海外派遣员工沟通，有时候还要到其工作的当地作调研，了解当地的工资水平和消费水平，根据不同地区的经济差别、价格指数、工作绩效和辛苦指数（程度）的不同，调整海外派遣津贴的具体数额。

海外本土员工管理

外派人才的方式不仅成本高，对当地市场的了解也不到位，如果管理层不能够本土化，就很难迅捷地把握当地的市场脉搏，企业文化也难以与当地文化相融合。因此，企业要实现国际化，一定要实现人才本土化。目前，TCL海外事业本部管理的2215名员工中，TCL总部外派的员工只有174人，外籍员工则达到了1450人。如何才能管理好这部分海外本土员工呢？在TCL集团，对大部分海外本土员工来说，他们考虑的第一个也是最重要的一项因素就是薪资待遇。多年的奋起直追，如今，TCL在海外绝大多数国家，已经能够给外籍员工提供与当地市场竞争状况吻合的薪资。在墨西哥，当地员工的薪资水平、结构设计，销售人员的奖励计划等，已经能与韩日等竞争对手保持在同一个水平上。这无疑大大加重了TCL在当地员工心目中的分量，也让TCL具备了圈到当地一流人才的基本条件。并且在具体形式上，TCL也充分考虑了不同地区的差异，国内的月薪制在墨西哥就调整为两个礼拜发放一次。

随着日益成熟的海外人才本土化环境，TCL还为海外本土员工预留了足够的上升通道，以便其进行职业生涯设计。在TCL越南公司河内分公司，从销售、财务等部门经理到一般销售人员，清一色都是从河内大学、越南经济大学、越南外语大学等越南著名高校毕业的优秀大学生，他们已成为TCL海外事业的骨干力量。在澳洲，其管理团队以澳籍员工为主，澳大利亚人David Esler担任分公司总经理，中方仅派驻财务总监、营销总监等关键岗位管理人员，这样大大简化了管理难度。由于预先对项目作了全方位了解和细致准备，目标建立在共同的基础之上，执行力就有了保证。项目从2004年9月开始运作，当年第二个月就实现了持平，2005年占领了8%~10%的市场份额。

跨文化整合

所谓“跨文化整合”，一般指两种文化背景差别很大的企业之间的文化整合。文化整合是一个双方相互认可的过程，TCL积极推行内部学习与跨文化培训相结合，利用开会相聚的短暂时间交流经验，让大家了解不同国家之间的细微差异，培养员工文化融合的主动意识。

在文化引导过程中，TCL强调派遣员工亲力亲为，聚焦执行环节的问题，而不是简单地以文化差异一言蔽之。“一线管理人员要就具体问题讨论解决之道，不要动不动就务虚。”在中外员工同工不同酬问题上，中方员工如果只看到收入差距自然心里会感觉不平衡，但是深入当地员工生活后就会了解薪酬的合理性。这种工作方法在实践中非常有效，尤其在经济开放度高的国家。在中方员工感染下，业务紧急时，美国员工也会主动加班。并且在整合汤姆逊之后，经过短短的半年时间，美籍TCL高级经理也开始站在公司的立场考虑经营问题。“用一个脑袋思考，这标志着国际化的融合取得了很大进步。”

“跨文化管理的本质就是了解当地员工的思想，对症下药。我们鼓励一线管理人员不仅成为当地员工工作上的朋友，更要成为他们生活中的朋友。”俄罗斯有一种习惯，大家上班见面和下班分别时都要握一下手，于是中方员工也模仿融入其中，这样整个团队感觉融洽很多，管理、沟通也就方便了。针对俄罗斯国家嗜酒的文化风俗，TCL员工在拜访客户时都自觉地带上一瓶老酒，与客户一起喝得烂醉如泥，这让当地人感觉很惊讶但又很亲切。并且在接触中，看到中方人员对工作非常专业和公正，就逐渐建立了友谊，业务也就顺利完成了。这种务实和融合的努力为TCL海外兵团带来了可喜的收获，2004年11月，70多位俄罗斯家电经销商包机来到中国，与TCL签订了总额超过30万台彩电的供销合同。在交流中他们一致认为中国的市场人员是最踏实最贴近当地文化生活的，经销商对中国团队的“酒功夫”佩服得五体投地。

TCL这些点点滴滴的“文化基因”，能融入并丰富“敬业、团队、创新”的企业精神内涵，从而变成集中西文化精粹的“合金文化”和具有兼收并蓄能力的“移民文化”于一体的TCL企业文化，其载体就是一支优秀的、具有强烈国际开拓意识的员工队伍。多元价值观一直是TCL的骄傲，TCL倡导“尊重学识、注重才能；鼓励创新、允许失败；敬业诚信、团队协作；包容文化、兼收并蓄”的人才成长环境。在进入全球市场时，这一文化将有利于来自不同文化背景的员工尽快融合为一体，有效地开展工作，进而转化为强大的企业竞争力。

思考题：

结合本章所学内容，你认为TCL集团外派人员管理成功的经验是什么？

开放式案例讨论

外派人员的薪酬管理困惑

下面是两个关于外派人员薪酬的案例：

A公司是一家成功进入全球电信市场的中国电信设备制造企业，在全球60多个国家有分支机构，外派海外的员工超过1500名。公司最头痛的是外派补贴的公平性问题，员工经常抱怨分配不公，究竟外派英国的员工应该多补贴，还是外派肯尼亚的员工应该多补贴？英国生活环境优越，然而物价很高；肯尼亚生活成本很低，但员工必须适应比国内更加艰辛和有风险的生活。

B公司是一家中外合资人寿保险公司，外方股东是全球领先的寿险公司，中方股东是国内领先的金融机构。由于中国寿险行业高端管理人才匮乏，外方股东决定派出马来西亚、中国台湾、中国香港等地的人才担任高管，而中方股东派出的高管则全部来自内地。为这些外籍高管制订薪酬标准成为合资公司董事会的难题，一方面要有足够吸引力，另一方面也要有足够的说服力不让中方高管感觉不公。

讨论题：

1. 讨论薪酬设计在外派员工管理中的重要性。
2. 如何进行外派员工补偿薪酬的设计？

参考文献

第 1 章

[1] 奢华光环下的“血汗工厂”[N/OL] .CHINAHRD，2012-03-13.http：//www.chinahrd.net/special/s-news/2011/1026/127.html

[2] 德鲁克 . 管理的实践 [M] . 北京：机械工业出版社，2006：218.

[3] 中国就业培训中心 . 企业人力资源管理师——基础知识 [M] . 北京：中国劳动社会保障出版社：2007：179.

[4] 廖泉文 . 人力资源管理 [M] . 北京：高等教育出版社，2003：3.

[5] 胡君辰，郑绍濂 . 人力资源管理 [M] . 3 版 . 上海：复旦大学出版社，2005：1.

[6] 杰克・韦尔奇 . 杰克・韦尔奇自传 [M]. 北京：中信出版社，2001.147-149.

[7] 德鲁克 . 管理的实践 [M] . 北京：机械工业出版社，2006：219.

[8] 孙健敏 . 人力资源管理 [M]. 北京：科学出版社，2009.

[9]〔美〕S.P. 罗宾斯 . 管理学 [M] . 孙健敏，等，译 . 7 版 . 北京：中国人民大学出版社，2003：7.

[10]〔美〕哈罗德・孔茨，海因茨・韦里克 . 管理学 [M] . 张晓君，译 . 10 版 . 北京：经济科学出版社，1998：2.

[11]〔美〕F. 泰勒 . 科学管理原理 [M] . 北京：中国社会科学出版社，1980：157.

[12] L.Leap，D.Crino.Personal Human Resource Management. Macmillan，1989：5.

[13] 萧鸣政 . 人力资源管理 [M] . 北京：高等教育出版社，2008：2.

[14] Wayner F.Cascio. 人力资源管理 [M] . 王重鸣，译 . 6 版 . 北京：机械工业出版社，2008：34.

[15] 董克用 . 人力资源管理概论 [M] . 北京：中国人民大学出版社，2003.

[16] 郑晓明 . 人力资源管理导论 [M] . 北京：机械工业出版社，2011：11.

[17] 百度文库 . 人力资源管理发展的四个阶段 [OL]. http：//wenku.baidu.com/view/b2a07ed2195f312b3169a5c4.html

[18] 萧鸣政 . 人力资源管理概论 [M] . 北京：中央广播电视大学出版社，2001：15.

[19] 杨河清 . 人力资源学科在中国大学的发展 . 中国人力资源管理教学与实践研究会年会（演讲）.2008

[20] 摘自 Wayne F.Cascio《全球化竞争商务环境中的人力资源管理》，有改编

[21] 雷蒙德・A. 诺伊 . 人力资源管理：赢得竞争优势 [M]. 北京：中国人民大学出版社，2008：6.

第 3 章

[1] 中国人力资源开发网，http：//www.chinahrd.net/law/info/197542（编者作了适当修改。）

[2] 中国法制新闻网，http：//www.chinalnn.com/Article/Html/2011/06/116_339626.html（编者作了适当修改。）

[3] 十一届全国人大常委会第二十七次会议初次审

议了《中华人民共和国劳动合同法修正案（草案）》。并将《草案》在中国人大网公布，向社会公开征集意见。草案修订重点在于劳务派遣的有关事项，详情见第 4 章 [深度阅读]。

[4] 杨维立 . 反就业歧视“第一案”申诉的意义 [N]. 中国青年报，2008-12-18.http: //zqb.cyol.com/content/2008-12/18/content_2475821.htm.

[5] 中国人力资源网，http: //www.hr.com.cn，(编者作了适当修改。)

[6] 新华网，http: //news.xinhuanet.com/health/2011-07/19/c_121686890.htm，2011-07-19.

[7] 廖泉文 . 人力资源管理 [M] . 北京：高等教育出版社，2003.

[8] 中华人民共和国国务院新闻办公室 . 中国人力资源状况 [M] . 北京：人民出版社，2010.

第 4 章

[1] 加里・德斯勒，曾湘泉 . 人力资源管理 [M] . 10 版 . 北京：中国人民大学出版社，2007.

第 5 章

[1] 韦恩・卡肖 . 活的资源——人力资源管理 [M]. 北京：煤炭工业出版社，1989：110

第 6 章

[1] 21 世纪人才报，2002-04

第 7 章

[1] 胡蓓，王通讯 . 人力资源开发与管理 [M] . 武汉：华中科技大学出版社，2006：12-13.

[2] 吴春华 . 人力资源开发与管理理论与实务 [M]. 天津：天津教育出版社，2007：82.

[3] 万希 . 上岗引导：新员工培训的关键一步 [J] . 中国人力资源开发，2007 (7)：43-47.

[4] 王炳成，马媛，王显清 . 企业与员工双重视角下的新员工入职培训中的问题研究 [J] . 华东经济管理，2008 (7)：92-95.

[5] Raymond A.Noe，John R.Hollenbeck，Barry Gerhart，Patrick M.Wright，Human Resource Management [M] . 3rd Edition. 北京：清华大学出版社出版，2000：212.

[6] 黄文述，凌文辁 . 培训需求分析的三要素模型解析 [J] . 人力资源开发，2006 (2)：61-62.

[7] 雷蒙德・A. 诺伊 . 雇员培训 [M] . 北京：中国人民大学出版社，2001：29.

[8] 王鹏，时勘 . 培训需求评价的研究概况 [J] . 心理学动态，1998，6 (4)：36-38.

[9] 吴谅谅 . 人力资源开发管理技能 [M] . 北京：华夏出版社，2002：317.

[10] 周婧诗 . 培训需求分析模型研究综述 [J] . 现代企业教育，2009 (11)：68-69.

[11] 龚道明 . 企业培训需求分析与方法探讨 [J] . 技术与创新管理，2009，29 (8)：43-45.

[12] 陈沛 . 浅谈适合企业需要的培训师的选择 [J]. 中国电力教育，2011 (3)：17-18.

[13] 张诗信，秦俐 . 成就卓越的培训经理 [M] . 北京：机械工业出版社，2011：97.

[14] 张诗信，秦俐 . 成就卓越的培训经理 [M] . 北京：机械工业出版社，2011：106.

第 8 章

[1] 孙健敏 . 人力资源管理 [M]. 北京：科学出版社，2009：195

[2] 加里・德斯勒 . 人力资源管理 [M] . 北京：人民大学出版社，1999：374-375.

[3] 周文霞 . 职业生涯管理 [M] . 上海：复旦大学出版社，2004：53-54.

[4] 孙健敏 . 人力资源管理 [M]. 北京：科学出版社，2009：204-205.

第 9 章

[1] 冉斌 .3P 人力资源的关键 [M] . 北京：中国经济出版社 .2005：77.

[2] 中国劳动咨询网，http: //www.51labour.com/

show/34006.html（编者作了适当修改。）
［3］孙健敏．人力资源管理［M］．北京：科学出版社．2009：233.（编者作了适当修改。）
［4］该案例改编自“中国劳动资讯网”，http：//www.51labour.com/html/33/33875.html

第 10 章

［1］韦恩．蒙迪，罗伯特·M. 诺埃．人力资源管理［M］．北京：经济管理出版社：1998：328.
［2］刘昕．薪酬管理［M］．北京：中国人民大学出版社，2011.
［3］李桂华，唐丽颖，孔春梅．人力资源管理［M］．中国金融出版社，2005：443–444.

第 11 章

［1］杜昕东．劳动关系还是劳务关系［J］．中国社会保障，2005（7）：75–76.
［2］王昌硕．是劳动关系还是劳务关系［J］．中国劳动，2003（4）：47–48.
［3］程延园．劳动关系［M］．北京：中国人民大学出版社，2002：150–151.
［4］马克思．1844 年经济学哲学手稿［M］．北京：人民出版社，2000：51.
［5］程延园．劳动关系［M］．北京：中国人民大学出版社，2002：10–11.

第 12 章

［1］张振助．教育和人力资源是立国之本——美、日、韩追赶先进国家的历史经验［J］．教育发展研究，2003（02）：6.
［2］李勇为．试谈人才引进对美国经济发展的影响［J］．世界经济，1980（2）：52.
［3］毛黎．美国：成功的人才引进政策［J］．国际人才交流，2009（3）：11.
［4］人民网，http：//www.people.com.cn/GB/shenghuo/78/1933/20010816/536632.html
［5］袭祥德．中国企业国际化警惕“工会门”［J］．商务周刊，2007（20）：73.
［6］新华网，http：//www.xinhua.org/，2008–08–12.
［7］章达友．人力资源管理［M］．厦门：厦门大学出版社，2003：40–42.

第 13 章

［1］刘桂素．跨国经营企业外派管理人员甄选方法探析［J］．现代财经，2009，28（10）.

后　　记

本书由北京信息科技大学人力资源管理课程组研究编写，是集体合作的成果。由梁栩凌拟订写作思路、全书结构和写作大纲，经课程组充分讨论后确定写作大纲和各章写作重点。初稿完成后，由梁栩凌、杨翠芬对各章内容和结构进行统审和平衡，审查意见反馈给各编者继续修改完善，最终成稿。

本书具体分工是：第 1 章由梁栩凌编写，第 2 章、第 13 章由尹洁林编写，第 3 章、第 9 章、第 12 章由杨翠芬编写，第 4 章、第 6 章由聂铁力编写，第 5 章由梁栩凌、聂铁力编写，第 7 章、第 11 章由李晓非编写，第 8 章由张小琼编写，第 10 章由周战、梁栩凌编写。全书由梁栩凌、杨翠芬统筹审稿和定稿。

本书写作过程中，编者参考和引用了一些国内外相关研究的部分成果，包括有关图书、报刊及网络资料。在这里，谨向这些作者表示由衷的感谢。

本书写作过程中，课题组得到学校和系领导的大力支持，中国市场出版社的责任编辑白琼、宋涛主任、袁依山社长为本书的编辑、定稿付出了大量劳动，这里表示由衷的感谢。

由于编者掌握的资料和写作时间均有限，本书内容和观点可能有所偏差，也有许多尚待开发和探讨的内容在本书中涉及很浅或尚未涉及，欢迎广大读者批评指正，我们会在今后的工作中改正完善。